吴式颖　李明德
丛书总主编

外国教育通史

第四卷

中古时期的教育

（下）

吴式颖　郭　健　郑　崧
本卷主编

GENERAL HISTORY OF
FOREIGN EDUCATION

北京师范大学出版集团
BEIJING NORMAL UNIVERSITY PUBLISHING GROUP
北京师范大学出版社

图书在版编目(CIP)数据

外国教育通史：全二十一卷：套装 / 吴式颖，李明德总主编. -- 北京：北京师范大学出版社，2025.1.
ISBN 978-7-303-30486-8

Ⅰ. G519

中国国家版本馆 CIP 数据核字第 20251WL437

WAIGUO JIAOYU TONGSHI：QUAN ERSHIYI JUAN：TAOZHUANG

出版发行：北京师范大学出版社 https://www.bnupg.com
　　　　　北京市西城区新街口外大街 12-3 号
　　　　　邮政编码：100088
印　　刷：北京盛通印刷股份有限公司
经　　销：全国新华书店
开　　本：787mm×1092mm　1/16
印　　张：684
字　　数：9000 千字
版　　次：2025 年 1 月第 1 版
印　　次：2025 年 1 月第 1 次印刷
定　　价：4988.00 元(全二十一卷)

策划编辑：陈红艳　鲍红玉　　　　责任编辑：杨磊磊　梁宏宇
美术编辑：焦　丽　　　　　　　　装帧设计：焦　丽
责任校对：陈　民　　　　　　　　责任印制：马　洁

编委会

总主编

吴式颖　李明德

副总主编

王保星　郭法奇　朱旭东　单中惠　史静寰　张斌贤

编　委

（按姓氏笔画顺序排列）

王　立	王　晨	王者鹤	王保星	史静寰	乐先莲
朱旭东	刘淑华	许建美	孙　进	孙　益	李子江
李立国	李先军	李明德	李福春	杨　捷	杨孔炽
杨汉麟	吴式颖	吴明海	何振海	张　宛	张　弢
张斌贤	陈如平	陈露茜	易红郡	岳　龙	周　采
郑　崧	单中惠	赵卫平	姜星海	姜晓燕	洪　明
姚运标	贺国庆	徐小洲	高迎爽	郭　芳	郭　健
郭志明	郭法奇	傅　林	褚宏启		

目 录 | Contents

第一章

拜占庭帝国的社会变迁与文化发展

第一节　拜占庭帝国的社会变迁

一、拜占庭帝国的形成与发展

　　"拜占庭"（Byzantium，又译拜占廷）一词源于连接欧洲和亚洲的交通要冲博斯普鲁斯海峡的一座古城拜占庭。公元前 7 世纪上半叶，希腊人在博斯普鲁斯海峡的两侧各建了一座城，在欧洲的一侧称为拜占庭城。330 年，罗马皇帝君士坦丁大帝（Constantine THE GREAT）将罗马帝国首都迁至拜占庭古城，改称"新罗马"城。395 年，罗马帝国分为西罗马帝国和东罗马帝国。拜占庭城作为东罗马帝国的首都建都之后，改称君士坦丁堡（Constantinople）。4 世纪中期至 13 世纪，君士坦丁堡成为欧洲和地中海地区最大和最繁华的城市，而君士坦丁堡最初的名字——拜占庭由此传播开来。但在历史上"拜占庭帝国"并不存在，这只是后来历史学家对东罗马帝国的一种称谓。在近代学者公认东罗马帝国即拜占庭帝国后，人们将东罗马帝国称作拜占庭帝国。拜占庭帝国既是罗马帝国的延续，又与罗马帝国有很多区别。拜占庭帝国的国家机构、社会经济结构，特别是文化与罗马帝国差异很大。

拜占庭帝国的历史发展大致分为三个时期。330—610 年为早期阶段，610—1056 年为中期阶段，1056—1453 年为晚期阶段。拜占庭帝国早期阶段是从上古社会向中古社会转变时期。虽然君士坦丁大帝和查士丁尼一世(Justinian Ⅰ)两任皇帝为摆脱西罗马帝国灭亡时的动乱而奋力抗争，但是终究未能摆脱危机。拜占庭帝国中期阶段的皇帝希拉克略一世以军事化进行社会改革，实行军区制统治，缓解了当时的社会危机，国力逐步增强，领土不断扩张。到马其顿王朝时，拜占庭帝国达至鼎盛。但是军区制统治也造成严重的社会矛盾，土地兼并日益严重，形成的大土地贵族与帝国中央政府不断对抗，帝国曾经依托的小农经济逐渐瓦解，帝国开始衰落。至马其顿王朝末期，拜占庭帝国又一次走向衰落。11 世纪末，拜占庭帝国进入晚期阶段，随着军区制不复存在，帝国国力急剧下降，不仅经济陷入困顿，政治上也内斗频繁，加上外敌入侵，13 世纪初君士坦丁堡被天主教骑士团占领。之后拜占庭帝国的领土不断被侵蚀，逐渐沦为地中海东岸的小国。1453 年，拜占庭帝国被奥斯曼帝国灭亡。

拜占庭帝国领土的变迁较大。帝国建立初始的领土包括原罗马帝国的大部分领土。到查士丁尼一世即位时帝国西部领土丧失殆尽，查士丁尼一世的多次远征收复了部分西部领土。6 世纪末至 7 世纪末，由于不断遭到外敌入侵，拜占庭帝国领土逐渐缩小。9 世纪时拜占庭帝国不断对外扩张，领土有所扩大。10—11 世纪，拜占庭帝国对外战争失利，导致失去部分领土。拜占庭帝国首都君士坦丁堡曾被天主教骑士团攻陷。此后，拜占庭帝国只统治小亚细亚的尼西亚城，经过逐步发展，整合了分散的拜占庭人小政权，至 1261 年巴列奥略王朝时，领土包括首都君士坦丁堡及附近地区、黑海南岸地区、伯罗奔尼撒半岛南部地区。这一领土范围持续到拜占庭帝国终结。

二、拜占庭帝国的社会状况

拜占庭帝国的核心领土以君士坦丁堡为中心，辐射范围包括色雷斯、马其顿、希腊以及小亚细亚区域。拜占庭帝国的居民最初是原罗马帝国东部地区的各民族，包括巴尔干半岛南部的希腊人、希腊化的埃及人、叙利亚人、约旦人、亚美尼亚人，以及小亚细亚地区的伊苏里亚人和卡帕多西亚人等，还包括地中海西部的西班牙人和意大利人等。330年之后，拜占庭帝国东部的居民构成有重要变化，包括了讲希腊语的"东方人"，希腊语得到广泛使用，成为地中海东部的通用语言，最终原有官方语言拉丁语让位于希腊语。这一时期拜占庭帝国的民族虽然众多，但主要是希腊人及希腊化的各民族。6—7世纪，由于拜占庭帝国领土变动很大，民族构成出现巨大变化。占领非洲领土的阿拉伯人、占领亚洲部分领土的埃及人和约旦人成为阿拉伯哈里发帝国的属民。西班牙人脱离拜占庭帝国，而斯拉夫人进入巴尔干半岛成为拜占庭帝国的臣民，斯拉夫人与希腊民族不断融合成为帝国的主要民族之一。拜占庭帝国中期的官方语言共用希腊语和拉丁语。12世纪后的拜占庭帝国的主要民族构成与中期基本一致，但是拉丁语变得不再通用，而只被少数官员和高级知识分子使用。拜占庭帝国的统治阶层和贵族主要是希腊人和希腊化的小亚细亚人。统治集团虽然在政治上还能保留古罗马帝国的传统，但他们已经将希腊语作为母语，其生活的地区也是希腊化的世界，包括地中海东部和近东地区。这些地区的各民族接受了古希腊文化。

定都君士坦丁堡标志着拜占庭帝国已经成为事实上独立的政治实体。自此君士坦丁堡成为拜占庭帝国新的政治中心，并且延续了一千余年。君士坦丁大帝统治时确立了以皇权为核心的中央集权制，并实行世袭继承制度。这意味着拜占庭帝国成为封建专制国家，皇帝不仅是君主专制国家的最高代表，还将政治、军事、司法、宗教等最高权力集于一身。在皇权的高度控制下，帝国逐步形成了对皇帝负责的从中央到地方的等级森严的官僚阶层。这种政治制度在本质上与古罗马帝国有很大不同。

在经济上，以君士坦丁堡为中心的地区在330年就已形成独立的经济区，不再附属于罗马帝国。拜占庭帝国自形成起就和西罗马帝国的经济体制不同。拜占庭帝国多种经济形式并存，没有实行西罗马帝国的奴隶制，这种经济结构使拜占庭帝国的经济有较强的灵活性。在拜占庭帝国农业较为发达的地区，比如埃及、小亚细亚很早就出现了隶农制，这种制度对帝国的经济发展产生了重要作用。地中海东部地区的商业贸易一直很活跃，这为拜占庭帝国提供了丰富的财源。地中海东部地区是古代东西方贸易的重要商道，开通以后在国际贸易中占有极强的优势地位。加之这一时期欧洲西部相对动荡，而地中海东部相对稳定，尤其君士坦丁堡具有独特的经济地理优势，十分有利于从事商业活动，君士坦丁堡成为地中海地区和欧洲乃至全世界的商业中心。拜占庭帝国人口众多也是经济快速发展的有利条件。相比同时期西欧的城市人口最多不过 20 万人，君士坦丁堡能保持 50 万~100 万人，人口优势使得拜占庭帝国有条件成为独立经济体。

在宗教上，基督教在拜占庭帝国已经成为国教。君士坦丁大帝明确了政教合一的政治体制，皇帝不仅是世俗社会的最高领导，也是基督教的精神领袖，标志着基督教已经成为官方宗教，拜占庭帝国与罗马帝国的宗教信仰有了本质区别。

第二节　拜占庭帝国的文化发展

拜占庭文化是在拜占庭帝国内融合古希腊罗马文化、基督教文化以及古代东方文化而形成的文化。在拜占庭帝国形成以前，地中海东部文化就和西罗马帝国文化有所区别。经过一千多年的发展，拜占庭文化在教育、文学、史学、造型艺术、法学、哲学、神学等方面取得了极高的成就，成为中世纪初期欧洲文化的精华，架起了欧洲古典文化和近代欧洲文艺复兴运动的桥梁，

14 世纪的文艺复兴运动深受拜占庭文化的影响。

一、拜占庭帝国文化发展的背景

　　一般而言，发达的文化都离不开繁荣的经济。拜占庭帝国的工商业极为发达，为文化发展奠定了丰厚的物质基础。中世纪初期欧洲西部经济凋敝，城市衰退，但拜占庭帝国却经济发达，城市繁荣。拜占庭帝国存在发达的手工业、采矿业和冶金业，并且有便利的国际贸易通道，种种优势使君士坦丁堡在 6 世纪时成为当时世界的大型商贸中心。

　　政治的稳定也是文化繁荣的重要保障。拜占庭帝国一直保持着强大的中央集权统治，皇帝是拥有最高权力的统治者，下设中央直属官僚对皇帝负责，各级官吏都由中央政府选派。皇帝的权威、豪华的宫殿以及体量庞大的官僚机构需要演说家、诗人、工匠、法学家和外交家，这些都促进了拜占庭帝国文化的发展。高度的中央集权保证了帝国社会秩序的稳定，这给拜占庭文化的繁荣创造了有利条件。帝国的皇帝重视学者，政府组织学者编纂历史丛书、农业丛书、医学丛书以及各种管理规程，涉及内容广泛。文化的繁荣还体现为建筑、医学和教育的发展。著名的圣索菲亚大教堂气势恢宏，耗资巨大，成为拜占庭帝国繁荣富强的象征。拜占庭帝国强大的中央集权限制了教会的权力。中世纪的西欧由于教会权力凌驾于世俗政权之上，造成哲学、科学、文学都变成了神学的"婢女"。拜占庭帝国基督教的势力虽然强大，并且对拜占庭文化有一定的影响，但强大的世俗政权迫使教会始终处于自身控制之下，保证了文化教育的正常发展。

　　拜占庭帝国处于亚洲、欧洲、非洲三大洲的交会之处，这种特殊的地理位置是拜占庭文化得以发展的重要因素。拜占庭帝国境内的希腊、埃及和一些西亚国家都是古代文明的中心，希腊化时代的雅典、亚历山大里亚、安提卡等文化中心都属于拜占庭帝国。这些古代文化中心保存了大量的古典文艺作品，所以拜占庭文化传承了发达的古典文化遗产。君士坦丁堡是拜占庭帝国的文化中心，各族人民在此频繁交往，于是西欧古典文化和古代东方文化相融于此。

拜占庭文化通过希腊语传播，传承古希腊罗马文化，吸收古代东方文化和基督教文化，历经千年形成了独特丰富的文化体系。拜占庭的哲学、神学、历史学、文学成就很大，同时，在教育、科技、艺术、建筑等方面也别开生面。拜占庭文化在中世纪以特殊的方式保存了欧洲古典文化，使斯拉夫民族受到启蒙，地中海东部地区和西欧也受到极大影响，为欧洲文艺复兴运动提供了宝贵的文化资源，进而为世界文化发展做出了重要贡献。

二、拜占庭帝国文化发展的路径

拜占庭文化的发展是其历史发展的重要组成部分，或者说拜占庭文化随着其历史的演化经历了曲折的发展道路。4 世纪上半叶到 6 世纪末是拜占庭国家通过一系列行政措施和经济改革，修复 3 世纪大危机造成的巨大破坏的过渡时期。这次危机使帝国社会生活水平全面下降，文化倒退，作为文化主体的居民普遍贫困化，文化活动的中心城市衰败。君士坦丁大帝重新统一帝国后，全面恢复文化活动，支持和发展文化事业。但是，这个时期的皇帝对发展何种文化和如何发展文化尚未找到答案，还没有确定拜占庭文化的发展方向。君士坦丁大帝虽然制定了宽容基督教的政策，并赋予基督教实质上的国教地位，但他同时也大力支持世俗文化的发展。皇帝尤利安(Julian，361—363 年在位)推行多神教政策，全面复兴古希腊罗马文化。

在这个长期的过渡时期，拜占庭文化处于选择和探索阶段。如同拜占庭统治阶级在改革中寻求适合新形势的政治经济制度一样，拜占庭文化也在寻求发展道路，确定发展方向。查士丁尼时代是拜占庭文化最终形成时期，是拜占庭文化确定以古典希腊罗马文化为基础并在基督教思想原则指导下确立发展方向的关键阶段。从本质上讲，基督教信仰原则与古典的世俗文化相对立，但是，拜占庭帝国特殊的历史背景、教会和世俗统治阶层的关系决定了在这种特殊环境中这两种对立事物的统一，即在皇帝的控制下使古典文化和基督教信仰有机地结合在一起。

6世纪以后，拜占庭文化进入迅速发展阶段，早期积累的教会文化、世俗文化为这一阶段的发展准备了丰富的素材。在语言方面，希腊语逐步取代拉丁语的统治地位，使拜占庭文化赢得当地希腊化各族民众更广泛的认同。在文学和史学领域出现了具有拜占庭文风的作品，一批博学的基督教作家构成了拜占庭文史哲创作群体。拜占庭艺术也在古代东西方文化的影响下形成了具有强烈抽象色彩的特点。

希拉克略时代推行的军区制改革不仅缓解了周边外敌入侵的危机，为此后拜占庭国家的强盛提供了保证，而且为拜占庭文化的发展提供了有利的环境。这一时期拜占庭文化发展的主要特点是基督教精神对社会生活的全面渗透，基督教在社会公共活动和思想观念方面占据主导地位，教会通过教堂、修道院以及慈善机构扩大基督教的影响，灌输基督教的价值观和行为准则，因此新的文化形式不断变革，颂歌、赞美诗、韵律诗、教会史和圣徒传记大量涌现，同时也出现了艺术和建筑的新风格。以庞大的中央集权官僚体制和核心家庭为主要因素的社会生活决定着人们生活习俗的形成。拜占庭帝国中期有官僚贵族而没有骑士贵族，有发达的城市文化而没有西欧流行的庄园文化。这一阶段大体又经历了250年。

拜占庭文化的黄金时代是在马其顿王朝统治时期出现的，历时二百多年。马其顿王朝统治时期是拜占庭历史上最强盛的时期，国家政治局势稳定，经济比较繁荣，对外战争屡屡获胜，社会物质生活昌盛。这些都为拜占庭文化进入发展的鼎盛阶段提供了有利条件。拜占庭文化黄金时代的主要特征是社会生活有序发展，在中央和地方管理制度中完善协调各级官员的等级身份制度，在税收体制中采用中央监控的税收法，在军事建设方面推行军事立法和战略战术研究，在农业中推行以发展小农为目的的农业立法，在商业贸易和城市中实行行会组织化管理。这个时期在各个文化领域涌现出许多名垂青史的作家，其中首推君士坦丁七世(Constantine Ⅶ Porphyrogenitus)，他的作品涉及帝国发展的政治理想、皇家生活的模式礼仪、文史和立法等方面。

正是在皇帝的支持和倡导下，拜占庭学者在知识和学术的各个领域展开了系统的研究和整理，不仅古典文化的整理注释出现了前所未有的进展，而且宗教学术的探讨在宽松的气氛中取得了丰硕的成果。学界长期将马其顿王朝时期的文化繁荣现象称作"马其顿文艺复兴"，近年来又改称为"马其顿文化繁荣"，这是对当时情况的准确反映。

11世纪末以后的三百多年是拜占庭国势逐渐衰落的阶段，处在动荡不安环境中的拜占庭知识界一方面回忆昔日帝国的荣光，从历史中寻求力扶帝国大厦不倒的救国良策；另一方面从各个领域复兴文化，抵抗凭借强权和武力侵入拜占庭帝国的敌对文明。文化救国是这个时代知识分子的共同追求。无论是在科穆宁王朝和尼西亚帝国时期，还是在巴列奥略王朝时期，文化复兴的现象都十分明显，以弗提乌斯(Photius)和普塞洛斯(Psellus，又译巴塞罗斯)为代表的一批知识界精英在哲学、文学、法学、史学和艺术等领域展开全面的复古活动，力图用古代文化唤起民族自信心。

在创作方面，古典文化中的自然主义风格在表现人和物上反映得更明显。以布雷米狄斯为首的尼西亚帝国知识界在复兴古代文化中表现了更大的勇气和耐心，他们以极大的努力收集和复制古代手稿，弥补了拉丁骑士攻占君士坦丁堡对拜占庭文化造成的巨大破坏。巴列奥略时期的文化复兴伴随着强烈的民族主义思想，中央集权的削弱似乎也有利于学术的自由发展，知识分子结成各类文化团体，各自有计划地从事收集整理古代书稿的工作，开展对古典文学、哲学、天文学和医学的研究，其中最有影响的人物是格弥斯托士·

卜列东。虽然拜占庭知识界在挽救持续衰落的帝国的过程中所起的作用并不显著，但是他们的文化复兴运动却有效地阻止了古典作品在战乱环境中遭到更多破坏，对意大利文艺复兴意义重大。

三、拜占庭帝国文化发展的特点

基于政治、经济、宗教等各方面的有利条件，历经千年的演进，拜占庭文化成为不同于中世纪西欧的文化，具备以下特点。

(一)融贯东西

拜占庭文化将古希腊罗马文化、基督教文化和古代东方文化有机融为一体。拜占庭文化在哲学、文学、教育上都传承了欧洲古代优秀传统文化。例如，9世纪建立的君士坦丁堡高等学校讲授古典的"七艺"，哲学继承发展了柏拉图的哲学思想，诗歌创作模仿古希腊诗歌。拜占庭文化不仅传承欧洲古典文化，宗教内容也融入文化之中。诗歌、音乐大多为传教服务，还产生了一批"教会学者"，他们依据基督教教义审订评价古代经典文献。拜占庭的文化与古代东方文化密不可分。许多绘画和雕刻的图案由埃及的科普特人制成，其文化源自波斯。马其顿王朝时期创作的民间叙事诗《边防战士迪吉尼斯》比较典型地体现了东西方文化的融合，其叙事风格有西方骑士文学的影子，而事件背景与同时代的阿拉伯叙事诗大体一致。因此，拜占庭文化是对古希腊罗马和希腊化时代的文化、基督教文化和古代东方文化融会贯通之后中世纪欧洲文化的集大成者。

(二)崇尚古典

崇尚古典是拜占庭文化发展的基础。一些学者致力于誊抄、翻译、收集、整理古希腊罗马的文献，统治者也领导收集古典文献，组织编纂百科全书、抄写名著，很好地保存了欧洲古典文献。拜占庭文化的崇尚古典还体现在文学和历史著作都带有古典文化的印痕。拜占庭的历史学者继承了希罗多德、修昔底德、李维、塔西佗等古典历史学家的精神，比如 6 世纪历史学家普罗科匹厄斯吸收希罗多德和修昔底德的文风，著成《查士丁尼战争史》，记述了查士丁尼时代拜占庭帝国与汪达尔人、哥特人、波斯人的战争。拜占庭学者崇尚古典文化还体现在法律上，《查士丁尼法典》就是在古代罗马法律基础上删减而成的。另外，君士坦丁堡的宫殿、官邸、广场等都依照古罗马式样建造，并且用罗马和雅典的艺术品来装饰。

(三)世俗主导

拜占庭帝国的教育很发达，世俗大学和世俗文化占有优势地位。拜占庭文化的世俗主导体现在：拜占庭帝国的文化中心在城市而不在修道院，学者大多为世俗人士而不是教会人士。拜占庭帝国的城市，如君士坦丁堡、安提卡保存了世俗的学校和世俗的文化，于是成为帝国的文化中心。拜占庭的高等学校都设在大城市。拜占庭城市的识字率比西欧高，城市普遍开设可以教识字的小学校。教授算术、音乐、天文和几何等课程的世俗教师在城市也大量存在。教会的一些教父在城市世俗高等学校执教。这些教父不仅发展基督教神学，还学习研究世俗古典文化。拜占庭的科学文化发展相对独立，这一点与中世纪西欧的教会垄断科学文化有本质区别，因此拜占庭在科学文化方面取得了许多成就。

第二章

拜占庭帝国的教育思想

第一节　巴西勒和克里索斯托的教育活动与教育思想

一、巴西勒的教育活动与教育思想

巴西勒(St. Basil，约 329—379)出身于小亚细亚一个显贵的基督教家庭，早年接受了系统的基督教教育。青年时代到君士坦丁堡以及雅典接受古典教育，曾一度准备从事律师职业和做雄辩家。回到家乡后，正值基督教修行主义风靡东派教会，巴西勒与一批志同道合者共同创办修行会团，建立修道院，从此献身修道院生活。基督教的修道院制度最早产生于东派教会，巴西勒是集体修行的积极倡导者，力主调和修道院和教会之关系，并制定了一整套修道院制度，为东派教会修道院的发展奠定了组织和制度上的基础。拜占庭修道院一直沿用着巴西勒所定的那套制度。巴西勒特别强调修道士的教育。他规定，年轻的修道士应置于年长修道士的管理之下，学习阅读。阅读的内容和顺序是先掌握字母、音节，读认单词，然后学习格言和小故事，直至可以阅读《圣经》。读经、祷告和工作是每位修道士每天必修的功课。巴西勒还主张把修道院的教育对象扩大到世俗儿童身上，只要父母同意，就可以把他们的子弟送到修道院接受教育。

在论述基督教教徒的教育问题时，巴西勒坚持神学是整个教育的王冠，《圣经》是全部教育的核心，但巴西勒并未因此贬斥古典知识教育，把古典知识排斥在教育内容之外；相反，他认为，古典知识不仅同基督教教义无冲突，而且有助于纯洁青年的灵魂，培养青年的道德情感。他曾说："荷马的所有诗歌，是颂扬一种善行。"①故而，巴西勒不仅鼓励年轻的基督教教徒钻研《圣经》和基督教教义，而且要求他们学习古典文学、哲学和历史等知识。他身体力行，将自己的学生送到挚友、著名修辞学家利巴尼奥斯(Libanius，约314—393)门下，接受系统的古典教育。但是，在学习古典知识方面，巴西勒认为，不能全盘接受，要有所取舍，取舍的重要依据是能否增益青年的道德情操。巴西勒为指导青年学习古典作品，撰写《致告青年如何有益地阅读健康作品》一文，建议青年有所选择地学习古典作品。他举例，青年应从诗歌中学到扬善贬恶的品行，以滋养趋善的心灵。对诗歌中描述的良言善行，要尽情效仿；反之，浊语恶行，要像《奥德赛》所描写的人们害怕听到海妖的歌声一样，堵上耳朵，"免得在欣赏美丽词句的愉悦时，不理智地接受一些错误的思想，恰似吃下掺着毒药的蜂蜜"②。

二、克里索斯托的教育活动与教育思想

克里索斯托(Chrysostom，约347—407)出生于安提卡，青少年时期接受传统教育，曾研习修辞学、哲学和法学。370年，克里索斯托受洗入教，并于397—404年担任君士坦丁堡教区最高首领牧首一职。他长于布道，擅于辞令，有"金口"之誉。克里索斯托所处时代，正是基督教蓬勃日上的时期。但是，

---

① N.H.Baynes and H.St.L.B.Moss, *Byzantium: An Introduction to East Roman Civilization*, Oxford, Oxford University Press, 1949, p.203.

② D.J.Geanakoplos, *Byzantium: Church, Society and Civilization Seen Through Contemporary Eyes*, Chicago, The University of Chicago Press, 1984, p.294.

在罗马帝国东部，所谓"异教"势力十分强大，特别是在 395 年东西罗马帝国分裂以后。反映在教育上，是基督教会虽已开办了学校，但是为数寥寥，远不能适应基督教的发展。基督教教徒面临着一种选择：要么将子弟送入世俗学校，要么让他们做目不识丁的基督教教徒。西派教父普遍认为，宁可选择后者，以避免"异教"文化亵渎儿童的灵魂。克里索斯托则完全无惧于此，主张把儿童送到世俗学校学习古典知识。

为防止儿童在进入世俗学校学习古典知识的时候"失去完整的灵魂"，克里索斯托指出，最为积极有效的方法是把家庭作为坚定的基督教教育场合。他宣称，父母应承担起教育子女的职责，"在摇篮期就开始教育他，把良好的规矩铭刻于他心中，使任何人都无法涂抹掉它们"。这样，儿童"像打上印记的蜂蜡"①，不用再担心他们的灵魂受到"污染"。为此，克里索斯托专门撰写了一部题为"父母抚养子女的正确方法"的著作，来探讨基督教教徒子女家庭教育问题。该书还涉及女童教育问题。

克里索斯托认为，《圣经》是道德教育的基础，对于儿童未定型的灵魂，《圣经》可以提供最适当的思想和行为准则。他从"旧约"中选取了 7000 条语录，从"新约"中选取了 11000 条语录，作为儿童学习《圣经》的内容。克里索斯托把儿童的宗教教育和道德教育紧密地结合在一起，重视培养儿童的道德品质。在这点上，他赞同古代罗马道德教育传统，希望父亲担起儿童导师的责任，在现实生活中实施道德教育。例如，对儿童反复灌输道德准则，通过不厌其烦地示范来形成儿童的品性；用鼓励或奖励来维护正确的行为；用沉默或不高兴的表情以示反对；等等。克里索斯托的理论中虽然没有教鞭和棍棒，但是，他强调纪律是必要的，尤其父亲应严格监察儿童的行为，避免其受到周围不良因素的影响。克里索斯托把儿童的头脑比作一座城市，视、听、

---

① F.Eby and C.F.Arrowood, *The History and Philosophy of Education Ancient and Medieval*, New York, Prentice-Hall, inc., 1940, p.604.

闻、触的感官是城门；为保持"城市"的清洁，必须小心把守"城门"。为此，儿童禁止进入戏院和公共浴池，因为那里有不良的、过分的刺激；不得跟奴隶接触，以免沾染上不良的行为。克里索斯托也坦言，无论如何预防和教育，儿童肉体中都存在着邪恶的欲望，并随时有爆发的可能。他写道："医学手册告诉我们这种欲望在 15 岁以后同暴力相关，我们怎样才能拦住这匹野马呢？我们要做些什么呢？要怎样束缚住这匹野马呢？"①克里索斯托认为要依靠《圣经》禁令。

巴西勒和克里索斯托作为东派教会希腊教父的代表人物，他们的教育主张代表了东派教会人士的教育观点和倾向，反映了拜占庭早期基督教教会对教育的态度，且一直影响着拜占庭教会的教育实践。

第二节 利奥和弗提乌斯的教育活动与教育思想

一、利奥的教育活动与教育思想

利奥是 9 世纪拜占庭著名的哲学家和数学家。关于他的生卒年人们说法不一，他大约生于 790 年，卒于 869 年。他于 840—843 年任希腊萨洛尼卡地区大主教。利奥早年在君士坦丁堡接受初级教育，按照当时拜占庭世俗教育的通行做法，学习读、写、算、文法、诗歌等一些初步知识。青少年时代，他遍访君士坦丁堡名师，接受修辞学、哲学和数学等方面的教育。有一段时期，利奥在拜占庭境内四处访问著名修道院，搜罗古代典籍，如饥似渴地汲取古典文化营养。为了丰富知识，增益学识，他还曾赴欧洲各国游学。此时欧洲大陆上基督教教会一统天下，世俗文化遭受了史无前例的浩劫。利奥大失所望，形容欧洲大陆是一片智力荒漠，见不到任何知识的绿洲。

---

① 滕大春、姜文闵：《外国教育通史》第二卷，41 页，济南，山东教育出版社，1989。

利奥返回君士坦丁堡后，立志振兴古典文明。他设立学校，招生纳徒，传播古典知识。由于利奥学识渊博，学校很快吸引了一大批学生。9 世纪拜占庭帝国和阿拉伯帝国之间战争频繁，利奥的一位学生在前线被阿拉伯人俘虏。当时，阿拉伯帝国处于阿拔斯王朝统治时期，政治比较稳定，经济繁荣，文化昌盛。哈里发延揽人才，奖励学术，兴办文化教育事业。利奥的这位学生偶然参加了哈里发举办的宫廷学术沙龙，欧几里得几何学造诣使众人和哈里发折服，利奥也因此声名远播。哈里发求贤若渴，亲笔致信利奥，邀请利奥到阿拉伯帝国讲学。拜占庭皇帝闻听此事，对利奥礼遇有加，钦定利奥担任君士坦丁堡公共教授职位，并拨出专门场所和资金，聘请利奥主持讲学。后来，哈里发又致信拜占庭皇帝，恳请利奥到巴格达讲学，信中写道："勿以宗教之歧异，国土之不同，而拒余之请。对于友朋，固应尽其友谊。果如所请，余将报君以黄金百两，及永久之联盟与和平也。"①9 世纪中期，利奥被任命为君士坦丁堡大学校长。在他的主持下，君士坦丁堡大学重新成为拜占庭学习和研究古典文化的中心。

利奥非常推崇古典文化，他本人学识渊博，通晓古代希腊哲学、几何学、天文学、修辞学、音乐、代数等学科，尤其对柏拉图和亚里士多德著作研究颇深。利奥认为，拜占庭世俗教育的主要任务就是向人们传授古典知识。从流传下来的利奥的一些日记片段，我们可以看到他极力主张向学生传授广博的古典知识。利奥指出，学生学习古典知识的捷径就是大量地阅读和研究古典原著，这些原著既包括柏拉图和亚里士多德的哲学著作，也包括其他一些著名学者的修辞学、几何学和天文学等著作。他本人整理和编写的《希腊文集》是学生学习希腊语知识的入门教材。利奥甚至鼓励学生学习一些实用科学知识。作为一名数学家，他精通机械学，是拜占庭名闻遐迩的能工巧匠。利奥为拜占庭皇室设计制造了许多机械器具。据一位西方使节描述，拜占庭皇

---

① ［美］格莱夫斯：《中世教育史》，吴康译，61~62 页，上海，商务印书馆，1938。

帝的宝座可以随意升降，在皇帝宝座前陈设着由利奥设计制造的鸟兽铜器，旋转按钮，一只只鸟儿便可以发出悦耳的鸣叫声，伏在地上的铜狮子也摇头摆尾，发出阵阵吼声。据说，由首都君士坦丁堡通向各地的烽火报警系统也是由利奥发明设计的。

二、弗提乌斯的教育活动与教育思想

弗提乌斯是 9 世纪拜占庭文化复兴运动中最活跃的人物，在拜占庭古典研究历史上占有极为重要的地位。关于他的生平，没有准确的记载。一般认为，他生于 810 年，卒于 893 年，家世显赫，叔父曾任君士坦丁堡教区牧师。弗提乌斯从小在君士坦丁堡接受良好的学校教育，曾师从利奥。成年后，弗提乌斯在拜占庭政府和教会中担任过要职：855 年，被委任为拜占庭常驻阿拉伯帝国的使节；858—867 年和 878—886 年，两度担任君士坦丁堡教区牧师。担任君士坦丁堡牧师期间，弗提乌斯极力强调按照希腊哲学观点和方法来论证神学，把希腊文化作为理解基督教教义、礼仪、习俗等方面的基础，这加剧了东西教会之间的歧异。有关他的教学活动，流传下来的资料甚少，只有一些零星的资料记述他曾担任宫廷教师，也受聘于君士坦丁堡大学讲过学，更多的时候是在家中设学招生，传授知识。历史上所说的"斯拉夫人的使者"西里尔(Cyril)和美多德(Methodios)两兄弟就是弗提乌斯的得意门徒。弗提乌斯学识渊博，除精通神学外，谙熟哲学、修辞学、文学、历史、数学、声学、医药学、地理学等，是一位百科全书式的学者。时人称誉他"在几乎世俗学问所有的分支上，都超过了同时代的人，堪与古人媲美"[1]。弗提乌斯家中定期举办各种沙龙，邀请著名学者参加，有计划地阅读和讨论古典名著，其府邸遂成为君士坦丁堡的学术中心。

---

[1]　N. H. Baynes and H. St. L. B. Moss, *Byzantium: An Introduction to East Roman Civilization*, Oxford, Oxford University Press, 1949, p.209.

弗提乌斯生活的时代是拜占庭古典教育再次呈现繁荣的时代。但是，由于七八世纪战乱的影响和拜占庭境内多民族文明的交流和融合，古典知识失去了往昔的纯正，希腊语、拉丁语中的外来语和俚语日益增多，词义和词性发生了诸多变化。面对新情况，弗提乌斯竭力主张维护古典知识的纯正性。他指出，继承和传播古典知识，必须首先维护古典传统，保证知识的规范化。为此，弗提乌斯下大力编纂希腊语和拉丁语词典。他编纂的《词典》是一部收录词条相当完备的希腊语词典。

弗提乌斯是保存、传播和学习古典文化的积极倡导者，他本人学习和研究的领域几乎涉及古代希腊罗马的每一个学术领域。弗提乌斯藏书宏丰，收集了大批的古代希腊罗马典籍。他的著作《典籍广览》(*Bibliotheca*)被史学界看作拜占庭文化史上最重要的一部著作。《典籍广览》是一部评论性书籍，共包括280章，几乎涉及古代希腊罗马的每一位经典作家的作品。它每提及一本古代典籍，会先简要介绍作者，随后点评书籍内容。这部著作成为后人了解拜占庭文化和古代希腊罗马典籍的重要史料。

第三节　普塞洛斯和希菲林那斯的教育活动与教育思想

一、普塞洛斯的教育活动与教育思想

普塞洛斯出生于1018年，去世年代说法不一，一说1078年，一说1096年。他是拜占庭历史后期著名的学者，是11世纪拜占庭文化复兴时期最杰出的代表。普塞洛斯出身于君士坦丁堡的一个平民家庭，幼年丧父，母亲竭尽全力地为他提供接受教育的机会。普塞洛斯的启蒙教育是在离家很近的一所修道院学校中完成的。他天资聪颖，入学不久就能熟练地背诵《伊利亚特》全诗。普塞洛斯少年时代，他的两位叔叔已是君士坦丁堡颇有名气的学者。他

毫不讳言地讲，两位叔叔对自己学业的影响超过了任何一位学校老师。16 岁时，在叔叔的引荐和资助下，普塞洛斯师从拜占庭著名学者莫罗帕斯(Mauropous)和尼西塔斯(Nicetas)。莫罗帕斯通晓希腊语和拉丁语，熟悉哲学、修辞学、几何学和法学等学科；尼西塔斯擅长文法学。他们对普塞洛斯一生学业影响重大，普塞洛斯扎实的哲学、修辞学、文法学和法学功底，就是受业于莫罗帕斯和尼西塔斯的结果。

普塞洛斯平民出身，没有稳定的经济来源。他做过律师，也曾在拜占庭政府中短期担任官员，不过，普塞洛斯一生中大部分时间都在从事教学活动，以教学和写作为生。他担任过公共教师，更长的时间在做私人教师。教学虽然是他赖以谋生的基本手段，但是，普塞洛斯断然否定他从事教学仅仅是为了生计。他说："我历尽艰辛获取知识并将知识传授给人们，绝不是为了换取金钱，我甚至用金钱资助那些渴求获得知识的贫寒之士。"①普塞洛斯坦言，他从事教学活动是为了保存和传播知识，保证古典文明成果的传承。

1045 年，在拜占庭皇帝的过问下，拜占庭政府重组了君士坦丁堡大学。大学由哲学院和法学院组成，普塞洛斯受聘担任哲学院院长。普塞洛斯的两位老师莫罗帕斯和尼西塔斯以及他的几位得意门生共同组成了哲学院的教师阵容。在普塞洛斯的主持下，哲学院声名鹊起，吸引了拜占庭境内外众多渴求知识的青年。普塞洛斯不无自豪地说："尼罗河浇灌着埃及的沃野，我的唇舌则浇灌着人们的心灵。""你若问波斯人和伊索比亚人，他们会告诉你：他们是慕我之名而寻我求教的。从巴比伦边界前来的人是从无餍足地饮我那智慧之水的。在众多国家之中，有的称我是学识的明灯，有的称我是心智的光辉，其余国家也以别种最为尊贵的颂语来赞誉我。"②不过，他也曾谦虚地说："确

---

① J. M. Hussey, *Church and Learning in the Byzantine Empire, 867—1185*, New York, Russell & Russell, 1937, p.51.

② 曹孚、滕大春、吴式颖、姜文闵:《外国古代教育史》，122 页，北京，人民教育出版社，1981。

切而言，我无须孤芳自赏，也不能没有自知之明而过高地估计自己的能力。在知识的探究和思辨方面，我同先哲们相比，是多么微不足道。"①实际上，这不仅是普塞洛斯的自谦之词，而且道出了绝大多数拜占庭学者的共同特征，即他们在很大程度上是知识的保存者和传播者，而不是知识的创造者。

普塞洛斯的思想深受柏拉图的影响。他对柏拉图推崇备至，极力宣传和颂扬柏拉图的哲学观点。普塞洛斯认为，古典知识虽然由众多学派组成，但柏拉图的思想可以说是鹤立鸡群，具有集大成的特点。因此，柏拉图的著作应该是学习古典知识的最基本的著作。他的著作《逻辑学》就是按照柏拉图哲学体系撰写的，传入西欧后受到普遍欢迎。然而，就某种意义而言，普塞洛斯受新柏拉图主义的影响更大。新柏拉图主义是3世纪到5世纪发展起来的一个哲学学派，以柏拉图哲学，特别是以柏拉图的理念论和神秘主义为基础，糅合了斯多葛派、毕达哥拉斯派的哲学以及其他各种哲学思潮。它的最基本特征就是把柏拉图的理念论同神学结合了起来，强调所有精神的和物质的存在都是从最高的精神实体流溢出来的。普塞洛斯关于上帝和灵魂的解释，具有鲜明的新柏拉图主义色彩。

关于上帝是什么，普塞洛斯认为："上帝不是天空，不是太阳，不是任何可以感知的事物……也不是感官和智力能够触及的，上帝具有深不可测的本质。"②人们对上帝的理解不能依赖自身的认知能力，不能依靠知觉和理性，而只能源于对宇宙秩序的领悟，只能靠信仰和虔诚。显然，普塞洛斯的观点具有浓厚的神秘主义色彩。对于灵魂问题，普塞洛斯投入了大量的时间和精力。他认为，灵魂不是物质的和有形的，而是精神的和无形的，它往来于理念世界和现象世界之间。但是，普塞洛斯并不把肉体看成罪恶的根源，反对

---

① J.M.Hussey, *Church and Learning in the Byzantine Empire*, *865—1185*, New York, Russell & Russell, 1937, p.75.

② J.M.Hussey, *Church and Learning in the Byzantine Empire*, *867—1185*, New York, Russell & Russell, 1937, p.79.

强调人世生活的绝望和无能。他认为不应该鄙视肉体。肉体具有积极作用,是灵魂的"工具",可以帮助灵魂认识现象世界的客体,从而反映出事物更高级的理念。他也不赞成原罪论,认为善与恶是相对的,一个人可以自由地选择,并不是命运所预定的。普塞洛斯并没有着意去界定或区分柏拉图思想和新柏拉图主义,常常将后者看成对前者的继承与发展。

普塞洛斯讨论有关知识和知识学习问题时,主张哲学院学生的学习要分为几个阶段。

第一个阶段学习文法和修辞学。文法学习要以希腊罗马原著为教材,让学生娴熟地掌握希腊语和拉丁语的语法结构,从而为今后正确地阅读和写作打下良好的基础。普塞洛斯强调修辞学是一门非常重要的学问,甚至认为"知识分为两部分,一部分是修辞学,另一部分是哲学"①。他指出,大部分人认识不到修辞学的重要性以及它与哲学的关系,意识不到学好修辞学是进一步钻研哲学的基础所在,特别是有些哲学家忽略用最美的语言和优雅的文体来表述他们的思想,致使他们的哲学变得枯燥而乏味。但是,普塞洛斯同时指出,也不能纯粹为了追求华丽的辞藻和典丽的文风而忽视作品的内涵,走向另一个极端。

第二个阶段学习算术、几何、天文学和音乐等课程。普塞洛斯指出,这些学科的学习也是为将来更好地学习哲学打下基础。他说:"我重视这些学科,不仅逐个地学习,而且把它们联系在一起研究……它们和谐一致地导向共同的结果。"②例如,普塞洛斯认为,算术是联系具体有形世界和抽象无形世界的中介,可以帮助学习者形成抽象的观念,为进一步洞悉理念世界奠定基础;天文学有助于学生领悟宇宙间万事万物的秩序,不应当与占星术等同

---

① J.M.Hussey, *Church and Learning in the Byzantine Empire*, *867—1185*, New York, Russell & Russell, 1937, p.62.

② J.M.Hussey, *Church and Learning in the Byzantine Empire*, *867—1185*, New York, Russell & Russell, 1937, p.63.

起来。普塞洛斯甚至批评把雷电和地震当作上帝惩罚的观点，他认为这些都是自然现象，并试图从自然和理性上去寻找合理的答案。

第三个阶段学习哲学。普塞洛斯认为，哲学是知识的最高形式，"没有哪门学科能够与哲学相比，它是从各门学科中抽象出来的，包含各门学科"①。因此，只有扎实而完整地学习了其他各门知识，以广博的知识为基础，才能进一步学习哲学知识，同时也只有最优秀的人才有可能攀登上这一知识的顶峰。普塞洛斯虽然运用新柏拉图主义观点来诠释《圣经》和基督教教义，但是他并没有因循希腊教父们的观点，把哲学看成神学的奴婢。普塞洛斯把哲学看成各门知识的抽象和综合，不言而喻，哲学也是知识的王冠，它的地位并不低于神学。11 世纪，西欧经院哲学体系初步形成，哲学界致力于调和基督教教义与希腊罗马哲学、理性与信仰之间的矛盾。相比较而言，普塞洛斯虽然也宣扬上帝要靠虔信去领悟，而不能靠理性去认识，但是，他提出，哲学和宗教是各自独立的认识领域，反对把哲学和宗教混为一谈，反对教会对学术妄加干预。普塞洛斯的学生伊塔卢斯(J. Italus)继承和发展了他的观点，认为哲学和教会教义是两种不同的思想体系，应完全采取不同的途径探索真理，主张哲学和神学分离，全面地驳斥了被教会利用和歪曲的亚里士多德学说。他们师徒也为此遭到了教会的迫害。

二、希菲林那斯的教育活动与教育思想

希菲林那斯(Xiphilinus，又译希菲利努斯)大约于 1010 年出生于拜占庭的特拉布宗，去世年代不详。他早年在故乡接受学校教育，青年时代来到君士坦丁堡接受高等教育，师从莫罗帕斯和尼西塔斯，成为普塞洛斯的同窗好友。两人在求学过程中结下了深厚的友谊，并保持终生。诚如普塞洛斯所言："在

---

① James Bowen, *A History of Western Education*, Vol.2, New York, St.Martins Press, 1972, p.309.

知识的王国里，我们相互砥砺，相互帮助。"①他们共同钻研学术，成为拜占庭名闻遐迩的学者。然而，他们在学术观点上并不完全一致。希菲林那斯尊崇亚里士多德，对柏拉图和新柏拉图主义颇具微词，甚至直接批评普塞洛斯的哲学观点。在学术研究领域方面，希菲林那斯对法学兴趣浓厚，是君士坦丁堡著名的法学学者和律师。1045 年君士坦丁堡大学重组，法学院在一所著名修道院的原址上扩建而成，面向大海，依山傍水，风景宜人。学院不仅拥有优良的教学设施，优秀的师资队伍，而且附设了一所图书馆。拜占庭皇帝诏令从全国各地收集了大量法学书籍，为法学教学和研究提供了极大便利。希菲林那斯应聘为法学院院长，致力于法学教育，使法学院很快成为拜占庭法学教育和法学研究的中心。

拜占庭继承了古代罗马帝国的传统，一向重视法学教育。经历了长期战乱后，法学教育废弛。在谈到拜占庭法学教育现状时，希菲林那斯毫不讳言地指出，帝国法学教育糟糕到了令人难以容忍的地步，缺乏法学教育机构和专门人员，政府官员、法官、公证人和律师很少有机会接受严谨而正规的法学教育。即使有些人接受了专门的法律训练，也是靠师徒相传的方式，没有统一的法学教材，也没有标准和规范的法典作为教学依据。因此，一旦他们在实践中运用起法律知识，就会各行其是，随意引申和诠释，造成法律概念的模糊不定、混淆不清，甚至使法律成为党派之间斗争的工具，严重损害了法律的公正性。这样一来，必然会危及拜占庭的统治秩序，也会造成犯罪现象蔓延。因此，希菲林那斯认为，拜占庭亟须恢复法学教育传统，以培养政府官员和法律专门人才。希菲林那斯的观点恰恰迎合了拜占庭社会的现实需要。

希菲林那斯赞成由政府出面建立法学教育机构，集中优秀的法学学者担

---

① J.M.Hussey, *Church and Learning in the Byzantine Empire*, *867—1185*, New York, Russell & Russell, 1937, p.37.

任教师，为年轻人提供接受正规法学教育的场所。希菲林那斯认为，法学院的目标就是提供周全的法律知识教育，把学生培养成熟悉法律知识的政府官员或法学专门人才。学习法律知识必须以广博而扎实的普通知识为基础，因此，希菲林那斯特别强调学生要学习和掌握希腊语和拉丁语，以及哲学、修辞学等知识。他以自身为例，说明学习其他知识是法学学习的基础，其中修辞学知识尤为重要。希菲林那斯针对法学教育的特殊性指出，为了保证法学教育的质量和维护法学实践的规范性，学生只有修完所有课程获得证书并从事一定时间的司法实习后，才有资格从事法律实践活动。

第三章

拜占庭帝国教育的演进

第一节　拜占庭帝国世俗教育的发展

拜占庭帝国的教育与罗马帝国东部的教育联系密切。君士坦丁大帝把教育作为国家的重中之重。他提出，帝国要生存下去，最重要的就是要继承罗马帝国的传统，"坚持古代的传统是未来时代的准则"①。要继承罗马帝国的传统，就要发挥教育之力。君士坦丁大帝大力资助教育，恢复给公共教师发放政府支付的薪金，并豁免公共教师的赋税和劳役，规定不能因驻扎军队强占公共教师的房屋，不得伤害公共教师或对其提起诉讼。君士坦丁大帝认为，只有这样做才能促使教师更好地工作。② 君士坦丁大帝之后的皇帝延续了这些政策。帝国统治者一系列振兴教育的政策促进了世俗教育的繁荣，大量学者从罗马帝国西部来到君士坦丁堡，君士坦丁堡就此成为帝国文化教育的中心。

拜占庭帝国的世俗教育体系比较完备，这是因为帝国在一千多年中始终

---

① James Bowen, *A History of Western Education*, vol.1, New York, St.Martin's Press, 1972, p.287.

② [英]博伊德、金：《西方教育史》，任宝祥、吴元训主译，85 页，北京，人民教育出版社，1985。

存在强大的中央集权世俗政权。同时，拜占庭帝国稳定的政治、繁荣的经济也需要世俗教育，加上帝国本身就继承了古希腊罗马丰富的世俗文化知识，沿袭了罗马帝国的教育机构，因此为了满足帝国经济社会发展的需要，拜占庭帝国设立了世俗教育机构，形成重在继承、保存和传播古典文化的世俗教育体系。

一、初等教育

拜占庭帝国的初等教育保持了希腊化时代的文化传统，崇尚欧洲古典文化。初等学校大多是学者们开设的私立学校，会收取一定的学费。拜占庭帝国的民众都希望接受良好的教育。6~12 岁儿童进入初等学校学习，学习内容包括习字、文法、算术以及古罗马希腊的诗歌作品。教育方式是阅读和背诵。接受初等教育的学生可以掌握基本的识字和算术能力。

二、中等教育

拜占庭帝国的中等学校沿袭了罗马帝国的中等学校，即文法学校和修辞学校，学习内容是文法、修辞、逻辑和古典作品，教材以古希腊优秀作家的作品为主，采用希腊化时期学者或拜占庭学者的注释。中等教育为期 3~4 年。学校课程的内容首先是读和写，其次是希腊语和拉丁语的语法学习。中等教育完成后，一部分学生进入修道院研习基督教神学，另一部分学生进入大学继续学习。

三、高等教育

拜占庭帝国的高等教育与中等教育的内容接近，只是程度更深。拜占庭帝国的高等教育在当时世界处于较高水平，主要有君士坦丁堡大学、雅典学院、亚历山大里亚城的医学校和哲学学校、贝鲁特的法律学校等。

(一)君士坦丁堡大学

君士坦丁堡大学的创设与发展颇可以反映拜占庭高等教育的发展水平。425 年，狄奥多西二世(Theodosius Ⅱ)创办君士坦丁堡大学，学校位于宫廷附近，开设数十个讲座，延聘知名学者任教。为了支持学校发展，狄奥多西二世将拥有 12 万册藏书的宫廷图书馆作为君士坦丁堡大学的附属机构，学校成为拜占庭帝国学习研究欧洲古典文化的中心。7 世纪至 8 世纪，战乱频仍，拜占庭帝国的教育事业普遍衰落，君士坦丁堡大学也难以为继。9 世纪中叶后，随着拜占庭帝国政权逐渐稳定，帝国着手重建君士坦丁堡高级学校。学校开设了哲学、修辞学、几何学、天文学和语言学等古典科目，之后又增加了数学、音乐、文法、法律、医药等科目。

11 世纪中期，君士坦丁九世(Constantine Ⅸ)重组君士坦丁堡大学。为了培养帝国需要的官吏和律师，君士坦丁九世非常重视法学教育，因此法学院着重法律实用知识的传授。著名学者普塞洛斯担任哲学院院长，在他的主持下，哲学院成为拜占庭帝国哲学以及其他世俗学问的研究中心，西欧和阿拉伯国家的青年也慕名前来学习。

13 世纪初，天主教骑士团攻占了君士坦丁堡，将大量古代艺术珍品劫掠至欧洲，拥有巨量藏书的君士坦丁堡图书馆被焚毁，拜占庭的古典文化濒于绝迹。历经半个多世纪，米凯尔八世(Michael Ⅷ)收复君士坦丁堡后发起"巴列奥略王朝复兴运动"，旨在复兴古典文化。米凯尔八世出台政策恢复了拜占庭教育。14 世纪至 15 世纪，拜占庭帝国的教育在世界上仍处于相对发达的水平，国家对教育依然关注，政府继续控制和资助公共教师。

(二)法学教育

值得一提的是，拜占庭在国家举办的教育事业中比较重视法学教育。一是因为政府需要大量懂得法律知识的官员；二是由于拜占庭工商业发达，尤其是君士坦丁堡地处东西方商贸要道，来往商旅众多，产生了大量商业诉讼案件，于是拜占庭人特别重视继承和研究罗马法律。前已谈及，君士坦丁堡大学自成立之日起，便设立法学讲座，贝鲁特等地也设有国办专门法律学校。查士丁尼时期以君士坦丁堡为中心掀起了宏大的法学学术运动。这一运动和查士丁尼的立法活动紧密地结合在一起。查士丁尼雄心勃勃，极力扩张疆土，企图恢复昔日罗马帝国的版图。为统一民心和法度，他于 528 年任命专门的委员会编纂一部完备的法典。534 年，这一工作完成，法典总称《民法大全》，包括《查士丁尼法典》《查士丁尼学说汇纂》《查士丁尼法学阶梯》和《查士丁尼新敕》四部分，是欧洲历史上第一部系统完备的法典。

法典编纂完毕后，查士丁尼为使法律广为知晓和遵行，把推广普及法律知识作为加强统治的重要手段，大力推行法学教育。法学教育的实施一方面培养了大批法律工作者，另一方面促使政府官吏知法、懂法、依法办事。查士丁尼在君士坦丁堡和贝鲁特等城市创建和重组法律学校，学生修业年限为 5 年，学习目标是成为"能充满信心地去治理可能托付于你们的帝国各地的官员"①。学生第一年上半年学习《法学总纲》，随后三年半研习《法理汇要》，第五年学习《查士丁尼法典》。由于《民法大全》卷帙浩繁，教师常选择重要章节辑成教材。查士丁尼还亲自为教科书撰写序言，并钦命专门教授讲解。教学方法大致是，教师列举相同或相似的法案，比较法理学家不同的观点，学生之间展开论争，最后教师阐述自己的见解。

(三)医学教育

拜占庭帝国的医学教育在当时也有很高水平。拜占庭医学传承于古希腊医学，拜占庭的医学知识具有大众性，不仅专业医生掌握医术，而且知识分子和普通民众也对医学知之甚多，因此拜占庭医学是一种普及性的科学。君士坦丁堡以及其他大城市都开设了医学院校，医学院校的课程由著名医生讲

---

① ［美］E.P. 克伯雷：《外国教育史料》，任宝祥、任钟印主译，157 页，武汉，华中师范大学出版社，1991。

授，学习内容不仅有医学问题，还有医学理论和应用研究。学生学习期间除了阅读大量医学著作外，还必须进行医学实习。拜占庭帝国高度重视医院建设，在军队和地方分别设立了军事医护团和医院。

四、宫廷教育

拜占庭帝国世俗教育体系中有一类教育是面向皇室宗亲子弟的，即宫廷教育。宫廷教育旨在教育皇室宗亲子弟学习治国理政。拜占庭建国之初，君士坦丁大帝就非常重视宫廷教育，不仅为皇子聘请声望卓著的教师，有时还亲自为皇子讲授治理国家的各种知识。君士坦丁大帝认为皇子不仅要学习知识，还要锻炼强健的体魄，这样才能在将来适应战争生活和繁忙的公务。皇子们学习的内容有基督教教义、古希腊哲学和罗马法，以及体育锻炼和军训。4 世纪时，狄奥多西一世延聘拜占庭著名学者阿森尼乌斯为两位皇子授课。9 世纪时，瓦西里一世延聘拜占庭著名学者弗提乌斯为皇子授课。为了让皇子努力学习，皇帝会召集一些贵族子弟进宫共同学习，在互相竞争中激发他们的学习热情。

五、私人学校

拜占庭世俗教育体系中不仅有公办学校，还有学者们开设的私立学校。私立学校的学生须缴学费，只有父母能担负起学费的儿童才能接受教育。[1] 不同私立学校的层次与授课内容差别很大。有的私立学校是初级学校，学习内容有正字法、文法和算术的初级知识。《荷马史诗》在初级学校常被用作教材，教师要求学生背诵《荷马史诗》的部分或全部，也正因此，拜占庭帝国接受过初级教育的人对于《荷马史诗》都非常熟悉。初级学校学习内容还包括基督教

---

① N.H.Baynes and H.St.L.B.Moss, *Byzantium: An Introduction to East Roman Civiliza-tion*, Oxford, Oxford University Press, 1949, p.200.

教义的知识。有的私立学校属于中等教育或高等教育层次，讲授比较高深的知识。私立学校在拜占庭帝国的普遍设立有利于古典文化的传承与发展。拜占庭帝国私立学校的盛行弥补了公办学校受教育人数不足的问题，使得拜占庭帝国的识字率在当时世界处于较高水平。① 文书行业已不是以往那样高贵的职业，而成了普遍习见的行业。如一名落魄的作家就曾被人劝告道："靠抄写谋生吧……做个抄书匠吧！"②

第二节　拜占庭帝国教会教育的演进

基督教在罗马帝国取得了合法地位后，没有立即提出教育主张，也没有立即建立基督教学校。但是当时罗马帝国东部的希腊教父意识到了教育对于基督教传播的重要意义，他们著书立说，阐述基督教的教育问题，认为基督教教育的目的就是让教民虔敬上帝，因此《圣经》和基督教教义应该是基督教教育的核心内容。他们在强调神学为首要的同时，并不排斥古典文化知识，还希望用古希腊哲学来辅助基督教教育，甚至主张教徒学习古典文化知识。及至拜占庭帝国时代，世俗王权高于教会权力，基督教接受皇帝领导。皇帝有权阐释基督教教义、颁布教会法规、任命教会高级神职人员、裁决教会争端。作为权力的交换，基督教教会从皇帝处得到特权和赏赐，并能参与世俗事务，其中就包括开办教会学校。教会学校主要包括两类：一是修道院学校；二是主教学校。

---

① D.J.Geanakoplos, *Byzantium: Church, Society and Civilization Seen Through Contemporary Eyes*, Chicago, The University of Chicago Press, 1984, p.403.

② James Bowen, *A History of Western Education*, Vol.1, New York, St.Martin's Press, 1972, p.312.

一、修道院学校

修道院原本是基督教的修行场所,很早传入君士坦丁堡。修道院对拜占庭基础教育的控制始于 5 世纪,6 世纪中后期,许多修道士开始成为高等学府的法定教员。① 修道院学校旨在培养教会神职人员,注重祈祷、诵读以及生产劳动。修道院学校集体的祈祷每天 6 次,诵读经书由修道院院长主持。修道院中修道士的日常工作之一是抄写经书。修道院设有图书馆,收藏的经书和誊写的手稿可以供修道士学习研究。9—10 世纪,拜占庭帝国境内大量出现修道院,规模比较大的修道院设有学校,学习《圣经》和基督教教义以及世俗文化知识。修道院倡导行善,一般附设孤儿院。政府把牺牲战士的遗孤送到孤儿院,要求"给这些孤儿以良好的教育"②。

二、主教学校

基督教教会开办的主教学校是一种高级学校,用于培养教会高级神职人员。都主教和大主教所在教堂会设立学校。6 世纪至 11 世纪是拜占庭帝国主教学校的繁荣发展期,各大教区争相设立主教学校,一时数量达到顶峰。680年召开的主教公会规定,教士的子侄或其他男性亲属都可以到主教学校或修道院学校读书。主教学校虽然主要教授神学,但也教授古典文化知识。于是主教学校的教师分为神学学科教师和世俗学科教师。拜占庭帝国最著名的主教学校是 6 世纪创办的君士坦丁堡大主教学校,存在时间也比较长。能够到该校任教的教师必须经过严格的考核,由君士坦丁堡教区牧首确定人选。君士坦丁堡大主教学校设立固定的神学讲座,每个讲座围绕专门宗教课题进行,学生在教师的指导下学习基督教教义。除开设神学讲座外,该校还开设固定

---

① 徐家玲:《拜占庭文明》,487 页,北京,人民出版社,2006。

② James Bowen, *A History of Western Education*, Vol.1, New York, St. Martin's Press, 1972, p.311.

的哲学、文法、修辞学等讲座。演讲术得到普遍重视，因为传教布道需要能言善辩的人员。这所学校教会权威云集，不仅是基督教教会学校的最高学府，还成为拜占庭帝国基督教神学研究中心。

第三节　拜占庭帝国教育的影响

一、拜占庭帝国教育对西欧的影响

（一）拜占庭保存的古希腊罗马文化为文艺复兴运动提供了准备

西罗马帝国灭亡后，欧洲古典文化遭到极大破坏。拜占庭帝国相对稳定的社会环境保存了大量的欧洲古典文化，并且拜占庭帝国崇尚古典文化，编纂、誊抄、翻译了许多欧洲古典文献，这些文献又通过不同途径返回西欧。

一是通过天主教骑士团。天主教骑士团队伍里有大批封建主和骑士，他们占领君士坦丁堡后，带走大量拜占庭保存的西欧古典文献典籍。恩格斯这样描述天主教骑士团占领君士坦丁堡发现拜占庭文化后的诧异："拜占庭灭亡时抢救出来的手稿，罗马废墟中发掘出来的古代雕像，在惊讶的西方面前展示了一个新世界——希腊古代；在它的光辉的形象面前，中世纪的幽灵消逝了。"①天主教骑士团最大的战果就是拜占庭帝国历经千年保存下来的古典文化作品有一部分被带到了西欧。意大利一些城邦，如威尼斯、热那亚、米兰、比萨、佛罗伦萨收获尤丰。这些城市不仅工商业发达，而且人文荟萃，文艺复兴时期大师迭出、人才济济。

二是通过东西方学者的交往。中世纪初期，西欧一些遭到迫害的学者辗转来到拜占庭帝国，与拜占庭学者进行了广泛的学术交流。天主教骑士团攻占君士坦丁堡，加上奥斯曼帝国向西不断蚕食拜占庭帝国的领土，拜占庭的

---

① 《马克思恩格斯选集》第四卷，261页，北京，人民出版社，1995。

社会秩序日趋混乱，学者们很难继续工作，于是一些拜占庭学者携带大量希腊文、拉丁文的文献典籍前往西欧。这些学者在意大利讲授古典文化，培养了意大利本地一些学者，为文艺复兴做了人才准备。拜占庭保存的古典文化激发了意大利学者学习研究古典文化的热情，这种热情又传到欧洲其他国家。印刷术在 15 世纪得到应用后，意大利学者大量整理出版古典文献典籍，加速了古典文化在欧洲的传播，为文艺复兴运动提供了丰富的源泉。

(二)拜占庭文化有力地促进了文艺复兴运动

文艺复兴运动从根本上否定经院哲学，提倡人文主义。而来到意大利的拜占庭学者无疑发挥了重要的作用。拜占庭学者与意大利人文主义学者倡导柏拉图哲学，并在佛罗伦萨建立了柏拉图学院。14 世纪至 15 世纪文艺复兴兴起之时，拜占庭也涌现出人文主义思想，如崇拜理性，注重人的个性发展，高扬人道主义精神。因为拜占庭的学校教育在当时欧洲处于发达水平，许多意大利学生来到君士坦丁堡求学。这些学生与拜占庭人文主义者来往密切，同时许多拜占庭学者也迁居意大利。这种文化的交流融合有力地促进了文艺复兴运动的开展，使欧洲文化发展到一个顶峰。

二、拜占庭帝国教育对基辅罗斯的影响

(一)拜占庭帝国教育与基辅罗斯

862 年，瓦良格人建立了俄罗斯第一个王朝——留里克王朝。拜占庭首都君士坦丁堡是基辅罗斯通往南方出海口的必经之处，瓦良格人称君士坦丁堡为"伟大的城市"。接替留里克的王公奥列格为了得到这条贸易的要道，向拜占庭发动战争。拜占庭战败，向基辅罗斯纳贡。基辅罗斯不仅获得了巨大的经济利益，还与文化发达的拜占庭帝国建立了联系，这反过来对基辅罗斯的政治和文化产生了很深的影响。980 年，大公弗拉基米尔一世(Vladimir I)即位，基辅罗斯国力强盛。为了加强统治，弗拉基米尔一世迫切需要统一的精

神信仰来统治各民族。弗拉基米尔一世借拜占庭皇帝因内部发生叛乱向他求援之机，要求娶拜占庭皇帝之妹为妻，但拜占庭皇帝提出如果联姻，基辅罗斯必须接受基督教。弗拉基米尔一世最终同意了这个要求，988 年将基督教定为基辅罗斯的国教，禁止多神教，人民全部接受东正教大主教的洗礼。基辅罗斯与拜占庭帝国存在密切的政治、经济、文化联系，而统一的信仰有利于两国的交流与互通。

(二)基督教教会促成创立斯拉夫文字

在基督教成为基辅罗斯的国教之前，基辅罗斯没有成熟的文字，过于简单的文字不利于军事和贸易。7—8 世纪时，由于拜占庭帝国与斯拉夫地区有贸易往来，斯拉夫人开始使用希腊文字。9 世纪时，希腊基督教修道士西里尔和美多德创造了斯拉夫字母。斯拉夫字母的创造和使用促进了基辅罗斯的文化发展，进而也使基辅罗斯的教育得到较大的发展。

三、拜占庭帝国教育对中世纪伊斯兰国家的影响

拜占庭教育对于中世纪伊斯兰国家的教育有着深刻的影响。7 世纪时，阿拉伯帝国征服拜占庭。但在此过程中，阿拉伯帝国的伊斯兰教统治者认为要统治高于自己文明的地区，不能只凭借军事力量，必须学习被征服地区的文明，于是统治者包容吸纳了拜占庭文化，逐步接受欧洲古典文化。

8 世纪早期伊斯兰国家阿拔斯王朝的创立者阿布·阿拔斯即位后，许多阿拉伯学者热衷于研究和翻译古希腊文献。他们来到拜占庭帝国，研读、收集古典文献书籍，回国时带回许多古希腊作品，然后译成阿拉伯文传播。哈里发马蒙在位时，大力鼓励学术研究，特别崇尚古希腊的学术。在战胜拜占庭帝国时，马蒙向拜占庭皇帝索要大量古希腊文献书籍，然后安排学者将众多古希腊哲学、数学、天文学、医学等文献译成阿拉伯文。早期伊斯兰国家广泛吸收古希腊文化，融合古代印度、波斯的文化，形成了阿拉伯文化。在阿

拉伯文化的基础上，早期伊斯兰国家借鉴拜占庭帝国的办学经验，建立了具有伊斯兰民族特色的学校教育。

11世纪时，拜占庭教育对伊斯兰国家还存在影响。不少伊斯兰国家的青年学生慕名来到君士坦丁堡大学哲学院学习。1453年，奥斯曼帝国攻陷君士坦丁堡，用马车装载了不计其数的古希腊罗马典籍运到帝国各处出售。这客观上促使欧洲古典文化通过奥斯曼帝国进行了传播。

第四章

早期伊斯兰国家的兴起与文化发展

第一节　伊斯兰教产生前阿拉伯社会的历史变迁

阿拉伯半岛是阿拉伯人的发祥地和伊斯兰教的摇篮。阿拉伯半岛位于亚洲的西南部，东接波斯湾和阿曼湾，南接阿拉伯海，西濒红海，北接叙利亚沙漠和美索不达米亚草原，西北角与西奈半岛相连，是世界上最大的半岛。从人种上来说，生活在半岛上的阿拉伯人属于闪族(Semite)。他们与古埃及人、古巴比伦人、腓尼基人、希伯来人是有一定的亲缘关系的。① 其语言与阿卡德语、腓尼基语、希伯来语、埃塞俄比亚语一样，同属闪米特语系。②

受自然环境的限制，一直到伊斯兰教兴起以前，阿拉伯半岛上的大多数人仍然过着游牧生活，被称为贝都因人(Bedouins)。半岛西南部的也门地区自然条件比较好，早在上古时期就相继形成了几个王国。古代南方阿拉伯人不仅兴修水利设施，进行农业生产，而且开展国际间的商业活动；在半岛西部与红海平行的狭长地带——汉志(亦译"希贾兹")地区也因南北商业活动的需

---

① ［美］希提：《阿拉伯通史》，马坚译，9～10页，北京，商务印书馆，1979。
② 《简明不列颠百科全书》第7卷，88页，北京，中国大百科全书出版社，1986。

要而成为重要商道,并且逐渐形成一些商业据点和城镇。阿拉伯社会的历史变迁与各个时期国际关系的变化也是分不开的。

一、阿拉伯半岛的自然环境

阿拉伯半岛没有常年有水的河流和湖泊,山溪时流时涸。除了山岳和高地,半岛上主要是沙漠与草原,而草原也只"是各沙丘中间的圆形的平原"①。阿拉伯裔美籍学者希提(Philip K. Hitti)指出:"就语源学来说,‘Arab 是一个闪族语的名词,译为沙漠,或沙漠的居民,并没有民族的涵义。在《以赛亚书》(21:13,13:20)和《耶利米书》(3:2)里,希伯来名词 Ereb 也是作同样的解释。在《古兰经》(9:97)里,a‘rāb 是指贝杜因人而言的。"②可见,沙漠是阿拉伯半岛的主要地理特征,在伊斯兰教兴起以前,阿拉伯社会的主体是贝都因人或游牧人。

阿拉伯半岛的沙漠地区大致可以分为三个部分。其一是北部的大内夫得沙漠地区,亦称天谷。这一地区冬季多雨,"地面上会蒙上一层青翠的牧草,这种地区就变成贝杜因人的驼群和羊群的乐园"③。生活在这一地区的贝都因人在夏季干燥炎热时便由内地转移到边地生活,到了冬天又回到故乡。其二是红沙地区,"北自内夫得,南至鲁卜哈利沙漠,向东南方形成一个大弧形,迤逦六百余英里……红沙地区能获得季节性的雨水,生长丰富的牧草,每年能吸引贝杜因人(游牧人)和他们的牲畜到这个地区来放牧几个月,但这个地区,在夏季是人迹罕至的"④。其三是黑石沙漠地区,亦称熔岩地区,是由火山爆发的岩浆形成的。"在这个区域里,到处是有皱纹形的、有裂口的熔岩,

---

① [美]希提:《阿拉伯通史》,马坚译,14 页,北京,商务印书馆,1979。

② [美]希提:《阿拉伯通史》,马坚译,46 页,北京,商务印书馆,1979。该书将贝都因人译作贝杜因人,下同。——编者注

③ [美]希提:《阿拉伯通史》,马坚译,15 页,北京,商务印书馆,1979。

④ [美]希提:《阿拉伯通史》,马坚译,15 页,北京,商务印书馆,1979。

堆积在沙岩的上面。这种类型的火山地区，在阿拉伯半岛的西部和中部是很多的，北部延长到豪兰东部。雅古特所记载的熔岩区，不下三十处。"①

虽然阿拉伯半岛的东、西、南部都濒临海洋，但是海岸高山环抱，阻挡了潮湿海风的吹入。干燥和炎热是岛内气候的主要特点。一般来说，半岛内陆地区属于热带沙漠气候，是世界上为数不多的干燥炎热地带，难以耕作。

阿拉伯半岛的自然环境对生活在这里的阿拉伯人是巨大的挑战，但同时也为他们提供了自然的保护，锤炼了贝都因人的体质与性格。

阿拉伯半岛虽然多山岳、高地、沙漠和草原，却也有若干肥沃地区，两千多年前就有人在这些地区从事耕作，开展商贸活动。首先是西南部的也门地区，自古以土地肥沃、物产富庶而著称，被誉为"阿拉伯的福地"。正是在这里兴起了阿拉伯半岛上最早的几个王国，促进了整个半岛人口的流动和社会的发展。

二、伊斯兰教兴起前阿拉伯社会的历史变迁

(一)贝都因人的社会生活方式

受自然环境的影响，阿拉伯半岛的居民分为游牧的贝都因人和定居的居民两个部分，贝都因人在伊斯兰教兴起前占大多数。

贝都因人的"生活方式是人类生命适应沙漠环境的最好的方法。哪里有水草，他们就到那里去放牧牲畜，逐水草而居"②。他们"住在用羊毛或驼毛织成的'毛屋'里，用同样的方法，在同一牧地上放绵羊和山羊。养羊、养驼、养马、狩猎和劫掠"③构成他们的主要职业。贝都因人以椰枣、面粥或炒面为食，衣着简朴，坚忍耐劳。

---

① [美]希提：《阿拉伯通史》，马坚译，16 页，北京，商务印书馆，1979。
② [美]希提：《阿拉伯通史》，马坚译，24 页，北京，商务印书馆，1979。
③ [美]希提：《阿拉伯通史》，马坚译，25 页，北京，商务印书馆，1979。

　　"毛屋"就是贝都因人的帐篷。每个帐篷代表一个家庭;许多帐篷集结的地方构成一个区域;同区域的人员组成一个氏族;几个有亲戚关系的氏族结成一个部族。氏族组织是贝都因人社会的基础。贝都因人"生活在家族里,为家族而生活,完全忠实并献身于他们的家族和在此基础上形成的氏族"①。个人必须依靠部族才能实现他的社会价值,也才能得到权利和生计的保障。倘若丧失了部族关系,个人的地位是难以得到保护的。

　　贝都因人的氏族首领由选举产生。年长、经验和智慧是贝都因人期望首领具备的三项品质,"因为他的主见,或者在他领导下的议事或战争,关系到他们的存亡"②。首领被称为"舍赫",他不能独断专行,一切大事必须由本族各户户长组成的长老会议决定。首领任期的长短由全体选民决定。③

　　家族、氏族和部族主要是以血缘关系建立起来的,但也可以以个人的身份取得。取得氏族关系的方法非常简单,如与某氏族的人共餐,或者吮吸他的几滴血。"获得解放的奴隶,常认为与原主人的家族保持几分联系,对于自己是有利的,这样一来,他就变成同族兄弟(mawla)了。一个外人,可以寻求这样的一种亲戚关系,被称为受保护人(dakhil)。依同样的方法,整个的比较弱的氏族,可以自愿地取得某个强大氏族或部族的保护,而终于被它吸收。"④

　　6世纪,汉志地区的麦加城作为阿拉伯半岛北部的政治、文化、宗教中心兴起时,阿拉伯半岛上有300多个部落,每一个部落都把本族的神灵供奉在麦加的克尔白神庙里,"其中有人像,还有兀鹰、公鸡般的石雕,也有树干、

---

　　① [巴基斯坦]赛义德·菲亚兹·马茂德:《伊斯兰教简史》,吴云贵等译,19页,北京,中国社会科学出版社,1981。

　　② [巴基斯坦]赛义德·菲亚兹·马茂德:《伊斯兰教简史》,吴云贵等译,19页,北京,中国社会科学出版社,1981。

　　③ 《简明不列颠百科全书》第1卷,605页,北京,中国大百科全书出版社,1985。

　　④ [美]希提:《阿拉伯通史》,马坚译,29页,北京,商务印书馆,1979。

石块等"①。这说明当时游牧的贝都因人的部落和城市居民已经存在一定的联系与交往。希提在《阿拉伯通史》中也曾指出，在游牧的贝都因人和定居的居民二者之间"通常没有明确的界线。中间还有半游牧的人和半定居的人。一度是贝杜因的某些城居的人民，有时会现出他们的游牧人的原形；也还有一些贝杜因人正处在变为城居人民的过程中"②。他还说："城居的人民和游牧的人民，他们彼此间的作用和反作用，是自我利益和自我保存的迫切动机所促成的。城居人民，得天独厚；游牧人民，以坚决的态度，向他们索取自己所缺乏的生活资料，或以暴力掠夺，或以和平方法，彼此交易。他或做强盗，或做商人，或身兼二职。"③在历史发展的长河中，有些贝都因人还在波斯人的部队中当过兵。古希腊历史学家希罗多德在《历史》一书中对此有所描述。④

(二)也门地区阿拉伯社会的发展与演变

也门阿拉伯人或葛哈坦人在阿拉伯半岛居住的时间最长，历史、文化最为悠久。按照阿拉伯宗谱学家的说法，"葛哈坦"（Gahtan，又译盖哈丹）是生活在也门地区的阿拉伯人的始祖。他们因此被称为"葛哈坦人"，"同时以'也门人'而著称，或称为'也门阿拉伯人'，或'土著阿拉伯人'"⑤。这是由于也门地处阿拉伯半岛的西南隅，得天独厚，"每年有适量的雨水，土地肥沃，距海很近，扼印度交通的咽喉：这些都是与这个地方的发展有关的决定因素"⑥。这里出产古埃及等国家所需要的乳香、没药等香料，有可供人民调味用的，有可供朝廷大典和教堂仪式焚香用的，是古代商业中十分有价值的货物。那里还"有很希罕的和很珍贵的产品，如从波斯湾来的珍珠，从印度来的

① 纳忠：《阿拉伯通史》上卷，68 页，北京，商务印书馆，2005。
② [美]希提：《阿拉伯通史》，马坚译，24 页，北京，商务印书馆，1979。
③ [美]希提：《阿拉伯通史》，马坚译，24 页，北京，商务印书馆，1979。
④ [古希腊]希罗多德：《历史》下册，王以铸译，581、586~587 页，北京，商务印书馆，2011。
⑤ 纳忠：《阿拉伯通史》上卷，7 页，北京，商务印书馆，2005。
⑥ [美]希提：《阿拉伯通史》，马坚译，54 页，北京，商务印书馆，1979。

香料、布匹和刀剑，从中国来的丝绸，从埃塞俄比亚来的奴隶、猿猴、象牙、黄金、鸵鸟毛，都是从这里转运到西方的市场上去的"①。由于具备如此优良的自然和地理条件，这里先后建立了米奈王国(约公元前 13 世纪至前 630年)、赛伯邑王国(约公元前 8 世纪左右至前 115 年，又译赛伯伊王国)、希木叶尔王国(公元前 2 世纪末至公元 525 年)等。②

1. 米奈王国

阿拉伯半岛西南隅的米奈人约于公元前 13 世纪建立国家，称米奈王国。米奈王国昌盛于也门的焦夫，首都为盖尔诺。在其极盛时代，领土包括南阿拉伯的大部分地区，"国王称作马立克，实行世袭制"③。米奈人不但从事农业活动，而且从事商业活动。

2. 赛伯邑王国

赛伯邑人属于盖哈丹人的分支，他们的语言和习俗都深受米奈人的影响。④ 赛伯邑人的国家位于米奈王国以南地区，最初定都于绥尔瓦赫，后来迁都马里卜，国王称穆卡里卜。赛伯邑王国农业繁荣，历代国王重视水利。其水利工程以马里卜水坝最为著名。该坝始建于公元前 7 世纪中叶，兼有蓄洪和灌溉效用，技术先进。

赛伯邑人和米奈人一样，都是古代杰出的商人。他们贩运的香料大都通过陆路销往地中海东岸。沿海一带和索克特拉岛出产的香料，首先汇集于哈德拉毛西部的沙卜瓦。贩运香料的商旅驼队自沙卜瓦出发，向西至也门，继而北行，经马里卜和萨那，穿过汉志，进入叙利亚和埃及。赛伯邑人不仅进行陆上贸易，而且开展海上贸易，他们"精于航海术，其领土西到红海，东达印度洋，亚丁为其重要港口"。他们用巨大商船为埃及人转运也门的香料和印

---

① [美]希提：《阿拉伯通史》，马坚译，54 页，北京，商务印书馆，1979。
② 哈全安：《阿拉伯半岛诸国史》，23~28 页，天津，天津人民出版社，2016。
③ 哈全安：《阿拉伯半岛诸国史》，23 页，天津，天津人民出版社，2016。
④ 哈全安：《阿拉伯半岛诸国史》，24 页，天津，天津人民出版社，2016。

度的布匹、香料、刀剑等。赛伯邑王国在全盛时代把自己的霸权扩张到整个阿拉伯南部地区，甚至将米奈王国变成了它的附属国。

3. 希木叶尔王国

赛伯邑王国末期，统治者争权，发生内乱。公元前 115 年以后，整个地区归新的征服者——希木叶尔人统治。他们经营国际商贸活动，收集乳香被认为是宗教业务，是国家的财源。希木叶尔人还重修了毁坏的大坝，改善了农业制度。

公元前 24 年，古罗马为夺取长期由南方阿拉伯人控制的东西方商道，派遣了一支由埃及出发的远征军向也门进攻，最终受挫。之后罗马帝国暂时放弃了占领阿拉伯半岛的计划，而求控制红海通道，以打破希木叶尔王国对东西方贸易的垄断。为了削弱希木叶尔王国的经济，罗马帝国尽力拉拢红海西岸埃塞俄比亚的阿克苏姆王国。340 年，阿克苏姆人以希木叶尔进攻东非为借口，第一次攻占也门。这次占领对希木叶尔王国和阿拉伯社会的发展造成了很大的影响。"在也门被外国占领的近 40 年中，国内骚乱，以致水利失修，马里卜水坝倒塌，农村经济遭到破坏。同时，罗马人控制了红海商道，也门对东西的海上贸易几乎停顿下来，也门的政治、经济、社会处于崩溃的边缘。结果发生了南方阿拉伯人向北方大迁移。"① 埃塞俄比亚的阿克苏姆人对也门的这次占领，也将基督教传入了希木叶尔王国。

378 年，希木叶尔诸王恢复了对也门地区的统治，之后又独立地发展了将近一个半世纪。在此期间，罗马帝国分裂为西罗马帝国和东罗马帝国，拜占庭帝国为争夺也门东西商道的控制权和扩张势力范围而与中亚强国波斯进行了旷日持久的对抗。

6 世纪初，基督教和犹太教都在希木叶尔王国传播。希木叶尔王国的末代国王左·努瓦斯信奉犹太教。523—525 年，阿克苏姆国王埃拉·阿斯贝哈以

---

① 纳忠：《阿拉伯通史》上卷，15 页，北京，商务印书馆，2005。

希木叶尔国王屠杀基督教教徒为借口，在拜占庭帝国的支持下发兵进攻希木叶尔。希木叶尔战败，希木叶尔王朝至此告终。

由上所述，在阿拉伯半岛的西南隅，古代也门阿拉伯人创造并延续了将近两千年的农业与国际商贸文明。正是这些南阿拉伯人"开辟的南北交通大道及其从事的国际贸易活动，沟通了阿拉伯半岛与外部世界的联系，打破了阿拉伯半岛与世隔绝的孤立状态，给阿拉伯社会带来了东西方的先进文化，使阿拉伯人的思想受到启迪……南阿拉伯的城市对于沟通阿拉伯半岛内部经济文化的交流，促进阿拉伯统一民族的形成方面，也起着积极作用"①。

(三)半岛北部和中部地区阿拉伯社会的发展

1. 奈伯特王国

阿拉伯半岛北部的第一个国家是由奈伯特人建立的。奈伯特人的部落大约在公元前6世纪定居于巴勒斯坦和叙利亚的南部。后来，奈伯特人从以东人的手里夺去了皮特拉，便以它为首都向外发展。"自公元前四世纪末期起，在四百多年的期间，皮特拉是商队往来于赛伯伊和地中海之间必经的孔道。"②由皮特拉转运的商货，有中国的丝绸，海湾的宝石，也门的香料和没药，本地区的刀剑、油料、金银，以及远近驰名的陶瓷器皿等。

奈伯特的文化对汉志地区的文化发展，乃至后来阿拉伯文化的发展都有较大的影响。"阿拉伯的北方语言就是古莱氏语，即通行至今的阿拉伯标准语，来源于奈伯特语。"③奈伯特人在没有阿拉伯书写字体时，借用北方邻人的阿拉米字母为书写体，后来发展为奈伯特书写体。这种采自阿拉米语的"奈伯特书写字体"大约在3世纪时发展成为北方阿拉伯语的书写字体。奈伯特人信仰多神教。他们的宗教信仰也传播到汉志地区。

---

① 朱寰、马克垚：《世界史·古代史编》下卷，116页，北京，高等教育出版社，1994。
② [美]希提：《阿拉伯通史》，马坚译，77页，北京，商务印书馆，1979。
③ 纳忠：《阿拉伯通史》上卷，35页，北京，商务印书馆，2005。

奈伯特王国在公元前 1 世纪末至公元 1 世纪中叶仍极强盛。稍后，由于商路改变，奈伯特王国开始衰落。105 年，奈伯特王国亡于罗马帝国。

2. 台德木尔王国

奈伯特王国灭亡后，处在大马士革与幼发拉底河之间的一块绿洲里的居民点巴尔米拉逐渐壮大，变成知名的城市。① 阿拉伯人称这座城市为台德木尔，以它为中心形成了台德木尔王国。台德木尔王国与罗马帝国关系复杂。"在哈德良时代(公元 117—138 年)，巴尔米拉及所属各城市，已变成罗马帝国的属国。130 年，哈德良游幸这个城市，遂命名为哈德良的巴尔米拉。塞弗拉斯(公元 193—211 年)曾将巴尔米拉及所属各城市改为帝国的省份。第三世纪初叶，巴尔米拉有一个殖民地的地位，但就在那个时候，它必然还享受着行政上的独立权，不过在名义上承认罗马的宗主权。"②130—270 年为台德木尔王国鼎盛时期，其国际贸易远至中国。

台德木尔人的文化是希腊的、叙利亚的和伊朗的文化的混合物。"然而，台德木尔这座城邦却是发源于阿拉伯部族的，他们的语言和书写体属阿拉米语种，同时也流行着希腊语。出土铭文中不少是地道的阿拉伯语。台德木尔人崇拜的神祇同阿拉伯神祇的名字大多相同。"③3 世纪中期，台德木尔人皈依基督教。④

3. 希拉王国

希拉王国建立于 3 世纪末，以希拉为首都。希拉王国的统治者及臣民由也门阿拉伯人北迁的台努赫族和同源的赖赫米族组成。希拉王国也称赖赫米台努赫王国，或赖赫米王国。

希拉王国长期依附于波斯萨珊王朝，相约"希拉国王有保卫波斯边境的责

---

① [美]希提：《阿拉伯通史》，马坚译，84 页，北京，商务印书馆，1979。
② [美]希提：《阿拉伯通史》，马坚译，85~86 页，北京，商务印书馆，1979。
③ 纳忠：《阿拉伯通史》上卷，38~39 页，北京，商务印书馆，2005。
④ 纳忠：《阿拉伯通史》上卷，39 页，北京，商务印书馆，2005。

任，波斯人则免去阿拉伯人每年的贡赋"①。至努尔曼三世(580—602年在位)统治时，希拉王国已经名存实亡，被波斯萨珊王朝置于直接统辖之下。

希拉王国商业发达。"希拉商人的大型船只，北上可以直溯叙利亚北方，南下可驶到俄波拉海港，进入海湾，通向巴林和亚丁，在那里同东非、印度、中国的商船交往，然后把东方的商货，如丝绸、香料、珠宝、瓷器、药物……之类运回希拉城。再由船只或骆驼转运到伊拉克、叙利亚、埃及直到西方。"②

希拉王国与波斯关系密切，国中有人精通波斯文。"这些精通波斯文的希拉人，必然把波斯文化传布到阿拉伯各地去。"③"据伊本·鲁斯泰所记载的传说，古莱氏人从希拉城学得写字的技术和拜火教的信仰。"④6世纪后期，波斯政府曾以拜占庭的俘虏建立了殖民地。这些拜占庭人，"有些曾受过希腊文化的熏陶，也有些在艺术、数学、医学方面胜过波斯人；有人以为这就是希拉的基督教的来源"⑤。

4. 加萨尼王国

加萨尼人也是南部阿拉伯人的后裔。"这个部族，大概是在公元三世纪末叶，因马里卜水坝的崩溃，从也门逃到豪兰和巴勒卡的。穆宰伊基雅的儿子哲弗奈，被认为是加萨尼王朝开基创业者。"⑥哈里斯二世(529—564年在位)是加萨尼王国最重要的国王。他曾打败劲敌希拉王国的国王孟迪尔三世，被拜占庭皇帝查士丁尼任命为叙利亚各阿拉伯部落的首领。⑦ 哈里斯二世在位的

---

① 纳忠：《阿拉伯通史》上卷，44页，北京，商务印书馆，2005。
② 纳忠：《阿拉伯通史》上卷，46页，北京，商务印书馆，2005。
③ 纳忠：《阿拉伯通史》上卷，47页，北京，商务印书馆，2005。
④ [美]希提：《阿拉伯通史》，马坚译，97页，北京，商务印书馆，1979。
⑤ 纳忠：《阿拉伯通史》上卷，48页，北京，商务印书馆，2005。
⑥ [美]希提：《阿拉伯通史》，马坚译，88页，北京，商务印书馆，1979。
⑦ [美]希提：《阿拉伯通史》，马坚译，91页，北京，商务印书馆，1979。又：纳忠在其所著《阿拉伯通史》中说，查士丁尼赠哈里斯"一等封号"。参见纳忠：《阿拉伯通史》上卷，48页，北京，商务印书馆，2005。

时间很长，大部分时间都消耗在战争上，而那些战争都是为拜占庭的利益服务的。不过，拜占庭帝国对加萨尼人素有戒心。613—614 年，波斯帝国发动反击，攻陷叙利亚诸地，加萨尼王国遭到致命的打击，从此一蹶不振。

由于和拜占庭的特殊关系，加萨尼人接触了古希腊罗马文化。"在他们的统治下和在罗马统治的初期，仿佛有一种由阿拉伯的、叙利亚的和希腊的要素混合而成的特殊文化，沿叙利亚整个的东方边界发展起来。用玄武岩建筑起来的房屋、宫殿、凯旋门、公共澡堂、水道、剧院和礼拜堂。"①在阿拉伯文学中，关于加萨尼的历史、故事、典故都有记载。

5. 肯德王国

有关肯德人的记载，最早见于公元 4 世纪。大约是在这时候，肯德人从也门地区向北迁移。肯德王国的创建人是胡志尔（Hujr of Kindah，又译胡吉尔）。在他统治时期（约 5 世纪 30 年代），"肯德王国统治了半岛大部分地区：南至也门，北达伊拉克、叙利亚边境，是伊斯兰教前半岛北部第一个强大的阿拉伯王国"②。在胡志尔之子阿慕尔统治时，"王国的版图已大大缩小了。北方诸部落急欲脱离他的统治，并成功地组织了一些部落，把它们统一起来，以库来卜·瓦伊勒为国王，并联合南方也门的希木叶尔同肯德人作战。于是出现了南方也门部落与北方部落联盟联姻的局面，从而导致北方部落向南进军，侵入也门，并战胜了也门部落。这一战役，对半岛形势影响很大，北方语言进一步在也门流行。由于政治上的胜利，北方语言也得到了推广"③。重建肯德王国的国王是阿慕尔的儿子哈利思·本·阿慕尔，他被认为是肯德王国最勇敢的国王，他的时代也被认为是肯德王国最强盛的时代。但是，这一辉煌时期很短。

---

① [美]希提：《阿拉伯通史》，马坚译，92~93 页，北京，商务印书馆，1979。
② 纳忠：《阿拉伯通史》上卷，52 页，北京，商务印书馆，2005。
③ 纳忠：《阿拉伯通史》上卷，52~53 页，北京，商务印书馆，2005。

国内外研究阿拉伯历史的学者都强调了肯德部族和肯德王国时期阿拉伯人的社会实践对阿拉伯历史发展的影响。纳忠指出："肯德王国崩溃后，北方诸部族更加分裂，大有复返过去部落孤立时代的趋势。实际上，处于一种大部落并吞小部落的局面。这种情况在白苏斯战役中，表现得尤为清楚。经过40年的战乱，各部落的人没有不厌恶战争向往安定的。实际上厌恶战争和反对战争正是希望安定和统一的表现。伊斯兰教兴起后的历史，正是沿着这个大趋势发展的。"[①]希提则写道："肯德部族的兴起，是一件有趣味的事情，不但这件事本身是有趣味的，而且因为这是在阿拉比亚内部，把几个部族联合在一个共同的领袖的中央政权之下的初次企图。这种经验，为希贾兹和穆罕默德树立了一个先例。"[②]此外，在宗教信仰方面，肯德人不仅受到波斯马兹德教的影响，而且受到基督教的影响。

6. 巴林地区

在波斯萨珊王朝建立前后，不少波斯人移居半岛东岸巴林地区；同样，阿拉伯人也不断有居民移居到波斯湾南部。特别在萨珊王朝建立前，波斯内部骚动，国势衰颓，阿拉伯人曾乘机占领克尔曼等城。萨珊王朝的缔造者阿尔达希尔一世曾和占据克尔曼的阿拉伯人交战，迫使这些阿拉伯部族接受王朝的统治，并废除了许多阿拉伯小酋长国的称号。萨珊王朝的波斯国王沙普尔一世和沙普尔二世不仅征服了伊拉克南部的阿拉伯部落，还进军巴林地区。"直到伊斯兰时代，巴林群岛仍为波斯人的属地，可是直接统治者为信奉聂斯托列派基督教的阿拉伯人。伊斯兰教兴起前，在海湾有若干聂斯托列派教区，也有犹太教和祆教的住区。但绝大多数阿拉伯人，仍然信奉拜物教。"[③]

---

① 纳忠：《阿拉伯通史》上卷，53~54 页，北京，商务印书馆，2005。

② [美]希提：《阿拉伯通史》，马坚译，99 页，北京，商务印书馆，1979。

③ 纳忠：《阿拉伯通史》上卷，63 页，北京，商务印书馆，2005。该书将聂斯托利派译作聂斯托列派，下同。——编者注。

(四)汉志地区城市的发展

从前面的论述中即可看到，汉志地区在古代主要是也门诸国通向叙利亚、埃及的商道，属于也门诸王国的势力范围。稍后，北方兴起的奈伯特王国也曾将自己的势力从皮特拉城扩张到汉志北部，因此汉志深受奈伯特宗教信仰和语言方面的影响。通过长时间的发展，汉志地区形成了两座著名的城市，即麦加和麦地那，这两座城市在伊斯兰教产生后成为圣城。

1. 麦加

麦加位于汉志南部的一个狭长的山谷之中，气候极其炎热，是个不长庄稼的地方。但是它地处南北交通的古道之上，是个比较古老的城市。关于这座城市有许多动人的传说，其中一个是有关离麦加城不远的渗渗泉的。这一传说的大意如下。

约4000年前，易卜拉欣(又译亚伯拉罕)带着妻子哈吉尔(又译哈哲尔)和婴儿伊斯玛仪从巴勒斯坦来到了麦加定居。当时这里仅是一个山谷，荒无人烟。易卜拉欣把母子俩安顿好以后就回去了。过了几天，吃的喝的都用完了，伊斯玛仪一再啼哭，母亲带着他在赛法和麦尔卧两山中来回疾走七次，希望能有人帮忙。走完第七趟时，她面前出现了像鸟一样的天使在啄地，啄过的地方涌出了泉水。还有一种说法是，当伊斯玛仪跺着脚哭喊的时候，水从他脚下涌出。哈吉尔赶忙在冒水的地方堆了一个池子，以免水流走。这个泉就被叫作伊斯玛仪泉，后来又叫渗渗泉。[1]

麦加虽然自然环境比较差，但是它地处交通要道，附近既有泉水，又有克尔白神庙，便日益成为阿拉伯半岛的宗教中心。"在伊斯兰教之前，麦加人已认为，安拉是造物主，是最高的养育者，是在特别危急的时候可以呼吁的唯一神灵……他显然是古莱氏人的部族神灵。"[2]在以后形成的伊斯兰教中，

---

[1]　秦惠彬：《伊斯兰文明》，10页，北京，中国社会科学出版社，1999。

[2]　[美]希提：《阿拉伯通史》，马坚译，118页，北京，商务印书馆，1979。

安拉便是"伊斯兰教所信奉的独一无二的、固有的真主,是伊斯兰教义的核心"①。

麦加最早的居民是阿马利加人部落,和阿马利加人住在一起的还有祖尔胡木部落。440 年,管理麦加的权力转移到古莱氏族的手中。② 也门地区的衰落为麦加古莱氏提供了施展才干和独立经营商业的机会。他们与拜占庭签订了双边商务协定,后来又同波斯、也门、埃塞俄比亚等订立商务协定。这些协定和一些安全契约为他们开展商业活动提供了便利。

麦加南山谷地区还形成了欧卡兹集市,这里也是诗歌大赛和歌女吟唱的场所。"古莱氏人鼓励各部族人参加集市,从中渔利,并和各部落发生联系……从经济上、宗教上、政治上都得到很大的好处。"③6 世纪末 7 世纪初,"欧卡兹集市更为兴隆,同时麦加不仅成为半岛上无可争辩的经济、宗教、政治的中心,也是东西商业西段的重镇"④。

570 年,埃塞俄比亚的也门占领军向麦加发动的"象战"失败,加强了麦加在阿拉伯半岛人民心中的政治地位。穆罕默德的祖父在克尔白周围开辟大院,供群众朝拜和聚会。阿拉伯人在大院中夜谈,聊古代各部族战争、英雄豪侠侠事、商旅沿途见闻。大院也是诗人吟诗唱和的场所。⑤ 大院的这些文化活动激发了阿拉伯人的民族意识。

2. 麦地那

麦地那,又称叶斯里伯,位于麦加以北,两城相距 500 余千米。麦地那的气候比麦加好,是肥沃的绿洲,特别适于种枣椰。

麦地那居民组成比较复杂。旧有居民除犹太人外,还有大小 13 个部落。

---

① 《简明不列颠百科全书》第 1 卷,289 页,北京,中国大百科全书出版社,1985。

② 纳忠:《阿拉伯通史》上卷,42、70 页,北京,商务印书馆,2005。

③ 纳忠:《阿拉伯通史》上卷,93 页,北京,商务印书馆,2005。

④ 纳忠:《阿拉伯通史》上卷,93 页,北京,商务印书馆,2005。

⑤ 纳忠:《阿拉伯通史》上卷,73 页,北京,商务印书馆,2005。

大部分犹太人是在公元 70 年耶路撒冷神庙被罗马帝国军队摧毁后迁入的。3 世纪初，也门阿拉伯人迁移时，奥斯和海兹莱吉两个阿拉伯部落也从也门迁入麦地那。当时，在麦地那，村庄、田园都掌握在犹太人手里。"犹太人有雄厚的力量，新迁去的两个阿拉伯部落是无法与之竞争的。于是这两个部落要求与犹太人结成联盟，和平互助，相安共处。奥斯人居住在城的东南，海兹莱吉族居住在城的西北，与犹太人白努·盖努哥尔毗邻而居。"①

开始的时候，犹太人欢迎与两个阿拉伯部落联盟，认为在联盟中能获得经济利益。"犹太人随时存有戒心。他们看到自己在叶斯里伯虽属多数，而在整个阿拉伯半岛却是少数；他们害怕有朝一日这两个部落强大起来和他们争夺权力。300 年的时间过去了，奥斯和海兹莱吉两个部落势力果然日益强大起来。于是引起了犹太人的恐慌。首先，犹太人的古莱兹和奈迪尔两部落撕毁盟约，并向阿拉伯的部落发动进攻，打击压制阿拉伯人。"②犹太人的进攻引起阿拉伯人的反抗。于是在麦地那出现了犹太人和阿拉伯人之间的长期战乱。后来，犹太人还利用奥斯人和海兹莱吉人之间的矛盾，分化和利用阿拉伯人，挑起他们之间的战争。奥斯族和海兹莱吉族的斗争以及两族和犹太人的斗争，主要是由经济因素引起的，"三方都企图保持或夺取犹太人的住地"③。这就是伊斯兰教产生和穆罕默德迁到麦地那前夕的情况。

综上所述，由于特殊的自然环境，在伊斯兰教兴起以前，大多数阿拉伯人仍过着游牧生活。但是，由于阿拉伯半岛被古埃及、两河流域诸古国、古希伯来、波斯环绕，南部又有海洋与古印度相连，其西南部土地肥沃而又盛产香料的也门地区在古代形成了几个著名的王国。这些南部古王国的阿拉伯人除从事农耕以外，还发展了国际间的商业交往，并使汉志地区成为南北交

① 纳忠：《阿拉伯通史》上卷，77 页，北京，商务印书馆，2005。
② 纳忠：《阿拉伯通史》上卷，77 页，北京，商务印书馆，2005。
③ 纳忠：《阿拉伯通史》上卷，78 页，北京，商务印书馆，2005。

通的商道，为阿拉伯半岛社会的发展奠定了基石。阿拉伯半岛北部王国的兴起多在东西方贸易的枢纽之地，也因经商而繁荣，时间较之南部最早的王国约晚 800 年之久，但是也发生在公元前 6 世纪。因此，商业文明的发达可以说是阿拉伯人的历史传统。

公元 1 世纪，罗马帝国对巴勒斯坦犹太人的压迫和驱赶，迫使许多犹太人到阿拉伯南部和汉志地区定居，与阿拉伯定居部落在矛盾中相处。这使得犹太教在阿拉伯南部和汉志地区传播，希木叶尔王国的末代国王甚至都信奉了犹太教。基督教也于公元 3 世纪在北部的台德木尔王国流传。基督教在也门地区的流传则是从 340 年埃塞俄比亚第一次占领也门地区开始的。但是，无论是犹太教还是基督教都未能成为阿拉伯人的主要宗教信仰。

在伊斯兰教兴起以前，阿拉伯人主要崇信拜物教。他们崇拜精灵、星宿、偶像等。"古阿拉伯人的原始宗教是部落宗教，其信仰核心是精灵论。绿洲与沙漠的强烈对照，使定居的阿拉伯人产生神灵与精灵各有所司的概念。他们相信人迹常至之处由神灵主宰，人迹罕至之处由精灵统治。主宰可耕地的神灵慈祥可亲，统治不毛之地的精灵狰狞可畏。"[1]

由于犹太教和基督教的传播，拜物教已经不能满足阿拉伯人精神上的需求。自公元 6 世纪前期开始，阿拉伯半岛北方出现了自称为哈尼夫派的宗教活动。"哈尼夫"(Hanif)为阿拉伯语音译，其意是"正统的""正确的""真诚的"。参加这一运动的人反对拜物教，摒弃偶像崇拜，主张崇拜易卜拉欣的一神信仰，统称为易卜拉欣的追随者。哈尼夫派运动并没有形成一种新的宗教，没有提出信仰的纲领，也没有什么教义，但发展了一种模糊的一神教信仰。这说明在伊斯兰教兴起前夕，在阿拉伯半岛已经有一些人在宗教领域进行探索，主张改革，追求阿拉伯人自己的一神教信仰。这一任务最后是由穆罕默德(Mohammed，约 570—632)完成的。而伊斯兰教的产生与发展、早期伊斯兰

---

[1] 秦惠彬:《伊斯兰文明》，12 页，北京，中国社会科学出版社，1999。

国家的形成与发展和早期伊斯兰国家的文化发展与繁荣，则是阿拉伯半岛上的人类社会在漫长的古代自身发展并与周边文明早发的古埃及、两河流域、古罗马、拜占庭、波斯、埃塞俄比亚的阿克苏姆等发生错综复杂的关系与交往的结果。

第二节 伊斯兰教的产生与发展

一、穆罕默德的传教活动和麦地那伊斯兰政权的建立

570 年(一说 571 年)，穆罕默德诞生于麦加。因家贫，幼年穆罕默德为人牧羊，10 岁就跟着经商的伯父奔走谋生。他在"长途跋涉中，见闻日广，知识丰富，养成了乐观豪爽、坚毅不拔的性格。在大沙漠中跟在驼队后面，迤逦前进，按时赶路，按时休息，一似行军。这样的生活使他养成了吃苦耐劳、遵守纪律的习惯，对他后来的事业，有着极大的影响"[1]。

婚后的穆罕默德继续从事商业贸易活动，并开始进行新的宗教信仰的思考。在去叙利亚等地经商的过程中，他熟悉了犹太教和基督教。穆罕默德在 40 岁前的若干年中，常于禁月期间到希拉山洞静居隐修，沉思冥想。从"盖德尔夜晚"起，穆罕默德开始了传布启示的生涯。[2] 613 年左右，他开始在麦加公开传教。"他基本上讲的是宗教，但也隐约批评麦加富商的行为和态度。"[3]因此，他遭到麦加一些人的反对，他和他的追随者受到迫害。620 年，穆罕默德将传教的对象转向麦加以外的各个部落。622 年，穆罕默德和部分麦加的信徒前往麦地那。伊斯兰教称这一事件为"希吉拉"(Al-hijrah)。"希吉

---

① 纳忠：《阿拉伯通史》上卷，127 页，北京，商务印书馆，2005。
② 哈全安：《阿拉伯半岛诸国史》，65~66 页，天津，天津人民出版社，2016。
③ 《简明不列颠百科全书》第 6 卷，119 页，北京，中国大百科全书出版社，1986。

拉"是阿拉伯历史发展的一个重要转折点，它对伊斯兰教的胜利和阿拉伯统一国家的形成具有决定性意义。穆罕默德迁到麦地那后，便以此地为根据地建立了一个以共同信仰为基础的宗教社团"乌玛"(Umma)，即穆斯林公社。①

在麦地那，穆罕默德成为各部落的政教领袖。他建立了名为"先知寺"的清真寺。自先知寺开始，清真寺除了用于举行宗教仪式，"同时是政治、军事和日常公共生活的集会中心，甚至是军事指挥部……重要的是，清真寺是传布知识的场所，是学校所在地"②。

麦加的贵族对伊斯兰教的兴起和穆斯林组织起来的力量持敌视的态度。③双方的冲突与战争历经十年，其间发生过三次大规模战役——巴德尔战役、伍侯德战役和堑壕战役。堑壕战役后，穆罕默德驱逐和消灭了麦地那的三个犹太人部落，统一了麦地那城。在麦地那传教活动时期，穆罕默德"实现了伊斯兰教的阿拉伯化，即民族化"④。趁休战的机会，他一方面在岛内各部落间传布伊斯兰教；另一方面向岛外邻国广泛展开外交活动，劝邻国归信伊斯兰教。630年，麦加被征服。"穆罕默德入城之后，第一件工作是捣毁麦加大寺的三百六十个偶像，他一面捣毁一面高呼：'真理已经来临了。荒谬已经消灭了；荒谬是一定要消灭的'。"⑤

630年被称为"代表团之年"。"在这一年里，有许多代表团从远近各地先后到麦地那来，表示他们对于这位政治的和宗教的领袖的忠顺。各部族即使不是由于觉悟，最少也是由于便利，而联合起来了……加入新组织的这些大量的贝杜因人，照欧麦尔的说法，可以称为'伊斯兰教的原料'。从未派遣过代表团的各部族和各地区，现在也纷纷派遣代表团到麦地那来了。"⑥

---

① 朱寰、马克垚：《世界史·古代史编》下卷，120 页，北京，高等教育出版社，1994。

② 纳忠：《阿拉伯通史》上卷，141~142 页，北京，商务印书馆，2005。

③ 纳忠：《阿拉伯通史》上卷，150 页，北京，商务印书馆，2005。

④ [美]希提：《阿拉伯通史》，马坚译，37 页，北京，商务印书馆，1979。

⑤ [美]希提：《阿拉伯通史》，马坚译，37 页，北京，商务印书馆，1979。

⑥ [美]希提：《阿拉伯通史》，马坚译，38 页，北京，商务印书馆，1979。

632 年 3 月，穆罕默德自麦地那启程，前往麦加主持朝觐仪式。同年 6 月 8 日，穆罕默德病逝于麦地那。他所留下的遗产是伊斯兰教。

"伊斯兰"的本意是"顺服、服从、降服、归顺、纯净、和平"等。从宗教意义上讲，"伊斯兰"的含义是归顺安拉的旨意，服从安拉的戒律。归顺伊斯兰教的人就称"穆斯林"（Muslim）。穆罕默德所领导创建的麦地那穆斯林公社乌玛成为早期伊斯兰教国家兴起的最初模式与基础，他所传颂的伊斯兰教的经文日后被追随者整理为《古兰经》。①

二、《古兰经》的搜集与伊斯兰教要义

《古兰经》是伊斯兰教的经典。它实际上是穆罕默德在不同时期发表的讲话。《古兰经》共 114 章，穆罕默德在麦加传道时期的启示 86 章，在麦地那时期传教的启示 28 章。②

穆罕默德传道时有几位书记，专门负责记录《古兰经》。穆罕默德把新的启示口授他们，他们就把它们记录下来。穆罕默德去世后，相关录者一面讨论，一面编辑，整理出全部的《古兰经》后以"奥斯曼古兰经本"存世。

依据《古兰经》，伊斯兰教的宗教信仰包括信安拉、信天使、信经典、信先知、信末日。伊斯兰教作为严格的一神教，反映了贵族统一国家的要求。伊斯兰教的宗教仪式主要有五功，即念功、拜功、斋功、课功和朝功。《古兰经》针对当时阿拉伯半岛上社会经济的发展变化，还主张善待和释放奴隶，保护私有财产，禁止高利贷和赌博行为。这些主张赢得了群众的支持，有利于阿拉伯半岛的统一。《古兰经》不仅是伊斯兰教的经典，也是阿拉伯国家关于政治、经济、军事和法律制度的经典。伊斯兰文化研究者马坚指出："有了

---

① 王志远：《伊斯兰教百问》，175~177 页，北京，今日中国出版社，1997。

② 美国学者菲利普·希提认为麦加时期约 90 章，麦地那时期 24 章，但后者在篇幅上约占《古兰经》的三分之一。

《古兰经》以后，阿拉伯人才有文学，阿拉伯语文才成为一种有力量的语文。"[1]"阿拉伯语文的学科和伊斯兰教的学科，都是以《古兰经》为中心的。故《古兰经》在阿拉伯文学史上，在伊斯兰文化史上，都占一个极其重要的地位。"[2]

伊斯兰教是适应 7 世纪初阿拉伯半岛社会经济的形势和实现政治统一的需要而产生的。随着伊斯兰教的产生和发展，早期伊斯兰国家逐渐形成。

第三节　早期伊斯兰国家的形成与发展

一、四大哈里发时期的征服、扩张与移民

穆罕默德死后，各派穆斯林为争夺继承人的地位展开了激烈的斗争。[3] 经过一番激烈的斗争，艾卜·伯克尔当选哈里发，他是资历最深的信徒之一。

艾卜·伯克尔(632—634 年在位)最先担任正统派哈里发。其他三位哈里发是欧麦尔(634—644 年在位)、奥斯曼(644—656 年在位)和阿里(656—661 年在位)。他们"都是由'推选产生的'，实际上当时氏族社会的残余还很浓厚，还保留了氏族社会推选制度的习惯"[4]。

艾卜·伯克尔在其任内主要是平定了阿拉伯半岛内部的部落叛乱，实现了阿拉伯半岛的真正统一。平定叛乱后，艾卜·伯克尔以宗教为名，鼓动南北部落组织穆斯林军队，向伊拉克和叙利亚发动进攻。欧麦尔即位后，发动了阿拉伯历史上空前未有的大征服运动，占领了伊拉克、巴勒斯坦等地，消

---

[1] 《古兰经》，马坚译，古兰简介(节录)，5 页，北京，中国社会科学出版社，2003。

[2] 《古兰经》，马坚译，古兰简介(节录)，9 页，北京，中国社会科学出版社，2003。

[3] 纳忠:《阿拉伯通史》上卷，178 页，北京，商务印书馆，2005。

[4] 纳忠:《阿拉伯通史》上卷，179 页，北京，商务印书馆，2005。

灭了称霸西亚1200多年的波斯帝国，征服了埃及。第三任哈里发奥斯曼继续进行扩张战争，征服了呼罗珊、亚美尼亚、阿塞拜疆以及北非的利比亚等地区。阿拉伯国家的疆域跨越了亚非两大洲，阿拉伯帝国已基本形成。

如前所述，阿拉伯半岛的人在古代曾向叙利亚和两河流域地区以及东非的埃塞俄比亚移民，但那是小量和缓慢的向外移动。在穆罕默德传教的时代，"麦加的穆斯林两次渡过红海，迁往埃塞俄比亚，那是政治避难性质的迁移"①。欧麦尔继承前任哈里发的遗志，"派遣各部落的贝杜因人，大举向外扩张，这是早期阿拉伯人向外移民的继续"②。在阿拉伯征服叙利亚、两河流域、波斯、埃及后，在穆罕默德的门徒中，能背诵《古兰经》和熟悉伊斯兰教义者，也纷纷随军远征，前往伊拉克、叙利亚、埃及等地，从事伊斯兰教的传布和《古兰经》的教育，这也是一种移民方式。③ 在被征服地区增加人口的主要途径，是从阿拉伯半岛向外移民。

四大哈里发时期的征服、扩张与移民既给阿拉伯人带来了财富，也加剧了阿拉伯社会的矛盾，这首先在哈里发的继位中表现出来。

第三任哈里发奥斯曼是倭马亚家族的贵族，他的出任遭到哈希姆家族的强烈反对。"他（奥斯曼）的继位，实即阿拉伯人，首先是古莱氏族中哈希姆家族与倭马亚家族，以及有关各部落之间的大分裂的开始。"④奥斯曼继位后，对部下的奢侈放荡、敛财持放任态度，在用人方面也多有不当，激化了部落斗争，特别是激起了阿拉伯下层士兵的愤恨。656年6月，奥斯曼在他的住宅中被杀害。

奥斯曼被刺杀后，阿里被推选为第四任哈里发。他是穆罕默德的亲人、伊斯兰教的先行者。本来，由阿里继位，乃顺理成章并为穆斯林大众信服之

① 纳忠、朱凯、史希同：《传承与交融：阿拉伯文化》，60页，杭州，浙江人民出版社，1993。
② 纳忠、朱凯、史希同：《传承与交融：阿拉伯文化》，60页，杭州，浙江人民出版社，1993。
③ 纳忠、朱凯、史希同：《传承与交融：阿拉伯文化》，61页，杭州，浙江人民出版社，1993。
④ 纳忠：《阿拉伯通史》上卷，218页，北京，商务印书馆，2005。

事。但是在麦地那的上层人物中，反对阿里继任者大有人在，如倭马亚家族的穆阿维叶。在阿里与穆阿维叶对峙的情况下，阿里派发生分裂。661 年，阿里被刺杀。自艾卜·伯克尔任哈里发至阿里去世，这一时期被阿拉伯史学家称为哈里发帝国的共和时期。哈里发之位轮到穆阿维叶，穆阿维叶成为倭马亚王朝的创立者。

二、倭马亚王朝

661 年，穆阿维叶在耶路撒冷称哈里发，建都大马士革。他废除了政权协商制，采用世袭制。① 由他建立的王朝即倭马亚王朝(661—750)。这是"统治哈里发国家的第一个穆斯林大王朝"②。

在镇压了国内反对派势力后，王朝开始了大规模的对外扩张，发展为横跨欧、亚、非三大洲的帝国，在我国史书中被称为"大食国"。倭马亚王朝旗帜尚白，又被称为"白衣大食"。在这个时代，伊斯兰帝国"实现了政府的民族化或阿拉伯化，创始了纯粹的阿拉伯货币，发展了邮政业务"③。

倭马亚王朝存续期间，阿拉伯人对他们新占领的叙利亚、伊拉克、埃及、波斯等地进行了大规模的移民。"阿拉伯人的移民运动，不仅仅是开疆拓土，夺取财富，统治异族；因为那只是少数统治者的事。广大的阿拉伯人在新土地上定居下来，安家落户，与当地居民融合共处，为共同建立新的国家，创造新的文化奠定了坚实的基础。"④

极盛之后，王朝衰落的征象也暴露出来。倭马亚贵族的专制统治以及对人民的残酷剥削，导致帝国各种社会矛盾，特别是阶级矛盾、民族矛盾和教派矛盾的激化与斗争的高涨。各地的人民起义不断爆发。750 年，起义军击溃

① 纳忠：《阿拉伯通史》上卷，238 页，北京，商务印书馆，2005。
② 《简明不列颠百科全书》第 8 卷，366 页，北京，中国大百科全书出版社，1986。
③ [美]希提：《阿拉伯通史》，马坚译，238 页，北京，商务印书馆，1979。
④ 纳忠、朱凯、史希同：《传承与交融：阿拉伯文化》，81 页，杭州，浙江人民出版社，1993。

哈里发的主力，攻克一个个城市，倭马亚王朝灭亡。

倭马亚王朝的覆灭还有更深远的意义。"伊斯兰史上纯粹阿拉伯的时代已成过去了，伊斯兰帝国第一个纯粹阿拉伯人的统治，开始迅速地结束了……波斯人占据了政府中最重要的职位，从哈里发帝国各民族人民中选拔出来的官员，代替了原来的阿拉比亚贵族。旧的阿拉比亚穆斯林与新的外族穆斯林，互相联合，逐渐融合起来。阿拉比亚民族主义覆灭了，但是伊斯兰教继续发展。"①

三、阿拔斯王朝

阿布·阿拔斯是阿拔斯王朝(750—1258)的第一位哈里发，在位 4 年(750—754)。其弟艾布·加法尔·曼苏尔(又译阿布·加法尔·曼苏尔，754—775 年在位)继位，成为阿拔斯王朝真正的奠基人，"为建立一个政治稳定、经济繁荣、文化昌盛的强大的阿拉伯—伊斯兰帝国奠定了坚实的基础"②。曼苏尔的重要功绩是建立横跨底格里斯河东西两岸的巴格达城，并于762 年迁都巴格达。到阿拔斯王朝第五代哈里发哈伦·拉希德(又译哈伦·赖世德，786—809 年在位)统治时期，巴格达已成为政治、经济、文化的中心。

8 世纪中叶至 9 世纪中叶是阿拔斯王朝的鼎盛时期。③ 不仅农业发展，手工业作坊也蓬勃兴起，帝国各地生产的纺织品、玻璃、器皿、瓷器、宝剑和铠甲在西方享有盛名；"当时阿拔斯王朝与中国唐朝间的贸易和文化往来极为频繁。巴格达与中国，有水陆交通相连，水路经波斯湾，穿过印度洋和马六甲海峡，抵达广州，即著名的'海上丝绸之路'；陆路取道波斯和中亚到长安，即闻名于世的'丝绸之路'。在两国都城，均设有专卖对方商品的市场"④。哈

---

① [美]希提：《阿拉伯通史》，334 页，北京，商务印书馆，1979。
② 纳忠：《阿拉伯通史》上卷，430 页，北京，商务印书馆，2005。
③ 纳忠：《阿拉伯通史》上卷，437 页，北京，商务印书馆，2005。
④ 纳忠：《阿拉伯通史》上卷，438 页，北京，商务印书馆，2005。

伦·拉希德与西欧的查理大帝也互派使者，建立了比较稳固的外交关系。

阿拔斯王朝在马蒙(813—833年在位)任哈里发时期安定统一，又一次迎来兴隆。马蒙学问渊博，重视文化，多次派遣学者到君士但丁堡、塞浦路斯等地搜集古籍，又在巴格达建立了一所综合性学术机构——"智慧宫"。① 马蒙广求人才，使巴格达成为阿拉伯世界学术文化的中心。他所支持的翻译运动促进了对希腊文化典籍的学习、掌握和利用，同时"促进了伊斯兰学术文化趋于成熟"。因此，他的时代也被称为"阿拔斯王朝的鼎盛时代"和"伊斯兰文化的黄金时代"。②

阿拔斯王朝前期多倚重波斯人，后重用突厥人。突厥人势力日益壮大，阿拔斯王朝日渐走向衰落。在突厥人当权的时期，阿拔斯王朝东部地区出现过独立的波斯人和突厥人的王朝，即塔希尔王朝、萨法尔王朝、萨曼王朝、加兹尼王朝③、布韦希王朝。其中萨法尔王朝和萨曼王朝都是试图重建波斯帝国的波斯人建的独立王朝，构成中古波斯发展的重要阶段。

公元945年，布韦希人取突厥人代之，剥夺了哈里发的军政大权。1055年，盘踞在北方的塞尔柱人在其首领图格里勒·贝克的率领下以"保护阿拔斯哈里发王朝"之名，进军巴格达，掌控了阿拔斯王朝。"塞尔柱人在弘扬阿拉伯—伊斯兰文化方面作出了杰出的贡献，曾创造了一个文化灿烂的新时代。"④1258年，成吉思汗之孙旭烈兀攻占巴格达，阿拔斯王朝不复存在。阿拔斯王朝历时500余年，共有37代哈里发，其旗帜尚黑，在我国史书中被称

---

① 纳忠：《阿拉伯通史》上卷，446页，北京，商务印书馆，2005。

② 秦惠彬：《伊斯兰文明》，41~42页，北京，中国社会科学出版社，1999。

③ 加兹尼王朝是由萨曼王朝分化出来的，其建立者阿尔卜特金原来是萨曼人的奴隶。加兹尼王朝打着萨曼王朝的旗号向印度北方平原扩张，统治了印度北方广大的山区和辽阔的平原。10世纪初，国王马哈茂德又打着阿拔斯王朝哈里发的旗号在印度扩展。其文化深受波斯文化的影响。他们把波斯文化传入印度，以波斯语、梵语以及阿拉伯语合为乌尔都语。加兹尼王朝亡于突厥人之手(1186年)。15世纪，帖木儿帝国的大将巴比尔攻入印度，在原加兹尼王朝的领土上建立了莫卧儿帝国(1526—1857)。参见纳忠：《阿拉伯通史》上卷，609~610页，北京，商务印书馆，2005。

④ 纳忠：《阿拉伯通史》上卷，627页，北京，商务印书馆，2005。

为"黑衣大食"。

四、法蒂玛王朝

法蒂玛王朝以穆罕默德的女儿法蒂玛（Fatimah）的名字命名，是一个曾在北非和中东建立帝国的穆斯林王朝。鼎盛时期，帝国的行省包括北非、西西里、红海沿岸非洲地区、巴勒斯坦、也门和汉志，并占有麦加和麦地那。

如前所述，埃及在哈里发欧麦尔时期被并入伊斯兰神权国家的版图。此前，埃及是拜占庭帝国一个富饶的行省。阿拉伯人占领埃及后，从四大哈里发时期至阿拔斯王朝前期，实行直接统治，设总督。首位总督阿慕尔是穆阿维叶建立倭马亚王朝的得力助手，使埃及成为倭马亚王朝向北非和西班牙扩张的总根据地。

倭马亚王朝的对外扩张使埃及人民不堪重负。图伦王朝（868—905）是埃及、叙利亚地区第一个独立、半独立的小王朝，其他小王朝还有伊赫西德王朝（935—969）和哈木丹尼王朝（929—991）。

埃及的法蒂玛王朝建于 909 年。969 年从伊赫西德王朝的手中夺取了埃及。法蒂玛王朝在埃及立定足跟后，即宣布埃及脱离阿拔斯王朝，973 年迁都开罗。

法蒂玛王朝在木伊兹任哈里发时期的版图"包括埃及、北非、叙利亚和阿拉伯半岛的西岸，使这一辽阔地区把地中海东岸和南岸连成一片。法蒂玛王朝（绿衣大食）和东方的阿拔斯王朝（黑衣大食），西方的西班牙哈里发王朝（白衣大食）已经形成鼎足之势，而埃及却是其中最强大的"[1]。

法蒂玛王朝历时 260 余年，14 代哈里发，在我国史书中被称为"绿衣大食"。1171 年，法蒂玛王朝被艾尤卜人萨拉丁（Saladin，1137/1138—1193）推翻。

---

[1]　纳忠：《阿拉伯通史》下卷，41 页，北京，商务印书馆，2005。

五、西班牙的倭马亚王朝

如前所述，阿拉伯人在倭马亚王朝时期已经扩展至西班牙。阿拔斯王朝建立后，对倭马亚家族采取斩尽杀绝的政策。倭马亚王朝第十代哈里发希沙姆的孙子阿卜杜拉·拉赫曼，即阿卜杜勒·拉赫曼一世（'Abd ar-Rahmān Ⅰ，又译阿卜杜勒·赖哈曼一世，750—788 年在位）幸免于难，逃到西班牙。755年，他打败安达卢斯总督，在科尔多瓦建都，创建西班牙的倭马亚王朝（756—1031）。

西班牙的倭马亚王朝在阿卜杜勒·拉赫曼二世（'Abd ar-Rahmān Ⅱ，又译阿卜杜勒·赖哈曼二世，822—852 年在位）统治时，"国势繁荣昌盛。曾大事兴修土木工程，扩建科尔多瓦清真寺，并且保护诗人、音乐家和宗教人士"[1]。可以说，是他开创了后倭马亚王朝"政治文化方面伟大而光辉的时代"，西班牙的"风俗习惯开始'伊拉克化'"[2]。

阿卜杜勒·拉赫曼三世（'Abd ar-Rahmān Ⅲ，又译阿卜杜勒·赖哈曼三世，912—961 年在位）统治期间，西班牙出现空前的繁荣。科尔多瓦在地中海世界享有与君士坦丁堡同样的盛名，各国使节云集哈里发的宫廷。据说，"科尔多瓦有清真寺 3 千所，店铺和民宅 10 余万家"[3]。

阿卜杜勒·拉赫曼三世的儿子哈克木二世（al-Hakam Ⅱ，又译哈桑二世，961—976 年在位）当政时期，和平的环境和富庶的生活使得西班牙倭马亚王朝的文化教育获得了进一步的发展。[4]

西班牙倭马亚王朝末期的政局极为混乱。1009—1031 年，西班牙倭马亚王朝经历了 6 位哈里发，王朝实际上分崩离析。"接之而来的是封建诸侯建立

① 《简明不列颠百科全书》第 1 卷，12 页，北京，中国大百科全书出版社，1985。
② 《简明不列颠百科全书》第 8 卷，391 页，北京，中国大百科全书出版社，1986。
③ 《简明不列颠百科全书》第 1 卷，12 页，北京，中国大百科全书出版社，1985。
④ 纳忠：《阿拉伯通史》下卷，189 页，北京，商务印书馆，2005。

的诸小国时代，或称为'诸藩时代'（Al-Tawaif）。"①

第四节　早期伊斯兰国家的文化发展与繁荣

一、早期伊斯兰国家文化发展的社会基础

（一）政治

经过四大哈里发和倭马亚王朝时期的对外征服，阿拉伯人建立了一个地跨欧、亚、非三洲的帝国，历史上又称之为阿拉伯帝国。帝国境内民族成分复杂，宗教信仰不同，宗教派别繁多。各个早期伊斯兰国家为维护其统治，都注重建立和强化中央集权的国家体制。倭马亚王朝的创立者穆阿维叶统治时期，在麦地那政教合一的国家的基础上，承袭东方君王专制政体，建立了完整的统治机构。

哈里发作为国家的最高统治者，集政治、军事、立法和宗教的权力于一身。国家的政治机构，在哈里发以下，设各部大臣，分掌政治、税收和宗教等事务，其中掌管财政、税务的部门最为重要。地方行政大体沿用拜占庭和波斯的建制，全国分为若干个行省，省以下设县。行省的长官称总督，掌管全省的军政大权，也可以兼任宗教领袖。总督有权任命自己下辖的县长，只需将名单呈报哈里发，具有极大的独立性。地方税务由哈里发直接派遣税务官掌管，税务官只对哈里发负责。

军队是阿拉伯各伊斯兰国家的重要支柱。依据阿拉伯部落之间战时的习俗，军队由全体阿拉伯成年男子组成，以氏族、部落为军事单位，原来的首长即为军事指挥官，每攻克一地，即按部落分开驻扎。军队分骑兵和步兵两

---

① 纳忠：《阿拉伯通史》下卷，192 页，北京，商务印书馆，2005。

种，骑兵主要由阿拉伯的穆斯林组成，待遇远优于步兵。改奉伊斯兰教的新穆斯林一般只能编入步兵。此外，倭马亚王朝还仿效拜占庭的式样，建立了一支数量可观的海军。阿拉伯统治者正是依靠着强大的海陆军的征战，才形成了地跨亚、非、欧三洲的大帝国。

但是，来自沙漠地区，经济、文化、政治水平相对落后的阿拉伯统治者要管理好幅员辽阔、民族复杂、人口众多、文明程度较高的新领土，必然面临着巨大的困难。为此，倭马亚王朝推行阿拉伯化或伊斯兰化政策。首先，以和阿拉伯穆斯林享受同等待遇为承诺，鼓励各族人民改奉伊斯兰教；其次，规定阿拉伯语为官方语言。这对于促进阿拉伯语在各地区的发展和普及，扩大阿拉伯人统治的社会基础，具有极大的影响。到阿拔斯王朝时，其已不是纯粹的阿拉伯国家，而是以阿拉伯人为主，但包括许多信仰伊斯兰教的异族在内的"阿拉伯—伊斯兰帝国"。

750年，阿拔斯王朝在倭马亚王朝行政制度的基础上，参照波斯萨珊王朝的政治典章制度，进一步强化了中央专制政权。除了确立哈里发至高无上的权威之外，中央政府还组织了以宰相为首的日益庞大的官僚机构。宰相权力极大，可任免各省总督，甚至可以世袭职位。阿拔斯王朝初期，宰相多由波斯人担任。宰相之下设有行政、军事、财务、司法、驿站、工商、农业等重要部门。此外，还有维持社会治安的警署、专管调查冤狱的平反院、负责管理官民晋见哈里发事宜的侍从室以及主管文书的枢密院等机构。阿拔斯王朝的政府机关比较复杂，官僚机构更加完善。

阿拔斯王朝的军队有正统军和常备军两种。正统军以哈里发的禁卫军为核心，包括周围各部族以及从各民族和各地区征募而来的部队。禁卫军主要由波斯的呼罗珊人组成，后来逐渐由突厥人代替，待遇和装备最优。他们训练有素、组织严密，是哈里发政府军队的主要力量。在正统军之外，还有从各地雇佣而来的常备军，他们由政府供给粮饷。

司法是哈里发统治的重要手段。在伊斯兰社会中，宗教和司法是密切相关的。主持正义，往往被认为是一种宗教义务。因此，阿拔斯王朝的法官往往是从信仰伊斯兰教、精通教义和教律的宗教学者中选拔任命的。各大小城市都设置法官，除负责办理穆斯林的诉讼案件之外，还负责管理宗教基金和孤寡的财产。后来，解释教法之事也归属司法部门。法官职权大，地位高。一省的大法官，其地位几乎可以同总督相比。

阿拔斯王朝还设置了严密庞大的警察组织，职责主要是在案件未定之前，协助法院负责侦破工作，同时负责维持各大城市的社会秩序。警察署长通常兼任哈里发的警卫长。后来警察的职能逐渐由突厥奴隶组织的近卫军取代，警察组织也因之解体。

驿站部（邮政部）是阿拔斯政府的一个重要部门，首要任务是管理全国的交通、运输和通信工作。为保证各地贡税的运输及皇室邮政的畅通，阿拔斯王朝以首都巴格达为中心，开辟了通往各省的大道，各地重要城市也有道路相通。驿路上到处设置驿站，形成了遍布全国的交通网络。驿站大臣和行省的驿站长官都由哈里发任命，直接与哈里发进行联系。驿站部同时又是一个侦探组织，负责侦查和监督中央和地方官吏的动向，刺探人民的活动，随时密报中央。

法蒂玛王朝在阿齐兹（AI-‘Aziz，976—996 年在位）任哈里发时重用首相，制定法典，建立了完备的政府机构，设立了军事、财政、税收、户籍、司法等部门，直接受首相管辖，又创立了中央法庭，准许人民直接向哈里发越级申诉，削弱了贵族和地方官吏的权力。

（二）经济

早期伊斯兰国家的经济是在吸收和改进被征服地区经济制度和生产技术的基础上发展起来的。欧麦尔时期，由于大规模对外军事扩张，战利品源源不断地流入麦地那。如何分配这些战利品，对欧麦尔来说是个问题。在波斯人的建议下，欧麦尔仿效萨珊王朝设立了年俸制度，个人年俸的多寡一般依其与穆罕默德的亲缘关系或入教的先后而定。年俸制度后来一直为阿拉伯各朝所沿用。

货币在商业发达的早期伊斯兰国家是重要的流通手段。麦地那政权建立后，市场上所使用的主要是波斯和拜占庭两大帝国的货币。因社会的动荡，两国的货币也十分混乱，这给商业贸易带来了诸多不便。哈里发欧麦尔曾着手对市场流通的货币进行改造，统一币制。但由于大规模的征服战争仍在继续，货币混乱的状况并未根本解决。直到 7 世纪末，社会基本上安定，政治经济建设蓬勃发展，统一币制、铸造真正的阿拉伯—伊斯兰货币已势在必行。倭马亚王朝哈里发阿卜杜勒·马利克顺应时代要求，进行币制改革，铸造出具有阿拉伯—伊斯兰特色的货币并全面通用。币制统一和阿拉伯化促进了早期伊斯兰国家经济的发展。

税收是早期伊斯兰国家的经济命脉，土地税在各项税收中居于第一位，是国库主要的收入。法律规定：一切土地都归安拉，只有先知的继承者哈里发才有权支配。倭马亚王朝将征服战争中所占有的土地定为公产，归以哈里发为首的全体阿拉伯穆斯林所有。依据原占领地的制度，凡是耕种公产的人（包括信奉伊斯兰教者在内），都得缴纳税租，即土地税。土地税是以实物和货币的形式分期缴纳的。征收的标准依征服的形式、年成的丰歉、农作物的种类及水利灌溉等情况的不同而各异，这就给土地税收带来了种种弊端。8 世纪中期，阿拔斯王朝实施了地税改革，健全税收制度，加强对税吏的纪律约束并创建分成地税制。

人丁税也是早期伊斯兰国家的重要经济来源。人丁税是对穆斯林以外的人征收的附加税。尽管迪米人（Dhimmi，意为"被保护人"）与伊斯兰国家签订了契约，已表示归顺，但只有缴纳了人丁税才能得到生命与财产保护。人丁税不仅是非穆斯林沉重的经济负担，而且是其社会地位低下的标志。

此外，还有伊斯兰宗教、工业矿产、商业外贸等方面的税收，它们与土地税、人丁税共同构成了早期阿拉伯国家的税收制度，为国家提供了源源不断的财富。农业也是国家财政收入的主要来源。为发展农业经济，政府十分重视水利建设。灌溉工具水车和扬水机流行各地，许多荒芜的沙漠地带变成了良田沃土。叙利亚的大马士革地区、美索不达米亚南部、波斯湾东岸和阿姆河及锡尔河流域成为阿拔斯王朝的四大谷仓。

农业的发展为手工业生产提供了充足的原料，国家的统一又为生产技术和工具的交流创造了有利的条件。到阿拔斯王朝时期，城市手工业有了长足的发展，手工业作坊蓬勃兴起，其中以纺织业最为突出。布匹、绸缎、呢绒等纺织品畅销各地。尤其是大马士革的绸缎远销西欧，闻名世界，至今西欧仍把大马士革锻作为"绸缎"的通称。中国的造纸技术 8 世纪中叶由中亚细亚传入早期伊斯兰国家后，9 世纪末得到迅速发展。造纸厂首先设在中亚的撒马尔罕，"撒马尔罕纸"成为这一地区对外贸易的主要商品，风行伊斯兰世界。之后，多地相继设立造纸厂，生产的纸张长期流行于西欧。矿藏开采业得到政府的重视，金、银、铜、铁等矿业生产兴盛。此外，金属制品、玻璃器皿、瓷器等手工艺品在西方也享有盛名。

早在伊斯兰教诞生以前，阿拉伯人就十分重视商业。阿拔斯王朝前期，大规模的征战基本结束，政治统一，社会安定，工农业生产得到发展，国内外交通发达，金融流通顺畅，使商业经济重新迅速发展起来。陆上和海上贸易繁荣，阿拉伯商人的足迹遍及欧、亚、非三大洲。阿拉伯的椰枣、蔗糖、棉毛织品、玻璃器皿等商品远销世界各地；东方的香料、丝绸、瓷器、染料和非洲的金粉等货物在阿拉伯各大市场应有尽有。阿拔斯王朝和中国水陆交通相连，两国的都城都设有专营对方商品的市场。唐宋时期，广州、扬州、泉州等地也有阿拉伯商人频繁往来。

商业贸易的繁荣促进了银行业的发展。商业贸易中金银币兑换的需要和汇票、证券的广泛使用,使银行业应运而生。库法城出现了著名的汇兑市场。9世纪,帝国银行业十分发达,国际信誉极高。支票得到广泛使用,一些大商人都在银行里设立账号,凭支票支付,有时连国库财金支付也采用支票。

手工业和商业的发展引起了城市结构的巨大变化。原来阿拉伯人在被征服地区建立的军事城堡,许多都成了规模大、人口众多的产业中心和贸易市场。在城市里,手工作坊林立,商业贸易繁荣。阿拔斯王朝首都巴格达是当时著名的政治、经济、文化中心,城内皇宫气势巍峨,街道布局井然有序,清真寺、商场、公园、医院、诗人集会所、外人居留处等场所应有尽有。水陆交通四通八达,世界各地的货物在这里集散。此外,大马士革、巴士拉、库法、开罗、科尔多瓦等城市也都闻名于世。

早期伊斯兰国家政治经济的发展得益于文化教育的发展,同时也为其文化教育的繁荣奠定了坚实的基础。

二、早期伊斯兰国家文化的发展与繁荣

(一)早期伊斯兰国家文化的发展

阿拉伯人善于依据天时地利安排自己的生活。公元前10世纪前后至公元6世纪,阿拉伯人先后在阿拉伯半岛南部也门地区建立了5个国家,组织人民从事农业与国际间的商业贸易活动,创造并延续了将近两千年的农业文明与国际商贸文明。

国际商贸文明、建筑技艺、阿拉伯语言、文学艺术中的诗歌,以及宗教信仰中的精灵论、星宿崇拜与对安拉的崇信,构成早期伊斯兰国家源远流长的文化历史传统,而这一传统的形成又是和阿拉伯诸多古王国与其周边国家(埃及、叙利亚、古罗马、拜占庭、波斯等)先进文化的交融分不开的。伊斯兰教的产生就是阿拉伯人在批判继承本族传统宗教信仰、学习与借鉴东西方宗教思想的基础上取得的成果。

伊斯兰教产生后，宣扬伊斯兰教与学习《古兰经》的需要成为早期伊斯兰国家文化发展的动力。随着伊斯兰政权的扩张，参与早期伊斯兰国家文化建设的人不只是阿拉伯人，还有后来接受伊斯兰教信仰的非阿拉伯各族人民。希提在论述倭马亚王朝的文化生活时指出："当波斯人、叙利亚人、科卜特人、柏柏尔人和其它民族的人民皈依伊斯兰教，而且同阿拉比亚人通婚的时候，原来在阿拉比亚人和非阿拉比亚人之间的那堵高墙就坍塌了⋯⋯这是伊斯兰教文化史上意味深长的事实之一。我们说'阿拉伯医学'或'阿拉伯哲学'或'阿拉伯数学'的时候，我们不是指阿拉比亚人所创造发明的，或阿拉伯半岛的居民所发展的医学、哲学或数学。我们所指的，只是用阿拉伯文写作的文献中所包罗的知识，著作人主要是生活于哈里发帝国的波斯人，或叙利亚人，或埃及人，或阿拉比亚人，无论他们是基督教徒，或犹太教徒，或穆斯林，也无论他们写作的材料，是取自希腊的，或亚美尼亚的，或印度—波斯的，或其它的来源。"[1]这一论述对我们理解早期伊斯兰文化的发展及其特点是很有帮助的。但是，他还在论述这一问题时写道："从沙漠里来的征服者，并没有把什么科学遗产和文化传统带到他们所征服的国家去。"[2]"阿拔斯人初期，在巴格达枝叶扶疏，欣欣向荣的文化巨树，一定在希腊、叙利亚和波斯文化的这个先前时期已经生根了。因此，大概说来，伍麦叶人时代是阿拉伯文化的孕育时代。"[3]这些论断就不够严谨，有些片面。

早期阿拉伯的穆斯林的确很好学，但是伊斯兰国家并不是没有自己的文化传统。有研究者就指出："有人认为，倭马亚时代的文化活动，都是由'马瓦里'(新穆斯林)进行的。认为当时阿拉伯人缺少文化，他们不过是一些落后的、从事战争掠夺的贝杜因人(游牧人)。其实这种论点是不公平的。'马瓦

①　[美]希提：《阿拉伯简史》，马坚译，120~121 页，北京，商务印书馆，1973。
②　[美]希提：《阿拉伯简史》，马坚译，119 页，北京，商务印书馆，1973。
③　[美]希提：《阿拉伯简史》，马坚译，119~120 页，北京，商务印书馆，1973。

里'进入文化领域之前，必须先学会阿拉伯语，精通阿拉伯语。那么，马瓦里跟什么人学习阿拉伯语呢？在伊斯兰教兴起前就已经善于吟诗行文的阿拉伯人，能说是没有文化，而只知道游牧生活吗？阿拉伯文化运动始于公元7世纪末，8世纪初的阿卜杜·麦立克时代。这时，'马瓦里'才开始学习阿拉伯语，而他们使用阿拉伯语于学术文化，只能在这以后。在这之前，从事学术文化研究的人，无疑都是阿拉伯人。"①

《古兰经》在四大哈里发时期已完成统一的抄本。"对外大扩张后，大批苏哈白(圣门弟子)随军出征，转战各地，胜利后，出于政治上的需要，他们在各地新建的城市中……创办学校，教授阿拉伯文以及《古兰经》、圣训和教律。"②在这些学校担任教师的有当地的阿拉伯驻军长官，还有专职的宗教学者。"宗教学中最重要的是《古兰经》诵读。由于初期的《古兰经》抄本没有音符，字母的上下没有点号，诵读极其困难，容易读错。所以《古兰经》诵读这门学问便成为正确理解《古兰经》词意和进一步领会《古兰经》含义的基础学问了。"③"其次为《古兰经》经注学。第一个用口头解释《古兰经》经文的，是先知穆罕默德，他算是第一个经注家。后来，人们对《古兰经》中的许多词句不大清楚，或意见分歧，于是出现了'经注学'。"④圣训(哈底斯)，是指先知穆罕默德的言语训示或行为。凡是先知的言行，或由直传弟子和再传弟子传述下来的先知言行，都属于圣训。圣训在公元8世纪开始被搜集记录。欧麦尔二世(717—720年在位)即位后，命可靠的圣训学家从事搜集和鉴别。除《古兰经》诵读、经注学、圣训学的发展外，教义学和教律学也获得了发展。

---

① 纳忠、朱凯、史希同：《传承与交融：阿拉伯文化》，81页，杭州，浙江人民出版社，1993。又：马瓦里(Mawali)通常指阿拉伯人向外军事扩张后改奉伊斯兰教的异族人。在伊斯兰教发展初期指被穆斯林释放了的、改奉伊斯兰教的奴隶，一般译为"释奴"，几代人之后，释奴的后人被称为"新穆斯林"；阿卜杜·麦立克，即阿卜杜勒·马利克，倭马亚王朝的第五代哈里发，686—705年在位。

② 纳忠：《阿拉伯通史》上卷，359页，北京，商务印书馆，2005。

③ 纳忠：《阿拉伯通史》上卷，360页，北京，商务印书馆，2005。

④ 纳忠：《阿拉伯通史》上卷，360页，北京，商务印书馆，2005。

阿拉伯语言学在早期伊斯兰国家取得比较快的发展。"阿拉伯人统治各地后，伊斯兰教的发展较为迅速，这就促进了阿拉伯语的发展。因为改奉伊斯兰教后，必须学习《古兰经》，必须举行宗教仪式。在当时，禁止将《古兰经》译为外国语言，礼拜祈祷也禁止使用外国语。因此，改奉伊斯兰教的各国穆斯林，必须学习阿拉伯语，以便念诵《古兰经》，举行宗教仪式，这是阿拉伯语迅速传布的主要原因之一。"①阿拉伯征服西亚、北非各地后，向这些地区大举移民，对推广阿拉伯语也起了很大的作用。异族为谋求公职和进行商业活动，也必须掌握阿拉伯语。阿拉伯语言学正是适应异族掌握阿拉伯语的需要而获得迅速发展的。阿拉伯语法的创始人艾卜勒·艾斯瓦德·杜艾里（688年卒）、阿拉伯语韵律学创始人赫立理·伊本·艾哈迈德（约786年卒）、第一部阿拉伯语法教科书编著者波斯人西伯韦（Sibawayh，约760—约793）、阿拉伯语文学家伊本·杜赖德（Ibn Durayd，837/838—933）等，为阿拉伯语言的发展做出了重要贡献。此外，阿拉伯语还从波斯语和其他外国语中汲取了大量词汇，并增置音符和字母，改革了书法，"这就大大地改革了阿拉伯语，便利了外国人的学习"②。

对阿拉伯历史的研究与编纂始于倭马亚王朝。"关于部落的研究和对先知生平的探索，构成了伊斯兰教初期历史研究的主要内容，并推动了历史研究的发展，使之从口头传说阶段进入到编纂著述的阶段。"③阿拉伯第一部近似历史的著作，是圣训学家瓦海卜·本·穆奈比于732年写的《故事集》。早期著名的说书人阿比德·伊本·赛尔叶是半传说性的南方阿拉伯人，编写了《帝王记和古史记》等书。凯瓦卜勒·艾哈巴尔（652年或654年卒）和伊本·穆奈比以及改信伊斯兰教的其他犹太人一道，把《犹太教法典》的许多故事编入了

---

① 纳忠：《阿拉伯通史》上卷，585页，北京，商务印书馆，2005。
② 纳忠：《阿拉伯通史》上卷，364页，北京，商务印书馆，2005。
③ 纳忠：《阿拉伯通史》上卷，358页，北京，商务印书馆，2005。

伊斯兰教的传说中,从而将犹太教的历史与阿拉伯历史学糅合。可见伊斯兰国家最初的历史学研究常常是和古代传说搜集分不开的,但是正是这种初期的历史研究为阿拔斯王朝正规历史著作的编纂奠定了基础。

诗歌在倭马亚王朝获得了很大的发展,作品丰富多彩,"充分反映了当时的政治、社会以及阶级和民族斗争的情况,为以后丰富多彩的阿拉伯诗歌的发展奠定了坚实的基础"①。

这个时期,"用阿拉伯语写作的爱情诗人,第一次正式出现了"②。在爱情诗人中,半岛派以欧麦尔·伊本·艾比·赖比耳为主要代表。这位爱情诗大王被欧洲人称为阿拉比亚的奥维德。倭马亚王朝的另一个爱情诗人是哲米勒(701年卒)。"如果欧麦尔在诗歌里代表了自由恋爱,那末,与他同时代的哲米勒就代表了柏拉图式纯洁天真的精神恋爱……哲米勒的长诗,都是寄给他的爱人本部族的卜赛奈的。那些诗所表现的深厚的柔情,在那个时代是无人可比拟的。那些诗既有美学上的价值,又有朴实的、不加雕琢的语言,所以早被阿拉伯的歌唱家谱入歌曲了。"③这个时代还有一个半神话式的人物——盖斯·伊本·穆拉瓦哈。"他是抒情诗的代表。根据传说,盖斯迷恋一个叫莱伊拉的女人到了疯狂的地步,莱伊拉是同一部族人,她也热爱盖斯,但是她父亲强迫她跟另外一个男人结婚了。盖斯因绝望而疯狂,他的余生是疯疯癫癫地度过的,他半裸露地彷徨于本乡纳季德的山顶和河谷,到处歌颂他的爱人的美妙,渴望着能同她见一面。"④

除情诗外,倭马亚王朝还出现了政治诗。"这种诗是在米斯肯·达里米奉命创作长诗,以当众咏唱颂扬叶齐德登上哈里发宝座的时候首次出现的。"⑤

---

① 纳忠:《阿拉伯通史》上卷,367页,北京,商务印书馆,2005。

② [美]希提:《阿拉伯通史》,马坚译,290页,北京,商务印书馆,1979。

③ [美]希提:《阿拉伯通史》,马坚译,291页,北京,商务印书馆,1979。

④ [美]希提:《阿拉伯通史》,马坚译,291~292页,北京,商务印书馆,1979。

⑤ [美]希提:《阿拉伯通史》,马坚译,292页,北京,商务印书馆,1979。

代表性的诗人有法赖兹得格(约 640—728)、哲利尔(? —约 729)和艾赫泰勒(约 640—710)。这三位诗人均生长在伊拉克，他们都是讽刺诗和颂赞诗的作者，是一流的阿拉伯诗人。各个党派和教派也都有自己的诗人。

　　阿拉伯人具有高超的建筑技艺。在新的历史条件下，他们吸取了古罗马、拜占庭、波斯的建筑艺术经验，使阿拉伯—伊斯兰建筑艺术得以形成与发展。在四大哈里发时期，他们以极快的速度建立了巴士拉、库法和福斯塔特三座新城。倭马亚王朝初建，他们又在北非建立了凯鲁万城。这些成就既反映了他们对古代建筑技术的继承与创新，又反映了他们对其他民族先进建筑技艺的学习热情。

　　经过四大哈里发和倭马亚时期的扩张，阿拉伯人占有和统治了波斯、叙利亚、巴勒斯坦、埃及、古印度西北地区等，倭马亚王朝制定了比较包容的文化政策，在吸收拜占庭帝国、波斯帝国、古代印度文明的基础上发展自己的文化。例如，琼迪-沙普尔学园是波斯萨珊王朝最著名的高等学府。"它在 6 世纪是希腊和叙利亚的大学者的理智圣殿，是哲学、数学、天文学、医学等方面的学术中心。在那里，琐罗亚斯特文化，印度和希腊的科学，亚历山大-叙利亚的思想，医学训练，神学，哲学，以及其他学科，都发展到很高程度，琼迪-沙普尔成了萨珊文明时期最先进的学术重镇。学园的学生来自世界各地。才智之士的交往，引起了一次科学和学术的大融合。"[1]琼迪-沙普尔学园在倭马亚王朝时期"仍旧是伊斯兰的学术中心……最早一批印度、波斯、叙利亚及希腊文的著作从学园或它的校友开始译成阿拉伯文，并成为一个传统"[2]。其他文化中心发挥了类似的作用。相关的翻译活动促进了学术研究，使早期伊斯兰国家的文化走向繁荣。

　　(二)早期伊斯兰国家文化的繁荣

　　阿拔斯王朝取代倭马亚王朝后，统一的阿拉伯帝国逐渐分裂成为以巴格

---

① 马骥雄：《外国教育史略》，19 页，北京，人民教育出版社，1991。

② 马骥雄：《外国教育史略》，19~20 页，北京，人民教育出版社，1991。

达为中心的阿拔斯王朝、以开罗为中心的法蒂玛王朝和以科尔多瓦为中心的后倭马亚王朝，以及其他一些小王朝。因此，也就形成了早期伊斯兰国家三大文化中心。

统治者对先进文化的开放政策，对文化事业的重视，对学问研究的关心、支持与奖励，以及亲自参与，促使早期伊斯兰国家的文化取得巨大的发展和辉煌的成就。可以说，这一时期人类在各个学科方面的知识都取得了重要进展，而早期伊斯兰国家当政者的文化政策与活动构成伊斯兰文化繁荣的一个方面。下面简要介绍早期伊斯兰国家在诸多学科上取得的成就与进展。

1. 数学

数学是自然科学的基础。阿拉伯人在数学方面的重大贡献之一，就是改进并推广了印度人的数字系统。8 世纪下半期，印度的数字和十进位法传到阿拉伯后，数学家花剌子米（Khwarizm，约 780—约 850）第一个进行了使用，并在关于印度运算法的著作中首次介绍了印度数字及其优点。12 世纪，欧洲人通过花剌子米的著作知道了印度数字，称之为"阿拉伯数字"。后来，阿拉伯数字取代了欧洲人使用的繁杂的罗马数字。到近代，阿拉伯数字传遍全世界，大大促进了计算科学的发展。

代数是数学中最基本、最古老的分支之一，代数知识能发展为一门独立学科，是与花剌子米和欧麦尔·海雅木（Omar Khayyam，又译欧玛尔·海亚姆，1048—1122）等数学家的巨大贡献分不开的。花剌子米是最早编写算术和代数的学者，他的代数学著作《积分和方程计算法》在 12 世纪被译成拉丁文后，到 16 世纪一直是欧洲各大学主要的数学教科书。他的《代数学》系统地论证了 6 种类型的一次方程和二次方程的解法，提出了方程根的几何证明，阐明了一些代数式的运算法则。欧麦尔·海雅木进一步发展了代数学，他提出的三次方程的几何解法，即利用两条圆锥曲线相交的方法求解，被认为是中世纪阿拉伯数学家最杰出的贡献之一，在代数学发展史上可以说是一大创举。

阿拉伯数学家还在三角、几何等方面做出了卓越的贡献，他们确定了正弦、余弦、正切、余切等概念，发现了正切与余切、正割与余割、正弦与余弦间的函数关系，建立了若干三角公式，制定了很多三角函数表，使三角学开始脱离天文学而成为一门独立的科学。在几何学方面，阿尔·卡西（al-kashi）把圆周率 π 的值精确地计算到了小数点后的 16 位。

2. 天文学

由于宗教生活和海外贸易发展的需要，天文学的研究在阿拉伯显得日益重要。阿拉伯学者在吸收印度、希腊等地天文学优秀成果的基础上，经过几百年的观测和研究，把天文学发展到一个新的水平。

在巴格达、大马士革、开罗、科尔多瓦、撒马尔罕等城市，政府设立了天文台，作为专门的研究机构。阿拉伯天文学家创造出中世纪最新的精密仪器，如天球仪、地球仪、观象仪、象限仪、星盘仪等。9 世纪时，阿拉伯天文学家凭借这些精确的仪器进行了第一次正规的天文观测。他们在幼发拉底河以北的辛贾尔平原和库法平原，做了地球子午线一度之长的实地测量工作，推算地球的圆周、直径及体积；提出了地球绕太阳运转的学说，论证了地球是圆形体、地球自转以及潮汐与月球运动的关系；绘制了天文图和星象图，编制了多种天文表。阿拉伯天文学家还翻译了许多希腊和印度的天文学著作，其中包括托勒密的《天文大集》和印度学者的《信德欣德》，并在系统观测天体运动的基础上，根据精确的数据结果校正了托勒密关于黄道斜角、二分点的岁差和岁实等错误。花剌子米、巴塔尼（al-Battani，约 858—929）等人编制的天文表，也被译成拉丁文传入欧洲，对欧洲乃至世界天文学的发展做出了伟大的贡献。

3. 医学

伊斯兰教诞生以后，医学作为一门自然科学，在阿拉伯医学家的努力和哈里发的提倡下，得到了迅速的发展，到阿拔斯王朝时已成为一门普及的学问。9 世纪初，巴格达建立伊斯兰世界第一所医院，10 世纪中叶，全国医院达 34 所。各医院都设有分科,并附设药房,有些医院还设有医学图书馆,并讲授医学课程。由于从事医学和药剂师职业的人不断增多,为保证质量,政府制定了严格的考试制度,医师和药剂师只有成绩合格才能从业。哈里发穆格台迪尔(908—932 年在位)时代,仅巴格达一带,经过考核开业的医生就有 860 多人。他们对于伤寒、霍乱、天花、麻疹等疾病,总结出了行之有效的治疗方法。外科手术在 10 世纪时也达到较高水平,已经使用消毒和手术麻醉术,并由几个医师合作,协同进行大手术。开刀、割痔、拔牙、切开气管等医疗技术熟练,特别是在绑扎大动脉止血方面实现突破。

阿拉伯人注重对医学实践的总结和理论的研究,出现了许多著名的医学家,其中以拉齐和伊本·西那为代表。拉齐(Razi,又译拉齐斯,约 865—923/932)是巴格达国家医院的院长,著名的临床外科专家,医术精湛,医德高尚。他的代表作有《天花与麻疹》《医学集成》。前者是一篇著名的医学论文,首次对天花病人做了临床记录,是欧洲医学界重要的参考文献;后者是医学大百科全书,书中吸收了希腊、波斯和印度的医学知识,并增添了许多新的医学成就。《医学集成》被译成多种文字,对西方医学界的影响长达数百年之久。伊本·西那的《医典》是一部医学百科全书,也是对当时医学知识成果的总结。该书不仅有医学原理及治疗方法,而且有药学专章。书中对脑膜炎、中风和胃溃疡等病理做了精辟的论述,确认了肺结核的接触传染性,发现了水流和土壤会传播疾病,提出了心理疗法配合药物治疗的方法,还分析了 760 多种药物的性能。这部医学巨著出版后被译成了拉丁文、希伯来文和英文等多种文字,成为 12—17 世纪西方医学的指南。还有一位医师,即伊本·安·纳菲斯(Ibn an-Nafis,? —1288),"首次描述了肺循环。他发现室间隔实质无孔,驳斥了伽伦关于血液自右心直接进入左心的观点。他正确地指出,血液必须经过肺脏才能从右心到左心……伊本在大马士革学医,后去埃及主持开罗的纳塞尔医院。写过不少有关眼病及饮食的论文,并注释了希波克拉底、阿维森纳和胡奈恩的医学著作"①。

4. 哲学

阿拉伯哲学体系是以伊斯兰教教义学为基础，吸收了东西方，主要是希腊的某些哲学思想而逐渐形成的。8世纪，阿拉伯人翻译了大量波斯、印度、希腊的书籍，在收集、翻译的过程中接触到了希腊哲学。希腊哲学注重理性和逻辑论证的思维方式对阿拉伯人的思想产生了重大的影响。一些伊斯兰学者开始苦心钻研希腊哲学，试图将伊斯兰教义和希腊哲学相结合，用哲学方法来解释信仰并解答穆斯林提出的各种问题。9世纪，一些阿拉伯哲学家一改过去以信仰问题为研究的终极目的，转而对哲学做纯学术研究，并取得了巨大的成就，出现了一批著名的哲学家，如金迪（al-Kindi，? —约870）、法拉比、伊本·西那、安萨里、伊本·鲁西德等，其中以伊本·西那和伊本·鲁西德的成就最高。伊本·西那大胆提出了科学与宗教"双重真理论"；伊本·鲁西德对这一理论做了系统阐述，认为哲学通过理性思维和逻辑思维得到的真理和宗教通过天启和经传得到的真理"都是真理"。伊本·鲁西德的学说对中世纪的西欧产生了很大的影响。

5. 历史和地理

阿拉伯历史学的兴起经历了一个从口传到笔著的过程。在伊斯兰纪元后的百年内，由于哈里发不准进行笔录，所以除《古兰经》外，阿拉伯没有成文的书籍。所谓"历史学"，也不过是口耳相传的奇闻逸事以及关于穆罕默德及其弟子生平的宗教传说而已。早期伊斯兰国家真正的历史著作始于8—9世纪，题材主要是阿拉伯人远征的历史以及穆罕默德的生平事迹，如瓦基迪（al-Waqidi，747—823）等人的《武功记》、伊本·阿卜杜勒·哈克木的《埃及的征服及其消息》、巴拉祖里的《各地的征服》、伊本·伊斯哈格（Ibn Ishaq，

---

① 《简明不列颠百科全书》第9卷，10页，北京，中国大百科全书出版社，1986。该书将阿维森那译作阿维森纳。——编者注

约 704—767）的《先知略传》和伊本·希沙姆的《先知穆罕默德传》等。9 世纪后期，阿拉伯历史学研究趋于成熟，在体裁上已出现了编年体和纪事本末体。阿拉伯编年史的鼻祖是塔巴里（al-Tabari，又译塔百里，839—923），他一生勤奋治学，以《历代民族与帝王史》和《古兰经注》两部巨著最为有名。《历代民族与帝王史》是阿拉伯语中第一部完备的著作，它以阿拉伯—伊斯兰历史为主，以其他民族为从，用编年体裁叙述了从创世到 915 年的历史，内容十分丰富。伊本·艾西尔（Ibn al-Athir，1160—1233）的《历史大全》节录了塔巴里的著作，并补写到 1231 年。在当时狭隘的宗教观念笼罩史学界的情况下，塔巴里能独辟蹊径，把人类历史作为一个整体，编写出这样一部规模宏伟的通史著作，其功绩是巨大的。他所开创的编年体系为后来阿拉伯历史学家所沿用。素有"阿拉伯的希罗多德"之称的著名史学家、地理学家麦斯欧迪（约 9 世纪末—957 年）是阿拉伯历史学家中第一个用纪事本末体编写历史的。他的巨著《黄金草原和珠玑宝藏》就是一部依朝代、帝王、民族等项目叙事的百科全书，研究范围广泛，包括阿拉伯、印度、波斯、罗马等许多国家的社会历史、人文地理、自然科学、宗教和哲学。它所保存的极其珍贵的史料，是当代研究阿拉伯帝国历史与当时世界社会所不可或缺的。麦斯欧迪的纪事本末体也被后来许多阿拉伯历史学家采用。

还有一位重要的历史学者，就是伊本·赫勒敦（Ibn Khaldun，又译伊本·赫尔东，1332—1406）。他是"亚里士多德以后，马基雅弗利之前这一时期中社会科学方面最著名的人物。他发展了最重要的历史哲学之一，曾写出一部权威性的穆斯林北部非洲史"[1]，著有《世界史》和《历史绪论》（又译《历史导论》）。在《历史绪论》里，他"不仅探讨了影响历史进程的物理因素，如气候、

---

[1] 《简明不列颠百科全书》第 9 卷，11 页，北京，中国大百科全书出版社，1986。

地理条件等，而且探讨了影响国家兴衰、民族存亡的道德与精神因素"①。

商业贸易、政治统治和宗教生活推动了阿拉伯地理学的兴起，而盛行于伊斯兰学者的学术旅行之风又为地理学的发展积累了丰富的资料。天文地理学家花剌子米曾以托勒密的《地理学》为蓝本，编写了《地形学》。这是阿拉伯的第一部地理专著，附有一张"地球形象图"，对后世阿拉伯地理学产生了较大的影响。随着阿拉伯帝国政治的稳定、商业贸易的繁荣，9—10世纪，地理专著不断出现，其中以伊本·胡尔达兹比所著的《省道记》最具有代表性。《省道记》详记了帝国的商路、税收以及当时欧亚陆路和海路交通情况，是研究当时东西交通及商业贸易的重要文献。10世纪以后的地理专著以雅古特所著的《地名辞典》最为著名。这部著作按照字母的次序排列地名，内容广泛，不仅集当时地理学之大成，而且包含许多历史学、人种志和自然科学方面的宝贵资料，是一部名副其实的百科全书。

6. 文学和艺术

阿拉伯人在文学方面的成就最先是诗歌。诗歌以语言简洁、明快、犀利、朴实等特点深得阿拉伯人民的喜爱。早在伊斯兰教出现之前，阿拉伯诗歌创作就很繁荣。每逢集市庙会，各部族的诗人、演说家就参加诗会，展示才华。悬挂在麦加克尔白神殿墙上的七首"悬诗"就是诗赛中当选的佳作。流传在民间的古诗更比比皆是。伊斯兰教诞生之初，诗人的地位下降，诗歌创作几乎停滞。倭马亚政权建立后，诗歌创作重新繁荣起来，除抒情诗外还出现了大量的政治诗，其内容多为对阿拉伯统治者的歌功颂德，不过也有一些讽刺时局的诗。政治诗在倭马亚时代被"文学三杰"艾赫泰勒、法赖兹得格和哲利尔发展到了顶峰。阿拔斯时代是阿拉伯帝国的极盛时期，诗歌创作也进入了黄金时代。抒情诗、赞颂诗、悼念诗、讽喻诗、哲理诗等各种风格的诗歌都得

① ［巴基斯坦］赛义德·菲亚兹·马茂德：《伊斯兰教简史》，吴云贵等译，209~210页，北京，中国社会科学出版社，1981。

到了很大发展，创作题材大大拓宽，现实生活也被写进了诗歌。

《古兰经》不仅是伊斯兰教的经典，而且是一部散文杰作。优美的文字，凝练的语言，丰富的内容，独特的体裁，使之具有很高的文学价值，对后世的文学创作产生了巨大的影响。阿拔斯时期，随着帝国的鼎盛，阿拉伯散文也得到长足的发展。民间文学故事的创作风靡，其中《一千零一夜》可谓中世纪伊斯兰文学的瑰宝。作品以古老的波斯文《一千故事集》为基础，吸取了东方各国的民间故事，经过几百年的加工和修改，最后完成于 16 世纪。它内容丰富，叙事生动，妙趣横生，从一个侧面反映了伊斯兰世界各族人民的社会生活与风俗习惯。该作品自 18 世纪起被译成多种文字，在世界各地广泛流传。

音乐是阿拉伯人十分喜爱的一种艺术。在伊斯兰教出现之前，阿拉伯人已经在生产和生活实践中创作了各式各样的歌曲，出现了一批写诗作曲的游吟诗人和职业歌手。乐器主要有琵琶、长笛、芦管和手鼓等。到奥斯曼时代，声乐和乐器的配合渐趋和谐。著名的音乐家突韦斯首先将节奏应用于阿拉伯音乐，并在手鼓的伴奏下演唱。祈祷词的诵唱旋律和曲调起伏的《古兰经》的吟唱，为具有浓厚伊斯兰色彩的音乐和歌曲的产生创造了条件；穆斯林的朝觐活动给乐师和歌手们提供了展示才华的良好机会。倭马亚王朝时期，音乐艺术作为群众的娱乐获得发展，音乐家的地位提高，歌坛呈现一派兴旺景象，甚至哈里发也弹奏乐器，作曲吟唱。到了阿拔斯王朝，阿拉伯—伊斯兰音乐进入全盛时期。音乐艺术最突出的成就是音乐理论日臻成熟，出现了一批音乐理论家以及乐理著作，如大音乐家肯迪的《音谱论》《节奏论》《作曲法》，音乐理论家法拉比的《音乐大全》《节奏分类法》等。这些著作对中世纪欧洲音乐的形成和发展做出了有益的贡献。

建筑是阿拉伯艺术中最持久的一种艺术，清真寺则是阿拉伯建筑艺术的最高体现。伊斯兰教创立之初，清真寺以朴素简陋的场所满足穆斯林宗教活动的需要。倭马亚王朝时期，雄伟壮观的清真大寺显示着伊斯兰教的至高地位。耶路撒冷岩石圆顶清真寺和大马士革清真寺就是这一时期保存下来的两大伊斯兰教建筑。岩石圆顶清真寺呈八角形，大圆屋顶。圆顶及八角檐梁表面铺满了彩色瓷砖，上面镶嵌着图案，刻有精美的《古兰经》经文。在阳光的照耀下，整座大殿金碧辉煌，是保存至今的最古老的伊斯兰教遗迹。大马士革清真寺为方形圆顶建筑，全寺有三座尖塔，寺内有半圆形的凹壁和马蹄形的拱门。整座寺气势雄伟，被称为中世纪的世界奇迹。到阿拔斯王朝，建筑艺术更臻完善，圆顶、尖塔、连拱廊、精巧的弓架结构成为伊斯兰建筑的象征，由此形成了独特的阿拉伯—伊斯兰建筑艺术。除清真寺外，伊斯兰建筑艺术还反映在伊斯兰世界各地的宫殿、城堡、公馆、学校、旅店等建筑物上。伊斯兰教反对偶像崇拜，表现人类与动物被认为是真主独享的特权。因此，在任何一座清真寺中都找不到人类的画像。清真寺中装饰着艺术家们用植物图案、几何图案和阿拉伯字母雕绘出的优美花纹，样式新颖，独具一格。

（三）早期伊斯兰国家文化的特点

阿拉伯—伊斯兰文化是在本民族历史文化的基础上，同时吸收了被征服各族的文化而迅速发展起来的。尽管外来文化对阿拉伯—伊斯兰文化产生了深远的影响，使它在各个方面都具有明显的外族文化的痕迹，但从阿拉伯—伊斯兰文化来说，其主体仍依循着本民族的传统，充满着阿拉伯民族浓厚的生活气息，反映着阿拉伯民族的显著特征。其中，阿拉伯—伊斯兰式的建筑艺术是最典型的例子。阿拉伯人深居沙漠，圆形的帐幕、矗立的枣林是这一民族生活的依靠，也显示着这一民族的特色。在阿拉伯建筑物中，雄浑宏大的圆顶象征着浩瀚的沙漠和沙漠中的圆形帐篷，高耸入云的尖塔表现着沙漠中枣林的挺拔形象。它们容易唤起阿拉伯人对浩瀚沙漠的联想和笔直枣林的回忆，也寄托着他们对沙漠、帐篷、枣林的依恋。沿着自己的思维方式和情感创造本民族文化这一特征，在阿拉伯学术和文化艺术中也尽数展现，如诗歌的创作。

宗教生活对阿拉伯人来说相当重要，这也使阿拉伯—伊斯兰文化蒙上了浓厚的宗教色彩。在阿拉伯国家的一些学术中心,最初的学术并不是哲学等方面的活动,而主要是宗教方面的活动。科学的发展也在很大程度上依赖于宗教的发展,它以宗教理论为根据,染有宗教的色彩。例如,哈里发阿齐兹在书库里发现一本医书后,先向安拉祷告了好几日,然后才取出进行阅读;历史学家搜寻过去历史战迹的史料,必定按照搜寻圣训的方法;历史著作多以宗教传说为题材。从倭马亚王朝末期到阿拔斯王朝初期,对于传入帝国版图的希腊、罗马文化,阿拉伯人也用宗教理论对它们进行改造,以便和伊斯兰教相适应。哲学、地理学、天文学等学科的发展,无一不受宗教因素的影响。当希腊哲学传入阿拉伯后,一些伊斯兰学者苦心钻研,目的在于运用希腊哲学中的理性思维和逻辑推理来证明造物主的存在并解答穆斯林提出的各种问题。尽管后来有了类似纯学术的哲学研究,但这种研究仍然受到宗教教义的影响。

伊斯兰艺术家创造了众多的精美艺术品,而这些艺术品往往又是与手工艺品联系在一起的。“工”和“艺”的完美结合是阿拉伯—伊斯兰文化艺术的一大特点。艺术家创造了风格独特、变幻无穷的植物图案、几何图案和文字图形的装饰艺术,点缀着阿拉伯人的生活。首先,是宗教场所——清真寺。它的墙壁上镶嵌着五颜六色的大理石或瓷砖构成的图案,壁龛上刻着各种花纹,大厅内悬挂着艺术化的文字,地毯上编织着精美的图案。阳光透过圆顶上的彩色玻璃照射在墙壁上、大厅内,使整个大殿金光灿烂,壮丽辉煌,构成了一个美的世界。其次,在人们的日常生活中,各种图案被织进纺织品中、烧在陶器上、装饰在墙壁和门窗上、雕刻在水晶和玻璃制品上、镶嵌在金属制品上,呈现出多姿多彩的艺术世界,也为世界艺术史增添了绚丽的风采。

由此可见,早期伊斯兰国家在继承、发扬和吸收的基础上,使自己的文化发展取得了十分丰硕的成果。早期伊斯兰国家的教育是随着其文化的发展而发展的。除《古兰经》外,早期伊斯兰的教育思想也多出自前面提到的著名学者,如法拉比、伊本·西那、伊本·鲁西德。

第五章

早期伊斯兰国家教育的发展

第一节　早期伊斯兰国家形成前阿拉伯人的教育

一、贝都因人的教育及其影响

　　伊斯兰教产生前，阿拉伯人的大多数是过着游牧生活的贝都因人。贝都因人的"游牧制度是内夫得地区的一种科学的生活方式，正如工业制度是底特律和曼彻斯特的一种科学的生活方式一样"[①]。阿拉伯半岛的贝都因人从古代至中世纪早期（伊斯兰教产生前）接受的是大自然与游牧生活方式和氏族社会生活的教育。自然环境的严酷对贝都因人身心的发展有极大的影响。"贝杜因人体格上和心理上的结构，忠实地反映出沙漠地方的连续性及其单调和干燥……坚忍和耐劳，似乎是他的无上美德；他有这种美德，故能在生物希罕的环境里生存下去。"[②]氏族组织是贝都因人社会的基础，而个人主义根深蒂固。"宗派主义（'asabiyah）是氏族的精神。宗派主义包含着对于同族人无止境、无条件的忠贞，大体上相当于极端的狭隘的爱国主义……氏族里的这种

---

　　① ［美］希提：《阿拉伯通史》，马坚译，24 页，北京，商务印书馆，1979。
　　② ［美］希提：《阿拉伯通史》，马坚译，25~26 页，北京，商务印书馆，1979。

根深柢固的宗派主义,是由氏族成员的个人主义发展而成的,宗派主义认为本氏族或本部族自成一个单位,能独立生存,至高无上,同时,把其他的一切氏族或部族当做自己的合法的牺牲品。"①"一般阿拉比亚人,特别是贝杜因人,生来就是民主主义者。他以平等的地位和他的'舍赫'见面……阿拉比亚人不仅是民主主义者,而且是贵族主义者。他认为自己是一切众生中十全十美的典型人物。在他看来,阿拉比亚民族是世界上最尊贵的民族(*afkhar al-umam*)。从贝杜因人自高自大的观点来看,文明人是不像他们那样幸福,不像他们那样优秀的。阿拉比亚人对于自己的血统的纯洁,口齿的伶俐,诗歌的优美,宝剑的锋利,马种的优良,尤其是宗谱(*nasab*)的高贵,都感到无限的骄傲。他酷爱高贵的宗谱,往往把自己的宗谱追溯到人类的始祖阿丹(亚当)。"②贝都因的妇女较城居妇女享有更多的自由。"沙漠里的人民只要遇到机会就能够汲取别人的文化,这是他们的显著的特征。潜伏了好几百年的才能,遇到适当的刺激的时候,似乎就突然觉醒,一鸣惊人……伊斯兰教初期惊人的、几乎无与伦比的繁荣,是与贝杜因人潜在的才能有不少关系的。"③贝都因人在沙漠中进行自然教育的传统对半岛定居的族群乃至后来形成的王国的居民以及邻近的古波斯人的教育有一定的影响。希拉王国的努尔曼一世曾在沙漠中建有赛迪尔堡宫,并帮助波斯皇帝叶兹德吉尔德一世在沙漠中建立了赫维尔奈格堡宫,因为波斯皇帝希望他的儿子在沙漠健康的空气中长大成人。④麦加古莱氏人也有把婴儿送往游牧区接受自然教育的风尚,穆罕默德就"在沙漠游牧区中生活了 5 年。白天骄阳如焚,黄沙似火,夜间明月悠悠,星光灿烂。在这样优美宁静的大自然中,他幼小的心灵变得纯洁宁静"⑤。倭

---

① [美]希提:《阿拉伯通史》,马坚译,29~30 页,北京,商务印书馆,1979。
② [美]希提:《阿拉伯通史》,马坚译,30~31 页,北京,商务印书馆,1979。
③ [美]希提:《阿拉伯通史》,马坚译,31 页,北京,商务印书馆,1979。
④ 纳忠:《阿拉伯通史》上卷,46 页,北京,商务印书馆,2005。
⑤ 纳忠:《阿拉伯通史》上卷,127 页,北京,商务印书馆,2005。

马亚王朝创始人穆阿维叶的夫人常带着儿子叶齐德"到巴底叶(叙利亚沙漠)去，特别是到巴尔米拉去，那里是她娘家的部族游牧的地方，这个年轻的皇太子，在那里练习骑射、狩猎、饮酒、赋诗。从此时起，巴底叶变成了伍麦叶王朝太子们的学校，他们在那里可以学习到不掺杂阿拉马语汇的、纯粹的阿拉伯语，又可以逃避在城市里经常发生的瘟疫。后来的哈里发，如阿卜杜勒·麦立克和韦立德二世，继承了这个传统"①。贝都因人通过氏族活动进行的社会教育对后来定居阿拉伯的人的教育也有深远的影响。

二、阿拉伯半岛一些古王国的教育

阿拉伯半岛南方和北方都兴起过一些古代国家，如南方的赛伯邑、希木叶尔王国，北方的奈伯特、台德木尔等王国，都以经营国际贸易为主，有些国家，如赛伯邑、希木叶尔王国兼营农业，其教育主要通过实践活动进行。犹太教和基督教传入后，教堂也会进行一些群众性教育活动。赛伯邑和希木叶尔王国是也门地区王国，也门地区还有一些小王国。国家或要兼并，或要自卫，都需要强军，要进行一些军事训练，因此，军事训练活动成为重要的教育内容。奈伯特王国北部与古罗马和叙利亚相邻，古罗马的恺撒曾赠骑兵给奈伯特国王。当时，奈伯特王国国力强盛，领土辽阔，日常使用阿拉伯语，采用北方邻人的阿拉马语字体拼写自己的语言。由此可见，无论在武功还是在文治方面，奈伯特王国的统治阶层都必须经过比较复杂的学习与训练。奈伯特王国的首都皮特拉城及宫殿都是由坚硬的岩石凿成的，建筑技艺也是人们学习的重要内容。台德木尔王国发展起来的时间晚于奈伯特王国，其建筑艺术达到了很高的水平。台德木尔王国统治者的武功和治国才能，其人民的建筑技艺显然依赖于教育和训练。

由也门北迁的加萨尼人在大马士革东南地区建立依附于拜占庭帝国的加

---

① [美]希提:《阿拉伯通史》，马坚译，225~226 页，北京，商务印书馆，1979。

萨尼王国。其统治者信仰基督教，能说阿拉马语和阿拉伯语，善战。加萨尼王国建有教堂，主教雅各·伯拉德宣传一性派的教义很热心，"以致叙利亚的一性派教会，在他之后被称为雅各派"，可见其影响之大。① 加萨尼王国有用玄武岩所建筑的宫殿、凯旋门、公共澡堂、水道、剧院，这些成就离不开工匠的培养，同时也说明了其统治阶层文化卫生生活习性之养成。

希拉王国的交通便利，商业发达，人民受过一定形式的教育和自我教育。"希拉城的阿拉伯人，在日常生活中说阿拉伯话，读书写字的时候用叙利亚文……幼发拉底河下游的基督教徒，对半开化的阿拉伯人来说，是居于教师的地位的，他们把读书和写字的技术传授给他们，同时把基督教也传给他们。"②希拉王国国王阿慕尔的母亲在首都建筑了一所女修道院，在奉献辞中自称"基督的婢女、基督的奴隶(阿慕尔)的母亲、基督的奴隶们的女儿"③。可见基督教在希拉王国传播之广。受波斯的影响，希拉王国也有人信仰波斯人的琐罗亚斯德教。④

肯德王朝的国王胡志尔、阿慕尔和哈里斯都很勇敢，曾试图将中部几个部落联合起来。阿拉伯语"七篇《悬诗》中最伟大的一篇"，其作者伊木鲁勒·盖伊斯便是肯德王朝的后裔。可见其文化教育水平也是不低的。⑤

汉志地区自古就是南北商道。该地区的麦加和麦地那十分重要。麦加在伊斯兰教兴起以前是国际贸易要地，受到也门、叙利亚和拜占庭、波斯文化的影响。除接受沙漠大自然的教育外，一代代人也进行着国际经商经验的传授与自我实践经验的积累，内容丰富。麦加后来发展成为半岛的经济和多神教中心、文化中心。丰富多彩和多方面的经济、文化活动，为麦加人提供了

---

① 纳忠：《阿拉伯通史》上卷，50~51页，北京，商务印书馆，2005。
② [美]希提：《阿拉伯通史》，马坚译，97页，北京，商务印书馆，1979。
③ [美]希提：《阿拉伯通史》，马坚译，96页，北京，商务印书馆，1979。
④ [美]希提：《阿拉伯通史》，马坚译，97页，北京，商务印书馆，1979。
⑤ [美]希提：《阿拉伯通史》，马坚译，99页，北京，商务印书馆，1979。

十分丰富的社会教育内容。

麦地那土地肥沃，树木繁茂，井水和泉水遍布城区与郊区，是一块适于耕种的绿洲。这里的人也从事商业活动，一般通过社会教育传授农业知识与技能，经商的知识与经验，以及酿酒、生产武器、盔甲、首饰的工艺。① 这里还生活着犹太部落，"犹太人也使用阿拉伯语，但语言中夹杂着希伯来语成分。犹太人有其特殊的生活方式，自成一个特殊的社会"。这些犹太人"设有'书院'，他们的学者和教士在里面研习'摩西五经'，或为群众调解纠纷"②。麦地那的犹太部落与阿拉伯人部落既有联系，又有斗争，因而也有生产和生活经验的交流。

总之，在伊斯兰教产生之前，生活在阿拉伯各部落的人民，包括统治阶层还没有形成有一定形式的教育活动，而主要接受自然教育以及各种社会实践活动的教育。犹太教和基督教的教育活动对他们有一定的影响。

第二节　伊斯兰教产生至倭马亚王朝时期的教育

一、伊斯兰教产生初期和四大哈里发时期的教育

我国的阿拉伯历史学家纳忠明确指出，在"伊斯兰教以前的阿拉伯人既没有学校，也不会书写，不可能编写书籍。当时的阿拉伯人多为文盲，只有在可能的情况下，逐渐吸取外人知识，追求外人学问，把所见所闻记在心里，传之后人"③。又说："伊斯兰教兴起以前，阿拉伯半岛还没有学校，人们传授知识，或在帐篷前，或在枣树下，或在麦加卡尔白大院。每当月明星稀的

---

① 纳忠：《阿拉伯通史》上卷，80 页，北京，商务印书馆，2005。
② 纳忠：《阿拉伯通史》上卷，76 页，北京，商务印书馆，2005。
③ 纳忠：《阿拉伯通史》上卷，113 页，北京，商务印书馆，2005。

时候，人们聚集在大院中，讲述过去部落战争的故事，或介绍外出经商的种种见闻。后来那些记述战争经过的大量传说，集结为《阿拉伯人的日子》，以及有关各部落谱录世系的记载，大多是这样传述下来的。麦加卡尔白大院以及帐篷前和枣树下，也就是阿拉伯人最初的教学场所。"①"《各地的征服》一书中说：伊斯兰教初兴，古莱氏族中，能书写者仅十七人……古莱氏族的同盟部族中能书写者，也只有耳拉·宾·海达拉米一人。"②

伊斯兰教的创立者穆罕默德非常重视文化知识的学习与传播。《古兰经》指出，求学是穆斯林的天命。穆罕默德曾说："哲理是穆民失去了的骆驼，必须寻找，哪怕在中国。"③"在这个基础上，伊斯兰教提倡学问，鼓励人们观察和思考，命令人们寻求学问；告诫人们，如果离开对这一切天赋的运用，必将沦为迷惘的奴仆。"④

穆罕默德在征服麦加之后，曾"命穆阿士教麦加人诵读《古兰经》，教他们辨认'合义'与'非义'的教律"⑤。穆罕默德还曾命令犹太战俘中有文化的人教授穆斯林阅读和书写，并以此作为赎身的代价。当时少数有学识的信徒(圣门弟子)以及波斯、叙利亚等国有一定知识并皈依了伊斯兰教的人(释奴)组成了阿拉伯早期的知识分子群体。

穆罕默德首创了伊斯兰教政权最早的传教与教育形式，即清真寺。公元622年，他建立了麦地那城郊的古巴寺和城内的先知寺。"'先知清真寺'成为伊斯兰教时代最早的学校。先知讲授《古兰经》或解释有关教律时，都是在'先知清真寺'进行的。清真寺不仅是礼拜寺，也是教学的场所和群众集会的会

① 纳忠：《阿拉伯通史》下卷，232~233页，北京，商务印书馆，2005。

② [埃及]艾哈迈德·爱敏：《阿拉伯-伊斯兰文化史》第一册，纳忠译，149~150页，北京，商务印书馆，1982。

③ 纳忠：《阿拉伯通史》下卷，232页，北京，商务印书馆，2005。

④ 纳忠：《阿拉伯通史》下卷，231页，北京，商务印书馆，2005。

⑤ [埃及]艾哈迈德·爱敏：《阿拉伯-伊斯兰文化史》第一册，纳忠译，185页，北京，商务印书馆，1982。

场。先知为群众排忧解难或审判案件，或指挥军事都是在清真寺内。在伊斯兰教初期如此。在往后的千百年，直到 20 世纪初，清真寺一直是阿拉伯国家主要的教学场所，直到今日，阿拉伯语'大学'（al-jamiah）与'清真寺'（al-jamiy）两个词同一词源。这说明清真寺与学校教育的密切关系。"①"伊斯兰教初期，《古兰经》是伊斯兰学问的基础。教授和传布《古兰经》是伊斯兰教的起点。"②

穆罕默德还非常重视外语学习。为了适应伊斯兰教传播的需要，他命弟子学习外语。"布哈利的《圣训实录》里，有一段传自赛德·撒比特的圣训"，就是说穆罕默德让他学习希伯来文和叙利亚文。③

四大哈里发统治时期阿拉伯帝国初步形成，获得了古代多元的文化教育资源，为文化教育的发展提供了良好的条件。在对外扩张的过程中，大马士革、泰西封（波斯萨珊王朝的国都）、亚历山大里亚等古代名城的繁华与美丽使阿拉伯官兵们开阔了眼界。巴士拉、库法、福斯塔特等兵营城市都修建了清真寺，成为宗教和文化中心。在这一时期，《古兰经》出现定本，这对伊斯兰教的传播发挥了极为重要的作用。该定本后来也成为各类学校的重要教科书。同时，圣门弟子中的学者分散到各个城市从事教育活动，"凡他们所到的地方，无不建立学校，招收学生。由各学校学成的人，便成为再传弟子，三传弟子，从此代代相传"④。释奴子孙也加入学术活动，"这些释奴大多是再传子弟或三传子弟中的领袖人物"⑤。

---

① 纳忠：《阿拉伯通史》下卷，233 页，北京，商务印书馆，2005。
② 纳忠：《阿拉伯通史》下卷，233 页，北京，商务印书馆，2005。
③ ［埃及］艾哈迈德·爱敏：《阿拉伯-伊斯兰文化史》第一册，纳忠译，151~152 页，北京，商务印书馆，1982。
④ ［埃及］艾哈迈德·爱敏：《阿拉伯-伊斯兰文化史》第一册，纳忠译，162 页，北京，商务印书馆，1982。
⑤ ［埃及］艾哈迈德·爱敏：《阿拉伯-伊斯兰文化史》第一册，纳忠译，162 页，北京，商务印书馆，1982。

二、倭马亚王朝时期的教育

倭马亚王朝时期，阿拉伯人进一步扩大了阿拉伯帝国的版图。他们在各地新建的城市中，创办学校，教授阿拉伯文以及《古兰经》、圣训、教律。在这些学校担任教师者，包括当地阿拉伯驻军的长官，他们多半是古莱氏人，知书识字，对伊斯兰教的道理比较熟悉。这些执掌军政大权的人，还兼任当地清真寺的伊玛目，负责传布阿拉伯语和伊斯兰教。此外，还有专职的宗教学者。"以埃及为例，除总督阿慕尔·本·阿绥兼任福斯塔特城的伊玛目外，还有著名的宗教学者叶基德·本·艾比·哈比卜和阿卜杜拉·本·拉希尔等，都是派往埃及的著名的圣训学和教律学家。"①清真寺是传播伊斯兰教和讲解伊斯兰教圣训和教律的主要场所。在清真寺，"教师坐在中间，门徒围着教师成一个圆圈。圆圈的大小，以教师的学识和名望为标准"②。

倭马亚王朝的统治者中也有很注意学习的。例如，王朝的创立者穆阿维叶"首先仿效拜占廷帝国建立君主专制政体，实行封建君主世袭制，设置庞大的封建官僚机构。又命精通各种语言的侍臣，每天上半夜为他译读各国历史文献，诸如亚历山大、恺撒、汉尼拔等'英雄人物'的轶事；希腊、罗马、波斯各国的统治政策和兵书、战略、战术的文献"③。又如穆阿维叶的孙子哈立德·本·叶齐德曾跟随"亚里山大城的一个名叫麦尔雅努斯的基督教士学习……他可算是阿拉伯人研究自然科学的先行者，他曾用阿拉伯文写下一本有关医学和炼金术的著作……他还写了一本有关星象学的册子"④。这些情况说明，倭马亚王朝也有宫廷教育活动。统治者对于昔日国王和君主们生平的

---

① 纳忠：《阿拉伯通史》上卷，359～360 页，北京，商务印书馆，2005。
② ［埃及］艾哈迈德·爱敏：《阿拉伯-伊斯兰文化史》第一册，纳忠译，177 页，北京，商务印书馆，1982。
③ 纳忠：《阿拉伯通史》上卷，356～357 页，北京，商务印书馆，2005。
④ 纳忠：《阿拉伯通史》上卷，372 页，北京，商务印书馆，2005。

兴趣，刺激了关于先知及其伙伴们事迹的收集工作。在这个领域，以两个人最为突出：一是阿比德·伊本·夏尔亚，著有《国王生平实录》和《古人史记》；一是犹太新改宗者卡布·阿巴尔，曾任穆阿维叶的宫廷教师和谋士。①

随着文化的发展，一些经学家、圣训学家、教法家和历史学家开始在家中或公共场所开展教育活动，传授学问。据称，"麦地那学校的学术比麦加丰富，大部分经注家、圣训家、教法家、历史学家，都是麦地那人。远方学子，都去跟麦地那的学者求学。倭马亚王朝的哈里发欧麦尔二世曾到麦地那跟随名师学习"；在麦地那，"以宰（赛）德·撒比特与阿布杜拉·欧麦尔二人最为著名，影响也最大"；"一般再传弟子中，出生于麦地那者很多，如赛德·穆桑伊布，他是赛德·撒比特的学生……俄尔旺·祖白尔也是赛德的学生……最后，麦地那学校还产生了伊斯兰四大法学教派领袖之一的大教长马立克"。② "著名经注家阿卜杜拉·阿拔斯晚年曾在麦加、巴士拉、麦地那教学，后来遇到阿卜杜·麦立克与阿卜杜拉·本·左白尔争夺国位，遂又回到麦加，仍从事讲学。他讲学的时候，坐在卡尔白大院中，讲解《古兰经》、圣训、教律、文学。麦加学校之能远近驰名，得阿布杜拉·阿拔斯师徒的力量最多。再传弟子中，穆查西德、伊托邑·爱比勒巴哈和托渥士3人都是释奴。穆查西德从事《古兰经》的研究，以传述他的老师伊本·阿拔斯的意见著称。"③伊托邑后来成为"麦加最精明、最廉洁的法学家。他最熟悉朝觐仪式，常坐在天房里的人群中间，为人解释教律，传述学问"④。托渥士"认识圣门弟子甚多，并跟他们学习。后来专从伊本·阿拔斯学习，为伊得意的弟子，是麦加最大

① ［巴基斯坦］赛义德·菲亚兹·马茂德：《伊斯兰教简史》，吴云贵等译，96页，北京，中国社会科学出版社，1981。

② 纳忠：《阿拉伯通史》上卷，388~390页，北京，商务印书馆，2005。

③ 纳忠：《阿拉伯通史》上卷，389页，北京，商务印书馆，2005。

④ ［埃及］艾哈迈德·爱敏：《阿拉伯-伊斯兰文化史》第一册，纳忠译，185页，北京，商务印书馆，1982。

的法学家,成为再传弟子之领袖"①。

宗教学,特别是《古兰经》诵读和阿拉伯语言学在倭马亚王朝得到很大的发展,而且相辅相成。"宗教学中最重要的是《古兰经》诵读。由于初期的《古兰经》抄本没有音符,字母的上下没有点号,诵读极其困难,容易读错。所以《古兰经》诵读这门学问便成为正确理解《古兰经》词意和进一步领会《古兰经》含义的基础学问了。"②《古兰经》诵读家也成为伊斯兰教的宣传者。改进与完善《古兰经》的诵读是推动阿拉伯语改革的动力之一。当时,阿拉伯语言和阿拉伯语法的科学研究工作是在新建城市巴士拉开始并继续下去的。开展这一研究的最初动机,是"想以必需的语言知识供给新穆斯林们,帮助他们学习《古兰经》,担任政府公职,与征服者交际应酬"③。

阿拉伯人"从波斯语和其他外国语中,汲取了大量词汇,以丰富自己的语言",并"使之完全'阿拉伯化',即从语音、词型、词法、语法等方面,都加以改造,使之与阿拉伯语水乳相融,协调一致。甚至本来只引进一个名词,阿拉伯人把这个名词演变为动词,从而由其词根派生出各式各样的派生名词来"④。改革还包括增置音符和字母,改革书法。"阿拉伯语原来没有音符,《古兰经》和其他文件、书籍,不但没有音符,通常还省略了3个可以发音的柔弱字母;书写时则使用古代书法的库法体。这就使得外国人学习起来,感到有很大困难。""公元8世纪上半叶,倭马亚王朝末期,阿拉伯语增置了8个音符,加写3个柔弱字母,并创造了一种新的、容易书写、容易辨认的'正楷书法',称为'奈斯赫体',取代了古体书法。这就大大地改革了阿拉伯语,便

---

① [埃及]艾哈迈德·爱敏:《阿拉伯-伊斯兰文化史》第一册,纳忠译,185页,北京,商务印书馆,1982。

② 纳忠、朱凯、史希同:《传承与交融:阿拉伯文化》,73页,杭州,浙江人民出版社,1993。

③ [美]希提:《阿拉伯通史》,马坚译,279页,北京,商务印书馆,1979。

④ 纳忠:《阿拉伯通史》上卷,364页,北京,商务印书馆,2005。

利了外国人的学习。"①

　　阿拉伯语改革的过程是漫长的，经过了几十年的时间，部分工作由新入教的外国人担任。"相传阿拉伯语法的创始人艾卜勒·艾斯瓦德·杜艾里(688年卒)曾生活于巴士拉城，这不是偶然的……继承杜艾里的是赫立理·伊本·艾哈迈德，他也是巴士拉的学者，约在786年去世。赫立理是首先编辑阿拉伯语词典的……他的学生波斯人西伯韦(约在793年卒)曾编写了第一部阿拉伯语法教科书。"②可见阿拉伯语改革的进程，包含师生间的教育传承。由于7世纪末推行"国家机关阿拉伯化运动"，国家机关的档案记录、财政税收记录一律使用阿拉伯文，即以阿拉伯文取代原来在叙利亚使用的希腊文，在伊拉克和东部各省使用的帕莱威文和波斯文，在埃及使用的希腊文和科普特文。其他地方如呼罗珊，也都实行"阿拉伯化"。这一运动有力地促进了阿拉伯文化教育的发展。③

　　由于传播伊斯兰教和阿拉伯语的需要，在倭马亚王朝时期，一种被称为"昆它布"的初级学校(Kuttāh，也译为小学)获得了发展。这类学校由私人设置，或附设在各地的清真寺，"以诵习《古兰经》为主，再教些语法、书法、诗歌、算术等"④，甚至在农村也设有这类教育机构。例如，倭马亚王朝著名将领哈查吉·伊本·尤苏福(Hajjaj ibn Yusuf，661—714)幼年时就曾在塔伊夫的农村小学学习，曾任乡村小学教师。⑤

---

　　①　纳忠：《阿拉伯通史》上卷，364页，北京，商务印书馆，2005。

　　②　[美]希提：《阿拉伯通史》，马坚译，279～280页，北京，商务印书馆，1979。西伯韦(Sibawayh，又译西拜韦)，参见《简明不列颠百科全书》第8卷，387页，北京，中国大百科出版社，1986。

　　③　纳忠：《阿拉伯通史》上卷，349～356页，北京，商务印书馆，2005。

　　④　顾明远：《教育大辞典》第11卷，73页，上海，上海教育出版社，1991。

　　⑤　纳忠：《阿拉伯通史》上卷，259、310页，北京，商务印书馆，2005。

第三节 后起伊斯兰国家教育的发展

倭马亚王朝时期文化教育的发展为后起的伊斯兰国家文化教育的发展奠定了良好的基础。倭马亚王朝灭亡以后阿拔斯王朝、法蒂玛王朝和西班牙倭马亚王朝都有其国力强大和文化教育昌盛的时期。各个王朝的教育组织形式大同小异，可综合论述之。

一、清真寺

清真寺是早期伊斯兰国家最普遍的教育组织形式，各个王朝都很重视清真寺的设立和清真寺的教育。有学者指出，公元 9 世纪时，阿拔斯王朝的都城巴格达城设有清真寺三万所，每所清真寺就是一所学校。[①] 法蒂玛王朝的都城开罗和西班牙倭马亚王朝的都城科尔多瓦也建有清真寺。

在清真寺进行的教育活动，一般属于通过宗教活动使成人受到宗教和文化教育，但也包括儿童教育。儿童按约定时间聚集到清真寺里，或在院子里的大树下，围坐在教师身边接受宗教教育和读写算的教育。许多清真寺都附设了被称为马克塔布(Maktab，或译麦克台卜)或昆它布的初级学校。

伊斯兰著名的学者、文人都以在清真寺设座讲学、传授知识作为自己的崇高职责。大的清真寺经常举行学术讨论会，各派学者到会自由发表学术观点，相互辩论。清真寺的教育向所有人开放，没有条件限制。

在清真寺中传授高深知识也很常见。许多清真寺邀集著名学者，组织教学单位，学生各就主讲者而环坐四周，叫教学环，倾听讲授神学、哲学、史学、文学、法学、数学、天文学等多样知识。就巴格达城而言，最著名的清真寺曼色(Mansur)有知名学者讲学，学生趋之若鹜。就大马士革而言，其清

---

① 纳忠：《阿拉伯通史》下卷，235 页，北京，商务印书馆，2005。

真寺以建筑富丽华美见称，乃是教育重地。该寺由于学生众多，曾划分各民族学生应坐的固定场所，听讲时依席而坐，秩序井然。该寺的著名学者吸收了极为众多的学生，待遇遂是丰厚的。就开罗城而言，阿穆尔（Amr）清真寺经扩建和修葺，规模日大，"极盛时期曾有四十个教学环，并有八个学会（Lawiyashs），有的学会水平极高，选拔极严，只有享名的神学家和学者才有资格参加"①。法蒂玛王朝还于 970 年在开罗建立了爱资哈尔清真寺，主要为了宣传什叶派思想，由执掌政教大权的哈里发亲自任命教法家主持宗教事务，并用宫廷专款支付费用。法蒂玛王朝大法官常在该寺亲自召集知名学者讨论什叶派教法问题。980 年，法蒂玛王朝大臣亚·本·克力斯确定并领导 37 名教法学家为爱资哈尔清真寺的专职教师，研究教法学问题，采用讲座形式进行教学，传播伊斯兰思想和文化。朝廷还出资为教师建造住宅，按月由国库拨款发给工资，并为来自埃及农村、叙利亚和伊拉克地区的求学青年修建住室，遂逐渐演变为法蒂玛王朝的最高学府。在开罗还有一个图兰清真寺，研究《古兰经》注释学、《圣训》、医学、法学和天文学。西班牙倭马亚王朝，"其初并无独立设置的学校，教育由清真寺掌握，研究西班牙历史的伊斯兰教学者曼格里（al-Maggari）曾说："安德鲁西（Andalus）的人民，没有学校帮助他们求学，因此他们自纳学费在清真寺里学习各科知识。'曼格里且曾在哥尔德华、奈赫赖（Nahhilah）和萨喜赖（al-Zahira）三地的清真寺执教"②。

二、初级学校

在阿拔斯王朝，初级学校有了进一步的发展。社会上普遍认为，送孩子上马克塔布念书，是父母应尽的义务，而不是国家的责任。"小学生中成绩卓

---

① 滕大春、姜文闵：《外国教育通史》第二卷，65~66 页，济南，山东教育出版社，1989。
② 滕大春、姜文闵：《外国教育通史》第二卷，66 页，济南，山东教育出版社，1989。

著者，得骑马游街，道旁观者，用扁桃投在他们的身上，表示庆贺。"①初级学校的课程，"是以《古兰经》为核心的，《古兰经》是小学生的读本。他们一面学习朗读，一面学习书法……除读书和写字外，学生还要学习阿拉伯语法、历代先知的故事(特别是穆罕默德的故事)、初等算术原理、诗词，但是不学情诗。在全部课程中，特别着重背诵"②。"小学教员被称为教师(mu'allim)，有时被叫做教义学家(faqih)，因为他是受过教义学的训练的，小学教员的社会地位，是比较低的。"③女孩子受初级的宗教教育是受欢迎的。富家子弟有家庭教师，教他们宗教学、纯文学和作诗法。这些家庭教师，通常是非阿拉伯血统的。初级学校在塞尔柱王朝时期(1055—1194)也获得了发展。"伊斯法汗尼(Jmad Al-Din Al-Jsfahani)说：'尼采母每在镇上遇见有学识的人，立即为他设立学校，作为教学之用，给他以资助，并给以大量书籍。'撒伯其(Al-Subki)说：'据说尼采母在伊拉克和库兰桑(Khuransan)境内的每个城镇，都设有学校。'努尔丁在叙利亚也曾为贫儿设置了经费充裕的初级学校。撒拉丁(SaLadin)在埃及同样设置了初级学校。"④

三、学馆

学馆是早期伊斯兰国家传统的教育类型，即学者在家设馆进行教学。其教学程度介于宫廷学校与初等学校间。例如，阿拉伯哲学家和医学家伊本·西那在哈里发道拉(Shama Al-Dawlah)时为官，每晚退朝即在家讲学，听者众多。学者阿布·苏里曼(Abu Sulaiman)亦以住室为学舍，在家讲学，知名之士争来受业。在尼采米亚大学任教的法思希解职后在家施教，学生慕其博学，

---

① 纳忠：《阿拉伯通史》下卷，235 页，北京，商务印书馆，2005。
② [美]希提：《阿拉伯通史》，马坚译，483~484 页，北京，商务印书馆，1979。
③ [美]希提：《阿拉伯通史》，马坚译，485 页，北京，商务印书馆，1979。
④ 滕大春、姜文闵：《外国教育通史》第二卷，71~72 页，济南，山东教育出版社，1989。

纷纷投学其家。①

四、宫廷学校和沙龙

宫廷学校教育在阿拔斯王朝有了进一步发展。这一发展与阿拔斯王朝第二代哈里发曼苏尔(754—775 年在位)重用原波斯呼罗珊巴尔赫城的巴尔马克家族(Barmakids)成员有关。663 年，阿拉伯人占领巴尔赫城，拥有波斯文化和统治经验的巴尔马克家族的成员相继迁往倭马亚王朝的文化中心巴士拉，改奉伊斯兰教。曼苏尔执政时，任命哈里德·伊本·巴尔马克(Khalid ibn Barmak)为宰相。② 这一家族的成员博学、聪明且豁达。他们赞助艺术并鼓励各种学术的发展，还力主开渠挖沟，修筑道路，创办社会福利事业。③ 哈里德的儿子叶海亚·巴尔马克(Yahya Barmak)既是阿拔斯王朝第三代哈里发马赫迪的宰相，又是著名哈里发哈伦·赖世德童年时代的教师。叶海亚·巴尔马克有两个儿子，其中贾法尔为哈伦·赖世德时代的宰相，法德尔也担任重要职务并兼任王储的教师。可见阿拔斯王朝在曼苏尔、哈伦·赖世德统治时代取得的文化成就和国家发展与巴尔马克家族在宫廷开展的教育活动是有一定关系的。但阿拔斯王朝宫廷学校的作用并不只是教师个人的贡献。阿拔斯王朝宫廷学校教育的一大特点是流行文化沙龙。宫廷定期召集文人学者聚会，讨论时并有严格要求，采取东西各邦的先进方式方法。一般的讨论甚为随便，沙龙则有规定："举行前须有充分准备，参加者须有等级限制，出席退席应遵守时刻，领导讨论者必须为哈里发，他人不得代庖。"④在哈伦·赖世德任哈

---

① 顾明远：《教育大辞典(增订合编本)》，1886 页，上海，上海教育出版社，1998。

② [巴基斯坦]赛义德·菲亚兹·马茂德：《伊斯兰教简史》，吴云贵等译，107 页，北京，中国社会科学出版社，1981。

③ [巴基斯坦]赛义德·菲亚兹·马茂德：《伊斯兰教简史》，吴云贵等译，108~109 页，北京，中国社会科学出版社，1981。

④ 滕大春、姜文闵：《外国教育通史》第二卷，63 页，济南，山东教育出版社，1989。

里发时期，宫廷学校邀请诗人、神学家、史学家及其他学者参加沙龙，辩论诗学、宗教、文法和文学问题。马蒙统治时期更从西方邀请学者、教师、翻译家，经常举办沙龙，讨论哲学、神学、医学和天文学等广泛的学术问题。历史文献记载，马蒙宫廷的众多文人"来自不同国家，信仰不同宗教，很自然地呈现百家争鸣之局。由于沙龙的流行，以致阿拉·姆梯第(Al-Mutadid fi Allah)在巴格达建筑新的宫廷(Al-Shammasiyyah)时，曾经饬令建筑多量的厢房，作为各科学术讨论的场地"①。

宫廷学校和沙龙在法蒂玛王朝也有发展。宫廷举办沙龙时，"法学家、哲学家、数学家、物理学家们穿着特定的礼服参加议论。克立氏(Ibn Killis)时期把每星期二规定为举行沙龙的会期。海京(Al-Hakin)时期，曾于回历403年举行沙龙，著名数学家、逻辑学家、法学家、医学家集于宫廷，讨论各种各类的学术课题。辩论毕，哈里发赠给学者以荣誉礼服和贵重奖品"②。

五、大学

大学是在阿拔斯王朝、法蒂玛王朝和西班牙倭马亚王朝兴起的一种高等教育形式。早期伊斯兰国家的第一所著名的高等教育机关是智慧宫。"这个机关除用做翻译馆外，还起科学院和公共图书馆的作用，里面还附设一座天文台。值得记住的是，在这个时期出现的许多天文台，也是教授天文学的学校，正如在这个时代开始出现的许多医院，也用作学习医学的中心一样。"③智慧宫音译拜伊特·勒·赫克迈，有的史家称之为智慧大学。其"总管及助理都是

---

① 滕大春、姜文闵：《外国教育通史》第二卷，63 页，济南，山东教育出版社，1989。阿拉·姆梯第多译穆台迪德(al-Mutadid，892—902 年在位)，参见《简明不列颠百科全书》第 6 卷，112 页，北京，中国大百科全书出版社，1986。

② 滕大春、姜文闵：《外国教育通史》第二卷，63~64 页，济南，山东教育出版社，1989。

③ [美]希提：《阿拉伯通史》，马坚译，485 页，北京，商务印书馆，1979。

知识渊博、造诣极深的学者"①。大翻译家胡奈因(Hunayn ibn Iahāq，又译侯奈因、侯乃尼·伊本·易司哈克)在翻译馆工作。他曾奉哈里发之命，前往拜占庭搜求希腊古籍。② 他"翻译希腊盖伦、希波克拉底等人以及新柏拉图派哲学家的著作，向阿拉伯哲学界和科学界提供有关希腊思想、文化的资料"③。智慧宫设有藏书丰富的图书馆，由著名的数学家兼天文学家花剌子米担任馆长。智慧宫的学生"毕业时有很高的造诣，其中不乏精通几何学、天文学、哲学及伦理学者"④。图书馆收藏了希腊文、叙利亚文、波斯文、希伯来文、奈伯特文、梵文和阿拉伯文的著作，包括哲学、自然科学、人文科学、文学及语言学的原著和手抄本，为学者进行翻译、研究和教学提供了大量珍贵文献。智慧宫内经常举行各种类别的学术报告会和辩论会，内容涉及哲学、神学、天文学、医学和文学等多个领域。在辩论会上，各派畅所欲言，各抒己见。智慧宫还奖励学者著书立说，并对其成果酬以重金。

法蒂玛王朝也鼓励科学研究，积极发展教育事业，为埃及的文化繁荣创造了有利条件。"王朝初期建立的爱资哈尔大清真寺此时已经发展成为伊斯兰大学，设有各种专科学院、图书馆，并搜集了大批东西各地关于古典哲学、艺术、自然科学的书籍，供师生们学习和研究，还从各地聘请伊斯兰学者来此任教。这所大学，经过长期的培植和成长，逐渐形成伊斯兰学术文化中心。世界各地的穆斯林学员都负笈来此求学，历久不绝，人才辈出。大学免费提供食宿和书籍，学业有成后再返回各地从事伊斯兰教事务和研究工作。直到现在，爱资哈尔大学在伊斯兰世界仍有很大的影响。当时主持校务的是宗教长老，哈里发为名誉校长。王朝为大学提供了固定的土地收入，作为教师的俸禄和学员的费用。阿齐兹还在开罗建立了一座皇家图书馆，藏书20万册。

---

① 秦惠彬：《伊斯兰文明》，46页，北京，中国社会科学出版社，1999。
② 纳忠：《阿拉伯通史》下卷，235页，北京，商务印书馆，2005。
③ 《简明不列颠百科全书》第3卷，810页，北京，中国大百科全书出版社，1985。
④ 纳忠：《阿拉伯通史》下卷，235页，北京，商务印书馆，2005。

该馆收藏了大量的珍本,其中有泰伯里所著历史书籍的手稿。"①

法蒂玛王朝的另一所大学是 1010 年在开罗创办的达鲁·仪勒米大学(Dar al-Ilm)。这所大学"先建校舍,然后从巴格达和巴士拉等东方大城搜集和购买了大批书籍。选聘逊尼派(正宗派)两个著名的长老(舍赫)学者(阿里木)主持教务。其中一人名艾布·帕克尔·安脱基叶。让二人自由选聘各科教师。这所大学除讲授圣训学和教律学外,兼授语言、文学、诗词、天文、医学等学科……特别值得一提的是,大学打破教派的壁垒,不限于信奉法蒂玛所崇奉的什叶派,而是同时重视逊尼派。这是学术超越教派的先声"②。这所大学的教授"常被国王召进宫中开辩论会,散会时可获得荣誉礼服(Khilah)的奖赏。拥有完善的设备和藏书丰富的图书馆,民众可自由来此研究,并提供纸、墨、笔等用具。1171 年法蒂玛王朝被总督萨拉丁推翻后,回历 517 年关闭。约有 119 年历史"③。

西班牙的倭马亚王朝创建了科尔多瓦大学。这所大学得到统治者的赞助,实力雄厚,除开设语言系、神学系、哲学系外,还设有天文学系、数学系和医学系。"各民族的学生,无论是穆斯林、基督徒或犹太人,都来科尔多瓦求学,因为整个穆斯林世界和基督教世界公认,在这所大学不仅可以学到更多的学识,而且可以培育胸怀广阔、宽大为怀和富有骑士风度的启蒙理想,而这种理想极少为那个时代的研究中心所注意。"④"在这所大学注册的学生,有好几千人,持有这所大学的毕业证书者,可以在这个国家中获得挣钱最多的官职。"⑤这所大学对西方文化教育的发展有直接的影响,与"智慧宫"交相辉

---

① 秦惠彬:《伊斯兰文明》,53~54 页,北京,中国社会科学出版社,1999。

② 纳忠:《阿拉伯通史》下卷,236~237 页,北京,商务印书馆,2005。

③ 顾明远:《教育大辞典》第 11 卷,74 页,上海,上海教育出版社,1991。

④ [巴基斯坦]赛义德·菲亚兹·马茂德:《伊斯兰教简史》,吴云贵等译,191 页,北京,中国社会科学出版社,1981。

⑤ [美]希提:《阿拉伯通史》,马坚译,672 页,北京,商务印书馆,1979。

映，东西媲美。①

　　在西班牙的倭马亚王朝衰亡后，有些小国也很重视教育，并建有大学。例如，格拉纳达大学是奈斯尔王朝的君主优素福·艾卜勒·哈查只创办的，诗人兼史学家列萨努丁·伊本·赫贴卜曾经在他的政府任职。"这所大学的门口，有几个石狮子在守护着。课程包括教义学、法律学、医学、化学、哲学和天文学。卡斯提尔学生和其他外国留学生，都光顾这所大学。在这所大学和其他大学里，时常举行公共集会和各种纪念会，在会上，有人诵读新颖的诗篇，有人作学术讲演，这些人主要是教授会的成员。大学门口中意的铭文是这样的：'世界的支柱，只有四根：哲人的学问，伟人的公道，善人的祈祷，勇士的汗马功劳。'"②托莱多、塞维利亚、马拉加等城市也设有大学。"托莱多城，自 1085 年被阿尔封索六世率领基督教徒从阿拉伯人手中收复以来，一直是传播阿拉伯—伊斯兰文化的重要中心。阿拉伯—伊斯兰文化的各种学术著作，其中包括译成阿拉伯文希腊哲学和科学典籍，大多是在托莱多被译成拉丁文后再传入欧洲内地的。雷蒙大主教（公元 1126—1152 年在位）于 1130 年在托莱多建立了一所正规的翻译学校，用以搜集、整理、翻译阿拉伯—伊斯兰文化典籍。该校翻译工作始于 1135 年，止于 1284 年，几乎持续了一个半世纪"③。这场翻译运动"给当时尚未走出中世纪的基督教欧洲带来了光明，重新燃起了西方对哲学和科学的兴趣，沟通了把经过东方文明加工过的希腊古典文明送回西方的渠道。它不仅仅是将包括埃及文明、巴比伦文明、波斯文明、印度文明和古希腊文明在内的，用阿拉伯文撰写的学术典籍翻译成拉丁文，而且还将阿拉伯人的创造，将阿拉伯人在学术和思想上的贡献，以及阿拉伯—伊斯兰文化，阿拉伯—伊斯兰生活方式、信仰和习俗介绍

---

① 纳忠：《阿拉伯通史》下卷，189～190 页，北京，商务印书馆，2005。
② ［美］希提：《阿拉伯通史》，马坚译，672 页，北京，商务印书馆，1979。
③ 纳忠：《阿拉伯通史》下卷，218 页，北京，商务印书馆，2005。

给了西方，为欧洲新时代的到来铺平了道路，作好了思想上的准备"①。

塞尔柱王朝时期，尼采木·木勒克创办了第一批组织完善的学院，以传播伊斯兰教的高等教育。这些学院当中特别著名的是巴格达的尼采米亚大学。这所大学"吸引了穆斯林世界各地的学者们，负有盛名的安萨里教长就是该校的一位导师，穆尔克手下还有两个著名的文人：一个是天文学家、诗人欧麦尔·卡亚姆，一个是旅游家、作家纳赛尔·胡斯娄"②。12世纪末，大旅行家伊本·朱拜尔曾参观这所大学，目睹了大学的实际情况。他在记载中写道："巴格达的学校，共30所，全都在东门内，每一所学校像一座美丽的宫殿。这些学校中最大的是尼查米亚大学。各校皆有大量的基金和不动产，作为教授和学生们的津贴。""我在巴格达城第一次听课，是听沙斐尔派的教长盖兹威尼的讲演，他是尼查米亚大学的法学教授，又是伊斯兰哲学的巨匠。聚礼日晡礼后，我到尼查米亚大学听他讲演。他登上讲坛后，诵经者就朗诵起来，他们的音调，清脆悦耳，他们的表情，灵活动人。接着教长演说，他郑重、庄严地引经据典，尽量发挥。然后听众向他质疑问难，他一一作答，诲人不倦。有许多人将问题写在纸片上交给他，他将那些纸片集中起来，然后分别答复。讲毕后，天色已晚，他走下讲坛，听众才散去。"③尼采米亚大学是一所宗教大学，"专门研究沙斐仪派的教律学和正统的艾什耳里派的教义学。《古兰经》和古诗，成为这所高等学校人文学（'*ilm al-adab*）的主要学习课程……学生们在这所大学里面寄宿，有许多学生还享受奖学金的待遇。有人说，这所大学的某些规章制度，似乎成为早期的欧洲大学的先例。据历史家的记载，有一个学生于1187年去世，他没有继承人，法院派了一个代表去查

① 纳忠：《阿拉伯通史》下卷，219页，北京，商务印书馆，2005。

② [巴基斯坦]赛义德·菲亚兹·马茂德：《伊斯兰教简史》，吴云贵等译，160~161页，北京，中国社会科学出版社，1981年。

③ 纳忠：《阿拉伯通史》下卷，238页，北京，商务印书馆，2005。该书将尼采米亚大学译作尼查米亚大学，下同。——编者注

封他以前居住的寝室，学生们群起反对，由此可见学生们的团结精神"①。尼采米亚大学是"一所为政府所承认的宗教学院。伊本·艾西尔曾引证一位讲师（*mudarrīs*）的事件：他虽接到聘书，但是未能就职，因为还要等待哈里发的批准。一次聘请一位讲师，是很显然的。每位讲师的手下有两三个助教（*mu'id*），助教的任务是在课下辅导天资较差的学生学习课文，并解答他们的疑难问题……就是在这所尼采米亚大学里，安萨里曾授课四年（1091—1095年）……尼采米亚大学晚期杰出的教授当中，有白哈艾丁，是萨拉哈丁（萨拉丁）传的著者，他在自己的回忆录里告诉我们（伊本·赫里康加以转述），有一群学生，为了加强记忆力，有一次饮了很浓的槚如树（anacardia）子仁浸剂，其中一个学生完全丧失了理智，赤身裸体地去上课"②。

尼采米亚大学后来与姊妹学校穆斯坦绥里亚大学合并。"学校的入口，有一个计时器（无疑是一个漏壶），学校里有沐浴室和厨房，还有校医院和图书馆的设备。"③

除尼采米亚大学外，尼采木·木勒克"还在内沙布尔和帝国中其他的城市里，建立过别的几所宗教学校。在萨拉哈丁之前，他是伊斯兰教中高等教育的最伟大的庇护者。尼采米亚式的宗教学校（*madrasah*）曾遍及于呼罗珊、伊拉克和叙利亚。建立一所宗教学校，在伊斯兰教中一向被认为是值得称赞的行为。这可以说明旅行家们所报道的学校为什么有那样多。据伊本·祝拜尔的统计，巴格达共有学校三十几所；在萨拉哈丁的统治下，正处于黄金时代的大马士革，有学校二十几所；摩苏尔有六七所；希姆斯只有一所"④。萨拉哈丁（saladin，又译萨拉丁）是以阿尤布王朝（1171—1250）取代法蒂玛王朝的开国君主（苏丹）。他庇护学者，奖励教义学的研究，"创办过许多学校，修建

---

① ［美］希提：《阿拉伯通史》，马坚译，486 页，北京，商务印书馆，1979。
② ［美］希提：《阿拉伯通史》，马坚译，486～487 页，北京，商务印书馆，1979。
③ ［美］希提：《阿拉伯通史》，马坚译，488 页，北京，商务印书馆，1979。
④ ［美］希提：《阿拉伯通史》，马坚译，488 页，北京，商务印书馆，1979。

过许多清真寺",也是他"把迈德赖赛式的学校传入耶路撒冷和埃及的……他在位的时期,希贾兹也有了第一所这种类型的学校。他在埃及创办的许多高等学校中,著名的是在开罗的那一所,名字叫撒拉希叶学校。伊本·祝伯尔曾在亚历山大港发现了几所迈德赖赛。这些埃及的高等学校,没有一所保存到今天,但是,这些学校在建筑学上的影响,是显而易见的。在较晚的年代里,产生了埃及最优美的阿拉伯古迹,其中最壮丽的范例,是开罗的素丹哈桑清真寺附设高等学校。这座清真寺总的设计图,包括一个正方形露天的中心院落(Sahn),院落的周围有四堵高墙,有四个讲堂或柱廊(Liwan),构成了一个十字形。这四个讲堂是用来讲授正统派四大家的教律学的"[1]。在大马士革的诸多学校中,以古伯拉大学(Al-Nuriyyah Al-Kubra)更为有名。"此校成立于回历六世纪,校产丰富,建筑宏伟富丽,究白尔(Lbn Jubair)说它是'世界上最好的高等学校之一'。该校的组织和课程基本上是仿照尼采米亚的。"[2]

六、图书馆、书店和旅行

早期伊斯兰国家也有藏书丰富的图书馆,如在阿拔斯王朝的"智慧宫"。"清真寺不仅是学习与研究的学校,也是汇集书籍的图书馆;不仅公家的图书收藏在清真寺,私人的图书也争相送到各地大小清真寺存放,供人自由阅读。因此许多著名的大清真寺,都成为公共图书馆。呼罗珊首府木鹿清真寺便同时是一座大图书馆,收藏着古代波斯萨珊王朝末叶兹德吉尔德以后历代阿拉伯文和波斯文的典籍。"[3]"埃及法蒂玛王朝的第五代哈里发阿齐兹(公元996年卒)建立了一座大书库,藏书目录达30册,其中包括一部塔巴里的史书《历代民族与帝王》的手抄本,共20册,是用100第纳尔(金币)购来的。据麦格

---

① 陈融、邹溱:《博观与辨析——西方学者论东方文化》,422页,南昌,江西人民出版社,1993。

② 滕大春、姜文闵:《外国教育通史》第二卷,71页,济南,山东教育出版社,1989。

③ 纳忠:《阿拉伯通史》下卷,239页,北京,商务印书馆,2005。

里基的记载，阿齐兹图书馆藏书 60 余万册。"①

　　西班牙倭马亚王朝时，"西班牙有公共图书馆 60 余座，以哥多华图书馆最为宏大，藏书极为丰富。希腊的古典原著，特别是东方穆斯林对东方古典著作的阿拉伯文译本，无不尽量搜集。哈里发中尤以哈克木二世最为著名……他和阿拔斯王朝第七代哈里发麦蒙，是东、西哈里发王朝中的两大明星。他在宫中建立了一座图书馆……科尔多瓦图书馆极为宏大，仅目录一项，就有 44 册之多。全部书籍 60 余万册，大半由他派人到埃及、叙利亚、巴格达、波斯搜集而来。收集图书的风气，遍及民间，人民抄录古书，风行一时"②。科尔多瓦"全城分为 28 个区，每区都有市场、学校与图书馆。图书馆藏书之丰富，仅东方的巴格达可与之媲美。一般巨商富豪，虽无学问，却喜欢争购书籍，捐入图书馆，希图留名于世"③。"西方人不仅从西班牙穆斯林学取了各种学问、教育，并且学取了艺术。从托莱多的图书馆中可以看到，托莱多图书馆中收藏着许多基督教人著作的手抄本，其中关于音乐一类的见解，多取诸穆斯林的著作。阿拉伯人的艺术借法国人为媒介，传到西欧。12世纪前的法国诗歌，颇受阿拉伯诗歌的影响，而受希腊诗歌的影响很少。因为法国到了 13 世纪，懂希腊文的人还不多。"④还有一些图书馆是地方或个人捐资兴建的。"由高官显宦，或富商巨贾捐资兴建的其他许多半公开式的图书馆，收藏着关于逻辑、哲学、天文学和其他科学的书籍。学者和有身份的人，即使要到私人藏书室去看书，也不难找到门路。在十世纪中叶以前，摩苏尔有一所图书馆，是一位公民捐资兴建的，到那里去抄写资料的研究者，由图

---

　　①　纳忠：《阿拉伯通史》下卷，239~240 页，北京，商务印书馆，2005。该书将《历代民族与帝王史》译作《历代民族与帝王》。——编者注
　　②　纳忠：《阿拉伯通史》下卷，208 页，北京，商务印书馆，2005。该书将马蒙译作麦蒙，下同。——编者注
　　③　纳忠：《阿拉伯通史》下卷，211 页，北京，商务印书馆，2005。
　　④　纳忠：《阿拉伯通史》下卷，209~210 页，北京，商务印书馆，2005。

书馆免费供给纸张。布韦希王朝的阿杜德·道莱（977—982 年在位）曾在设拉子创建一所图书馆（*khizānat al-kutub*），图书按类收藏在书架上，有分类的图书目录，由正规的职员负责管理。在同一个世纪，巴士拉有一所图书馆，凡在该馆从事研究工作的学者，都由该馆的主人发给生活费。在同一时代，赖伊有一所书楼，收藏的手稿，四百只骆驼也驮不了，图书目录共十大册。图书馆还被用作科学研究和科学辩论的场所。"①

公元 8 世纪中叶，中国造纸术传入阿拉伯地区后，"大大便利了记录、誊抄、校正、注释、著作、翻译的工作，对阿拉伯—伊斯兰文化的迅速发展，发挥了极其巨大的作用。在各大城市，特别在首都巴格达，纸店和书店林立，盛况空前。学者们争先恐后地拥向书店，搜寻书籍。他们在书店埋头阅读，流连忘返，甚至在书店通宵达旦，阅读不息"②。

阿拔斯王朝初期，巴格达城已有书店。"叶耳孤比断言，在他那个时代（891 年）首都已经有一百家书店，聚集在一条大街上。这些书店，就像现在开罗和大马士革的那些书店一样，有很多是设在清真寺旁边的棚店，但无疑有些书店规模之大，足以变成为鉴定家和藏书家的中心。书商本人往往是书法家、抄写家和文学家……他们在社会上所占据的并不是一个不显眼的地位。雅古特是以书店的职员的身份开始其著作事业的。奈迪木（995 年卒）又被叫做瓦拉格（抄写员），他本人显然是一个图书馆员或书商，他所著的《书目》（*al-Fihrist*）是一部惊人的渊博的著作，他是值得我们感谢的。他在这部著作里告诉我们，伊拉克有一位藏书家，他的巨大的书库所藏的手写本，有羊皮纸的，有埃及的纸草纸的，有中国纸的，有皮卷轴的，每部抄本上都有书法家本人的署名，而且有五六代的学者所作的鉴定语。"③可见，在早期伊斯兰

① ［美］希提：《阿拉伯通史》，马坚译，490 页，北京，商务印书馆，1979。
② 纳忠：《阿拉伯通史》上卷，591 页，北京，商务印书馆，2005。
③ ［美］希提：《阿拉伯通史》，马坚译，491 页，北京，商务印书馆，1979。

国家，不仅图书馆从事教学与研究，书店也在从事教学和研究。书店常设在学者的寓所，为各地来求学的游子提供吃住等设施，并常供应纸张等用品。"学者可以花很长时间在那些书店自由考察、浏览、攻读所有的书籍，以至购置。伊斯兰教中最有学问的人有些是经常出入这些有名书店的。"①

早期伊斯兰国家的学者具有旅行学习的传统。伊斯兰学者"不惜跋涉沙海，远渡重洋，去访问远方的学者，请教学问"②。"穆斯林学者的学术旅行，蔚然成风，这对学术文化的发展起了很大作用。当然这和政治局势之安定、生活条件之丰裕是分不开的。学者们除了到东西方的通都大邑互访外，并到穷乡僻壤和游牧地区访问，汲取纯洁的语言、搜集朴实的文学素材。圣训学者到各地搜集圣训，历史学家征集史料，地理学者察访河海道里。"③公元8世纪，28岁的学者叶哈雅·本·叶哈亚，"从西班牙远行麦地那，跟从大法学家马立克·本·艾奈斯，学习《穆宛塔圣训实录》。接着又转到埃及听一些学者的讲学"。也有许多圣训学家辗转多地，收集、整理、甄别和注释所听到的圣训。④ 阿拉伯历史学家和地理学家麦斯欧迪又被称为旅行家，9世纪末生于巴格达。他博闻强记，文思敏捷，广泛涉猎各种学科。他不满足于书本知识和教师教学，为了获得第一手知识而到各地旅行。"他的足迹遍及叙利亚、伊朗、亚美尼亚、里海沿岸、印度河谷、锡兰、阿拉伯半岛上的阿曼；在北非东海岸，他至少到过桑给巴尔，甚至可能到过马达加斯加。"他的"主要著作是30卷的《历代史》。这是一部百科全书式的世界历史巨编，不仅包括政治的历史，而且包括人类知识和人类生活的许多侧面"⑤。他还写了一部编年史性质的《中书》，以后又将《历代史》和《中书》"这两部姊妹著作删繁就简，缩写成

---

① 马骥雄：《外国教育史略》，129 页，北京，人民教育出版社，1991。
② 纳忠：《阿拉伯通史》下卷，246 页，北京，商务印书馆，2005。
③ 纳忠：《阿拉伯通史》上卷，590 页，北京，商务印书馆，2005。
④ 纳忠：《阿拉伯通史》下卷，246~247 页，北京，商务印书馆，2005。
⑤ 《简明不列颠百科全书》第 5 卷，703 页，北京，中国大百科全书出版社，1986。

一部独立的著作"，冠以"黄金草原和珠玑宝藏"的书名。在这部著作中，"麦斯欧迪从创世记和犹太人的历史开始，以后分述非伊斯兰教土地（诸如印度、希腊、罗马）的历史、地理、社会生活以及宗教等等。其中对波斯湾的珍珠，东非发现的琥珀，印度人的葬礼，通往中国的陆路，航海遇到的风暴等，描绘得特别有趣。麦斯欧迪的史书中包含着独创的见解，他对社会、经济、宗教、文化的叙述具有与政治相同的比重。他对所有的宗教，包括印度教、琐罗亚斯德教、犹太教和基督教，都抱有浓厚的兴趣"①。阿拉伯历史学家纳忠指出，麦斯欧迪 30 多年的旅途生涯大都用于采访和探索。"他的旅行不是经商，不是观光，更不是猎奇，而是盛行于当时伊斯兰世界的'学者旅行'的典范。他的学术成就较同时代的学术旅行家如著名的比鲁尼和麦格底西等人更为渊博、精细、深入；他是伟大的历史家，也是杰出的地理家。"②显而易见，麦斯欧迪的广博知识和学术成就与他 30 多年的学术旅行，在旅行中对各国历史、地理、社会生活、风土习俗所做的深入细致的研究是分不开的。早期伊斯兰国家学者旅行学习研究的传统是非常重要和有效的学习和教育方式，值得学习和倡导。

伊斯兰教兴起前，阿拉伯人有自然教育和部落、氏族进行的社会教育活动以及教育经验的积累；伊斯兰教兴起后，各种有组织的教育形式发展起来。早期伊斯兰国家首先通过清真寺的传教活动使居民受到比较普遍的宗教教育，并使儿童受到文化知识的教育，后来在吸取古希腊、古罗马、拜占庭和波斯乃至印度文化教育历史遗产的基础上发展与创造了富有自己特色的教育体系，这种教育体系与其文化的发展相辅相成。早期伊斯兰国家的大学为西欧中世纪大学提供了范例，其发展，特别是西班牙倭马亚王朝大学的发展对西欧中世纪大学的兴起具有直接影响。

---

① 《简明不列颠百科全书》第 5 卷，703 页，北京，中国大百科全书出版社，1986。
② 纳忠：《阿拉伯通史》下卷，247 页，北京，商务印书馆，2005。

第六章

早期伊斯兰国家教育思想的发展

早期伊斯兰国家文化的繁荣和教育实践的发展促进了其教育思想的丰富和发展。《古兰经》就包含丰富的教育思想。以下先论述《古兰经》的教育思想，再分别论述具有代表性的思想家和教育家的教育思想。

第一节 《古兰经》的教育思想

《古兰经》是伊斯兰教"圣经"，也是一份影响深远的历史文献。它不仅对伊斯兰教的兴起、传播和发展起着不容取代的指导作用，同时对阿拉伯世界的历史、文化、哲学以及社会生活的诸方面有着极其深刻的影响。早期伊斯兰国家的教育也深受《古兰经》影响，其影响所及包括教育目的、教学内容、教学理论、教学体制和教学方法等。因此，研究早期伊斯兰国家的教育，《古兰经》应是必读之书。

一、《古兰经》的成书和内容

《古兰经》成书于 7 世纪，是穆罕默德在创立伊斯兰教、缔造阿拉伯国家的过程中,以真主安拉的名义颁布的一系列"启示"。从穆罕默德开始得到"天启",到最后编纂成书,经历了40余年。

不同于其他宗教经典。《古兰经》的内容是穆罕默德在610—632年以安拉的名义陆续、零星降示的。"不信道者曾说:'怎么不把全部《古兰经》一次降示他呢?'我那样零零星星地降示它以便我凭它来坚定你的心,我逐渐降示它。"①仔细研读《古兰经》,可以看到其内容紧密联系着当时阿拉伯社会的变革和发展。穆罕默德根据社会发展的需要,把对当时发生事件的处理意见以安拉的名义陆续颁示,如《古兰经》中的律例大多和当时所发生的事件相适应。人们有了争执,请穆罕默德排解,于是便有了启示下降,用以解释和断法。

每当接到启示,穆罕默德便立即传授给他的弟子。弟子中会写字的会把它们记录下来,不会写字的就默记心中,事后还背诵给穆罕默德听,查看记得是否正确。后来有了几位专门负责记录《古兰经》经文的书记者,他们会在听到新的启示后,把所听到的内容记录在一块皮子、一块木板或一块羊的肩胛骨上。穆罕默德口授启示时,还将每章中各节的先后顺序安排好并告之弟子记录下来。但《古兰经》中各章的顺序是在穆罕默德去世后,由弟子们编定的。

穆罕默德去世后,其随身弟子宰德·本·撒比特开始收集经文,但并没形成大范围的收集和整理。在后来的战争中,不少能熟悉背诵经文的圣门弟子陆续阵亡。欧麦尔觉察到问题的严重性,便建议哈里发艾布·伯克尔立即汇集和整理全部经文,以免日后散佚。经收集、整理、核对和汇编,最后由宰德·本·撒比特将经文抄录在同样大小的"册页"上,交艾布·伯克尔保管。艾布·伯克尔去世后,经文几经辗转。民间流传的《古兰经》因为反复转抄的凌乱以及方言的复杂、读法断句的歧义,造成不少争议。第三任哈里发奥斯曼意识到,只有规范整理《古兰经》并将之作为一面旗帜,才能增进穆斯林之间

---

① 《古兰经》25:32。

的团结，巩固和扩大伊斯兰教的胜利成果。于是他任命宰德·本·撒比特为
《古兰经》校订委员会主持人，召集了圣门弟子，对汇编成册的《古兰经》重新
进行修订、整理和抄录。修订时针对方言读音的差异，奥斯曼主张在不妨碍
内容主旨的原则下，以古莱氏语为主体，并兼顾社会上已经流通易懂的其他
方言，统一《古兰经》的内容及章次编排。新范本经过转抄，被送往各地保存，
同时废除了在此之前私人转抄、社会流传的所有抄本。随着《古兰经》定本的
产生，对《古兰经》的注释与研究随即展开，阿拉伯文法学、圣训学、教法学、
法理学、教义学等获得发展。

穆罕默德的传教活动主要是在麦加和麦地那两地进行的，因此《古兰经》
从时间、内容、地点上划分为麦加章和麦地那章两部分。由于活动的内容不
同，两部分经文的重点也有所不同。麦加章的经文侧重劝说阿拉伯人信奉伊
斯兰教，让人们从偶像崇拜转向一神教，强调信主独一、信天使、信使者、
信经典、信末日，提倡施舍济贫、善待孤儿。经文描绘了天国的宁静与和平，
警告了火狱的惩罚，引述了古代先知的故事和传说。麦加章的经文富于激情，
改革精神很强，主要致力于创建伊斯兰教。麦地那章的经文用词不像麦加章
那样热烈，其内容除了进行宗教宣传外，更多是以政治家的姿态指导规范人
们的生活。因为这个时期穆斯林的力量已经变得强大，形成了新的伊斯兰教
国家，故经文中较多的是为当时的社会确立宗教、政治、经济、社会、军事和
法律的制度，如对圣战、天课、婚姻、财产继承、商业贸易等问题的具体规
定。因为经文是依据社会的发展需要而产生的，所以有时会出现前后矛盾或
与当时社会环境不适应的情况，对此，穆罕默德及时进行补充、调整和停止。
例如，有关天课的规定，麦加章笼统地规定要进行不限定额的天课，麦地那
章则制定了相关规范。

从内容上来看，《古兰经》不是一部系统阐述教义的专著，不是一部体系
完备的法典，也不是一部传道讲演的文集，但似乎又都兼而有之。在穆斯林

中，这部经典起着"详解万事，向导信士"的作用。

《古兰经》共 30 卷，114 章，6200 多节，其内容可以概括为六个方面。

第一，申述基本信仰的纲领。

该部分内容主要阐述伊斯兰教的"五项信条"，即信真主、信天使、信经典、信先知、信后世。其中最重要的是信真主，真主安拉在穆斯林眼中，是独一无二、至高无上的造物主，是宇宙万物的创造者、掌握者。这是伊斯兰教信仰的核心，也是贯穿《古兰经》的主线。

第二，反映与其他宗教信仰者的论争。

《古兰经》中有很大比例的内容是与多神教教徒和其他教派教徒的争论。《古兰经》中所说的"异教徒"主要指多神教教徒，"有经的人"指拜星教教徒、拜火教教徒，也包括犹太教教徒和基督教教徒。在穆罕默德初创伊斯兰教时，阿拉伯半岛上多为多神教教徒。特别是古莱氏的贵族集团信奉传统的多神教，并以捍卫多神教的偶像崇拜为名，敌视并迫害穆斯林。穆罕默德与他们做过长期艰苦的斗争，以确立伊斯兰教的地位。《古兰经》对待犹太教和基督教的态度与对待其他教派有所区别。《古兰经》承认"有经的人"犹太教教徒与基督教教徒的先知穆萨(摩西)和尔萨(耶稣)是真主委派的使者，也承认他们的经典是真主颁降的，但认为这些经典在流传中已被篡改，远非原貌，所以应持谨慎、警惕的态度。《古兰经》对他们的态度是既有肯定也有否定，既有分歧也承认其共同点。

第三，规定宗教功修与社会义务。

《古兰经》对穆斯林的宗教功修和社会义务做过很多原则性的规定，主要包括三点：个人对真主履行的敬拜仪式；有一定经济条件的穆斯林按比例交纳天课；勇于出征、为主而战的兵役制。

第四，提供制定教法律例的依据。

《古兰经》提到一些可以作为立法依据的原则，也有一些对具体事例的处理意见，这些都为伊斯兰教法的制定奠定了基础。可以说，《古兰经》代表了阿拉伯社会从氏族时期的不成文法向文明社会成文法的一种进步的转变。例如，经文对世人的行为做了五种划分，并明确了对这五种行为的奖罚态度。义务性行为：履行者受奖，违反者受罚；可嘉的行为：遵者受奖，未遵者不罚；无关紧要的行为：不存在奖与罚；受谴责的行为：舆论上认为不受欢迎甚至讨厌，但不受惩罚；严禁和受罚的行为：必受惩治。但在具体判断和实施中，某种行为应属哪一类，经文中没有逐一详述，除了较明确的几项外，没有提出划分界限的严格标准。这就造成了伊斯兰国家以《古兰经》为主要依据立法时存在着不少的差异。

第五，指明为人处世的伦理道德。

《古兰经》的不少章节，在命人行善止恶、趋善避恶的前提下还涉及大量有关伦理道德的问题。它对穆斯林的修身养性、社会交往及待人接物的准则，以命令、倡导、鼓励的口吻一一做出规定。经文常把日常生活中穆斯林的伦理道德的培养、锻炼和自我约制行为，提到敬畏真主、尊崇真主、博得真主喜悦的宗教功修高度来表述，把社会交往中的良好道德表现与虔诚的宗教功修紧密联系起来，既体现出伊斯兰教对伦理道德的重视，也使得世俗的道德观在宗教的氛围中得到强化和巩固。

第六，讲述以"认主独一"为核心的宗教故事。

《古兰经》中还有相当多的篇幅是讲述传说故事、历史人物、古代部族兴亡史的，其中最主要的是讲述历代先知在其部族中的传教活动。《古兰经》通过故事的形式来宣传真主的万能与权威、真主的独一无二和至高无上，便于不同文化层次的穆斯林吸收和理解，这也是《古兰经》的一大特点。

《古兰经》是伊斯兰教的经典，也是伊斯兰教育的渊源，《古兰经》的思想体系孕育了伊斯兰教育的思想体系，确立了伊斯兰传统教育的内容、形式、原则、方法。

二、《古兰经》论人生目的与教育

要想探讨人生目的，我们先来看《古兰经》对人的认识。

《古兰经》中，最高的创始者是真主安拉，真主创造了大地上一切事物，人也是真主的创造物。真主在创造人的时候，"已把人造成最美的形态"①。人是天地间的精华，是真主精神的体现，是真主创造万物中最美的形态。所以真主宣布："他使你们为大地上的代治者。"②这里包含一种人神合一的思想，人能体现真主的精神，可以遵循真主的旨意治理人世。这在其他宗教中是十分罕见的。

伊斯兰教中，人性与神性不是分离乃至对立的。虽然真主与人的关系是创造者与被创造者的关系，但是人被创造时得到了真主的精神，是真主在大地上的"代治者"。人性、人欲被认定是自然的，是受肯定的。虽然《古兰经》中有些地方也教导人们要抑制和控制各种欲望，约束情欲，并用"修行"和"戒斋"的方法使人们实践这一点，但它的总体内容并不否定现世生活，否定人的自然欲望。"迷惑世人的，是令人爱好的事物，如妻子、儿女、金银、宝藏、骏马、牲畜、禾稼等。这些是今世生活的享受；而真主那里，却有优美的归宿。"③这段经文明白地指出，世俗欲望和感性生活有其合理性，真主允许人们在今世享受；但这些欲望应限于真主所规定的范围之内，而且不能作为人生追求的目标。《古兰经》允许人们满足人生正当的需要："众人啊！你们可以吃大地上所有合法而且佳美的食物。"④当教规与人的生存发生冲突时，伊斯兰教更看重的是人的生存。《古兰经》规定信徒不得食用非屠宰物，即自死物。但在迫不得已的情况下，食用了非屠宰物也可以不予追究。"凡为势所迫，非

---

① 《古兰经》95：4。
② 《古兰经》35：39。
③ 《古兰经》3：14。
④ 《古兰经》2：168。

出自愿，且不过分的人，虽吃禁物，毫无罪过。"①"凡为饥荒所迫，而无意犯罪的，虽吃禁物，毫无罪过。"②也由此可见伊斯兰教对人生存权利的重视。

《古兰经》不要求教徒压抑自己的正当欲望，但同时为避免荒淫无度、穷奢极欲的现象，又提出许多规范和戒律，主张人们在真主的指引下过一种既充实又有节制的生活。因此，《古兰经》对人们今世生活中所要遇到的一系列问题，如饮食、婚姻、财产及生活方式都进行了规劝和指导，这也充分地体现出伊斯兰教的人道和求实精神。

我们再来看看《古兰经》对今世和来世的论述。

《古兰经》把人的生活分为两部分——今世和来世。经文告诫人们，真主将在末日审判时告诉人们在世间生活时的行为表现，然后根据审判结果决定其来世的生活。对于今世生活，真主除了允许人们享受今世生活外，还鼓励人们在现世人生道路上有积极奋斗的精神。《古兰经》对奋斗于人生的人赋予很高的地位。"没有残疾而安坐家中的信士，与凭自己的财产和生命为主道而奋斗的信士，彼此是不相等的。凭自己的财产和生命奋斗的人，真主使他们超过安坐家中的人一级。真主应许这两等人要受最优厚的报酬。除安坐者所受的报酬外，真主加赐奋斗的人一种重大的报酬。"③《古兰经》对人类社会中的一些实际事务，如执政掌权、商业贸易、结婚生子的态度是不否定不忽视，并且有详尽的指导和规范。

对于来世，《古兰经》指出有两种：乐园和火狱。安排两种反差如此之大的归宿，其主要目的是告诫人们走正路。《古兰经》对于来世的描述尽管是宗教的想象，但它借助于现世社会中奖善惩恶的信念，用一定的道德观念来约束人们现世的行为，其最终目的还是建立今世生活所必需的制度和秩序。

---

① 《古兰经》2：173。
② 《古兰经》5：3。
③ 《古兰经》4：95。

对宗教来说，末日审判和两世说都是约束、抑制人们思想行为的很好的方法。有些宗教抑现世扬来世，但伊斯兰教并不否定自然的人性，不否定今世的生活，而是"谁想获得今世的报酬，我给谁今世的报酬；谁想获得后世的报酬，我给谁主张耕种两世的幸福，而不是以牺牲现世为代价来换取来世的幸福"。这使得人们在企望来世幸福的同时也重视现世生活，注重现实的物质利益和个人的主观努力。这种积极的人生态度，正是促使中世纪阿拉伯文化、经济、教育辉煌的原因之一。

《古兰经》对人生的态度，还反映在信仰与务实精神的巧妙结合之中。伊斯兰教宣扬为真主牺牲一切，但是这种牺牲是有回报的。因此，人类所做出的牺牲也就是为自己的幸福所做的努力。这样的定位，将信仰与务实精妙地交融在一起，使得穆斯林的宗教生活表现出一种顺乎自然、合乎人性的特点，而其最直观的表现还在清真寺的选址和功用上。伊斯兰教的清真寺绝大多数建在繁忙、拥挤的市场中央，像麦加、麦地那、德黑兰、开罗等地著名的清真寺都是如此。清真寺中可以接纳一些不为宗教而来的人，学生可以在那里踱来踱去地背功课，夏日朋友们可以在寺内午休并小声闲谈，去周围采购的父母还可以把孩子寄放在寺内。

《古兰经》的务实精神还体现在对一些行为细节的规定中。例如，探亲访友，不要随便进屋，"直到你们请求许可"①；"如果有人对你们说：'请转回去！'你们就应当立即转回去"②；在亲友家做客，或在其他场所都"应当节制你的步伐，你应当抑制你的声音"③。穆罕默德在圣训中还关照吃了"生葱生蒜一类的东西"的人，"当远离人，待在家中"。这些宗教经典所昭示的教规，体现出浓厚的常情常理，使信仰变得具体实在。

---

① 《古兰经》24：28。
② 《古兰经》24：28。
③ 《古兰经》31：19。

　　《古兰经》所阐述的人生目的显然带有宗教的局限，但它务实的精神、对人性的肯定及两世幸福说、善恶报酬说，使它更注重现世生活。《古兰经》对其信徒来说，既有信仰上的强大吸引力，又有律法上的约束力，同时还为人们的世俗生活、社会活动提供了具体而详备的指导。阿拉伯人在"为进入乐园而信奉真主走正道"这一人生目标的激励下，以自信务实的精神去奋斗，从而创立了庞大的阿拉伯帝国，并产生了中世纪人类文明的辉煌。

　　《古兰经》的人生目的观影响了对教育的认识。首先，它鼓励人们去探寻现实世界中的奥秘和规律。《古兰经》认为，真主创造万物时并非随意而漫无目的，它是依一定的规则和秩序的，因而宇宙间是包含一定的奥秘和规律的。《古兰经》中"真理"一词出现了上百处。穆罕默德为自己确立的使命之一也是传播真理。这里所指真理的内涵是什么呢？它在一定程度上是指人们对客观规律、秩序、事理的一种认识。《古兰经》在论述这一问题时，最大的价值在于它肯定了人有能力认识真理。其次，它指出对真理的认识不能凭主观猜测，而要凭理智和知识。"这是我所降示你的一本吉祥的经典，以便他们沉思经中的节文，以便有理智的人们觉悟。"[1]而猜想"对于真理，确是毫无裨益的"[2]。这里清楚地表明了人们应该运用观察思考的方法去了解真理，而不能用臆想和猜测。据学者统计，《古兰经》中鼓励和教导人们去观察、探索宇宙奥秘的有700余处。《古兰经》进一步指出，有理智的人，就是有知识的人。"有知识的与无知识的相等吗？惟有理智的人能觉悟。"[3]即是说，人有了知识后，便具有了理智，而理智的人才能真正理解和掌握事物的奥秘和规律。人是依靠知识和理智去认识万物之真谛的，这就将知识和智力摆到了一个极高的位置上。因此，在伊斯兰世界中，拥有知识和智力的人备受尊崇。作为一种宗教，

---

① 《古兰经》38：29。
② 《古兰经》53：28。
③ 《古兰经》39：9。

伊斯兰教为什么要教育信徒去求知求智？结合 7 世纪阿拉伯半岛的社会现状，我们可以明白，穆罕默德之所以这样教诲信徒们，主要是针对当时半岛上文化的落后、思想的混乱。他希望通过理性和知识消除人们对大自然、对未来的恐惧，并由此来统一思想，建立起一个文明的强大的阿拉伯民族。

《古兰经》所倡导的人生目的说包含一定的合理、积极的成分，特别是它提倡的"人应该追求走正道"，"做善人而不做不义者"等，是适应性很强的人类道德原则。在这一原则的指导下，阿拉伯人重视知识，重视教育，尤为重视道德教育。他们广泛吸收人类文化的遗产，并在这个基础上形成了有阿拉伯特色的教育思想体系。

三、《古兰经》论知识与教师

伊斯兰教十分重视教育，要求穆斯林尊重知识、尊重教师、鼓励求知。它将求知与信仰结合在一起，赋予了教与学的行为神圣的宗教意义，并以此推动了伊斯兰教育迅速发展。伊斯兰社会的文化、知识和科技的大发展，正是建立在尊师重教的基础之上的。《古兰经》对知识和教育的重视主要体现在以下几个方面。

(一)崇尚学问和学者

穆罕默德在谈及知识时指出，"知识是伊斯兰教的生命、信仰的支柱"，而无知是要受到指责的。《古兰经》说："他们中有些文盲，不知经典，只知妄言，他们专事猜测。"①经文还指出无知会造成世界的朽灭，因为"世界朽灭的迹兆：知识泯灭、无知普及"。只有拥有知识，才能对启示有深入的理解。穆罕默德一直热衷于追求知识、智慧。伊斯兰学者在描述这位先知时，不仅描述他的伟大业绩，同时还表现他超群的智力和知识。

《古兰经》重视知识，主要基于对知识价值的深刻认识。穆罕默德认为，

① 《古兰经》2：78。

知识可以战胜愚昧、落后，可以使阿拉伯民族强盛起来，可以帮助伊斯兰教的传播，可以使穆斯林更好地规范自己的行为。这样便有利于建立起以伊斯兰教为核心的社会体制。在伊斯兰社会中，人们普遍认为知识是带有神性的。因为知识是来自真主的，因此，对待知识应虔诚。这一点正是伊斯兰社会兴办教育的社会心理基础。穆斯林获取知识，一条重要的途径是利用才智，进行刻苦的学习、理性的思索。如前面所介绍的，自然界万事万物中所存在的知识，甚至事物间的规律和秩序，人们都可以通过学习思考而掌握。这种认识观将穆斯林认识世界的渠道拓宽了，他们在知识领域的收获，使得伊斯兰世界在两三百年中从蒙昧时期的游牧部落一跃为世界文明的重要区域。对知识的重视必定带来对学者的尊重，穆罕默德认为，应该肯定学者对真理自觉探索的精神。学者以知识和理智去对待所信奉的真理，不仅知其然，还知其所以然。因此，穆罕默德说："知者的睡眠强过无知者的礼拜。"从历史上看，伊斯兰教的传播，离不开学者的抄录和口授。随着阿拉伯的远征，伊斯兰教在更广泛的几大洲中进行传播，书籍可以不受时间、空间、人数的限制，其传播效果远远大于口头传播。

（二）鼓励求知

穆罕默德将求学视为信徒的天职，把在清真寺里教学和求知的人比作为真理而战的勇士。这一号召不仅鼓励穆斯林热衷于求知，同时纯洁了人们求知的动机。在确定了追求学问是最有价值的高尚行为后，在清真寺里施教和求学的人就都是遵循天职的了。教和学成为他们生活的目的，而不只是谋生的手段。在这种天职观念的指导下，阿拉伯人对教和学是不遗余力的。穆罕默德迁到麦地那建立政权后，就立即派人到叙利亚去学习外语和各种学问，命令有知识的战俘教授阿拉伯人阅读、书写，并以此作为他们赎身的条件。

穆罕默德要求人们在求知过程中不畏艰难，勤奋坚韧。穆罕默德的要求促使阿拉伯人在接受人类文化遗产时十分勤奋努力。穆斯林进寺礼拜，聆听长者的教诲，在求知中表现出对异族文化的尊重和渴望，广泛地吸收各地区文化遗产。穆罕默德的后继者，第三任哈里发奥斯曼的使节于651年到了中国的长安，实现了穆罕默德的圣训，"学问虽远在中国，亦当求之"。

穆罕默德不仅要求人们孜孜不倦地学习，还为穆斯林的刻苦学习指出了一个光辉的前景："踏上寻求知识的道路者，真主为他开辟通向乐园的坦途。"在穆罕默德这种思想的影响下，教与学这两方的积极性都被调动起来了，它对伊斯兰教育的发展所产生的推动力是可想而知的。清真寺无论是宏伟精美的还是低矮简陋的，都有着虔诚的教学活动。可以说在伊斯兰世界，每修建一所清真寺，便意味着一所学校的诞生。伊斯兰学者、文人都以在清真寺中设座讲学、传授知识作为自己崇高的职责。这促使其教育事业蓬勃发展。

(三)肯定教师的地位和作用

穆罕默德为自己确定的职责是宣传正道和提倡学问。先知的以身示范，传授知识，体现出教师在伊斯兰社会中的地位。圣训中对教师的赞美既频繁又热情："恭贺那种人，他以其知识而工作，止人作恶。""以其知识济人的知者，较一千个办道者强。"穆罕默德之所以如此看重教师，是因为他认识到，在人们获得知识的过程中，教师有着不可替代的作用。"每个有知识的人上面，都有一个全知者。"[1]穆罕默德清楚地认识到教师的作用，教师是学者，是知识的掌握者，还是知识的传播者。每个人可以不同程度地接受前人的知识财富，但有没有教师的指导和帮助，其效果是大不一样的。教师的工作可以使人们更迅捷有效地掌握知识，而这对于穆罕默德当时的事业来说尤为重要，故而《古兰经》一再强调教师的作用，并提出以知识去教化民众。

伊斯兰世界中最早的教师是使者。使者是被安拉派到各民族各地区教化民众的人。伊斯兰教认为，真主先后派遣了许多使者，最尊贵的是穆罕默德。穆罕默德在统一阿拉伯半岛、宣传伊斯兰教的过程中，也向各地派出了不少

---

① 《古兰经》12：76。

自己的使者。使者是伊斯兰社会中拥有知识和智慧并且品德高尚的人。使者在伊斯兰社会中很受尊敬。把《古兰经》对使者的描述概括一下，可以看到使者拥有以下特征。第一，使者是人不是神，他是真主的创造物，也要经历生老病死，不具备神性。第二，使者的任务是传达真主的旨意，指导民众如何按真主的旨意从事各种活动，而且以自己的行为作为示范。第三，使者是有理智的人。拥有知识和智慧，并以此去教化民众。他们自身都有着高尚的品德，深受民众尊敬。第四，使者大都产生于本民族，是本民族杰出的成员。他们熟悉本民族的风俗礼节，关心本民族的兴盛衰败，与民众没有隔阂。第五，使者在教化民众的过程中不辞劳累，不惧艰险，无私无悔。这些特征会使人们马上将其与德高、身正、博学、善教的教师联系起来。穆罕默德正是以世间优秀的教师形象塑造了《古兰经》中的使者，而《古兰经》中的使者作为楷模又影响了一代代伊斯兰社会中的教师。

据历史记载，阿拉伯最早的教师是圣门第一代弟子。穆罕默德在世时，他们作为使者被派往也门、巴林群岛等地从事教育。在征服麦加后，他们又被派往麦加。随着幅员增大，国土日广，被派分赴各地的学者就更多了。据艾哈迈德·爱敏估计，伊斯兰教发展初期第一流的学者有数人，第二流的约20人，第三流的约120人。① 这些学者建立学校，招收学生，进行讲学。哈里发欧麦尔派著名学者阿布杜拉·买斯欧德到伊拉克的库法去讲学的时候，曾写信给库法的民众说："我派阿布杜拉·买斯欧德为你们的导师与长官，我宁愿使自己受损失而使你们得以享受他的学问。"②这位学者以后便长久在库法讲学，成为学派领袖。

---

① [埃及]艾哈迈德·爱敏：《阿拉伯-伊斯兰文化史》第一册，纳忠译，155 页，北京，商务印书馆，1982。

② [埃及]艾哈迈德·爱敏：《阿拉伯-伊斯兰文化史》第一册，纳忠译，162 页，北京，商务印书馆，1982。

四、《古兰经》和道德教育

伊斯兰教是十分重视道德教育的。穆罕默德曾自称，他是被派遣来完成道德教育的。伊斯兰社会在对教育的认识中也体现了这一精神。他们认为，教育的目的不仅在于传授知识，更重要的还在于培育人的精神、灵魂和品性。

《古兰经》中的道德教育内容可分为两大部分：一部分是关于宗教信仰和宗教义务的，表现为对信徒的种种规定，目的是为穆斯林确立一种绝对价值观；另一部分是关于社会公德的，它结合人们的日常社会生活，将抽象的道德原则具体化，以便于信徒付诸实践，同时还为信徒树立了一个道德完美者——先知穆罕默德。

下面我们主要来看有关社会公德的部分。

《古兰经》中的道德规范，内容大多是人类世代崇奉的社会公德的沉淀，如公正、自洁、诚实、守信、宽恕等。这些都反映出人类道德价值的共同性。正如恩格斯所说的那样："宗教一旦形成，总要包含某些传统的材料，因为在一切意识形态领域内传统都是一种巨大的保守力量。"①《古兰经》对这一部分的论述花费的篇幅很大，涉及面也很广，总体来说具有两大特点。

（一）神定论

《古兰经》从第一章到最后一章，每章都以"奉至仁至慈的真主之名"开篇。也就是说，每一章中的道德规定都是真主的旨意。书中真主对现世生活中人们应具备的道德行为逐一做出规定，并提出明确的可操作的道德律令，用之规范人们的日常行为。例如，在伊斯兰社会，婚配被认为是一种神圣的诫命，结婚是一种圣行。把结婚尊为圣行，也就把结婚视为高尚、纯洁、神圣之事。这一观点既反映出伊斯兰道德中神定论的特色，同时也反映出伊斯兰教将宗教与人生社会并重的特色。当信徒面对一种完善的理想人格形象时，

---

① 《马克思恩格斯选集》第四卷，257页，北京，人民出版社，1995。

会产生出一种不满足和向上的驱动和追求，在这种追求中，他会不断地完善自身，并从道德的他律走向自律。这个过程一方面是信仰的实践过程，另一方面是道德人格不断完善的修身过程。这是一切宗教中道德教育的共性，也是它有别于世俗道德教育的一大特色。

(二)道德的核心是"善"

《古兰经》把"行善"和"善行"作为道德的核心内容。从广义的角度来看，《古兰经》所指的善，包含的内容是很丰富的。除了虔信真主，仗义疏财、赈济贫民也是善行的重要内容。《古兰经》提及的施济，有的指施舍钱物，有的指用言行去帮助他人，如关心邻居、照顾幼儿、探望病人、参加葬礼、安慰他人等。也就是说，施济的内容可以是钱物，也可以是时间、精力、同情心、支持、善言等。在尊师重教的阿拉伯社会，教人知识和智慧是最大的施济。另外，主持公道也被列为"善行"。穆罕默德指出："如果有人在两个人之间主持公道，即是一种慈善。"他还说："如果有人利用他的牲畜去帮助他人背负或运载货物，那是一种慈善；一句善言也是一种慈善……如果把路上任何有害的东西消除，那亦是一种慈善。"

《古兰经》要求信徒树立"善"的观念，实施"善"的行为。为了使善念深入每个信徒的灵魂深处，化作他们今世道德行为的原动力，《古兰经》把行善或作恶与人的最终归宿联系起来，并在这个基础上形成了伊斯兰社会众多的道德规范和道德戒律。

《古兰经》主张善恶报酬说。"谁赞助善事，谁得一份善报；谁赞助恶事，谁多一份恶报。"①在世俗社会中，善恶报偿也是人们对道德行为后果的一种评判。《古兰经》把这一世俗的道德伦理观与两世幸福说的宗教道德观结合起来，使得行善求报者在情感、心理上得到了神圣的保证和支持。

《古兰经》在培养穆斯林的道德观念、规范道德行为时，主要采用的方法

---

① 《古兰经》4：85。

是说服和劝导式的，极少采用空洞的道德说教，或是谈一些大而无当的道德原理。很多地方的阐述，是把一些抽象的道德原则具体化，在具体的道德行为的规范中体现其道德律令。《古兰经》中很多篇幅以故事的形式讲述先知们的事迹。通过这样的方式为穆斯林树立起具体的、可仿效的道德完人形象，成为他们立身处世、待人接物的典范。将抽象的道德原则具体化还表现在两世说中，同时还制定了一系列具体的善行准则和要求，告诉人们哪些是善行以及怎样去行善。

又如，《古兰经》在劝导人们孝敬父母时是这样阐述的："你的主曾下令说：你们应当只崇拜他，应当孝敬父母。如果他们中的一人或者两人在你的堂上达到老迈，那末，你不要对他俩说：'呸！'不要喝斥他俩，你应当对他俩说有礼貌的话。你应当必恭必敬地服侍他俩，你应当说：'我的主啊！求你怜悯他俩，就象我年幼时他俩养育我那样。'"①上述经文提出了对待年迈父母应有的方式、态度和举止，详备而具体。这些规定要求穆斯林对父母的孝敬不仅要表现在生活的赡养、衣食的温饱等物质供给方面，还要注意对待他们的态度，应使年迈的父母感到精神愉快、心情舒畅。这类的道德律令深入人们日常生活的各个方面，在长期的实践过程中成为人们的道德习惯。

以说服、劝导式为主，并与人们日常生活紧密联系的道德教育方法，也体现出穆罕默德道德教育思想的特色。穆罕默德针对当时阿拉伯社会道德沦丧、秩序混乱的现状，希望通过这些简单易行的道德告诫和行为规范，使人们迅速树立起一种判断是非曲直的价值准则，并且依靠宗教信仰使这些道德准则内化，以此去净化人们的灵魂、改造人们的内心，从而创造一个和谐礼让、团结强大的伊斯兰社会。

---

① 《古兰经》17：23-24。

第二节　法拉比的教育思想

一、生平和著作

法拉比（Farabi，约 878—950），全名为艾布·纳赛尔·穆罕默德·法拉比。据说，他的名字源于他的故乡法拉卜（Farab）。法拉比的父亲是波斯人，曾在土耳其宫廷军队中任军医，母亲是土耳其人。有关法拉比少年时代的情况，文献记载不多，只是知道他在故乡专心致志地学习了不少知识，特别是语言知识。他学习了土耳其语、波斯语和希腊语，后来又掌握了阿拉伯语。他认真地阅读了大量的古希腊哲学书籍，为他以后的成就奠定了雄厚的基础。

法拉比 40 岁左右迁居到巴格达，在这里他师从大翻译家尤努斯（Yunus）。尤努斯擅长翻译古希腊著作，同时也是很有名的逻辑学家。法拉比在他那里学习哲学和逻辑学。在巴格达，法拉比还学习了阿拉伯语、音乐、数学、医学等众多知识。

941 年，由于政治骚乱，法拉比离开巴格达到了大马士革。943 年，法拉比又来到叙利亚北部的阿勒颇。首领赛福·道莱很赏识法拉比的才华，热情地挽留他。法拉比在此定居下来，埋头于教学和著书工作。

法拉比终生未婚，一直过着清贫的生活。他喜欢清静，大部分时间是带着学生和助手在郊区的花园和清溪畔度过的。伊本·罕理康在《名人死亡录》中说，只有在潺潺清水汇流处或茵茵绿草丛生地才会见到法拉比的身影。他盘坐在那里静心撰写论文，学生和助手则围坐在他身边。

法拉比生活的时代，正是阿拔斯王朝开始从兴盛走向衰落之际。帝国的疆域被总督和小国王们一一瓜分，伊斯兰帝国四分五裂。但由于阿拔斯王朝前期近百年的发展，阿拉伯的经济仍处于繁荣时期，商业贸易、农业灌溉和手工业都有重要发展。同时，各个地方王朝为显示各自的开明，争先恐后地延聘文人名士,集海内外学子于一堂。伴随着科学文化的发展,在意识形态领域,各种思想流派十分活跃,出现了不少与伊斯兰权威思想相悖的新观点,传统的道德观也受到了挑战。这种政局的动荡、思想的活跃,对法拉比的思想产生了很大的影响。

法拉比认为,伊斯兰世界应保持统一的思想,但它不同于以往单纯的宗教信仰。他试图从哲学的角度,运用理性建立一个新的伊斯兰思想体系。为此,他努力调和柏拉图与亚里士多德的观点,调和新柏拉图学派和苏非派的思想,甚至努力调和信仰与理性、宗教与科学的关系,希望从这些思想中创造一个新的体系,作为伊斯兰世界的统一思想。到了晚年,由于处处碰壁,法拉比对改造社会变得心灰意懒,逐渐走向神秘主义的泛神论。

法拉比知识丰富,博学多才,著作涉及哲学、逻辑学、政治学、伦理学、音乐诸多方面。他详细地研究过柏拉图的《理想国》。柏拉图在这本书里阐述的教育思想对法拉比的影响很大,促使他成为阿拉伯第一个提出利用教育改造社会的思想家。这一思想集中反映在他的《美德城邦居民意见书》中。此外,他还有《科学分类》等论著。

法拉比在中世纪就享有很高的声誉,著作被翻译成拉丁文和希伯来文。欧洲许多国家的图书馆里,都收藏有法拉比哲学著作的上述两种文字的手抄本。法拉比对亚里士多德著作所做的注释也很多,这些从不同角度、运用不同方法所做的注解和评述,对阿拉伯哲学以及欧洲哲学影响深远。中世纪欧洲不少大学研究亚里士多德时所采用的教材都是经法拉比评注后的"注释集"。因此,阿拉伯世界认为法拉比是继亚里士多德之后又一杰出的哲学家,称之为"第二导师","第一导师"则是亚里士多德。

二、对哲学的认识

法拉比是阿拉伯亚里士多德学派东方支派的代表人物。这一学派是阿拉伯哲学的主体，十分重视对自然科学和逻辑学理论的研究，对自然哲学兴趣浓厚。这一学派在研究中强调理性的作用，具有较强的世俗性，但研究者又大多是穆斯林，生活在政教合一的伊斯兰国家。因此，他们的思想又受到宗教信仰的深刻影响，在哲学与宗教、理性与信仰的问题上，大多采取调和立场，由此而导致了"两重真理"学说的产生和发展。

法拉比是在综合吸收柏拉图的道德哲学和政治哲学、亚里士多德的逻辑学和物理学、普罗提诺的"流溢说"等思想学说的基础之上，形成"统一哲学"学说的。法拉比认为，哲学是包罗万象的智慧，是各门学科之母，是人类学问的最高形式，是探索真理的学问。他为哲学下的定义是，哲学是从万物是"存在"这一事实来了解万物的。但是宗教与哲学终究会产生冲突，对此，法拉比既不动摇他视之为真理的哲学观，也不蔑视伊斯兰教，而是灵活地运用新柏拉图主义的观点去改造伊斯兰文化。他在承认宗教的重要作用后，又主张哲学处于更高的位置。他提出哲学是直接地把握"真理"、揭示"真理"的，宗教则是以形象化的或象征性的形式去提示同一个真理的。例如，法拉比坚信世界是无始的，这与《古兰经》的"天地被造"说产生了冲突。法拉比首先肯定世界不是在"某个时刻"由安拉所创造的，世界到任何时候也绝对不能归结为无(与《古兰经》的末日说恰恰相反)，而且认为哲学上的这一真理不能随意更改。但他又提出，若以直接的形式表述真理，只有哲学家才能够理解和把握，大多数人由于自然本性和天资禀赋的限制，没有能力来理解。于是，只有将这一真理用形象化的方式来表示，即世界是存在着始点和终点的某个时间过程，这样才便于人们理解，由此也就派生出"天地被造"说了。法拉比认为，《古兰经》正是采用这种象征性的说教来揭示真理的，这样才能使真理进入普通民众之中。所以，法拉比认为哲学和宗教是同一真理的两种不同的表示方法，彼此之间并没很大的矛盾，而且哲学高于宗教。例如，他在论述先知和哲学家时，认为先知通过个人的幻觉得到真主的"启示"，而哲学家则通过理性思维来领悟真主的"启示"。法拉比将哲学列为人类学问的最高形式,并指出只有通过哲学,才能使人的心灵升华到永恒的理性水平,认为哲学是通向永恒幸福的道路。

法拉比之所以重视哲学,将哲学摆在突出的位置,是与他的政治观相联系的。当时阿拉伯世界政局动荡,思想纷纭多变,传统的伊斯兰思想在冲击中失去了权威地位。法拉比希望通过哲学和理性重建新的伊斯兰思想体系,由思想的统一进而达到政治的统一,使国家和社会得以稳定。但在伊斯兰世界中,先知与《古兰经》是绝对权威,加之伊斯兰教本身具有浓厚的世俗性,所以法拉比没有也不可能抛开宗教来谈社会的改革,反而要依靠宗教,于是他便努力使哲学和宗教统一起来,而又特别强调理性,重视感觉的认识。

三、论教育的本质与目的

(一)教育的本质

法拉比重视对教育本质的研究。他曾从哲学、心理学、社会学的角度论证什么是教育。法拉比认为,教育是在一个特定的时期和特定的文化范围内,个人对价值观、知识和实际技能的获取。他认为每个人都具有某种天性,教育就应建立在这种天性的基础之上。因此,他主张社会应为所有的人提供学习的机会,建立大众化的教育体制。但是由于每个人的天性不同,应对不同天性的人授以不同的教育,以便使他们将来承担不同的社会使命。在法拉比设计的美德城邦中,天才有能力理解或思辨概念,法拉比称之为"选民";其他人是理解力一般的普通民众,法拉比称之为"公众"。教育对"选民"来说应是通过学习理论科学培养理性美德,从而担负起政治领袖的职责;对"公众"来说则是通过学习实践科学培养伦理美德,在"选民"的率领下走向精神幸福。

法拉比在论述学习的本质时,十分重视感觉的作用。"人的认识的取得来自感觉"①，他称感觉是途径，通过它，人的心灵获得了知识。他指出知识从感觉开始，然后通过想象，成为一种理性的观念。想象的一种功能就是保留感觉的形象，这种形象最后会变成智力的财产。他以医学为例指出，医学是通过解剖从感觉经验中获得的，在这一点上他与柏拉图有所不同。柏拉图认为知识是灵魂从理念世界带来的残留的固有的记忆，学习则是对理念的"回忆"。法拉比在婉转的解释中否定了柏拉图的观点，强调感觉在学习中的重要作用，其论述还涉及今天教育心理学中的某些问题。

关于学习本质的论述，法拉比接受了柏拉图的某些观点，认为学习建立在"记忆"的基础之上，但又不同于柏拉图所讲的学习只是观念的再现。他引入了"相同"这个概念，提出学习是把通过感觉获得的观念与头脑中已有的观念进行比较的过程。这一论述不仅把柏拉图的"理念"与外界具体事物联系了起来，还由此得出教学应以感觉为基础的结论。法拉比这样分析人的认识过程：人具有接受知识的能力；由人的感官把被感受的具体事物、形象传递给人的心灵；被感受事物的具体形象经过加工后成为抽象的形式，这些抽象形式成为"潜在可识事物"，被人的心灵所接受；依靠一种外界的力量，法拉比称之为"能动理智"，通过它的溢出使"潜在可识事物"上升为"真实可识事物"，从而成为人的知识。法拉比的认识论肯定了知识的取得是依靠感觉和实践的，但他不了解事物的变化和发展是在事物的内部，却借助一个外在"能动理智"完成知识的最终获取。对"能动理智"，法拉比并没有更详细的说明，只说它是超人类的、外在的，但并不是"神"。他认为哲学家可以从逻辑和哲学的沉思中了解"能动理智"的形式。

通过以上介绍，我们可以了解到在论述教育问题时，首先，法拉比肯定了人具有学习的能力，他称之为"本性"，正是有了这个前提，教育才具有了它的价值。其次，他正确地指出知识的获取离不开感觉和实践，教育应建立

---

① 李振中、王家瑛：《阿拉伯哲学史》，223 页，北京，北京语言学院出版社，1995。

在感知的基础之上。同时,他又强调人类的理性仅是一种"潜在可识事物",要上升到"真实可识事物",必须有超人的外力推动,从而又得出了唯心主义的结论,认为知识的最终获取还要依靠"能动理智"。哲学家在认识普遍本质的"第一存在"时更是如此。这些思想既有他接受的亚里士多德关于感性认识的内容,又富于伊斯兰教色彩,从而形成带有法拉比特色的理论。

(二)教育的目的

法拉比认为教育的目的是培养美好品德,达到每个人可能达到的完美。显然,这里的"完美"既包含善的知识,又包含善的行为。当两者紧密结合,幸福和美好便会同时存在,教育也就达到了最终目的。在具体的实施中,他提出教育的一个重要目的是培养政治领袖。在他看来,犹如轮船需要船长一样,民众需要优秀的政治领袖。优秀的政治领袖是依靠教育而形成的,在《美德城邦居民意见书》中,他指出,城邦领袖是教育者,但他首先应是受教育者,这犹如先知是教育者,但先受过真主的调教一样,因为"统治者的无知比普通人的无知更为有害"。通过教育,政治领袖具备了美德,成为有理性、智能和具有实践精神的典范。城邦领袖需要具有 12 种特性,其中包括"诲人不倦,善于引导他人,以教育他人为快乐"①。法拉比清楚地指出政治领袖应是哲学家。哲学家通过言教身教去教育影响民众,对他而言最重要的工作是培养人们的美德,因为"市民道德的良好平衡"能使城市稳定、持久。当道德沦丧,缺乏管理人民行为的共同的价值准则时,城市就会受到困扰,最终会被消灭。道德的良好平衡是依靠教育完成的。因此,法拉比主张教育应由国家统一管理。国家对教育做出预算,从救济金税和土地税中拿出一部分用于教育。② 法拉比在谈教育目的时特别重视理论学习和实践的结合,认为掌握知识

---

① [伊拉克]穆萨·穆萨威:《阿拉伯哲学——从铿迭到伊本·鲁西德》,张文建、王培文译,81 页,北京,商务印书馆,1997。

② [摩洛哥]扎古尔·摩西:《世界著名教育思想家》第一卷,梅祖培、龙治芳等译,289 页,北京,中国对外翻译出版公司,1994。

的目的就是应用，除非科学能够应用于现实，否则就毫无意义。真正的科学"是那些随时可以付诸实践的科学"，绝对的完美应是"人通过共同应用知识和行动所获得的"。

法拉比的教育目的说深受柏拉图的影响，只是在柏拉图那里，哲学家是以"理念"为指南来治理"理想国"的，而法拉比主张通过教育，用理性来改造社会，形成完美的人。

四、论道德教育

法拉比十分重视道德教育，他把人的行为分为三类：善行，应该褒扬的；恶行，应该贬抑的；非善非恶，不褒不贬。他认为人的善良行为来自正确的道德认识，正确的道德认识得益于合理的教育。所以在法拉比的著作中，很多地方都包含着道德教育思想。

（一）美德

法拉比视美德为"心灵的状态，在这种状态下，人做出美好和善良的行为"①。对美德的标准，法拉比主张"万事中为上"，认为过度或不及对身体和精神都有害。如何确定"适中"的度呢？他提出要根据具体的时间、地点、目的和途径来确定。例如，勇敢介于懦怯和鲁莽之间，贞节介于纵欲和禁欲之间，慷慨介于悭吝和挥霍之间。这些都是美德。当一种品质行为表现适度，既不过分又无疏漏时，这种品质就值得赞扬。很显然，他关于美德的标准受亚里士多德思想的影响，也与中国儒家的"中庸之道"颇有相似之处。

法拉比将美德分为两类：一类为理性的，是聪明人理性成分的美德，如智慧、知识创造性和灵巧；另一类为伦理的，如节制、勇敢、慷慨、正义等。理性的美德大多属于哲学家、政治领袖，伦理的美德则属于一般民众。

---

① ［摩洛哥］扎古尔·摩西：《世界著名教育思想家》第一卷，梅祖培、龙治芳等译，288页，北京，中国对外翻译出版公司，1994。

(二)道德教育

法拉比提出人的品德不是一成不变的,它取决于个人后天的行为。一个缺乏优良品行的人,可以通过教育在后天的磨炼和实践中形成好的品德。法拉比就如何培养美德进行了一系列阐述。

法拉比十分重视道德认识在人品德形成中的作用。他从理性主义出发,认为知识比实践更为重要。他举例说,有两个人,一个人精通亚里士多德的著作,但在实际生活中却一点也不能按其知识去行动;另一个人没有读过亚里士多德的书,但在实际生活中他的行动却与亚里士多德的教导合辙。这两个人哪个更伟大呢? 前者更伟大,因为知识是比实践更为高位的东西。① 正确的道德认识产生出的道德价值观,可以驱使人们从善,从而形成美德。仅是盲目行为并不知其所以然的人,不能说是具备了美德。对真理和谬误有思考和识别力的人,掌握了理论上的美德,虽一时还不能付诸实践,但美德已成为他心灵所固有的一部分,他终会按照美德去行动。法拉比重视道德认识在品德形成中的作用,强调道德行为应受理性知识的支配。

但是,法拉比同样重视道德实践。若对上例进行全面系统的分析,我们就会发现,法拉比提出知识比实践更重要,他所指的知识是与培养理性美德有关的知识,如数学、物理学、形而上学等,多属帮助人认知存在物的理论哲学。他认为民众是依靠政治领袖或哲学家的形象去理解理性美德的。他们对观察到的行为进行模仿或运用,在反复的实践中获得美德。民众所具有的是伦理美德,实践性很强,如节制、勇敢、慷慨。法拉比认为这些伦理美德是通过反复实践而获得的,即在长时期内频繁重复某种特定的行为,直至这些行为在脑了里形成根深蒂固的模式,并出此产生良好的道德行为。因此,法拉比认为,人的品德无论是优良的还是恶劣的,都是经过实践得来的。一

---

① [日]井筒俊彦:《伊斯兰教思想历程——凯拉姆·神秘主义·哲学》,秦惠彬译,125 页,北京,今日中国出版社,1992。

个缺乏优良品德的人，可以通过习惯养成好的品德。综上所述，法拉比认为在培养理性美德时应重视道德认识，在培养伦理美德时则应重视道德实践。

五、论课程

法拉比是第一个对诸多知识进行分类的阿拉伯教育家。在《科学分类》一书中，他将知识列成五章八类加以研究。在分类列举的基础之上，他对每一种知识在教学中的作用进行了阐述。

法拉比提出学习首先应从语言开始，因为人们表达自己的思想或接受别人的思想都离不开语言，掌握语言是掌握其他一切知识的基础。法拉比所说的语言包括语词学、语法学、书法、读法及诗律学。法拉比本人娴熟地掌握多种语言，深深体会到了语言的作用和价值，所以很重视语言的学习。

其次是逻辑学。他指出逻辑学是科学和方法学的工具，"它给人提供了一整套规律，这些规律能够矫正人们的思维并将其引向正确道路。这样，当人们专心致志于研究某一科学时，便可保证不会出偏差"①。在阿拉伯语中，逻辑一词的意思既包括口头表述，也包括理性思维的程序。法拉比认为形成思维时语言先于规律，所以逻辑学的学习应排在语言学之后。法拉比重视逻辑学与他视之为最高学问的哲学，他认为逻辑学与哲学关系密切，逻辑学是掌握哲学的初阶和准备。

再次是数学（又称"教义学"），包括算术、几何、天文、音乐以及动力学。算术排在最前。法拉比认为算术是学习理论科学的基础，因为数字和量值是不允许有丝毫的马虎的。正确的计算既是学习一切理论知识的前提，同时又可以有效地训练学生的智力。学生必须依照程度的不同，分阶段进行学习。算术之后是几何。法拉比指出几何可以依据论证"给我们确凿的知识并排

---

① ［伊拉克］穆萨·穆萨威：《阿拉伯哲学——从铿迭到伊本·鲁西德》，张文建、王培文译，69 页，北京，商务印书馆，1997。

除一切不确定性"①。几何是一切论证中最有力的论证,在这点认识上他与柏拉图很相似。法拉比还提出学习几何有两种方法:分析的方法和结构的方法。几何之后是天文学。法拉比讲的天文学是科学的天文学,与当时社会上的占星术不同。最后是音乐和动力学。

学生在掌握了数学之后就可以学习自然科学了。法拉比认为自然科学研究的对象是物质,如动物、植物、矿物等。在数学和自然科学的排列顺序上,法拉比提出先学自然科学也是可以的,因为自然科学比起数学来与人的感觉更密切,而感觉是学习知识的开始。学习完以上以精确为标志的科学知识后,再学习玄学(形而上学),即法拉比所说的所有现存生物的"第一要义"。接着又回到人文科学,有支配社会的政治学和支配贸易的法律学。最后是神学,包括伦理学、伊斯兰教法学、伊斯兰教义学和一神论。法拉比称神学为"保护社会借以建立和存在信念的科学",认为它可以改造人们的道德价值观,使人们努力去获得美德。

归纳一下,法拉比所列的课程有语言学、逻辑学、数学、自然科学、玄学(形而上学)、政治学、法学、神学。在这一系列课程中以玄学为界,前部分是哲学上所说的关于存在客体的知识,学习它们的目的是认识真理;后部分是关于人行为的知识,学习它们的目的是获得幸福。在学习哲学之前,学生通过这两类知识的学习增强了理性的思维,改造了自己的道德价值观,这就为学习最高形式的哲学奠定了基础。

在《科学分类》一书中,法拉比没有将医学列入学科之中,但他有一篇论文专门论述医学。在论及医学时,他有时将之称为科学,有时将之称为艺术。《科学分类》也没有提到体育,但他在《法律篇摘要》中提到了体育,并指出体

---

① [摩洛哥]扎古尔·摩西:《世界著名教育思想家》第一卷,梅祖培、龙治芳等译,293 页,北京,中国对外翻译出版公司,1994。

育有益于身体和头脑，"如果身体健康，头脑也就健康"。①

法拉比的课程理论很有特色。其一，它尽可能包含当时所有的学科知识，并在介绍每门学科内容和价值时指出了各门学科之间内在的关系，由此使知识结构体系化。其二，法拉比强调数学和自然科学的重要性，并十分注重其实用价值。例如，对数学，柏拉图注重的是各种观念，法拉比注重的是数学的实践内容。其三，法拉比指出了某些课程在人发展过程中的作用。例如，学习数学可促进人智力的发展，学习逻辑学可增强人的理性思维。法拉比的课程理论以及对知识的分类法，对后人影响很大，伊本·西那在《治疗篇》中就是依照法拉比的排列法来安排书中各门学科的。

六、论教学方法

法拉比也十分重视对教学方法的研究。他提出教学方法必须适合学习者的水平，并确定了两种主要的教学方法。第一种为劝导式的方法。这种教学方法主要适合于普通人学习一般的知识或应用艺术、工艺类的知识，包括演讲和活动。法拉比提出劝导式演讲一定要考虑听众的理解力，要使他们能够掌握所要认识的事物。这种教学的主要目的是说服听众，使之做他深信是正确的事情，并知道如何去行动，并不需要深究事物的原因和规律。这种教学配合的是行动，要实践。第二种为论证式的方法，主要适合于天才般的学者学习理论性很强的知识，如哲学、逻辑学、理性美德等。这种方法主要用于"教师使用演讲的方式进行的教学"②，它要通过可靠的证据，用确切的知识对真理做出解释，最终使学生认识规律，掌握真理。法拉比又称第一种为宗

---

① ［摩洛哥］扎古尔·摩西：《世界著名教育思想家》第一卷，梅祖培、龙治芳等译，294 页，北京，中国对外翻译出版公司，1994。

② ［摩洛哥］扎古尔·摩西：《世界著名教育思想家》第一卷，梅祖培、龙治芳等译，290 页，北京，中国对外翻译出版公司，1994。

教的方法，第二种为哲学的方法。显然这是他哲学高于宗教思想的又一反映。

法拉比还提到其他一些教学方法，如辩论的方法。它是从矛盾的思想开始，通过激烈的辩论，以强大的声势使对方接受自己的思想，从而达到统一。这种方法一般用来对付较顽固的人。还有一种方法他称之为"科学的谈话"，即教师对某一事物进行提问，从问题入手，最后通过问题的解决使学生获得知识，这种方法和我们今天的"问题教学法"似乎有一定的相似之处。有意思的是，法拉比还从心理学的领域探讨教学方法。他提出一种教学方法为"习惯"，给"习惯"下的定义是："人借以获得一种自然的气质或脱离某种不稳定气质的状况，我指的是在一个长时期内频繁地不断重复某种特定的动作。"① 这种教学方法在道德教育中的作用，前面已经提及。法拉比很看重这种教学方法，他以现实中政治领袖使市民习惯于好的行为从而使他们成为好市民的事实来说明通过习惯可以获得美德。习惯可使人从不自觉的行为过渡到自觉的行为，也是我们经常说的"习惯成自然"。法拉比还指出习惯不仅可以培养人们的美德，还适合于书写等技艺的培养。

法拉比对记忆和理解进行了比较，最后得出理解高于记忆的结论。他说："理解比记忆更好，因为记忆的活动主要涉及词语，换言之，涉及细节……记忆能够永远继续下去，无论对个人或是对班级几乎都没有用……而理解过程涉及事物的意义、普遍的概念和规律——界定事物，限定事物，适用于一切事物。在这些事情上下功夫不会没有好处。它也可以应用于尤其是掌握下列的概念，如类推、组织、制定政策和考虑后果。如果一个人只学一些琐碎的事情，他就难免走入歧途……然而，如果他依靠原则和普遍的概念，在遇到新事物时，他就可以参照他对原则的理解，并将该事物与另一事物作出比较。

---

① [日]井筒俊彦：《伊斯兰教思想历程——凯拉姆·神秘主义·哲学》，秦惠彬译，291页，北京，今日中国出版社，1992。

所以理解显然比记忆更好。"①为了使学生更好地理解知识，法拉比提出了一些具有科学原理的教学方法。他建议教学中对凡是能够被实际看到的东西使用观察法，"把实物放在眼前"。面对一些复杂的概念时，可以采用"分解和分析"的方法。教师可以借用学生熟悉的词语描述，从具体的特点入手，通过分析得出一般的特点。法拉比认为教学中运用代名词来表达可以帮助学生更好地理解知识，而且这种方法还能培养学生学习方面的自信。

在论述诸多教学方法时，法拉比还谈及教学仪器在教学中的作用。他认为天文学的教学一定要依靠仪器观察获得的重要数据来完成。学习音乐也离不开乐器，他对音乐教学也有很详细的论述。

法拉比在音乐上的造诣很高，著有《音乐大全》。《伊斯兰百科全书》记载，苏非派毛勒威亚修道士仍然保存有法拉比谱写的古典歌曲。法拉比以他娴熟的音乐理论和技能论述了音乐教学。他认为学习音乐重要的方法是听乐器演奏，因为音乐的大部分原理是通过感官获得的，听乐器演奏可以帮助学生更好地理解音乐理论。为此他亲自设计了一种乐器，改进了其他几种乐器，如巴格达鼓和拉巴，以满足音乐教学的需要。运用这些乐器使书本上的内容能够被学生直接感知，其结果是"用言词和类推解释的内容与所听到的音乐是一致的"②。设计为教学服务的乐器是法拉比在音乐教育上的一大创举。

法拉比还看到游戏在教学中的作用。他提出玩耍本身不是目的，但组织好的玩耍可以有严肃的目的。他认为玩耍可以战胜疲劳，帮助学生恢复力量，犹如食物中的盐可起调节作用。他很欣赏古埃及人利用苹果、花束以及一些物体，在游戏中教儿童算术的做法。他指出创造性的游戏具有更大的教育作用，推荐了几种能激发儿童创造力的游戏。

---

① ［日］井筒俊彦：《伊斯兰教思想历程——凯拉姆·神秘主义·哲学》，秦惠彬译，292 页，北京，今日中国出版社，1992。

② ［摩洛哥］扎古尔·摩西：《世界著名教育思想家》第一卷，梅祖培、龙治芳等译，296 页，北京，中国对外翻译出版公司，1994。

对阿拉伯社会教育中普遍存在的惩罚现象，法拉比的观点是教师对学生的态度应宽严适中。对那些为了一时的乐趣而淘气的孩子可以满足他的一些乐趣，这样孩子会控制自己或改变淘气的做法。对过于淘气的孩子应给一些脸色，使他感到有压力和不愉快。对一些不规矩的行为则要给一定的处罚，使儿童放弃这种行为。

第三节　伊本·西那的教育思想

一、生平和著作

伊本·西那(Ibn Sīnā, 980—1037)，拉丁名 Avicenna(阿维森纳)，著名的医生，也是伟大的哲学家、天文学家、诗人和教育家。伊本·西那出生在古波斯布哈拉城附近的一个村子，幼年生活在布哈拉。伊本·西那的父亲长期从事地方行政长官工作，很有远见，当看到自己的儿子有天分时，立即安排了对他的一系列周密的教育。伊本·西那从 5 岁起就开始接受教育。在学习阿拉伯语时(本族语是波斯语)，父亲为他聘请了教《古兰经》和教文学的老师。在两位老师的指导下，10 岁的伊本·西那能流利地背诵《古兰经》，同时还阅读了大量的文学作品。以后他又以惊人的速度学习算术、代数和几何。伊本·西那家中经常有伊斯玛仪派的优秀思想家进行秘密集会，对他们的精彩讨论，伊本·西那感到很新奇，也在旁听中学习了一些伊斯兰教法和哲学观点。当大哲学家阿布·阿布达拉赫·纳特里来到布哈拉市，他的父亲将之请到自己家中，让儿子拜其为师。伊本·西那在学习中又显示出数学方面超人的才能。其后，伊本·西那被医学吸引，开始从临床治疗中积累经验和能力。因治好了萨曼王朝的苏丹，伊本·西那被允许进入宫中的书库。在这里伊本·西那阅读了大量的珍藏书籍，尤其是哲学类著作。他在回忆中谈及，读完法拉比的《亚里士多德形而上学的基本概念》，他感到迄今为止关于亚里士多德的疑难问题一下子便解决了。18 岁时，他因哲学和医学方面的影响，已成为闻名遐迩的学者。在父亲去世后，伊本·西那开始在各地漫游。

1001 年，伊本·西那来到花剌子模，在戈尔甘办了一所学校，收徒讲学，同时开始编写《医典》(The Canon of Medicine)。学生阿布·奥贝德·朱尔加尼就是从这里开始追随他的，最后还为伊本·西那编写了传记。我们今天了解这位哲学家、教育家，不少内容就是通过这本传记而获得的。后来，戈尔甘城发生动乱，伊本·西那到了哈马丹(Hamadan)。在这里他为哈马丹的苏丹治好了顽疾，因博学和才干被任命为宰相。伊本·西那执法十分严格，受到军官们的排挤，苏丹被迫将他免职。后来苏丹旧病复发，又请回伊本·西那。这以后伊本·西那度过了一段较为安定的时光。白天他协助苏丹治理国事，闲暇时讲学，晚上著书立说。学生们请求他写一本全面反映亚里士多德哲学观的书，于是他开始写《治疗篇》(The Healing)。新君即位，伊本·西那离开，后在伊斯法罕受到重用。1030 年，伊本·西那的《公正书》在战乱中失落，仅流传下来一些片段。1037 年，去世后，他被安葬在哈马丹城郊。

伊本·西那的一生十分坎坷，数经动乱和战争，颠沛流离，但他意志坚强，精力旺盛。他在担任几个苏丹的幕僚时，并未中断对科学和哲学的研究。无论他走到哪里，身边总有自己的学生和研究圈子。他一直坚持讲学和著书，为后人留下了很多宝贵的思想文化财富。伊本·西那的著作很多，为纪念他诞辰 1000 周年，埃及国家图书馆出版了该馆保存的伊本·西那著作书目和评注，共收入 150 余部著作和手稿，其内容涉及他那个时代所有的知识门类。他的著作中影响最大的是哲学和医学部分。《治疗篇》（又译作《治愚书》或《医经》）是部百科全书式的哲学巨著，包括逻辑学、物理学、数学和神学（形而上学）四大部分，共 18 卷。伊朗、埃及、捷克等国出版过该著作的部分篇章。英国牛津大学图书馆藏有该著作全套 18 卷的手抄本。《拯救篇》(The Deliver-

ance，又译作《解愚书》）是《治疗篇》的缩写本，内容简明扼要，通俗易懂。这本书是他为那些"想超出一般老百姓，靠近上层，掌握一些哲学基础知识的人"编写的。《指示与说明》(*The Directives and Remarks*，又译作《训导书》）是伊本·西那的晚期著作，包括逻辑学、物理学和形而上学，内容丰富，观点鲜明，是他晚年哲学思想的代表著作。该书被译成英文和法文，19 世纪在欧洲出版。《医典》是伊本·西那最重要的医学著作，全书共 5 卷，被誉为"一部中世纪真正的医学百科全书"①，使伊本·西那享誉阿拉伯世界和欧洲各国。伊本·西那还是一位诗人和文学家，他的《千行诗》和《灵魂颂》不仅是医学和哲学的重要著作，也是极优秀的文学作品。他的《知识论》系统地论述了各门类的知识。

二、教育观的哲学基础

(一)心理观

伊本·西那非常重视在今天被列为心理学范畴的一些问题，"以致他名列古代和中世纪史上从事心理学问题研究学者的前茅"②，并由此成为中世纪相关研究的佼佼者。伊本·西那关于心理学问题的研究是以灵魂论的形式出现的。

灵魂是古希腊哲学家研究的重要命题之一，中世纪的伊斯兰哲学家也研究了这一问题。虽然《古兰经》不鼓励穆斯林深入研究这一问题，一些教律学派还反对这类研究，但也有不少学者对此感兴趣，有着不同程度的研究。伊本·西那对于灵魂的分析和论述，是他哲学思想重要的组成部分，也是他教育思想的理论基础。他有关这方面的专著和论文很多，如《论人的灵魂及其表

---

① ［伊拉克］穆萨·穆萨威：《阿拉伯哲学——从铿迭到伊本·鲁西德》，张文建、王培文译，106 页，北京，商务印书馆，1997。

② ［伊拉克］穆萨·穆萨威：《阿拉伯哲学——从铿迭到伊本·鲁西德》，张文建、王培文译，106 页，北京，商务印书馆，1997。

现》《论灵魂》《灵魂潜力分析》《灵魂与肉体》以及长诗《灵魂颂》。伊本·西那在研究灵魂问题时，除了借鉴前人的学术成就外，还很注重借鉴亚里士多德之后医学发展的成果。他从形而上学、神学和医学生理学三个方面研究了这个问题，提出了一些有价值、有特色的观点和思想，并以此为基础研究教育理论。

伊本·西那认为，人包含公开的和隐蔽的两种因素。在《医典》中他谈到，我们对自己所能确实了解的是包括器官和细胞组织的可感知的人体，当然这些要借助于解剖学，人还有隐蔽部分——心灵的构成。伊本·西那从灵魂的存在、灵魂与肉体的关系及灵魂的功能三个方面阐述了这一问题。

1. 灵魂的存在

伊本·西那从五个方面来证明灵魂的存在。

（1）生物运动的证明

伊本·西那提出，人和动物自身的意识的运动是灵魂存在的证明。他认为，人能移动而超越静止，鸟能飞翔而不跌落，都是由于存在一种特殊的力，这就是灵魂。在《灵魂潜力分析》一文中，他指出灵魂存在是这种自觉运动的内在推动力。

（2）生理意识和感情的证明

伊本·西那认为，人的感情和意识是灵魂存在的表现和证明。在《灵魂潜力分析》中，他说，人是有感情和意识的，"对于新奇的事情，首先表示惊讶，进而是欢笑；对于悲哀的事情，首先表示不安，进而是痛哭……人还可以说话，可以利用各种手势，而最重要的是人可以体会到纯理性概念的含义来，可以从已知中接受和意识新的知识，这一切只存在于人，因为人有灵魂"[1]。人有了灵魂才能接受抽象的事物和概念，才能进行思维、想象和判断，从而认识新的未知的事物。

---

[1] 李振中、王家瑛：《阿拉伯哲学史》，247~248 页，北京，北京语言学院出版社，1995。

（3）人的本质延续的证明

伊本·西那提出，使人的本质得以延续的是灵魂。他认为人的肉体处于不断消耗和补偿的过程中，是变化的，而人的灵魂自出生后就有了，是不变的。所以这个人才能延续下来，才能回忆起过去许多事情来，才能使自己的本质延续下去。本质虽不像肉体可以看见，但它确实是存在的，它就是灵魂。在《灵魂潜力分析》中他提出，人和动物的感觉、意识、成长、繁殖等这些行为之源就是灵魂。

（4）"我"的证明

伊本·西那提出，我们经常听到人们说"我看见、我喜欢、我走了、我用耳朵听、我想到了……"，这些意识和动作中的"我"并不是指人体的某个器官，而是联系这些意识和行为的共同点，它起着支配作用。伊本·西那认为，能够支配人的意识和行为，但又超出这些意识和行为的"我"就是灵魂。

（5）抽象"人"的证明

伊本·西那提出一个设想：当一个人刚被完整地创造出来，没受外界一切影响，也不受感觉影响时，他是意识不到任何其他事物的，但他仍可意识到"自我"的存在，这种自我意识就是灵魂。

伊本·西那关于灵魂的分析和论证，实际就是在研究人精神的存在和作用，是在分析精神与物质的关系。例如，他从认识论的角度谈灵魂时就提出，人最初的认识源于实践，是通过感官接受的，但人的视、听、嗅、味、触五种感官是彼此独立、互不支配的，因此需要把自己得到的外界信息传递给一个总调度、总指挥，从而进行协调。伊本·西那将这个总调度、总指挥称为"共感官"。他又通过感性认识和理性认识的发展和转化过程，论证了这个"共感官"就是人们的灵魂。今天心理学的研究告诉我们，人的语言、思维、实践、认识和判断等，都是大脑皮层的神经中枢活动的表现。伊本·西那所说的"共感官"或曰"灵魂"，实际上就是指人的"高级神经中枢"。尽管由于当时科学实验的局限，他的观点存在许多缺陷，但他能运用实验研究的方法对人进行研究，也构成了中世纪哲学的一个重要转折点。

2. 灵魂与肉体的关系

伊本·西那认为，灵魂和肉体是并存的，而且两者密切相连，不间断地相互协作。没有灵魂就没有肉体，因为灵魂是肉体生命之源，是肉体运动、感觉的动力源泉，是肉体生命力之所在。反之，没有肉体也没有灵魂，因为灵魂是随肉体的产生而产生的。但灵魂与肉体并不是因果关系。在论述灵魂的本质时，伊本·西那提出，灵魂是一种单纯的本质。① 它是超越物质的，是不灭的。他认为灵魂不同于肉体。例如，人到一定年龄以后躯体和器官便停止发育并开始萎缩，灵魂的潜能却恰恰相反，如认识、思维、判断反而在人到了一定年龄后表现出更健全和强大的倾向。所以灵魂完全不同于肉体，否则它在人到了一定年龄以后也应该衰退。伊本·西那也看到年迈者或病人所表现出的健忘、思维力减弱等现象，但将之归咎于肉体器官的影响。他认为这是灵魂忙于安排肉体而顾不上思维所致。

在灵魂的归宿上，他继承了法拉比的思想，认为灵魂并不随肉体的毁坏而消失，也不会从一个肉体转向另一个肉体。所以他对"转世说"或"轮回说"持否定态度。伊本·西那认为，灵魂具有个性，其个性特点取决于灵魂的质料，即与肉体结合时的物质灵魂。当肉体消失后，不亡的灵魂仍保留着与肉体结合时留下的个性痕迹。

3. 灵魂的功能

伊本·西那提出灵魂具有一定的功能，他称之为"力"。灵魂的功能不是一成不变的，它有一个发展的过程，即由简单到复杂，由低级到高级，由不完整到完整。对此，伊本·西那做了详细的分析。

---

① ［阿拉伯］伊本·西那：《论灵魂——〈治疗论〉第六卷》，王太庆译，10 页，北京，商务印书馆，2011。

　　首先，灵魂具有植物性功能。它表现为消化力、繁殖力和生长力。这类功能关系到人类的生存、营养摄取、发育成长以及繁衍。

　　其次，灵魂具有动物性功能。它表现为能动力、感觉力。感觉力又分为外部感觉力和内部感觉力。外部感觉力是通过眼、耳、鼻、舌、身对外部世界所产生的感觉功能。内部感觉力是通过想象、记忆、模仿等方式由内心支配的感觉功能。

　　最后，灵魂具有区别于动物的人性功能。人性功能又可称为灵魂的理智，包括实践理智和理论理智。实践理智又叫道德理智，它是指导人实际行为的主动能力，属于实际智能。理论理智是指导人思维的认知能力，属于思辨智能。

　　伊本·西那是名医，他在分析人的灵魂时融入了医学观点。他认为人的灵魂的感受功能(植物性功能)在大脑的前部，灵魂的意识功能(动物性功能)在大脑的中部，灵魂的理智功能在大脑的后部。他还提出，人的灵魂从诞生起就形成了，但这时灵魂的功能并不能全部表现出来，它的植物性功能和动物性功能先发挥作用，它的理智功能则要经过三个阶段的发展才能表现出来。第一个阶段为理智的原质状态，处于这个状态时，理智本身不能转变为行动。例如，未经启蒙的儿童不能读书、写字，但这并不等于他不会读书、写字。第二个阶段为理智的潜在状态，在这一阶段，理智本身具有转变为行动的条件和工具，但尚未发挥出来。例如，经过启蒙的儿童，能知道简单的道理，如全体大于部分，等于同一个量的两个量也相等。第三个阶段是理智的完备状态，这时人便有了完全思维和抽象的能力。伊本·西那还研究过人的心理疾病，如他描述过一种心理错乱的病症——相思病。这种病的症状是体重和气力消减，并伴有发烧。他认为，对这种心理疾病的治疗，应从精神上去解决而不是依靠药物治疗。对其他一些疾病，他也主张用心理疗法配合药物治疗。他认为最好的疗法是增强病人心理和精神力量，鼓励他和疾病斗争，美化环境，欣赏悦耳的音乐，和亲人团聚等。伊本·西那的灵魂功能说剖析了人学习的潜在能力和发展规律，为中世纪的教育学说奠定了一定的科学基础。

伊本·西那对灵魂的论述属于"二元论"，前一部分他从医学角度出发，带有一定的唯物因素，后一部分即"灵魂不灭"的结论却是从神学和宗教的立场出发的，带有时代和社会的局限性。

(二)认识论

伊本·西那将认识分为感性认识和理性认识两类，并认为人的认识经历了从感性知觉、想象、推测到理性思维四个从低到高的阶段。与这四个阶段相应的人的灵魂也处于四种理智状态，它们分别是物质的理智、习惯的理智、现实的理智、获得的理智。物质的理智是一种能够接受知识的潜在能力，习惯的理智是不自觉地接受知识的过程，现实的理智是对已接受知识的思考和理解，获得的理智是从被认识的对象中抽象出的普遍概念。伊本·西那的知识观是建立在其认识论基础之上的，所以他很重视感觉的作用。他说感觉到的一切事物图景被传送到感觉器官，产生很深的印象，然后被感觉机能接受。感性知识是一种获得的知识，它源于感官刺激。理性知识则是依靠思辨能力获得的。

(三)社会政治观

伊本·西那认为，社会是由众多具有不同技艺和能力的人组成的集体。它是以专业分工为前提，同时又以人与人之间的相互合作、联系为基础的。如果没有这个基础，一切都将是混乱无序的，社会则可能被解体。国家是社会的管理手段，是在正义名义下的一种强制性工具。它主要用以维护社会的稳定和持久，使人人能够各司其职，各得其所。社会的运转和众人的各种活动是需要法律来进行协调和制约的，对伊斯兰社会而言，是必须服从教规。伊本·西那还认为具体法律的产生是由先知在神启的指引下制定出来的。因为社会是较为复杂的，加之法律也应随时间的变化而变化，所以先知依据神启界定出事物的总原理，制定出法律的总纲。在具体的实施过程中，应给执法人以一定的解释权。对先知的继承人或是哈里发来说，其职能是在有法律条文存在的地方执行法律原则，而在无法律条文存在的地方成为与当权者进行磋商的独立解释人。因为哈里发拥有相当大的权限，所以应被严格挑选。他可以由民众选举产生，也可由执政者们共同商议后确定。哈里发应具有勇敢、无畏、适度和正义等美德，而最重要的是应具有渊博的伊斯兰法典知识和实践的智慧。

伊本·西那的社会政治观与其所处的时代有着密切的联系。伊本·西那深深地感到，基于伊斯兰宗教信条的阿拉伯社会已经衰落了，想要使伊斯兰社会重新振兴，出路在于用理性改造人与社会，宗教的信条只在其中起辅助作用。因此，他排除了真主对现实社会细节上的"全知""全能"属性。在这一点上，他与法拉比是一脉相承的。伊本·西那提出应通过教育使社会上各阶层的人都具有不同程度的智慧和道德。例如，执政者有理性，拥有渊博的知识，并具备熟练的管理才能。在执政者的管理下，民众都有伊斯兰伦理道德观并以此规范各自行为，人人都能遵守法律，能为公众的利益履行各自分内的职责。

三、教育思想

(一)教育的目的

伊本·西那提出教育的目的是发展一个人的身体、智力和道德。它应依据每个人不同的能力和爱好，以及对未来职业的选择，实施不同内容的教育，使每个人都掌握一定的专业和技能，成为自食其力、对社会有所贡献的人。他认为对一个人来说，身体、智力和道德都很重要，不能偏重这一方面而忽视那一方面。教育的目的应是通过德、智、体三个方面形成完整的人格。在这个思想的指导下，他论述教育时，既重视人的身体发育和与之有关的体育锻炼、饮食、睡眠和卫生，也重视智育和德育。另外，他认为建立在"分工"

"合作"基础上的社会，会要求社会成员相互交换服务。虽然各人的天资是有差别的，但教育可以赋予每个人适合自己才能的谋生技艺。每个人都应掌握一种专业技能，这样才能为社会公益事业服务，对社会做出贡献。

伊本·西那和古希腊的学者一样，认为哲学家优越于其他任何人，但他并不认为教育的目的仅限于培养哲学家。他将哲学家的教育列为专业教育阶段中诸多专业教育中的一种，这是他与其他伊斯兰教育家的重要区别。伊本·西那的教育目的说与他个人的职业和经历有关。他是个优秀的医生，并长期从政，对社会有着深入的了解和研究。他的教育目的说不是从纯抽象的思维中得出的，而更多地体现出社会现实的一面。他从政治家、哲学家、科学家的多重角度提出教育的目的是造就身心健康的正直公民，培养他们去从事脑力劳动和体力劳动。这的确是他的高超之处。当然伊本·西那的教育目的说带有时代的局限性，比如，对脑力劳动者和体力劳动者的教育在他那儿有着极大的差别。

（二）各阶段教育和方法

1. 婴儿期和儿童期的教育

伊本·西那将 6 岁以下的儿童划入婴儿期（0～3 岁）和儿童期（3～5 岁）。

婴儿期的主要任务是身体发育。伊本·西那对婴儿的每一项活动都给予了关注，如睡眠、洗澡以及适合于婴儿年龄的体操。他十分重视母乳喂养，强调母亲应亲自哺乳，即便母亲不能亲自喂养，也要精心挑选奶娘，尽量避免喂养动物乳汁。对婴儿哺乳的时间、每天的进食量，以及如何断奶，他都做了详细的论述。他说："婴儿喂奶后睡觉时，不可剧烈地摇晃婴儿的小床，否则会震动婴儿胃中的奶水，只宜轻轻地摇。哺乳前婴儿哭一会对婴儿进食有益，不必紧张。母亲哺乳期一般是两年，这期间婴儿若想吃其他食物，可以搭配着喂给，但不能强迫。当幼儿开始长牙时，可以从吃母乳逐步过渡到吃硬些的食物，最初可以喂成人咀嚼过的面包，以后可以吃在水、蜂蜜或在果汁中浸泡过的面包，喂食量应慢慢增加，使之逐渐地脱离母乳。"①

3~5岁为儿童期。伊本·西那指出这个时期儿童身体强壮了，舌头能够运用自如，听觉也能够集中起来了，这一切为学习做好了准备。这个时期的教育应侧重三个方面：儿童的道德，身体的发育和运动，情趣和行为举止的培养。伊本·西那认为这个阶段最重要的是为孩子创造童年的幸福，使儿童在身体、精神和道德上健康地成长。所以他不主张在这个时期对儿童实施专门化的教学，他重视的是儿童游戏性的运动和音乐教育。他指出游戏对儿童来说是必不可少的。在游戏中儿童既可以锻炼体力，也可以学到各种运动技能，同时还能学会怎样过集体生活。游戏的形式和运动量可以视儿童的年龄和能力的不同而有所区别。音乐可以陶冶儿童的情操，给儿童带来愉悦、高兴、纯真和激动人心的情感。他以一个作曲家、演奏家的眼光，提出儿童有能力掌握辨别协和弦、不协和弦、高音、低音的方法，可以掌握发声的原理，所以应注意让儿童听音乐。孩子从被放入摇篮起，就应该听着音乐入睡。略大些的孩子可以学习有简单韵律的诗歌，这些可以为他们将来学习欣赏音乐或作曲、演奏乐曲奠定基础。伊本·西那关于儿童阶段的教育思想，不少是从医生的角度出发而阐述的，含有相当的科学性。他认为儿童期的教育重要的是游戏性运动和音乐教育，而不是专门知识的教学。这适应了该阶段儿童身心发育的需要，体现出伊本·西那对儿童发育特点的正确认识。

2. 初级教育阶段

伊本·西那将对6~14岁定为初级教育阶段。在《医典》中，他规定孩子从6岁开始进入"初级阶段"，应该跟从家庭教师或学校的教师接受正规的教育，并要逐渐远离游戏和活动，开始有组织的学习。伊本·西那认为这个阶段实施的是初等的普遍教育，学习内容大致相同。

———————————

① 史静寰、李淑华：《外国教育思想通史》第三卷，262~263页，长沙，湖南教育出版社，2002。

伊本·西那指出，这个阶段教学的主要目的是培养学生虔诚的信仰和完善的伦理道德，同时使学生掌握基本的阅读和书写能力。

书法一般是由《古兰经》教师教授的，往往先由教师写出字母，学生按照教师的指导在木制的"石板"上进行书写，并用心记住它们，直到能正确地写出这些字母并掌握发音。然后是遣词造句，之后学生就能试着在石板上写出他们已经背会的《古兰经》韵律诗了。除《古兰经》外，学生们另一个重要的学习内容是阿拉伯诗歌。教师首先让学生背诵一些语言简单、诗节较短、节奏轻快的诗，以便记忆和理解。一般是先吟诵韵律诗，然后再读古曲诗。伊本·西那提出，教给学生的诗歌的内容应有所选择，要挑选那些抑恶扬善、具有高尚道德含义的诗，因为对这个年龄阶段的儿童而言，他们读到的或听到的诗句对他们有强烈的影响。儿童从韵律诗中懂得高雅举止和学习的用处，了解无知和愚昧的耻辱，学会尊敬父母，崇尚公认的良好行为，养成慷慨好客的品性，具备良好的道德准则。伊本·西那认为，有启迪作用的文学佳作，会使儿童受到道德教育，从而为他们将来一生的幸福奠定基础。对于诗歌，阿拉伯人有一种特殊的喜爱，伊本·西那在《医典》中说："诗歌是影响想象的语言。"他对诗歌的教学给予了很大的重视。

对于教学的组织形式，伊本·西那认为对这个阶段的学生来说最好是进行集体教学而不是个别教学。他说，当一群行为优秀、有良好习惯、情操高尚的儿童在一起接受教育时，一个儿童会去教另一个，并向他学习，成为他的朋友。如果一个儿童只和教师在一起，可能两个人都不会满意。教师面对多个孩子的时候，厌烦情绪会减少，活动的节奏会更快，儿童在一起学习时也会有较大的学习兴趣，相互竞争，渴望成功。集体教学对教师和学生都有益，所以他鼓励这个阶段的儿童应在集体的学习和活动中共同成长。

3. 专业化教育阶段

伊本·西那认为，学生在完成普通教育之后，各自的才能开始显现出来，这时应开始专业化教育。他所确定的专业化教育，是指与人们所从事的职业有关的教育。伊本·西那认为，因为每个人的灵魂都具有独特的个性，所以每个人所表现出的才智、能力和兴趣都是不相同的，将来所从事的职业也不相同，在完成普通教育后的专业化教育也不应千篇一律。如何确定学生的专业教育方向呢？伊本·西那提出应尊重年轻人的意愿，让他们依据各自的才能、兴趣、爱好以及将要选择的职业接受不同的专业教育。在这个问题上，家长和教师只能是指导者，而不是指挥者。他说，年轻人不应接受任何强加给他们的、与其能力和爱好不符的教育，教师应在仔细观察了解学生之后，并依据社会上行业和专业群体的发展和需要，对学生进行专业指导，使他们能正确选择一个既适应个人才能和爱好又是社会所必需的职业。教师应该明白："并不是孩子想要从事的手艺都有其可能性并适合他们，惟有满足其性格、对他们适合的手艺才是如此。如果技能技艺只需提出要求便可得到，而没有什么适合和不适合的问题，那么人人都可掌握它们，而人们将不约而同地选择去从事最高尚的技能和最高级的手艺。"①

伊本·西那在阐述因材施教的思想时，还谈到特殊教育的问题。他指出有"智力缺陷"和"头脑简单"的儿童"没有能力从一般的教育和理论学习中获益"，所以应提供一种适合于他们的教育，使他们在监护人的指导下学会如何安排自己的生活，并通过教育和治疗逐步康复。对那些康复无望的孩子"则应保证对他们的照顾"。

伊本·西那将专业教育划分为两大类，即实用技艺教育和理论教育。实用技艺教育主要培养手工艺者，如从事贸易、珠宝制造或具体一门手艺的人。这类教育主要依靠勤勉的实践，在具体的操作中边干边学。但伊本·西那认为这类教育的作用不仅是教会学生掌握谋生之计，同时还可完善人格。他说："如果孩子在某种程度上进入了他选定的行业，他就有了靠此为生的好机会，

---

① 史静寰、李淑华：《外国教育思想通史》第三卷，266 页，长沙，湖南教育出版社，2002。

因为这有两个好处。第一，当他尝到靠自己的技艺挣钱的快乐，并认识到其技艺的潜力时，他会珍惜它，为了取得优异成绩，探索该技艺的一切秘诀的动力会更大。第二，他会对靠自己挣钱谋生变得习惯起来。"①由此可见，伊本·西那认为，自食其力的人不仅可以获得钱财，同时还具有独立的人格和进一步发展的潜力，能为社会做出更大的贡献。这也是伊本·西那重视职业技术教育的最终目的。

理论教育主要培养社会上的脑力劳动者。这种教育主要是通过教师的讲解来完成的。伊本·西那笼统地提出这种教育有两种形式，即传递式和学术式，但没有详细介绍具体内容。我们通过相关史料可以看到，他喜欢灵活地运用多种方法进行教学。他有时为学生讲解，有时让学生听写课文，组织学生讨论，有时用书信解答学生的问题。他重视让学生自己通过阅读、调查和思考来掌握知识，为此还确定了各科专门的参考书籍。在掌握理论知识之后，伊本·西那同样重视实践环节："如果学生是学医的，他就应通过临床实践更好地掌握知识，积累经验；如果是学文学的，他就应尝试用自己的笔去挣钱谋生。"②

伊本·西那关于专业化教育阶段的论述很具特色，在基础教育后的分科教育中，他不仅重视哲学家、医生、科学家的培养，还同等重视职业技能的培养。特别是他在当时就看到了教育与经济、教育与社会需求之间紧密的联系，看到个人的才能爱好在专业化教育与职业选择中的重要作用，并要求教师对学生进行正确的择业指导，这在中世纪确属高见。但因时代的局限，伊本·西那没能正确地认识到学生才能及兴趣、爱好有别的根本原因，认为这是一种难以了解的潜在原因，只有真主才知晓。

伊本·西那所说的教育，主要是针对男孩的。在女孩的教育上，他认同

---

① 史静寰、李淑华：《外国教育思想通史》第三卷，266 页，长沙，湖南教育出版社，2002。

② ［摩洛哥］扎古尔·摩西：《世界著名教育思想家》第一卷，梅祖培、龙治芳等译，55 页，北京，中国对外翻译出版公司，1994。

社会习俗,即女孩在家中,由家人或家庭教师将道德、宗教及必需的文化知识传授给她们,不需要专业化教育。虽然当时阿拉伯世界出现过不少著名的女律师、女诗人和女歌唱家,但伊本·西那认为,这主要归功于妇女没有养家的重担,可以轻松地致力于感兴趣内容的学习。对妇女来说,她们主要的任务还是做合格的妻子和母亲。

(三)道德教育

伊本·西那和其他伊斯兰教育家一样,十分重视道德教育。他认为道德教育的主要目的是提高个人修养,以求得道德完善。能够提高个人修养的学问有三种,即个人道德学、家庭道德学和公民道德学。个人道德学教导人类如何生存,应该具有什么品质。个人道德学常常把一个人怎样才能保持灵魂纯洁作为课题来研究。家庭道德学教导家庭成员之间如何共同生活。公民道德学教导人们如何过好公共生活。在伊本·西那的道德教育思想中,家庭伦理、家庭生活占有相当重要的地位。他认为夫妻生活是人类种族得以延续和发展的保障,家庭是构成国家躯体的细胞。所以他强调保持夫妻关系的纯洁,以维护健康的家庭关系。他要求城邦教育丈夫和妻子认真履行自己的职责。丈夫应保护、照顾妻子,承担起养家糊口、教育子女的重担;妻子则应细心周到地服侍丈夫,精心喂养和教育儿女。父母亲都应承担对子女的抚养和教育职责,但当孩子长大结婚后,应让孩子独立生活。若子女继续和父母亲生活在一起,会失去进取心,增加依赖性,这样会给双方带来苦恼和麻烦,对个人、家庭和社会都不利。孩子独立生活后仍需孝敬父母,承担赡养年迈父母的责任。伊本·西那还谈道,如果夫妻感情破裂无法调和,也应允许离婚,但他指出这样会给子女造成不良的影响。

伊本·西那认为,道德不是天生的,是后天形成的。他说:"一切德性,好的和坏的,都是后天养成的;当一个人尚未形成一定的德性时,会自己养成这些德性;当他的心灵也在某种特定的道德特性下发生改变时,他可依靠自己的意志抛弃它而趋于其反面。"①对人的天性，他认为既非善亦非恶，然而更近善而远恶。环境和教育会促使人发生改变。对儿童来讲，其可塑性最大。所以他提出对人的道德教育，应从诞生之时开始。他说："孩子一断奶，其教育和道德培养就开始了——这发生在他受到应该谴责的道德和讨厌性格的侵袭或被其战胜之前。"②这是由于恶习会很快侵蚀年幼的孩子，极易占上风。伊本·西那认为，在品行形成的过程中，环境具有重要的作用，所以他很重视童年时期对儿童所能造成影响的一切，如父母、乳母、教师。他还谈到择友的问题，指出一定要选择志同道合、品行高尚的人做朋友，将之作为自己的镜子，以他们的优良品质作为自己的座右铭，如此才不致误入歧途。也正因为如此，教师对学生来说尤为重要，他认为教师在儿童教育中的作用，远不止把知识传授给他们，学生还从教师那里获得许多习惯、思想和价值观。当教师在认真履行职责，传授知识时，学生会不费力地、无意识地效仿教师的行为举止和品性。为此，伊本·西那对教师提出了严格要求，认为教师在对学生进行道德教育之前应先提高自己的道德修养。

对道德教育的方法，伊本·西那提出主要有两种：一是利用榜样发挥作用，二是道德行为的实践。伊本·西那主张让学生在榜样的影响下坚持日常道德行为的练习。他和法拉比一样同意"习惯成自然"的说法，因为道德价值仅为理性所承认是不够的，它必须在人的心中扎根。人要通过模仿、习惯获得良好的品德，使"道德感"成为行为结构的一部分，最终达到道德完美。

道德教育还需要奖赏和惩罚。他认为当心灵遵循道德之路时，就应给予奖励；当心灵为邪恶所蒙蔽时，也需要给予惩罚，如警告或具体惩罚。"人必须准备奖赏和惩罚心灵，以此对其加以调控。"他认为体罚会伤害孩子，过分

---

① ［摩洛哥］扎古尔·摩西：《世界著名教育思想家》第一卷，梅祖培、龙治芳等译，45 页，北京，中国对外翻译出版公司，1994。

② ［摩洛哥］扎古尔·摩西：《世界著名教育思想家》第一卷，梅祖培、龙治芳等译，45 页，北京，中国对外翻译出版公司，1994。

的打骂会导致仇恨，且得不到预期的教育效果。他提出不到万不得已，不能使用体罚。

第四节　安萨里的教育思想

一、生平和著作

安萨里(Ghaiali，又译加扎利，1058—1111)，全名为阿布·哈米德·伊本·穆罕默德·安萨里。他7岁丧父，在父亲好友的监护下接受教育，后与弟弟一起进了尼沙普尔一所以宗教学习为主的教育机构马德拉沙(madrasah，也译作迈德赖赛)，因为马德拉沙不仅不收学费，还免费提供食宿。安萨里在那里学习了伊斯兰教法学、《古兰经》注释、圣训等课程。安萨里勤于思索，对知识的接受并不盲目。依照伊斯兰周游求学的教育传统，安萨里15岁时到了文化繁荣的城市朱尔文，师从伊玛目学习。几年后他又回到尼沙普尔，拜在当时首屈一指的大学者马立克·楚瓦伊尼门下，向他学习教义学、逻辑学及神学。楚瓦伊尼门下人才荟萃，安萨里以他的聪慧、博学和善思很快便赢得了声誉。尤其在辩证法方面，谁都不是他的对手。连楚瓦伊尼也常常对人说："这位天才，可以代替我来讲课了。"与此同时，他还跟随另一位学者学习苏非神秘主义思想。1085年楚瓦伊尼去世，安萨里开始参加社会活动。听说地方王朝塞尔柱的首相尼采姆·穆尔克(Nizamal-Mulk)十分爱才重教，安萨里便来到当时著名的学术文化中心城市巴格达。一次在尼采姆主持的学术辩论会上，安萨里发表了自己精彩的辩论，名声大噪。尼采姆十分器重这位年轻的学者，安萨里就在这里待下来了。在这期间，他一边从事社会学术活动，一边带着自己的学生著书立说，同时研究伊斯兰哲学尤其是法拉比、伊本·西那等人的思想。1090年，他成为巴格达尼采米亚大学的教授，受到热烈欢迎，并在这里开始了他一生中最辉煌的时期。

在大学里，他主讲教法学、逻辑学、神学等课程，是教义学、哲学领域的最高权威。各地有才气的年轻人纷纷慕名而来，投其门下，以能成为安萨里的学生而感到自豪。大学者伊本·塞巴吉曾赞许道："他的风范令国王和大臣们都折服。"11 世纪末的伊斯兰社会正进行着思想意识领域的大辩论，主要表现为宗教与哲学之争、逊尼派与什叶派之争、神的启示与理性之争。在这场激烈的争论中，安萨里心中逐渐升起了一个大疑团。他感到自己穷其半生之力，通过理性所获得的教义学和哲学理论存在着根本性的错误。他陷入无可名状的不安，感到精神正四分五裂，精神的焦虑又影响了他的身体，使他大病一场，以致无法进行正常的教学工作。但安萨里又感到，在这精神的崩溃中似乎又孕育着新思想的"胎动"。出自对真理的渴望，他辞去了教授职务，开始长途旅行，过一种苦行、苦修的生活。1095 年，他首先步行到了圣地麦加，然后经大马士革、耶路撒冷到亚历山大。每到一地，他都旅居在清真寺中，大多数时间都在寺中静心修养、冥思苦想。最终他确信，只有经过个人精神的修炼，通过穆斯林个人对真主知识的直接感觉和内心经验，才能维持信仰的真诚与持久。安萨里开始撰写《宗教学的复兴》(*Revival of the Religious Sciences*)一书，重新建立他认为正确的、新的信仰体系。1105 年，尼采姆的儿子法赫尔·穆尔克说服安萨里到尼采米亚大学任教，但不久法赫尔·穆尔克被杀，安萨里又回到故乡图斯城。安萨里深知教育的功能和作用，他在图斯城办了一所苏非派的道堂学校，并聘请了不少苏非派学者任教，宣传他的神秘主义思想及修炼方式。1111 年，安萨里去世，被安葬在图斯城内。安萨里在伊斯兰教中的地位，犹如基督教中的奥古斯丁，享有"宗教复兴者"和"伊斯兰权威"的尊号。安萨里的著作很多，据统计有 80 余部，代表作为《宗教学的复兴》。这部著作是安萨里花了近 10 年的时间完成的，作者希望在一个宗教衰微、道德沦丧的时代复兴伊斯兰教。安萨里主张伊斯兰教信仰应包括外部行为和内心虔诚两部分，两者相辅相成，互为补充，不可偏废。基于这一信念，《宗教学的复兴》一书分两部分进行阐述，每一部分又分作两卷，每卷10章，总共4卷40章。第一卷关于宗教礼仪，论述了信仰者的虔诚礼拜及其必须遵行的义务；第二卷关于社会风俗，论述了信仰者应有的日常生活、举止言行；第三卷关于毁灭性行为，论述了种种有损于信仰者功德的行为；第四卷关于得救的行为，论述了有益于信仰者的功德。在这部书中，安萨里试图从各个领域重建伊斯兰信仰体系。

《哲学家的矛盾》(*The Incoherence of the Philosophers*)是宗教哲学名著。安萨里在该书中所指的哲学家是以伊本·西那为代表的阿拉伯东部亚里士多德学派。他将该派的主要观点归纳为20个问题，以先立疑后论证的研究方法逐一进行批判。安萨里的批判并不是简单地以信仰替代理性，而是要打破这些观点所依据的理性论证的方法。他指出理性仅是"知"的世界中的权威，理性在"信"的世界中是没有作用的。由此他得出结论，认为哲学家们希望通过理性思辨来维护伊斯兰信仰是可笑之至的。有趣的是，安萨里在批判中所采用的方法恰恰是理性的哲学方法。安萨里的这种批判方法远比以往那些凭借感情色彩、缺乏理性说服力的攻击高明，这种建立在理性基础之上的批判方法对以后哲学的发展有很大借鉴价值。

二、论"知"与"信"

安萨里认识观的前半部分与伊斯兰传统观念相同，他也持"分离论"，认为世界由灵魂世界与物质世界构成，有时也称理性世界和感性世界。人与之相应的认识也有两种，即理性认识和感性认识。感性认识是凭借人的感觉器官完成的。理性认识是大脑根据感官所得到的观念再创造出的一种新的观念，这种新的观念是脱离感官功能而得到的高层次的观念，又称分离性观念。安萨里认为由于人体感觉器官的功能是不健全的，所以凭借感官所获得的观念是有错误的。例如，映入人们眼中的星星像一枚银币那样小，而事实上这个星星可能比地球还大若干倍，可见视觉是存在偏差的，感性认识是有错误的。理性认识在本质上应是非感觉的，也可以说它是从感觉经验中超脱出来的，应该是真实的。但安萨里提出理性认识也并不是绝对真实的。人们在认识理性的权威性之前，不是一度也相信感觉经验是最真实的吗？结果感性认识的权威性在理性面前崩溃了。他设想很可能有一天会出现比理性认识更权威的、更真实的东西，到那时理性认识的权威性也会崩溃。他说这犹如做梦一样，在梦中感到的真实，只有在梦醒后才知道是不真实的，而现实生活也许就是一场梦。在否定了理性认识的绝对真实之后，他提出还存在第三种认识即直觉体验。这是通过心灵而获得的一种认识，它是最真实、最确信的。他说，心灵在清除各种不良德性后会闪现出一种光，凭借这道光人们可以获得对真主的本性、德性、行为以及关于真主创造现世与后世的知识的认识，这是人的心灵中已具有的先天的光明，再经上界对人心灵的照明，会使潜在于人灵魂中的真知再现。这就是安萨里所说的第三种认识——直觉体验。他提出人们的认识是由感性直观到理性思维，再由理性思维到直觉体验的。直觉体验是后理性的一种认知阶段，其认知途径既联系感性直觉，又不等同于感性直觉，既是对理性的否定，又离不开理性思维。

于是安萨里得出了这样一个结论，即理性认识的真实性、权威性在一定的领域中是存在的，而在另外的领域中就不存在了。随后他进一步做了划分，把能承认以理性作为绝对权威的领域称为"知"，而与"知"相对应的是"信"的领域，即信仰的世界。"知"是理性的领域，"信"是心的领域（安萨里这里说的心既意味着心脏，同时也意味着心情，作为神秘主义的术语，它是人类意识最深层次的神秘直观的机能中心）。安萨里认为心是内在于人类精神的实在，是被规定为认识安拉、接近安拉的东西。安萨里对理性也并不是持完全排斥态度的。他认为在"知"的领域中，理性具有绝对的权威。而且他提出在

"知"的领域中一切都是澄明的,不存在推测、臆想的余地,正如像"5+2＝7"及"同一物体不能同时占有两个空间"这样不存在异议的命题一样清楚明白。"信"的领域则是个庞杂的世界、分层存在的世界,这是因为"信"的世界是以个人信仰为基础的,而那种共同的对谁都相等的信仰是不存在的。由于每个人对信仰体验的深浅不同,实践的范围大小不同,所以得到的信仰也各不相同,这也使得"信"的世界十分庞杂。若把理性与信仰这两种领域中的权威做一个比较,安萨里认为不能武断地说哪个更高更大,只能说这两者是不同质的东西,可比性不大。安萨里进一步指出,社会就存在着两者混淆不清的现象。例如,教义学家们煞费心思想论证信仰是合乎理性的,哲学家们则企图通过理性思维去领悟安拉的"启示"。对此,安萨里认为这无疑是要人们用耳去看,用眼去听,是绝对不可能的。这些人存在着无法补救的错误,不理解"知"与"信"的区别。教义学家和哲学家要么各执一方,相互指责,强调信仰权威的否定理性的作用,强调理性权威的认为只有理性才是认识世界的唯一工具,而且相信通过理性才能获得真正的知识;要么就把两者混淆起来,用宗教宰制理性,或用理性割裂信仰。最后安萨里得出结论:运用理性思维是无法正确认识安拉的,所有想对信仰进行逻辑的演绎、进行数学式的分析都是徒劳的尝试,只会污染具有真正信仰的人。人们若想认识确信的知识,只有通过心灵体验,而信仰是其支柱。

安萨里在关于"知"与"信"的论述中,否定了单纯追求理性和一味坚持信仰的片面认识观点,也否定了对宗教和理性的协调。他开创了一条新的认识道路,即感性—理性—后理性(理性基础上的感性)。这条认识路线成为以后阿拉伯哲学认识论的主线。安萨里对"知"与"信"两个领域的划分,一方面对理性的认识能力给予了限制,另一方面又使理性合法地支配了"知"的世界,成为信仰之外的又一主宰,开了"双重真理说"的先河。

三、安萨里与苏非神秘主义

安萨里出生在一个苏非派家庭，早年接受了不少苏非主义的教育，后半生则完全接受了苏非派的学说和思想。晚年他在图斯城完全过着苏非式的苦修生活。他的著作如《宗教学的复兴》《四十书》《光龛》《内心的揭示》等，都充分反映出他的苏非派观点和思想。安萨里的盛名和权威地位，再加之他对苏非派思想的改造和完善，使得伊斯兰教的正统信仰派接纳了苏非神秘主义。

苏非主义在长期的发展中曾形成许多不同的学说和派系，安萨里维护的是以逊尼派思想为主的苏非思想体系。他认为苏非派应把自己的思想和行为与"宗教法律学"结合在一起，遵循教法和从事精神修炼是相辅相成的，并不矛盾。一方面，苏非派的生活应以教法规定的宗教礼仪为基础，遵循教法是达到更高的虔修阶段的必由之路；另一方面，苏非派的不同修炼阶段是与履行教法规定的宗教功课相一致的，并非异端。同时，安萨里对苏非派的一些思想进行了改造。例如，苏非主义的泛神论主张以及对圣徒、圣墓的崇拜伤害了传统穆斯林宗教感情，安萨里将这些从苏非主义思想中排除，并调和了神秘主义与正统信仰的主张，这就更利于正统派接受苏非主义。

安萨里的神秘主义思想与苏非派的思想也并非完全一致，其分歧表现在以下三个方面。

(一)在"自我体验"和"精神修炼"方面

安萨里关注的是"自我体验"和"精神修炼"；而苏非派关注的是"自我升华"，最终追求的是"人主合一"，使自己的人性能转化为神性，这多少带有功利主义成分。苏非派理论上也提倡"自我体验"，但真正去实践的不多。安萨里则穷其半生精力，在实践中努力做到净化灵魂，虔诚地进行精神修炼和自我体验。他要求把对安拉的信仰还原为个人的精神，并在内心中深化。因此，他对苏非派中一些偏离了苏非主义的精华转而只关心自己的灵魂、对他人灵魂不闻不问、信奉"我就是真理"者，抱以鄙视的态度。他认为"对于苏非的言论，缺陷永远缠附着"①。

(二)在思想体系方面

安萨里不仅努力在实践上进行精神修炼，还不断地对自己的内心体验进行反省，加以理性分析，使之理论化，最终形成了有特色的思想体系。他还通过教育和著述使得这一思想体系在民众中得以推广、实践。这一点是一般苏非所无法比拟的。苏非的各学派不仅没有形成一定的规范，而且对一些概念、术语各有解释，造成结论的漫无边际，使得一般穆斯林难以接受。安萨里的做法恰恰弥补了它的不足。

(三)"向安拉之爱"

安萨里主张"向安拉之爱"不仅是象征性的神学词汇，它还是真实存在的。人们应由自爱、真爱达到最高之爱；应由只纯粹地爱安拉，进而发展为爱安拉所造的一切，通过安拉而爱一切的人和物。由此可见安萨里对安拉的爱具有社会爱的内容。这与一般苏非的独善主义也是极不相同的。因此，有学者认为安萨里并不是一个名副其实的苏非派。

安萨里的思想体系与苏非主义是有较深的渊源的，但与一般的苏非主义又存在着较明显的区别。了解这些对我们深入理解安萨里的教育思想是有帮助的。

四、论教育目的

安萨里对教育目的的论述是以其伦理观和神秘主义思想为基础的。他的教育目的说带有浓厚的宗教性和非功利性，具有两大特征。

(一)面向后世的宗教教育目的

安萨里提出，教育应培养能遵循伊斯兰教的一切教诲、具备内在完善精

---

① [日]井筒俊彦：《伊斯兰教思想历程——凯拉姆·神秘主义·哲学》，秦惠彬译，98 页，北京，今日中国出版社，1992。

神的人。安萨里与很多伊斯兰学者一样，把宇宙分为转瞬即逝的现世和永恒的来世，他认为现世中由于恶压过了善，人们受到的强制多于自由选择，所以人是为来世而生的。教育应使人明白现世的钱财、地位、权势都是虚幻之物，不应眷恋。人们应摆脱种种欲望，通过苦身达到静心，得到灵魂的快乐和幸福。可见安萨里将教育的高尚功能确定为纯洁心灵，培养宗教修养。

传统伊斯兰教的教义是主张两世吉庆的，它鼓励人们既要考虑来世幸福也应过好现世生活。因此，伊斯兰教中没有修道者。为什么安萨里当时会提出这个与传统相悖的以宗教为指南、面向后世的教育目的说呢？这与他所处的时代环境有关。11世纪的伊斯兰社会，经历了阿拔斯王朝前期高度发达的经济和极为富裕、繁荣的社会生活，同时政治自由，思想领域十分活跃，各种学说派别纷纷登场。伊斯兰世界受到各种不同的思想文化影响，特别是东部受古希腊文化的影响很大。人们认为教育的目的应是多角度、全方位的，故而人们对教育提出了与以往不同的要求，认为教育应培养政治领袖、正直公民，培养社会生活所需要的医生、技师等，以往那种以培养虔诚穆斯林为主的传统教育目的说受到了冷落。安萨里认为当时的伊斯兰世界世风愈下，信徒的宗教认识混乱，需要澄清，物质贪欲横溢，需要抑制。加之功利主义的影响，穆斯林的信仰受到伤害。这一切都是造成政治动荡、社会骚乱的根本原因。只有通过教育，纯洁人们的信仰，方可重新达到伊斯兰世界的宁静与和平。因此，他提出教育是一种功德，无论是施教者还是求学者，动机都应纯洁无染，宜以敬事真主为宗旨。

(二)重视品行，兼顾知识、身体的教育目的

虽然安萨里的教育目的说是以宗教为指南、面向后世的，但这并不意味着他排斥教育的其他功能。他极为重视对穆斯林品德的培养，同时也兼顾对知识的追求与身体的锻炼。

安萨里认为有真正信仰的穆斯林，除了应遵循伊斯兰教所规范的举止行

为外，还应具备高尚的品德。只有具备了高尚的品德，纯净的心灵才能直入超凡脱俗的内省体验的境界，才能体验到真主的知识，从而接近安拉。所以教育应重视对人品德的培养，重视人内在精神的完美。在《教子篇》中，安萨里详尽地论证了品德培养的重要意义以及如何实施品德教育。在知识与品德、知识与自我体验的关系中，安萨里的观点是，美德与劣德的区别在于知识，真正的知识是可以影响人的行为的。自我体验也是以知识为基础的，缺少了知识，自我体验是无法完成的。他主张接受安拉的人一定是具备广泛的知识、拥有智慧和美德的人。安萨里对知识也有其独特的认识。他将知识分成两大类，一类是利用感觉和理性从物质世界中获得的知识，另一类是依靠神启和自我体验从安拉那儿获得的知识。一般的穆斯林大多只能获得第一种知识，只有学者、大智大慧者方可获得第二类知识。在《宗教学的复兴》中，安萨里详细地研究了知识的珍贵作用以及各类知识之间的区别，提出最重要、最有价值的知识是关于安拉的知识。可见安萨里是十分重视教育传授知识这一功能的，只是对传授的知识有所选择和侧重。除此之外，安萨里提出与纯洁的灵魂相配合的是强健的身体，体育对身体来说是不可缺少的一课。他认为对于儿童而言，游戏、运动是最好的锻炼身体的方法。教育应根据每个人的年龄进行不同的体格锻炼。综合以上论述，我们可以看到，安萨里的教育目的说带有深厚的宗教色彩，但作为教育家的安萨里并没有放弃对现世人多方面的教育要求。在为宗教服务中，他强调教育动机的纯洁性，将教育的作用与宗教中的最高境界功德相提并论，并要求无论是施教者还是学习者都应在崇高的目的而不是私利的目的下认真、执着地进行。但应指出的是，安萨里的教育目的说是带有时代的局限性的，他的观点反映了他所处的时代和环境，较多地满足了时代的需要，构成了伊斯兰教育目的的连续性，但缺乏伊本·西那的那种发展的因素，表现出更多的保守性。

五、论道德教育

(一)道德观

安萨里的道德观与其信仰是紧密联系在一起的。他的道德价值标准来自伊斯兰教神秘主义思想，而他关于信仰的论述也具有道德教化的内容。他要求人们在真正信仰的支配之下做有德之士。有德之士的标准是虔信、勇敢、节制、有识、理智、慷慨等。在政教合一的伊斯兰社会里，信仰与品行是不可能分裂开的，道德必须以信仰为前提，而虔信本身也意味着良好的品德。安萨里的道德观正是体现了这一标准。

安萨里认为有德之士应是重精神、轻物质的。这是他神秘主义思想在道德观中的具体体现。经历过大富大贵的安萨里对现世的地位、权势、钱财给予了极大的蔑视。本来伊斯兰教是允许人们享有现世的物质福利的，但是安萨里认为如果不摆脱对物质享受的追求，整天纠缠于现世俗务中是无法做到真正的精神修炼的，而精神修炼、净化灵魂的目的也不是企求来世的福乐和天国里的享受，而是认识安拉。在这一点上他与一般的穆斯林是有较大区别的。在《宗教学的复兴》中，安萨里通过五种不同形式的爱来决定道德价值的等级，其标准是依照情感的升华和对功利超脱的顺序来排列的。他举过一个例子："要知道，青菜和潺潺流水都是可爱的，但这并非是因为水可以喝，青菜可以吃，或者除了它们本身的观赏价值外，可以得到别的什么乐趣。"他认为它们的可爱，是基于"对美的感知本身就是一种享受"①。这种非功利主义的道德价值观决定了他的教育观，同时对以后一个时期的伊斯兰教育有很大的影响。

(二)道德教育

安萨里的道德观使他认为道德教育首要的是培养虔诚的信仰。他指责社会上那些盲从或仅流于形式的信仰不是真正的信仰。他说当时社会上大致有

---

① 李振中、王家瑛：《阿拉伯哲学史》，74 页，北京，北京语言学院出版社，1995。

两种不正确的信仰。一种是出自对宗教权威的服从,穆斯林的子孙自然就成为穆斯林。孩子从父母或教师那儿接受了伊斯兰教义,不思考也不怀疑,以至于有的人认为履行了宗教义务就是好信徒。安萨里指出这类信仰的力量是有限的,这些力量不是来自信仰本身,而只是对权威者的服从。这不属真正的信仰。另一种是企图从宗教中获得权势和财富,他们研究教义、教法只是为了上层统治者,取悦他们以期谋得高位和钱财。这类人说的和做的并不一致。还有人研究教义、教法虽不是为了现世的权势和财富,但却是为了自己的来世。他们只关心自己灵魂的归宿,从不关心他人灵魂的拯救。这些都是功利的、自私的,也不属真正的信仰。安萨里进一步指出,正是因为社会上不少人具有的不是真正的信仰,故而伊斯兰教有了仪式化的缺陷。例如,信徒只关心教法中有关生活琐事的规定,如怎样洗手、如何剔牙等,而对内心深处的个人体验却毫不在意。其结果是宗教的权威渗透生活的每个角落,而信徒心中的信仰之灯却熄灭了。

安萨里提出信仰必须以"心"信仰。信仰应是一种精神,它应在人的内心中深化。所以真正的信仰,必须是绝对的个人体验。他说,心中任何体验也没有,只是恪守一定宗教义务的信徒,"恰如在房顶上点灯,外面亮屋里黑",这就失去了信仰的真实意义。当一个人的信仰成为他内在的精神后,指导他一切行为的便不再是外界的强制和约束,而是自己内心的需要。安萨里希望通过虔诚信仰的培养,使得道德准则在人们内心中深化,从而成为约束人们言行的力量。他相信这样会创造出一个礼让和谐的伊斯兰社会。在《宗教学的复兴》一书中,他指出判断一个人的品德如何,不应只看他的外部行为,更重要的是他的内在精神。他说:"品德是人的灵魂潜在意识的反映,不应仅仅看表现,一个很悭吝的人,为了达到某种目的,可有不得不慷慨解囊;另一个品德高尚的人,因为穷却无力施舍。"①他认为仅仅通过外部行为,即是否施

---

① 李振中、王家瑛:《阿拉伯哲学史》,269 页,北京,北京语言学院出版社,1995。

舍，是难以判断其品德高下的，关键是他的内在精神。但是这并非说安萨里是不重视外部言行的，作为遵法派苏非的安萨里，主张宗教信仰应包括内心信仰和外部行为两部分，而且这两部分是相辅相成的。他信奉圣训中说的信仰"诚信于心，确认于口，体现于行"，"善行越多，信仰越诚，恶行越多，信仰越不诚"。他主张的是信徒的外部行为应是在内心信仰的支配下产生的善行，信仰和言行应该一致，而且信仰是主导，行为是表现。安萨里强调道德教育首先应改造人们的内心世界，培养良好的品德，而不仅仅是规范外部言行。当人们形成良好品行时，他会自然而然地约束自己的言行，符合社会的要求。

人的品德是如何形成的呢？安萨里认为是通过后天教育形成的。在《宗教学的复兴》中，他说："孩子纯洁的心灵是一颗宝贵的珍珠，是天真无邪的，是没有任何雕刻和图像的，是可以接受任何雕塑和走向任何方面的。如果引导和教育他做好事，他就会走向正确的方向……如果引导他做坏事，像牲畜一样放任自流，无人关心，他必然会痛苦，走向毁灭，其责任在家长和教育者。"①这段话明确地指出，一个人的品德是后天形成的，影响一个人品德形成的因素有社会环境、家庭，但最重要的是教育。他还把教育的责任放在了父母和教师身上。

安萨里进一步指出，品德的形成是逐步完成的。他说一个人的品德和他的身体一样，不是生来就成熟的，而是需要不断发展的。身体的成熟靠营养，品德的成熟靠知识和教育。在品德不断成熟的过程中，教育起着决定性的作用。安萨里正确地认识到人的品德是后天形成的，而且是可以改变的，决定这一切的重要因素是教育。

安萨里还从社会角度强调了道德教育的重要性。他认为社会不是也不可能是道德的，社会上的恶压过了善，如果对儿童的品德不加以正确的引导，

---

① 李振中、王家瑛：《阿拉伯哲学史》，269~270页，北京，北京语言学院出版社，1995。

不施之正确的教育，由其自由发展，那么儿童一定会受种种不良影响而趋向于恶。这也是安萨里重视道德教育的一个重要原因。

在确定了教育在品行形成中的重要作用后，安萨里对道德教育的方法也进行了论述。安萨里认为道德教育应从孩子的童年时期开始，因为童年时期是人性格形成的重要时期，这个时期若对孩子实施好的教育，他们就可以形成优良的品格，这有助于他们未来的生活。若不对孩子实施正确的教育，让他们的品行堕落，以后再想把他们引导到正确的道德上就很困难了。安萨里提出，童年时期的品行教育主要应由父母亲来承担。父母应注意自己的言行对孩子的影响。《宗教学的复兴》说道："要记住，每一种受称颂的品行和受欢迎的习性来自亲人和朋友的习性。"父母应培养孩子勤俭朴素的美德，教导他们不要贪图安逸，不要追求虚荣和享乐。为此，孩子衣着起居都应简朴。父母还要培养孩子谦虚的美德。在《教子篇》中，安萨里给孩子的第一条忠告便是不能自满。他说："你不要就某些问题逞能而同任何一个人争论。因为这当中包藏许多灾祸，其中祸大于福。因为这种争论是一切可耻的品德产生的来源，如虚伪、嫉妒、自傲、仇恨和吹嘘等。"①但若想阐述自己正确的意见，怎么办？他主张用谦和的态度和研讨式的谈话去阐明，而不是用逞能式的争辩。总之，应"虚心而不是自满地去研讨问题"。

六、论知识与课程

伊斯兰的学者大都较热衷于对知识及其分类的研究。中世纪的阿拉伯流行着两类知识。一类属阿拉伯知识，是有关《古兰经》、圣训、教法学、语言学及阿拉伯历史的知识；另一类属非阿拉伯知识，是有关医学、天文学、化学、数学、逻辑学、哲学等的知识。作为学者和教师的安萨里十分重视对知

---

① ［伊拉克］穆萨·穆萨威：《阿拉伯哲学——从铿迭到伊本·鲁西德》，张文建、王培文译，139 页，北京，商务印书馆，1997。

识的研究，对以上两类知识都给予了详尽的论述。

　　安萨里认为真正的知识应该是关于安拉的知识，因为宗教的知识可以帮助人们得到精神上的发展，从而使其获得真正的幸福。但他也并不排斥世俗的知识。他认为世俗的知识也有其用途，现世的生活需要这些知识，只是宗教的知识应高于世俗的知识。安萨里将在亚里士多德之后存在的知识分作六门学问，即数学、物理学、逻辑学、形而上学、政治学和伦理学。他认为数学是哲学的基础，逻辑学是哲学的工具，物理学是研究宇宙的构成、天空、星辰、大地上的单一形体(如水、气、土、火)与复合形体(如动物、植物、矿物)以及它们形成和变化的原因的知识。这三门学问属于无法否定的科学，与宗教的矛盾不大，可以接受。政治学研究世俗的统治，伦理学涉及灵魂的属性和道德，这两门学问属于可以有保留地接受的知识。形而上学的问题最多，安萨里列举出 20 个问题，并判定其中 3 个属于叛教，17 个属于"异端"。因此，形而上学是应受到批判的，不能接受。

　　伊斯兰学校对于课程没有严格的规定，学生可以自由地选择课程和导师。针对这样的教育传统，安萨里认为课程形式应分作两类：一类为必修课，这是每个学生都必须研读的；另一类为选修课，它是学生根据自己的愿望和能力而选择学习的。具体科目也可分为两类。一类是宗教类学科，主要有四种：基本教义；教义的分支学科；工具性的知识，如语言学、语法学等；辅助性的知识。另一类是非宗教类学科，如医学、数学、诗歌、历史等。学生如何选择学习课程呢？安萨里提出的标准是看对学生和社会是否有用。宗教类知识可以纯洁人们的灵魂，使人们更好地进行精神修炼，从而感悟到安拉的真光，显然是最有用的知识，所以学校应重视传授这类知识，学生也应终生不懈地努力学习。还有其他一些有用的知识，学生可依据能力、兴趣以及经济实力有选择地学习。对那些有碍信仰的东西，如巫术、魔法、占星术等，学校则应坚决抵制。

安萨里将其认识论中划分"知"与"信"的观点运用于知识论，认为通过感觉和理性获得的知识适用于"知"的世界，可以帮助人们了解所处的物质世界；而通过神启和灵感获得的知识适用于"信"的世界，可帮助人们发现无形的世界。虽然这两类知识的来源、方法和可靠性都不是等量齐观的，但两者各有存在的价值。对穆斯林来说，除了掌握宗教类的知识，也需要掌握理性知识。安萨里反对的是不加区分地将这两类知识错位套用。有时安萨里甚至认为这两类知识之间并不存在矛盾。人们之所以认为这两者之间是冲突的、矛盾的，是因为学习者不精通。若能掌握神的启示与人理性判断之间的内在联系，这两者之间不仅可以相互补充，甚至缺一不可。但他也指出，事实上人们很难有能力同时研究和掌握这两类知识，于是便形成了学习者分成两条路的现象，"谁对一条路感兴趣就会对另一条道缺乏了解"。①

学生掌握知识的顺序应从基础学科开始，依照学科内容的深浅难易程度进行。安萨里以宗教教学为例提出学生学习的顺序。首先是阅读、书写、背诵《古兰经》；然后是"逊奈"，即伊斯兰的习俗、惯例、传统，往往是以先知为榜样进行学习的，是对《古兰经》的补充；再之后是"太甫绥鲁"，即《古兰经》的诠释、译注及相关的知识；最后是应用类的知识"斐洛海"，即伊斯兰法学及其渊源。

安萨里的课程理论显然是以宗教课程为核心的，这点也正是中世纪伊斯兰教育的最大特征。安萨里的学术地位和影响使得 11 世纪后的伊斯兰学校教育削弱了理性知识的教学，使宗教类课程占据了主导地位。但安萨里对宗教知识与理性知识具有内在联系的观点，又促成了 19 世纪末爱资哈尔大学开设自然科学课程。当时的校长穆罕默德·安巴比引用了安萨里的这一观点，证明了自然科学和宗教知识并不矛盾。

---

① ［摩洛哥］扎古尔·摩西：《世界著名教育思想家》第二卷，梅祖培、龙治芳等译，82 页，北京，中国对外翻译出版公司，1995。

七、论教师与教学方法

伊斯兰知识分子多被称为"乌里玛"，他们既是伊斯兰学者，往往又承担着教师职责。起初很长一段时间里，他们未受到官方的重视，其培养和成长都是自发的。8 世纪以后，统治者们需要乌里玛阶层为他们的政权进行神学的论证，于是开始提高乌里玛的社会地位，同时重视对他们的教育和培养，如著名的学者阿布·尤素福就曾被任命为巴格达的总法官。乌里玛由此拥有了官方所赋予的释法大权。10 世纪以后，乌里玛通过教法解释权，实际上控制了普通穆斯林的宗教生活。随着社会地位的提高，生活的富足，他们中的不少人开始过多地关注世俗物质生活，一味地想接近和奉承当权者，热衷于政治和学术的争论，并希望从中获得荣誉和社会地位。安萨里十分鄙视这类人，指责他们是社会腐败的根源。深感于学者和教师对社会的巨大影响，并通过对个人经历的反思，安萨里形成了对学者、教师的一系列论述，如教师的地位、作用，教师应具备的品质，教师的职业规范以及教师的教学艺术等。

安萨里认为追求知识是敬神的一种表现，教学是穆斯林的责任和义务，教师是社会上最出色的一种职业，不可缺少。在《宗教学的复兴》中他是这样描述的："任何人学习、行事和教人，都将是天国中的强者，因为他将像太阳，其光辉照亮其他星球，或是像麝香，其芳香溢及别的物体；从事教学工作，他就在完成一项伟大浩繁的任务，因此他必须留意自己的行为和职责。"[①]在这里，安萨里指出教师是强者，因为他拥有知识和真理，而教师的伟大不仅是他拥有知识和真理，更重要的是他是知识和真理的传授者。

安萨里明确指出，教师的职责如下：追求真理；修身并言行一致；无私无畏地传播真理，教诲他人。为使教师能更好地履行这些职责，安萨里对教

---

① [摩洛哥]扎古尔·摩西：《世界著名教育思想家》第二卷，梅祖培、龙治芳等译，84 页，北京，中国对外翻译出版公司，1995。

师提出了若干要求。

首先，教师应具备独立的人格。安萨里认为教师是追求真理、传播真理的人，他们要获得真知，就要保持内心的纯洁和无私，他们服从的应是安拉而不是权势。过多地接近和依赖统治者，会影响他们独立的判断力和思想。因为你若乞求于权势，并从那儿获得好处，你必然要为权势者的指挥棒所左右，就很难再坚持客观的立场，很难无私无畏地去寻求真理，传播真理了。因此，安萨里要求教师对统治者保持疏远的态度，不去拜谒他们，不为权势者做事。例如，不要热衷于为他们讲学或去当他们孩子的教师，不要希望从权势者手中获取任何酬谢。安萨里认为教师是为社会、国家工作的，应从社会公共基金中合法地领取自己的报酬。为更好地做到这些，教师应保持俭朴的生活习惯，不去追求现世生活中的财富和地位。他认为物欲越少，精神越纯洁。在他看来，能够脱离于小家园，完全献身于求知、授教的人，才是最理想的教师。

其次，教师应是博学的，教师的一生应是不倦地求知的一生。安萨里一生从未停止过对知识的寻求。他作为追求知识的学生、传授知识的教师和探寻知识的学者，确实是中世纪伊斯兰社会的楷模。他也以这种严谨的精神要求每一位教师，提出教师应该穷其一生求得真知，并无私地传授给学生。安萨里特别重视求知的动机，在《给弟子的信》中他这样说："哦弟子！你度过了多少个不眠之夜来研读科学和博览群书——但我不知道这有何用。如果是为了尘世的目的，获得华而不实的东西，赢得它的荣誉，好向你的同时代人和同伴炫耀一番，那真是你的不幸，不幸之至啊！但如果你是想重振先知的神圣律法，锻炼你的性格和打破那驱使灵魂的邪恶，那么祝福你，再一次祝福你。"①安萨里指出当时不少学者热衷于研究教法学，就是为了迎合统治者的

---

① [摩洛哥]扎古尔·摩西：《世界著名教育思想家》第二卷，梅祖培、龙治芳等译，85页，北京，中国对外翻译出版公司，1995。

趣味，从而获得地位、名利。出自这种目的研究教法学，只会流于形式而根本得不到教法学的真谛。在安萨里看来，教师只有目的纯洁，才能博学，从而履行神圣的职责。

最后，教师应该言行一致，成为学生的榜样。安萨里认为教师的工作不应局限于教授某门具体的科目，只成为知识的提供者，而应涉及学生的个性和生活的各个方面，成为学生的榜样。例如，教师要求学生求知动机纯洁，自己就应树立这样一个榜样。他应拒绝现世物质的诱惑，坚持苦修苦行，以自己的言行去影响、培育学生。因此，安萨里要求教师时刻注意自己的言行，成为学生的榜样，这样学生也就会像对待父亲一样尊敬、服从于教师。

安萨里对教师的论述与伊斯兰教育传统观点基本相近，但在一些具体问题上，如关于教师的内心的需求、教师应具备的品质，体现出较多的苏非派思想。但安萨里关于教师的教学艺术、教学方法的论述更多来自他多年的教学经验，而不是苏非派的观点。

有关因材施教的思想。安萨里提出教师应考虑学生在性格和能力上的差别，恰如其分地对待每一个人。例如，有的学生接受知识时表现得较为迟钝，教师便不能强迫他去接受超出他能力的知识，这样做只能适得其反。而对于聪慧的学生，教师对他们的要求也不能降至一般学生的水平。安萨里以提供营养品，促进身体发育为例，阐述了因材施教的思想。他说教师不能喂刚出生的婴儿吃肉，也不能只喂强壮的成人喝母乳。"用恰当的食品去喂养人是给他以生命，而用不适当的食品加重其负担只能带来毁灭。"①所以教师在教学时应考虑到不同年龄、不同能力倾向的学生不同的需求，有针对性地进行教学，这样才能达到良好的教学效果。

---

① ［摩洛哥］扎古尔・摩西：《世界著名教育思想家》第二卷，梅祖培、龙治芳等译，80 页，北京，中国对外翻译出版公司，1995。

　　针对不同的学科应采用不同的教学方法。安萨里指出，教学的方式方法与所教授的学科内容是有联系的，教学方法应服从于教学内容，满足学生掌握这门知识的需要。例如，在宗教教育方面，他建议不应要求刚入学的学生过多理解，而应通过反复灌输，在学生熟记和重复的基础上进行解释，让学生有所理解。在形成根深蒂固的信念后，学生就能有意识地用信念指导自己的行为了。然而，教师在传授一门具体的技能时，就不能只让学生记住条目。它需要更多的实践，需要在反复的实践的基础上养成正确的习惯和能力。

　　针对学生发育特点循序施教。安萨里通过多年对教学、学生的研究，认为儿童的发育有其固有的顺序和特点。例如，学生的兴趣在不同的发育时期有不同的表现。男孩在儿童期对运动和游戏会很着迷，以后会对华丽的服饰和外表感兴趣，到青春期会对异性感兴趣，再大些会产生领袖欲和统治欲。中年(40 岁左右)时，他会对与主有关的知识感兴趣。教师的教学应遵循这一规律，在不同的发育时期，利用学生的兴趣特点，来激发他们对学习的需要。例如，对刚入学的男孩可先用球类游戏诱发他们对学校和学习生活的兴趣。安萨里十分重视游戏在教学中的作用，他认为，如果不允许儿童玩耍，整天强迫孩子承担沉重的学习负担，会使他们的聪慧受损，造成他们厌恶学习，甚至厌恶生活。因此，教师应为儿童设计好适合他们年龄的各种游戏以满足需要。对儿童期的学生进行奖励时可针对他们的喜好，采用一些锦衣饰物，但教师要明白这只是一个时期的应对措施，重要的还是培养他们的责任心。对青春期的学生，教师应教育他们树立起对婚姻、家庭的责任心，并做好充分准备。对成年人的教育则应是唤起他们对主、对来世的渴望，以此作为他们生活、学习的动力。此外，安萨里还建议教学时应循序渐进，在未确保学生已掌握某个主题之前，不要匆忙进入另一个主题。教师应针对不同的学习对象有选择地传授不同的教学内容。

第五节　伊本·鲁西德的思想及其教育意义

伊本·鲁西德（Ibn Rushd，1126—1198），拉丁名 Averroës（阿威罗伊）。在他去世之后大约半个世纪的时间里，强盛的阿拉伯帝国不复存在，繁荣一时的阿拉伯文化教育亦随之消逝。因此，伊本·鲁西德被视为中世纪阿拉伯最后一位大哲学家。他在哲学上的贡献主要表现在两个方面。其一，他是亚里士多德著作杰出的注释者和评论者，对此有人曾评论道："亚里士多德解释了自然界，而阿威罗伊解释了亚里士多德。"①其二，他是中世纪阿拉伯哲学的集大成者。他继承了阿拉伯哲学中的理性主义认识论，进一步调和了哲学与宗教之间的对立，为双重真理论奠定了基础。

与前三位阿拉伯思想家不同，伊本·鲁西德没有从教的经历，也未对教育问题做过专门的论述，但是他的理性主义认识论和双重真理的观点无疑影响了人们对自身和世界的认识，对被宗教笼罩的思想界，包括教育界造成冲击和震荡。

一、生平与著作

伊本·鲁西德生于西班牙的科尔多瓦，该城是当时西部阿拉伯世界重要的政治、经济和文化中心。在浓厚的学术氛围和良好的家庭环境里，伊本·鲁西德从小接受了语言学、文学、法律、辩证学、数学、医学等各方面的教育。在哲学方面，他接受了伊本·巴哲（Ibn-Bajja）的影响，并师从著名哲学家和学者伊本·图斐利（Ibn-Tofail），受益颇多。伊本·鲁西德聪颖过人，刻苦学习的精神也令人赞叹。据说，他从记事起就没有停止过阅读，只有

---

① ［苏联］奥·符·特拉赫坦贝尔：《西欧中世纪哲学史纲》，于汤山译，56 页，北京，中国对外翻译出版公司，1985。

两个夜晚中断过学习。一是他父亲去世那天,二是他的新婚之夜。

1169 年,在伊本·图斐利的推荐下,伊本·鲁西德被委以重任,一是担任塞维利亚的法官,二是注释亚里士多德的著作。两年后,他调任科尔多瓦大法官,这是他的祖父和父亲曾经担任的职位。1182 年,他又接替年老告退的伊本·图斐利担任国王的御医。伊本·鲁西德的平步青云和优越地位也招致了政敌们的嫉妒和攻击,特别是反对他的理性主义思想的伊斯兰法律学家。1195 年,伊本·鲁西德被撤职和放逐,其著作也一度被禁。

以伊本·鲁西德的去世为标志,"在公元十二世纪,阿拉伯东方的阿拔斯人和安达鲁西亚的倭马亚人,为在伊斯兰教中开拓理性和知识领域所作的努力均以失败而告终。阿拉伯哲学,由于伊本·鲁西德的去世,失去了它的最后一位代表,致使伊斯兰世界的思想运动起码停滞了五百年之久"①。

伊本·鲁西德学识渊博,著述丰富,其中很大一部分是对亚里士多德作品的注释和评论。这项工作一方面是由于受命于国王,另一方面也是出于他本人对这位先哲的崇敬。在伊本·鲁西德看来,亚里士多德是一位完人,他的学说是最高的真理,他的理解力是人类理解力的极限。伊本·鲁西德不仅注释了亚里士多德几乎全部的作品,而且他的注释逐字逐句,由表及里,旁征博引,用清晰深刻的阐释将亚里士多德哲学从新柏拉图派的混合物中提炼和澄清出来,恢复了他的个性特征。他的评论也包含他本人的哲学思想。除了注释和评论类著作外,伊本·鲁西德还有许多个人撰著,如《矛盾的矛盾》(*The Incoherence of the Incoherence*)、《关于宗教和哲学之间的一致性》(*On the Harmony Between Religion and Philosophy*)等。前者是对安萨里的《哲学家的矛盾》的反驳,是伊本·鲁西德影响最为深远的著作,被认为重新奠定了阿拉伯哲学的基础。

---

① [伊拉克]穆萨·穆萨威:《阿拉伯哲学——从铿迭到伊本·鲁西德》,张文建、王培文译,165 页,北京,商务印书馆,1997。

二、哲学思想

(一)宇宙无始说

在世界有始和无始的问题上，伊本·鲁西德继承了法拉比、伊本·西那、伊本·图斐利等人的无始说，反驳了安萨里对哲学家的攻击。与前人相比，他的世界无始说更为清楚和系统。

伊本·鲁西德认为，世界是物质的，物质是永恒的，过去和将来都是如此，它是不可创造和不可消灭的。永恒的自然界既无绝对的产生，也无绝对的毁灭，有的仅仅是在永恒因素——物质和形式重新结合基础上的改变，物质世界是运动变化的，运动是永恒的，"因为任何运动都是以前运动的结果"①。既然运动是无始的，那么这一运动就需要一个无始的发动者。反过来说，因为世界是由无始的作用者发生的，所以世界也是无始的。这一无始的发动者产生出世界的秩序，创造出永恒的运动，应称之为世界的创造者。它的存在体现在世界完美无缺的秩序中和天体的理性运动中。在伊本·鲁西德看来，统治这一永恒有序世界的是严格的必然性，整个世界依照自己永远不变的规律存在着，而不是依据宗教学家所说的真主的意志，"因为世界上没有奇迹"②。因此，"人应该信赖自己的积极性，应该认识自然规律"③。

在伊本·鲁西德所描述和理解的世界里，真主仅仅是赋予运动以必然性的第一推动者而已，他的权威下降了，而自然规律的作用上升了。在运动变化的世界中，自然规律的地位甚至超越了真主。

---

① ［苏联］奥·符·特拉赫坦贝尔：《西欧中世纪哲学史纲》，于汤山译，59 页，北京，中国对外翻译出版公司，1985。

② ［苏联］奥·符·特拉赫坦贝尔：《西欧中世纪哲学史纲》，于汤山译，59 页，北京，中国对外翻译出版公司，1985。

③ ［苏联］奥·符·特拉赫坦贝尔：《西欧中世纪哲学史纲》，于汤山译，60 页，北京，中国对外翻译出版公司，1985。

(二)理性主义认识论

从物质和形式不可分离出发,伊本·鲁西德认为灵魂和肉体也是不可分的,肉体决定灵魂,肉体毁灭,灵魂随之毁灭。因此,他否定个体灵魂不灭之说。在肯定灵魂存在的同时,伊本·鲁西德将生物的灵魂划分为五种:植物的灵魂、感觉的灵魂、想象的灵魂、欲望的灵魂、理性的灵魂。他认为前四种是人和动物所共有的,第五种即理性的灵魂是人类所特有的。这是一种用理智了解整体和一般的力量,它能超越物质的形式,理解和领会事物的本质。

那么,人为什么会有理性呢?伊本·鲁西德认为,这是因为宇宙中存在着两种理性,它们可以和人类灵魂取得联系,从而使人类获得理性。这两种理性是物质理性和原动理性。物质理性提供认识的可能性,原动理性则把认识的可能性变为现实。原动理性对物质理性的作用,如同太阳光对视力的作用一样。人类通过两种方法与原动理性取得联系:一种是哲学家的方法,它开始于可感,然后在理性中达到可思;另一种是苏非派的方法,它通过苦行和修炼,达到神秘的直觉。伊本·鲁西德肯定哲学家的方法,主张人类认识应由感性达到理性,主张认识合乎自然的发展。而苏非派的方法,在他看来是用奇迹去说明认识,并不科学。根据人们对原动理性接受的程度,伊本·鲁西德把人划分为三个等级:普通人、神学家、哲学家。在他看来,只有哲学家才能获得真知,达到神的世界。

(三)哲学与宗教的调和

伊本·鲁西德被公认为双重真理论的奠基人之一,但他并不是试图调和哲学和宗教的第一人。在他之前,有许多古希腊哲学家和阿拉伯哲学家都曾做过努力,伊本·鲁西德只是沿着先哲们所开辟的道路继续走了下去。

他认为,"哲学是宗教的朋友,哲学和宗教带来的都是真理。真理不反对真理，而是相辅相成的"①。但是哲学和宗教各有其侧重点，信仰和理性是在不同层面上活动的。哲学是沿着为少数人所能理解的纯粹思辨的道路前进的，而对于生活在习惯影响下而形成自己观点的"众生"来说，有一个具有象征形式的绝对信仰的权威就足够了。群众应该保留他们的信仰，因为信仰"用绳索套住一些人，防止他们互相摧残和争吵"②。在具体问题上，哲学与宗教是有分歧的。从哲学观点看是真理的东西，从宗教观点看就可能是谬误的，反之亦然。例如，哲学反对灵魂不死说，宗教则坚持灵魂不死。这样，哲学和宗教都获得了一定的、或多或少独立的运用范围。伊本·鲁西德认为，对于一心探求真理的人来说，完全可以撇开信仰的象征形式和简单的训导来探讨真理。他还提出宗教有两种形式：一是唯理的，即阐述"自然宗教"的宗教，实际上就是自然科学；二是象征的寓意的宗教，即群众的宗教。由此哲学成为真理的最高形式，同时也是最高的宗教。伊本·鲁西德还从宗教的角度论述了研究哲学的必要性。他认为，"哲学工作就是从论证造物主角度来研究万物。万物以其有条不紊的安排证明造物主存在。这种对万物的认识越全面，对造物主的认识也就越全面"③。因此，应该鼓励哲学研究，而且《古兰经》中就有许多章节提倡理性思考，如"有眼光的人呀，你们思考吧"。

　　伊本·鲁西德的上述观点奠定了双重真理论的基础，其意义在于将哲学和科学从神学和宗教的长期束缚中解放出来。

三、人学和伦理学思想

　　尽管伊本·鲁西德探讨的多为哲学和宗教方面的问题，但他对有关人的

---

　　① ［伊拉克］穆萨·穆萨威：《阿拉伯哲学——从铿迭到伊本·鲁西德》，张文建、王培文译，177 页，北京，商务印书馆，1997。

　　② ［苏联］奥·符·特拉赫坦贝尔：《西欧中世纪哲学史纲》，于汤山译，63 页，北京，中国对外翻译出版公司，1985。

　　③ ［伊拉克］穆萨·穆萨威：《阿拉伯哲学——从铿迭到伊本·鲁西德》，张文建、王培文译，175~176 页，北京，商务印书馆，1997。

问题也有一定的研究。

(一)善与恶

伊斯兰教义学家主张，善之为善，恶之为恶，均出于真主的意欲。也就是说，在善恶问题面前，人是无能为力的，不能选择的。伊本·鲁西德反对这种观点，认为这种观点既与理性对立，又违背宗教的精神。说它同理性对立，是"因为我们用自己的感官和知觉可以知道是好或坏的东西，某人是在行善还是作恶、是作美还是出丑，因此他会得到报应或是受到惩罚"①。至于说它违背宗教的精神，是因为它同那些用丑与恶来形容暴虐的《古兰经》章节相抵触。譬如："行善者自受其益，作恶者自受其害，你的主是绝不会冤枉众仆的。"因此，伊本·鲁西德认为，人的行为本身经理智的判断而具有善性或恶性，理智深思熟虑之后做出的行为具有善性，是合乎道德的行为，否则就是恶的行为。

与善恶相关，他还谈到人的自由问题。他认为，人不是绝对自由的。人的灵魂是自由的，但在实践中要受自然和社会规律的制约，是有限的。因此，个人的行为不能以个人理智为最后的决定者，而应以维护社会和国家的利益为标准。

(二)社会政治观点

伊本·鲁西德的社会政治观点主要集中在《柏拉图〈政治学〉》一书中，包括以下三个方面的思想。

第一，社会需要凝聚力。他认为，"一般而言，没有比市民说某些东西'这是我的，那不是我的'对城市更为有害，也更容易造成混乱"②。在城市管理方面，最有害的莫过于把一座城市变为几座城市，最有益的莫过于将多座

---

① [伊拉克]穆萨·穆萨威：《阿拉伯哲学——从铿迭到伊本·鲁西德》，张文建、王培文译，175 页，北京，商务印书馆，1997。

② 蔡德贵：《阿拉伯哲学史》，335 页，济南，山东大学出版社，1992。

城市合而为一。在这里，"城市"的概念可以延伸为"国家"。伊本·鲁西德还反对做隐士，主张积极参与社会事务，为国家服务，为民众谋幸福。

第二，男女平等。社会需要内聚力，那就不能排斥任何成员。伊本·鲁西德反对歧视妇女，认为妇女的低下地位使她们变为"卷心菜"，从而被排斥在社会物质和精神生产的活动之外，不能充分发挥个人的才能和社会作用。他说："既然妇女和男人都是人，我们说她们也必须与男人有同样的目的……由于某些妇女十分杰出，气质高雅，因此她们之中不可能不出哲学家和统治者。"①

第三，抨击暴政。伊本·鲁西德犀利抨击了暴政。他说："凡是暴君必然处于这种境地：他被一个充满欲望和恐惧的阶层绊住了手脚。此外，他[本身]也欲壑难填，不能自主。因此，他不能随意走走，也不能随意看看……这种人最恶劣的习气之一是，他不能克制和控制自己，但却想在某种程度上领导别人。"②他主张政权应掌握在元老院手中，基于社会各阶层共同的利益建立必要的秩序。这样的社会不需要法官和医生，只需要军队。

四、伊本·鲁西德思想的教育意义

伊本·鲁西德的思想没有直接涉及教育，但从教育的角度看，我们可以从中得到许多启示。

第一，哲学和科学应取代宗教和神学在教育中的中心地位。根据伊本·鲁西德的论证，哲学和科学不仅不应依附于宗教信仰，而且有着重要地位。一方面，哲学是真理的最高形式，只有通过逻辑思辨的方法才能获得真知；另一方面，获取科学知识是人获得真正幸福的途径。他说："犹如饥渴是身体的空虚，使人有空虚感一样，无知与愚昧则是灵魂的空虚，也使人有空虚感。

---

① 蔡德贵：《阿拉伯哲学史》，335 页，济南，山东大学出版社，1992。
② 蔡德贵：《阿拉伯哲学史》，336 页，济南，山东大学出版社，1992。

这是因为世上有两种感到满足的人，一种人满足于吃饱喝足，另一种人则满足于获得知识。但是，只有通过认识最高存在的事物才能得到真正的满足。"①伊本·鲁西德所说的对最高存在物的认识不是指个体不死、冥世生活、复活、报应等，这些在他眼里完全是无稽之谈，只会腐蚀人们特别是孩子们的智慧。他认为真正值得人们去选择的是科学和哲学知识，因为这些知识才是真实的、持久的，才能给人们带来智力上的快乐。因此，无论是从追求真理还是从追求幸福的角度来看，科学和哲学都比宗教和神学更有价值，更应成为教育的中心。

第二，教育应该培养有理性的人。如上所述，伊本·鲁西德认为人能在感性认识的基础上达到理性认识，能把握事物的本质和规律，但这种能力有一个从可能到现实的转化过程。其结果就是每个人的现实理性能力有高低之分。这种差异性为教育涉入其中并发挥作用提供了基础和空间。而理性的普遍性说明人人都是可教的，每个人都应享有受教育的权利，女性亦然。这样，伊本·鲁西德为我们论证了"教育平等"的问题。同时因为人有理性，所以在教育方法上就不应该采取机械训导和灌输的方法，而应该充分发挥受教育者的积极性和主动性。

第三，教育应走实践与理论相结合的道路。重视实践，是因为理性认识从感性认识开始，丧失了感觉，就会丧失与这种感觉相对应的理性。例如，盲人没有与颜色相联系的理性。又如，没有对个体的感觉，也就不会有类的知识。因此，教育应引导学生积极实践，丰富感性认识，以期达到科学的理性认识。那种脱离社会、独自一人苦思冥想的方法不是正确的教育方法。

在重视亲身实践的同时，伊本·鲁西德也重视前人积累的经验。他认为个体是要死的，不死的是人类共同的精神财富——知识。因此，他鼓励学习、研究古人的著作。他说："研究古人的著作就是法定的义务，谁禁止能研究的

---

① 蔡德贵:《阿拉伯哲学史》，328 页，济南，山东大学出版社，1992。

人去研究它，那他就把人们拒之于法所提倡的通向认识真主的大门之外，这是一扇通向真正认识真主的研究之门。如果这样做，那就是绝顶的愚昧。"①尽管在研究古人著作的过程中，可能会失足、迷途，但并不能因此阻止能研究的人去研究，否则就犹如因怕干渴者猛喝水会呛死而阻止他喝水解渴，结果让其渴死。"被水呛住而死是一种偶然事件，由于干渴而死是一种自身的必然事件。"②

第四，人的道德品质的修炼和提高取决于人本身。伊本·鲁西德认为，人的行为的善恶并非取决于真主的意志，而是取决于基于道德认识的道德实践。因此，教育可以从引导正确的道德认识入手来培养人们合乎道德的行为，当然这也是出于对人的理性的自信。伊本·鲁西德还认为作为现实的人，公民的自由是有限的，而不是绝对的，他的行为应符合社会规范。一名合格的公民应该具备积极参与社会生活、乐于为国家服务的品格，同时应具有民主的意识，反对暴政。因此，教育要在这些方面发挥作用，为社会培养以国家利益为重、具有民主意识和参与意识的合格公民。

伊本·鲁西德的理性主义思想和逻辑推理式的思维方式对于信仰的时代和社会来说，确实是极大的冲击，特别是在经院主义神学重压之下的西欧。从1230年开始，伊本·鲁西德的著作陆续被译为拉丁文。他的许多观点，如世界的永恒性、个人灵魂随肉体而死亡、科学知识的独立性和真理性等，如一股清新之流注入了一潭死水般的西欧思想界，激起层层波澜。正统经院哲学家视之为最危险的异端邪说，竭力阻止他的著作的流传，同时又模仿他的思辨式论证方法，用以论证经院哲学。正统经院哲学的反对派则拥护伊本·鲁西德的学说，主张像他那样忠实于亚里士多德的思想，反对依据柏拉图主义解释亚里

---

① [伊拉克]穆萨·穆萨威：《阿拉伯哲学——从铿迭到伊本·鲁西德》，张文建、王培文译，177页，北京，商务印书馆，1997。

② [伊拉克]穆萨·穆萨威：《阿拉伯哲学——从铿迭到伊本·鲁西德》，张文建、王培文译，177页，北京，商务印书馆，1997。

士多德，尤其反对出于维护神学教义的需要而改造、割裂亚里士多德学说。他们不顾神学的权威，从伊本·鲁西德的注释中推导出许多带有唯物主义和无神论的色彩的违背正统教义的结论。他们的思想观点被正统经院哲学家贬为"阿威罗伊主义"，在很长的历史时期内都是西欧思想界的重要学说。

阿拉伯的文化教育受伊斯兰教影响极深，其发展随着阿拉伯帝国国势的兴衰而起落。阿拔斯王朝时期，阿拉伯文化教育达到鼎盛，特别是前期规模宏大的百年翻译运动起了极大的推动作用。东西方文化的大量传入，丰富了阿拉伯人的知识，解放了他们的思想，激发了他们的求知欲望，促进了教育事业的发展。与此同时，各种新的思想元素不可避免地在思想上对伊斯兰教造成冲击，希腊哲学中所包含的理性主义和逻辑论证的思维方式所带来的冲击尤为显著。这种冲击引起了思想界的分野，形成了两个阵营：一方是教义学家，他们坚持正统的伊斯兰教教义，捍卫它在社会生活及思想中不可动摇的主导地位；另一方是哲学家，他们在宗教环境中，希望沿着希腊哲学所开辟的理性主义和思辨的道路，自由思考包括教育在内的各种社会问题。因此，在文化教育发展的过程中，双方进行过激烈的斗争。但阿拉伯思想中的理性主义和调和、中庸的特点，使得哲学和宗教、理性和信仰之间并不存在谁取代谁、谁限制谁的问题，而主要是在认识真理和获致幸福的过程中，谁更重要的问题。因此，实际上无论哪一方都为信仰和理性留出了独立存在和活动的空间，差别在于位置的高低。反映在教育问题上，双方同样有分歧，但更多的是趋同。

第一，在对教育的重要性的认识上，双方是一致的。这既是阿拉伯民族重视知识和教育的传统的影响，也出自思想家们对人的认识形成的分析结果。例如，在道德问题上，双方都认为道德是后天形成的，教育可以在其中发挥重要作用。在理性问题上，哲学家普遍认为理性有一个从可能、潜在、低级的状态向现实、高级的状态发展的过程，在这个过程中，教育同样具有重要意义。

第二，双方都将促进道德、智力和身体的全面和谐发展作为教育目的，主张教育要培养身心健康的、具有完美品德的社会公民。不过，教义学家更突出道德的教育，并且将培养虔诚的信仰作为道德教育的首要内容。

第三，在道德教育的问题上，双方都一致将知识作为美德的重要组成部分，认为在愚昧中不可能产生美德。在美德的形成过程中，双方既重视道德认识，又重视道德实践，并且都把道德认识列为第一位。不过，教义学家眼中的道德认识以信仰为标准，哲学家眼中的道德认识以理性为工具。

第四，在知识和课程的问题上，双方都设计了百科全书式的知识体系和课程体系，其中既包括宗教知识，又包括世俗知识。不过对于体系的核心，双方存在分歧。教义学家以宗教知识为核心，把世俗知识视为工具性、辅助性的知识，哲学家则把哲学视为整个体系的王冠。

第五，在教学方法上，双方都注意到了教育对象的年龄特征、兴趣、爱好等心理因素在教学活动中的重要意义，因此普遍主张采用循序渐进、因材施教等科学的教学方法，鼓励榜样、练习、奖惩等方法在教学实践中的合理运用。相比较而言，哲学家比教义学家更强调在教学中进行实践积累和丰富感性认识，强调认识合乎自然的发展。

除了以上这些方面之外，阿拉伯思想家留给后人的有益启示还有很多，如伊本·西那对教育的心理学基础的重视和对专业教育的重视，伊本·鲁西德在受教育权上男女平等的论述等。11世纪以后，阿拉伯世界出现了一股极端神学潮流，它反对理性至上和自由思想，窒息了阿拉伯文化教育的发展。天文学、化学、希腊哲学被视为异端，纯宗教的学校取代了盛极一时的宗教、科学并重的学校。幸而，随着阿拉伯文化传入欧洲，理性主义和思辨传统在自身的发源地得到了复兴，这又引起了在基督教钳制下的欧洲的思想，包括教育思想的解放。

第七章

中古时期的波斯教育

中古时期的波斯，经历了从古典文明的高峰到 7 世纪以后的阿拉伯—伊斯兰化，从 9 世纪开始的波斯文化的复兴以及 11 世纪以后的突厥化。在这个过程中，对于波斯文明的发展来说，阿拉伯—伊斯兰化影响最大，因为它改变了波斯文明既有的性质与面貌，其影响延续至今。但是，波斯人在一千多年古典时期积淀的文明成果足以让他们在文化和教育领域傲然屹立。同时，地处东西方交通中介地带的特殊地理位置，使得它一直能够对东西方文明成果兼收并蓄，并形成开放、理性的文化精神。因此，在中世纪，波斯尽管在政治和军事上被异族征服，在宗教上放弃民族传统信仰而改奉伊斯兰教，在语言上接受阿拉伯语，但也还是延续了开放与理性的文化传统。文明的成熟与自信在教育上体现为它既有的和新兴的教育制度和形式影响了阿拉伯帝国和突厥王朝；开放与理性的文化精神在教育上表现为对理智与道德基础上的人的全面培养。同时值得注意的是，古代和中世纪波斯社会保持着与文化同源的印度相似的严格的等级制度，这在教育上表现为教育的等级性与封闭性。

第一节　萨珊王朝时期文化教育的发展

从公元前 550 年到公元 651 年，在上千年的时间里，波斯人①从今天伊朗西南部的故乡——法尔斯（Fars）出发向外扩张自己的势力范围，三次统治了从黑海到中亚的这片土地，在人类历史上留下了波斯帝国的威名。② 萨珊王朝是伊朗伊斯兰化之前的最后一个古代王朝，从世界历史来看，它跨越古代晚期和中世纪早期。在伊朗的历史上，这个王朝统治时期被认为是影响最大的历史时期之一。一直以来，波斯充当着东西方各种文化交汇的中心。经过千余年的积累和沉淀，萨珊时期的政治、经济、文化达到了古代波斯的顶峰。政治的稳定、经济的发展、文化的昌盛为萨珊时期的波斯教育奠定了良好的基础，再加上民族传统宗教琐罗亚斯德教鼓励学术，拥抱智慧，追求真善美，以及学术兴盛，所有这一切都有助于教育的发展。作为古罗马帝国的近邻，萨珊王朝深受古希腊和古罗马文明的影响，同时自身的影响力也延伸到帝国疆域之外，达及西欧、非洲以及亚洲其他地区。在被阿拉伯人征服后，高度发达的萨珊波斯文化对伊斯兰文明产生了重要影响，推动了阿拉伯文化的兴盛。

一、萨珊王朝的兴衰

3 世纪，在罗马帝国经历危机的时候，波斯也经历了王朝的更替。3 世纪

---

①　根据美国学者米夏埃尔·比尔冈在《古代波斯诸帝国》中的解释，大多数古代希腊作家都把阿契美尼德王朝称为"波赛"（Persai），这个名称出自阿契美尼德王朝自己对统治区域的称谓——帕苏阿，或者波西斯。"波赛"在英语中于是就成了"波斯"（Persi）。古代波斯人是雅利安人的后裔，因此他们的国家常被称为"Eire-an"或者"Iran"（伊朗），意思是"雅利安人的国家"。

②　古代波斯人创建帝国的王朝分别是阿契美尼德王朝、帕提亚王朝（又叫安息王朝）和萨珊王朝。

初，帕提亚王朝的法尔斯行省出现了一个独立的地方王朝，统治者帕佩克·萨珊贵族出身，原是伊斯法行省首府安娜希塔神庙的祭司。他的儿子阿尔达希尔(Ardashir Ⅰ)巩固了在法尔斯的统治后，开始向外扩张势力。224 年，阿尔达希尔打败帕提亚王朝，开启了萨珊王朝的时代。

阿尔达希尔从前朝的灭亡中领悟到，要维持政权的稳定，必须建立集中统一的政权体制。"阿尔达希尔所创建的安全有序的局面与帕提亚末期混乱不堪的形势相比，弥足珍贵，也使人认为他是明智和理智的化身。"[①]因此，他的《阿尔达希尔语录》成为后世的实用哲理课本。阿尔达希尔把集中统一的政权体制建立在政治与宗教相结合的基础上。在他的扶持下，波斯的传统宗教琐罗亚斯德教从民间宗教一跃成为新王朝的官方宗教。阿尔达希尔之所以扶持琐罗亚斯德教，一方面是将它视为波斯民族历史与文化的体现，发挥其强大的精神凝聚力；另一方面是将它视为王权的基础和支柱。琐罗亚斯德教因此获得空前发展，形成了完整的教义、教仪和教会组织。琐罗亚斯德教神庙的祭司掌握了国家的文化、教育和司法大权，成为特权阶层。

在阿尔达希尔的儿子沙普尔一世(Shapur Ⅰ，241—272 年在位)统治期间，萨珊王朝征服了帕克特里亚、亚美尼亚、高加索等地区，并不断兼并罗马帝国东部的领土。沙普尔一世也因此成为"伊朗与非伊朗之王"。他在政治上加强中央集权体制，同时允许地方古老家族的首领保持一定程度的独立。例如，允许他们保持本族的风俗、习惯与礼仪。在宗教上，沙普尔一世实行宽容政策，在确立琐罗亚斯德教国教地位的同时防范琐罗亚斯德教祭司阶层势力坐大，因此允许基督教、犹太教以及摩尼教等其他宗教的教徒享有信仰自由。摩尼教的创立者摩尼是与沙普尔一世同时代的人。他在融合琐罗亚斯德教、基督教和佛教等宗教的基础上创立了摩尼教。琐罗亚斯德教认为物质

---

① [伊朗]阿卜杜·侯赛因·扎林库伯:《波斯帝国史》，张鸿年译，352 页，上海，复旦大学出版社，2011。

世界是善元创造的，摩尼教则认为世界是恶元创造的，现实世界是黑暗的，最终的赎救是毁灭。沙普尔一世去世后，在与王权关系密切的琐罗亚斯德教祭司的影响下，新的统治者以摩尼"号召人民毁灭世界"为理由，禁止摩尼传教，并对摩尼教教徒进行镇压。

在沙普尔二世（Shapur Ⅱ，309—379 年在位）统治时期，萨珊王朝迎来了第一个"黄金时期"。沙普尔二世一出生就是国王。他才智出众，16 岁时就将王权控制在自己手中。他领导萨珊王朝打败了阿拉伯人的侵犯，与罗马帝国停战，抗击匈奴对阿姆河和锡尔河河中地区的入侵，保卫和控制丝绸之路的要地。巩固东部边境后，萨珊王朝又重启与罗马帝国的战争，并最终取得军事上的胜利，占领了亚美尼亚。沙普尔二世实行严格的宗教政策，镇压异教徒。

从沙普尔二世到 488 年卡瓦德一世（Kavadh Ⅰ，488—496 年、499—531 年在位）第一次登基，在教俗贵族的操纵下，王权更迭频繁，但是沙普尔二世所建立的行政体系始终能够有效运转，社会总体保持稳定。卡瓦德一世执政时期，利用主张社会平等的马兹达克运动来削弱贵族势力，待王权巩固后又反过来镇压马兹达克派教徒。

卡瓦德一世死后，其子胡斯洛一世（Khosrow Ⅰ，531—579 年在位）继位。胡斯洛一世"实行的是智慧与力量相结合的统治。虽然有时也不免残酷严厉，但那是必要的。那样既可以保障社会秩序，也可以巩固其统治基础……他的这种统治被文学作品错误地赞扬为理想的政治统治。其实，他的全部才能和力量都是为了维护现存的秩序和进行改革。他残酷严厉的统治是与他冷酷的正义完全相符的，同时也更突显出其中的马基雅维利色彩"①。胡斯洛一世治国有方，使得萨珊王朝进入了鼎盛时期。胡斯洛一世热衷于希腊和印度的文

---

① ［伊朗］阿卜杜·侯赛因·扎林库伯：《波斯帝国史》，张鸿年译，410 页，上海，复旦大学出版社，2011。

化，支持翻译希腊和印度学术文化著作。他曾经邀请帕里斯基亚努斯(Priski-anos)和达玛斯库斯(Damaskios)等七名遭受拜占庭帝国迫害的雅典哲学家到波斯避难，并支持他们的学术活动，这证明了他对学术的重视和对学者的尊重。他与儿子霍尔米兹德四世(Hormizd Ⅳ，579—590 年在位)和孙子胡斯洛二世(Khosrow Ⅱ，590—628 年在位)所发起的文化与艺术革新运动代表着"萨珊王朝哲学、文学和音乐发展的最后的辉煌"[①]。有学者指出，"萨珊王朝末期的这个伊朗文化复兴的时代是短暂的，但却有值得注意之处。就其结构，在这种文化中，希腊文化、印度文化、古叙利亚文化和伊朗文化的因素以一种奇妙的形式互相结合。而且这种结合曾一度取得宝贵的成果"[②]。

萨珊王朝末期陷入权力斗争之中，同时面临着阿拉伯的崛起。在历史上，波斯人与阿拉伯人作为近邻，常常互相来往，时而为敌，时而结盟。637 年，阿拉伯人占领萨珊王朝的首都泰西封，然后继续向东，占领波斯的领土。651 年，萨珊王朝末代国王被杀，最后一个波斯帝国灭亡。

二、萨珊王朝的文化与教育

萨珊王朝时期的政治、社会和文化高度发展，达到了古代波斯的顶峰。"高度发展的萨珊文明对伊斯兰文明的影响，不论在伊朗，也不论在其他伊斯兰国家，都是十分明显的。特别是在伊朗，伊斯兰文明的许多方面都是萨珊时期文明的延续。这点，尤其在伊斯兰理性学说发展史上，其巨大影响更是显而易见的。"[③]

---

① [伊朗]阿卜杜·侯赛因·扎林库伯：《波斯帝国史》，张鸿年译，433 页，上海，复旦大学出版社，2011。

② [伊朗]阿卜杜·侯赛因·扎林库伯：《波斯帝国史》，张鸿年译，429 页，上海，复旦大学出版社，2011。

③ [伊朗]扎比胡拉·萨法：《伊朗文化及其对世界的影响》，张鸿年译，20 页，北京，商务印书馆，2011。

政治、经济与文化的不断发展离不开教育活动。尽管迄今未见有关萨珊王朝时期教育的系统论述，从已有的史料也看不到萨珊王朝时期存在统一的教育体系，但是就像存在有组织的文化学术活动一样，当时除了非正式的教育之外，也存在正式和正规的教育组织和教育活动。例如，在巴列维语的书籍中，有三个词语表示学校的意思：一个是"*frahangestān*"，意思是"教育的场所"；一个是"*dibīrestān*"，意思可能是"培养书记员和秘书的学校"；一个是"*hērbedestān*"，指"宗教学校"。在巴列维语的书籍中，教师的一般用语是"*hammōzgār*"，"*hērbed*"指宗教教师，"*frahangbed*"指技能指导教师。

影响萨珊王朝文化教育发展的因素有很多，其中地理、政治、社会和宗教这四个因素尤为重要。

(一)地理对萨珊王朝文化教育的影响

从地理环境来看，波斯人所生活的这块土地并不理想。高原与山地相间，分隔出许多盆地，盆地底部是生态环境恶劣的各种荒漠；平原面积狭小，主要分布在北部里海南岸和南部波斯湾和阿曼湾沿岸。但从地理位置看，波斯人生活的土地恰好处于东西交通的中介，这里纵横交错的道路为古代游牧民族提供了交通便利的走廊。生活在这一地区的民族自然要承受这样的地域带来的正面的和负面的影响。

伊朗学者扎比胡拉·萨法认为，波斯的地理环境和地理位置在推动波斯文明发展的过程中起到了相当大的作用。[1] 具体地说，一方面，它培育出了一个吃苦耐劳、骁勇善战的民族；另一方面，古代波斯人得以从各民族身上汲取新鲜有益的事物，也得以把自己的文明成果传播到世界其他民族。

在历史上，萨珊王朝与拜占庭帝国在政治和军事上长期处于敌对状态，但是文化交流的频繁程度却超乎我们的想象，这当然是由地理上相邻所决定

---

[1]　[伊朗]扎比胡拉·萨法：《伊朗文化及其对世界的影响》，张鸿年译，1 页，北京，商务印书馆，2011。

的。布朗在《古代晚期的世界》一书中写道:"在许多方面,改革后的波斯社会集中到了以两河流域为中心的亚拜占庭化宫廷(sub-Byzantine court)周围。拜占庭的建筑师帮助建造了泰西丰的宫殿;拜占庭的土地征税方法为库斯老一世(胡斯洛一世——编者注)提供了模范;亚里士多德学说这时也被采纳用以论释袄教伦理;两河流域的讲叙利亚语的基督教信徒就像他们的邻居一样跨过边境线,到萨珊王朝的首都传播拜占庭医学、哲学和宫廷礼仪。边境线经常开放……拜占庭与波斯被肥沃新月地带的财富和人口繁育力吸引到一起。"①

萨珊王朝时期,基督教的一支——聂斯托利派传入波斯,带动了波斯哲理性学术的发展。在这个过程中,一所基督教学校在波斯基督教学术发展史和教育史上发挥了重要作用。这所学校于公元 4 世纪出现在幼发拉底河上游西岸城市阿迪斯(乌尔发),促成了基督教在波斯的快速传播。4 世纪后,一些较早皈依基督教的波斯人热衷于理性学术活动,他们著书立说,教书育人,其中许多人成为阿迪斯这所基督教学校的教师,使这所位于罗马帝国境内的学校以波斯学校而闻名。5 世纪,许多波斯基督教教徒皈依了聂斯托利派,得到萨珊王朝的庇护。后来,纳塞宾建立了一所新的学校,其教育活动一直持续到 7 世纪。这所学校有 800 余名聂斯托利派教徒,他们是希腊教育的热情鼓吹者。正是他们将希腊医生盖伦(约 129—199)的理论介绍到波斯,并且参与了波斯境内医院的医疗工作。

在萨珊王朝国王的支持下,聂斯托利派在波斯迅速传播,出现了一批聂斯托利派教徒的活动中心。这些中心既是聂斯托利派的宗教中心,也是他们的学术中心和教育中心,有一大批杰出学者在这些中心从事逻辑学、医学和其他学科的研究和著述。"这些学术中心在 7—10 世纪,对哈里发帝国和阿拔斯王朝的学术发展起了决定性作用。由于阿拔斯王朝的宫廷人士的努力,这

_____

① 刘新成:《全球史评论》第三辑,98 页,北京,中国社会科学出版社,2010。

一王朝实际上继承了萨珊王朝的学术传统。"①

　　萨珊人享有建立第一座教学医院的美誉。阿尔达希尔一世在位时期，伊朗南部的贡德沙普尔城出现了第一座教学医院。在这里，实习医生得到熟练医生的指导和培训，协助熟练医生治疗病人，在临床实践中学习医学知识。6—7世纪，贡德沙普尔城的这个医学教育中心吸引了来自希腊、波斯和印度的学者。②

　　波斯人视野开阔，思想自由。由于波斯与希腊、印度以及近东各民族之间的文化与学术交流，萨珊王朝时期的波斯学术研究有了明显的提高，特别是在医学、数学和天文学方面取得了长足的进步，而这也促进了波斯境内高等教育的发展。

　　希腊文化对波斯文化的影响非常明显，这种影响可以追溯到阿契美尼德王朝和帕提亚王朝，并持续到萨珊王朝时期。胡斯洛一世对柏拉图和亚里士多德的思想怀有极大兴趣，鼓励波斯学者对亚里士多德的著作进行评注。③ 一些古波斯语作品反映了萨珊王朝与印度的文化交往。例如，胡斯洛一世派御医从印度带回梵语寓言故事集《五卷书》，并将此书译为古波斯语——巴列维语。《五卷书》是古印度宫廷教育读本，后来有人将它从巴列维语译为阿拉伯语，更名为《克里来与迪木乃》。史书记载，也正是胡斯洛一世将印度棋引进波斯。萨珊人还把梵文佛经《佛所行赞》《本生经》《普曜经》编译为《佛陀传》和《菩萨与苦行僧》两部书，这两部书后来也都被译为阿拉伯语。

　　(二)政治与社会对萨珊王朝文化教育的影响

　　萨珊王朝是一个君主制国家，国王在严格的法律意义上是最高的统治者、

---

　　① [伊朗]扎比胡拉·萨法：《伊朗文化及其对世界的影响》，张鸿年译，78页，北京，商务印书馆，2011。

　　② [美]米夏埃尔·比尔冈：《古代波斯诸帝国》，李铁匠译，157页，北京，商务印书馆，2015。

　　③ [伊朗]阿卜杜·侯赛因·扎林库伯：《波斯帝国史》，张鸿年译，431页，上海，复旦大学出版社，2011。

立法者和统帅，但实际上却依赖于贵族的支持。贵族是国王实现统治的主要力量，他们管理着政府，指挥着军队，控制着地方。琐罗亚斯德教祭司是君主统治的另一支柱，王权与教权犹如帝国权力的双胞胎。世俗贵族与琐罗亚斯德教祭司对王权形成很大的钳制作用。在帝国边远的行省，地方统治者拥有很大处理事务的自由。随着琐罗亚斯德教作为国教地位的逐步确立，祭司在政治和社会生活中的地位也大为加强。因此，"王位的继承常常由祭司、武士和文士三个等级的代表选举产生，使萨珊王朝形成了一种类似于等级君主制的政治体制"①。

波斯有着严格的社会等级制度(种姓制度)，人们分属四个阶层：祭司、武士、文士和平民。祭司指的是琐罗亚斯德教祭司，他们负责主持祭火仪式，研习琐罗亚斯德教经典，维护宗教法律。武士就是服兵役的世袭贵族。文士主要是在政府中任职的文书，庞大的行政体系的运转以及对全国行政的监管需要为数众多的文士。此外，文士阶层还包括医生、诗人、乐师和占星师等。以上三个等级属特权等级，政治上居高位，经济上占有大量财产并免纳赋税。平民包括农民、手工业者和商人，他们要向政府纳税。除了以上四个等级之外，萨珊王朝还有少部分奴隶。等级是由出身决定的。例如，农民的儿子永远只能当农民，许多政府的职位可以由父亲传给儿子。古代的波斯人相信，人的天赋是可以遗传的。但是《伊朗大百科全书》中的一条古代波斯资料证明，例外的情况也可能存在："如果有优秀的知名人士被发现了……本人经过高级祭司正式考试之后，他将被提拔到一个更高的等级——众王之王嘉奖的臣民等级。"②在严格的等级制度下，教育主要限于祭司、武士和文士这些特权等级，而不同的等级有着不同的教育。

---

① 王新中、冀开运：《中东国家通史·伊朗卷》，125 页，北京，商务印书馆，2002。
② [美]米夏埃尔·比尔冈：《古代波斯诸帝国》，李铁匠译，113 页，北京，商务印书馆，2015。

琐罗亚斯德教要求祭司诚实，能够准确宣扬圣书《阿维斯塔》。一些儿童所接受的教育，目的就是要将他们培养成祭司。随着琐罗亚斯德教的传播，主持公共宗教事务的责任就落在了祭司的肩上。琐罗亚斯德教时常强调，宗教领袖必须明智老练、知识渊博，接受过良好教育。由于古代波斯的公共教育通常基于宗教问题，因此琐罗亚斯德教的祭司对教育和培训负有责任。这些祭司本身就是优秀品德的榜样，受到人们的尊敬和景仰。他们习惯于晚上学习，并向自己的学生传授基本的宗教和道德知识。

相较而言，萨珊宫廷有着好学的风气。设在宫廷里的教育中心担负着将贵族子弟培养成为未来的国家统治者和管理者的任务。王室与贵族子弟 5—7 岁进入学校学习，一般在 15 岁左右完成普通教育、道德与宗教教育。在学校里，他们学习读写，背诵琐罗亚斯德教经典。为了把他们培养成军队指挥官，他们要学习骑马、射箭等技艺，而狩猎是教育贵族青年的重要方式之一。此外，贵族教育还包括乐器演奏、唱歌、下棋、社交礼仪等。在萨珊王朝留下的文化典籍中，部分道德类的典籍就是为劝诫贵族子弟以及统治者修身廉政的，如《卡瓦德之子与青年贵族》《对学生训谕》《卡瓦德之子胡斯洛遗训》《阿尔达希尔遗训》等。

文士在萨珊王朝的政府机构中起着重要的作用。古代埃及和两河流域的王国都设立过学校培养书吏。资料表明，波斯帝国也有这类学校。要当书吏的年轻人要学会写字，还要学习数学和天文学等知识。

对于农民、牧民和其他下等阶层来说，接受正规的学校教育是非常罕见的事情，多数人不会读写，但是商人很可能会接受读写算方面的教育。在严格的等级制度下，儿童们学习的是家里祖传的手艺。

(三)琐罗亚斯德教对萨珊王朝文化教育的影响

琐罗亚斯德教的创立者是波斯人琐罗亚斯德(Zoroaster)。琐罗亚斯德的生平比较模糊，莫衷一是。琐罗亚斯德教的经典《阿维斯塔》，在伊朗文化史中的地位相当于印度的《吠陀》。它既是伊朗古老的宗教典籍,又是一部非常重要的神话总汇,是研究伊朗上古时期社会生活和宗教文化思想的珍贵文献。在相当长的时间里,《阿维斯塔》口耳相传,直到 4 世纪萨珊王朝时期才出现完整的成文版本。也就是在这一时期,琐罗亚斯德教被逐步立为国教。

琐罗亚斯德教最核心、最基本的教义是善恶二元论。它认为善与恶是世界的两大本原,代表善界与恶界力量的分别是光明天神阿胡拉·马兹达和黑暗魔王阿赫里曼。马兹达是光明与生命的源泉,是智慧、善良、真诚与创造的象征,阿赫里曼则是黑暗与死亡的渊薮,是愚昧、邪恶、虚伪和破坏的代表。善恶两种力量不断斗争,最终善战胜恶。琐罗亚斯德教崇拜火,把火视为光明天神的象征。琐罗亚斯德教的神庙里有常年不息的火。

萨珊王朝的法律规定,父亲必须确保其子女熟悉琐罗亚斯德教的知识。琐罗亚斯德教对人及其教育的态度是波斯教育历史建立和形成最为重要的原则。①《阿维斯塔》中有很多关于知识与礼貌的话语。这说明古代波斯人非常重视教育,知识、智慧和文学具有很高的地位。

如前所述,琐罗亚斯德教认为,马兹达是光明与生命的源泉,是智慧、善良、真诚与创造的象征。因此,它鼓励教徒学习知识,拥抱智慧,追求真善美。同时,琐罗亚斯德教规定信徒必须遵守"三善"这一基本道德原则,即善思、善言和善行。

琐罗亚斯德教及其经典《阿维斯塔》对古代波斯的教育产生了很大的影响。例如,《阿维斯塔》反复强调真实性,它被视为琐罗亚斯德教的根本特征。因此,道德教育也强调真实性。体育和军事训练是萨珊王朝年轻人,特别是贵族子弟所接受的重要教育。这种培训得到重视的主要原因或许是波斯所处的

---

① Zahra Behnamfar, Abbasali Maghsoodlou and Kobra Nodehi, "Principles of Education in Ancient Iran with a Look at Yashts," *Journal of Novel Applied Sciences*, 2013(2), pp.1085 - 1088.

地理位置使它经常要面对战争和外来入侵者。而从琐罗亚斯德教的角度来说，疾病被归于恶神，阿胡拉·马兹达则代表着健康。因此，每一个人都有责任抗击恶神，保持身体健康。

第二节　早期伊斯兰国家统治下的教育

希提在其所著《阿拉伯通史》一书中提出伊斯兰化的三个阶段：一是正统哈里发阶段完成的所谓"穆斯林的征服"，即非伊斯兰地区对穆斯林在政治上的臣服；二是倭马亚王朝和阿拔斯王朝统治的第一个世纪完成的帝国内大部分居民改奉伊斯兰教；三是语言的同化，这个阶段是最晚的，也是最慢的。阿拔斯王朝末叶，阿拉伯语取得最后的胜利，成为广大民众的口头语言。① 中世纪的波斯经历了上述三个阶段，这段历史彻底改变了波斯文明的结构和面貌，使其成为伊斯兰文明的重要组成部分。尽管经历了阿拉伯化和伊斯兰化，但是对于新兴的阿拉伯民族，波斯具有明显的文化优势，这使得早期的阿拉伯—伊斯兰文明具有大量的波斯元素。怀着对民族传统文化的自信和对异族统治的不满，阿拉伯帝国统治下的波斯涌动着民族主义的文化思潮，最为重要的表现是使用阿拉伯语继续述说波斯民族的光荣历史，创作体现波斯民族精神的文学作品。在教育上，在持续几个世纪的阿拉伯化和伊斯兰化的过程中，对于波斯人来说，实际上是新旧教育并存。波斯古老的教育传统为阿拉伯帝国的教育提供了新的形式和内容，特别是在世俗教育领域。

---

① ［美］菲利浦·希提：《阿拉伯通史（第十版）》，马坚译，325～327 页，北京，新世界出版社，2008。

一、阿拉伯帝国统治下的波斯文化

(一)波斯的阿拉伯化和伊斯兰化

7世纪上半叶,在炎热干燥的阿拉伯半岛,一种宗教、一个民族和一个帝国迅速崛起。这种宗教就是伊斯兰教,这个民族就是阿拉伯民族,这个帝国就是由哈里发统治的阿拉伯帝国。651年,萨珊王朝不复存在。到8世纪中叶,也就是阿拔斯王朝建立时,萨珊王朝旧地基本被阿拉伯人控制。

阿拉伯帝国统治下的波斯一方面经历了被征服所带来的直接的文化与宗教结果——阿拉伯化和伊斯兰化,使得波斯文明发生了重大的转变;另一方面又给从沙漠里来的征服者送去积淀了上千年的文明成果,给阿拉伯—伊斯兰文明打上了深深的波斯文明的烙印。与此同时,波斯继续充当着各种文化交汇的中心。

在阿拉伯帝国统治的不同时期,波斯人与阿拉伯人、波斯文化与阿拉伯文化之间的关系是有所变化的。倭马亚王朝时期,阿拉伯人在被征服民族和地区推行阿拉伯化和伊斯兰化,并确保阿拉伯人的政治统治地位以及优越社会地位的政策。例如,在政治上,阿拉伯人垄断了几乎所有的军政要职,波斯人等非阿拉伯人大都被排除在权力机构之外,享有的政治权利十分有限。在语言上,阿卜杜·马利克统治时期(685—705),规定所有官方文书一律使用阿拉伯语,换言之,阿拉伯语取代了伊拉克和伊朗地区被广泛使用的巴列维语。国家机关语言的阿拉伯化影响很大,其结果是阿拉伯语在各地的发展和普及,这"为阿拔斯王朝时期出现的具有重大历史意义的'翻译运动'创造了条件",并使得阿拉伯语成为"整个伊斯兰世界的文化语言"[1]。许多波斯人为了谋求公职而去学习阿拉伯语。此外,马利克还强迫波斯穆斯林用阿拉伯语祈祷。在财政上,倭马亚王朝铸造了纯粹的阿拉伯货币,停止使用拜占庭金币和波斯银币。在税收政策上,倭马亚王朝优待穆斯林,免除其赋税义务。

---

① 纳忠:《阿拉伯通史》上卷,349页,北京,商务印书馆,2005。

在倭马亚王朝前期，阿拉伯帝国境内的许多琐罗亚斯德教教徒保持了他们的信仰。到倭马亚王朝后期，大量波斯人出于经济原因改奉伊斯兰教。尽管如此，这一时期波斯的琐罗亚斯德教教徒人数仍然居于多数。

在阿拔斯王朝统治的最初一百年，波斯人基本被阿拉伯化和伊斯兰化，阿拉伯语成为帝国境内包括波斯人在内的各个民族的通用语言，伊斯兰教也成为波斯人的主要信仰，琐罗亚斯德教教徒成为少数派。这是波斯文化史上的一次重大转变，它从根本上改变了波斯文化的面貌。

波斯人在阿拉伯帝国内的政治地位也发生了很大的变化。导致这种变化的因素主要有二。一是随着阿拉伯帝国境内的非阿拉伯民族逐渐阿拉伯化与伊斯兰化，再加上通婚带来的民族融合，阿拉伯穆斯林与非阿拉伯穆斯林之间的界线逐渐模糊。因此在倭马亚王朝后期，阿拉伯统治者实际上开始放弃原先的阿拉伯民族优先，歧视非阿拉伯人的政策。二是阿拔斯王朝的建立得到了波斯人强有力的政治和军事支持，以至于有"阿拔斯王朝是建立在波斯人肩膀上"[1]的说法。在阿拔斯王朝建立之初，哈里发在政治上把波斯人视为重要的依靠力量，波斯官僚存在于帝国中央和地方的各个部门。故而，这一时期阿拉伯帝国的阿拉伯化和伊斯兰化带有鲜明的波斯特征，是以波斯人为主的对阿拉伯—伊斯兰社会的全面推动，从而奠定了波斯人在阿拉伯—伊斯兰世界的重要地位。就像美国学者希提所认为的那样，倭马亚王朝的覆灭标志着"伊斯兰史上纯粹阿拉伯的时代已成过去"，"阿拉比亚民族主义覆灭了"，而在阿拔斯王朝时期，阿拉伯帝国是比较国际化的，"在国际伊斯兰教的伪装下，伊朗民族主义耀武扬威地前进"。[2]

---

[1]　纳忠、朱凯、史希同：《传承与交融：阿拉伯文化》，177 页，杭州，浙江人民出版社，1993。

[2]　[美]菲利浦·希提：《阿拉伯通史（第十版）》，马坚译，216 页，北京，新世界出版社，2008。

(二)波斯文化对阿拉伯帝国的影响

在论及中世纪阿拉伯文化时，应注意这一文化实际上是以阿拉伯语为媒介，由阿拉伯帝国境内的各个民族共同创造的文化，而绝对不是阿拉伯民族的文化。同时应注意的是，阿拉伯帝国初创时期，相对于周边的其他民族——罗马人、波斯人、埃及人等来说，其民族文化与教育的发展都是初级的。因此，新兴的阿拉伯帝国及其文化不可避免地带有大量波斯文明的元素。当波斯人、叙利亚人、埃及人、柏柏尔人以及其他民族皈依伊斯兰教，而且同阿拉伯人通婚之后，穆斯林的民族出身退居次要地位。在阿拉伯帝国的所有领域，非阿拉伯穆斯林都有参与，很多情况下，甚至无法区分他们的民族身份。到阿拔斯王朝，阿拉伯—伊斯兰文化这一生根于希腊文化、叙利亚文化和波斯文化的文化已经成长为枝繁叶茂、欣欣向荣的"文化巨树"。

阿拉伯帝国建立之初，阿拉伯人除了向波斯人学习治国理政的经验之外，语言文化的借鉴也是令人瞩目的。从阿拉伯半岛的沙漠绿洲中走出来的阿拉伯人在创建帝国的过程中经历了太多的新鲜事物，以至于原有的阿拉伯语难以满足复杂的政治、经济、社会和文化生活的需要，而不得不从其他民族的语言中借用词汇，来丰富自己的语言。"其中波斯语最能适应阿拉伯人的需要，为阿拉伯人吸收外国语的主要源泉。阿拉伯语汇中如水壶、盘子、桌子、丝绸、绸缎、珊瑚、宝石、水晶、糕点、糖果、肉桂、水仙、蔷薇、百合、花园、水库、天秤、外衣、长裤……以及机关、首相等词，都源于波斯语。"[1]

为了借鉴其他民族治国理政的历史经验，学习其他民族的优秀文化成果，从倭马亚王朝开始，阿拉伯人就很重视对外国古典著作的翻译。例如，波斯语的萨珊王朝历史及典章制度被译为阿拉伯语。麦加城内的音乐家赛义德·伊本·米斯查据说曾游历波斯等地，并把波斯歌曲翻译成阿拉伯语。倭马亚

---

[1] 纳忠:《阿拉伯通史》上卷，364 页，北京，商务印书馆，2005。

王朝时期杰出的作家和翻译家阿卜杜勒·哈米德曾将大量的波斯书信译为阿拉伯语，并模仿波斯书信体进行创作。波斯书信体辞藻华丽，后来演变成一种写作范本。此外，阿拉伯的抒情诗，以及阿拉伯文学在作品中穿插格言和寓言等都受到了波斯文学的影响。

在建筑艺术中，倭马亚王朝时期的阿拉伯人也以叙利亚人、埃及人和波斯人的艺术家为师，虚心学习古代建筑艺术，从而开创了别具一格的阿拉伯—伊斯兰建筑艺术。阿拉伯—伊斯兰建筑艺术又可以按照地理特征划分为叙利亚—埃及学派、伊拉克—波斯学派、西班牙—北非学派和印度学派，其中伊拉克—波斯学派是以古代的萨珊式样、加勒底式样和亚述式样为范例的。

阿拔斯王朝初期，波斯人在政治上大受重用，这使得波斯文化在阿拉伯帝国境内的影响力大大增强。再加上阿拔斯王朝的首都巴格达位于萨珊王朝首都、波斯文化的中心——泰西封附近，这对阿拔斯王朝初期文化的发展也产生了重大影响。希提在《阿拉伯通史》中这样描述这种影响："历代哈里发，在这里建立了萨珊王朝科斯洛艾斯式（Chosroism）的政府。信奉伊斯兰教的阿拉伯人受到了波斯的影响，哈里发的职位，不过是伊朗专制的复活，与阿拉比亚的族长制大相径庭了。在那个时代，波斯头衔、波斯酒、波斯老婆、波斯情妇、波斯歌曲和波斯思想，逐渐占了上风。"[1]因此，阿拔斯王朝早期的学术文化呈现出朝着"阿拉伯—波斯文化"方向发展的趋势。[2]

此外，还应注意的是，这一时期在波斯人中兴起了一种新的文化思潮——"舒欧比亚"。我国伊斯兰文化学者马坚将它译为"多民族主义"。"舒欧比亚"反对阿拉伯民族的优越地位，提倡民族平等。倡导"舒欧比亚"的波斯人通过把巴列维语的波斯文化典籍译为阿拉伯语，以及用阿拉伯语创作表达民族自豪感的作品，来证明波斯文化的优秀。受"舒欧比亚"影响的文化运动

---

① ［美］希提：《阿拉伯通史》，马坚译，341~342 页，北京，商务印书馆，1979。
② 纳忠：《阿拉伯通史》上卷，558 页，北京，商务印书馆，2005。

为波斯的"再度崛起和恢复本民族的光荣传统奠定了坚实的基础"①。阿拔斯王朝初期著名的有波斯血统的作家大都持有"舒欧比亚"的思想,其中很多是杰出的文书大臣、著作家和翻译家。9世纪上半叶的著名吟唱诗人阿卜·阿毕德·莫阿玛尔就是其中一位,他著有《阿拉伯人得益于伊朗灿烂文明之处》等。成书于11世纪的波斯民族史诗《列王纪》也是"舒欧比亚"思想的重要成果。

开始于倭马亚王朝但非系统的古典学术著作的翻译工作,在阿拔斯王朝统治者的支持下,发展成为一场持续百年的翻译运动。许多阿拔斯王朝波斯籍官员本身就是接受过良好教育的文人学者,他们虽为阿拉伯帝国的官员,但怀有民族情感,力图宣扬波斯文化,因此积极支持翻译波斯典籍。阿拔斯王朝初期,大部分萨珊波斯古籍已被译为阿拉伯语,包括萨珊诸王史、《礼仪规范》《历书》《巴赫拉姆·楚宾的故事》《扎德法拉赫教子篇》《霍斯鲁父子对话录》《阿尔达细尔教子篇》《阿努席拉旺传》《箭术要领》《马球规则》《沙赫里亚尔星图》《贾玛斯帕炼丹术》等。② 其中影响较大的波斯籍翻译家有伊本·穆加发。他翻译了《波斯诸王史》《阿伊拿玛》《克里来与迪木乃》等典籍。《波斯诸王史》为历史学家塔巴里编著《历代民族与帝王史》等历史著作提供了参考和借鉴,同时也成为阿拔斯王朝哈里发及大臣治国理政的案头读本;《阿伊拿玛》一千余页,是一部记载波斯历代风俗习惯和法律的著作。波斯文化对阿拉伯—伊斯兰文化影响最大的是史学和文学,所翻译的波斯著作多半也是这一类。波斯故事集《海扎尔·艾弗萨纳》被译成阿拉伯语。10世纪上半叶,哲海什雅里在此基础上创作了举世闻名的阿拉伯文学作品《一千零一夜》。

波斯籍通晓阿拉伯语的文学学者除了翻译波斯历史和文学典籍之外,也用纯正的阿拉伯语进行文学创作。"其中伊本·穆加发为阿拉伯散文开了一个

---

① [伊朗]扎比胡拉·萨法:《伊朗文化及其对世界的影响》,张鸿年译,61页,北京,商务印书馆,2011。

② [伊朗]扎比胡拉·萨法:《伊朗文化及其对世界的影响》,张鸿年译,48~49页,北京,商务印书馆,2011。

新时代，成为阿拉伯散文的鼻祖。"①在波斯文学的影响下，阿拉伯文学早先那种质朴的文风不复存在。"矫饰和辞藻的倾向，成为这个时期散文的特征。早期散文的简洁、锐利、质朴的表现法，一去不复返了。取而代之的，是一种精巧而且优雅的文体，这种文体富于精心结构的明喻，而且处处押韵。"②这一时期的阿拉伯诗歌也充满了波斯诗歌的情调，满是鲜花美女，歌舞宴饮，谈情说爱。

阿拔斯王朝时期，波斯文化与阿拉伯文化的影响无疑是双向的。一方面，一批阿拉伯人从波斯文化典籍中汲取了营养，丰富了自己的作品；另一方面，一批波斯人参与了阿拉伯文学的创作。这种双向作用推动了阿拉伯文学的发展和繁荣。③

二、阿拉伯帝国统治下的波斯教育

阿拉伯帝国兴起之初，阿拉伯民族自身的教育是非常落后的，也正因如此，它成为好学的"好学生"。随着军事和政治的征服，以及阿拉伯化和伊斯兰化程度的深化，帝国境内各民族的教育自然受到了影响。不过，帝国的宗教宽容和民族宽容政策，以及阿拉伯民族世俗教育的落后，也使得包括波斯在内的非阿拉伯民族的传统教育仍有生存和发展的空间，而帝国时期学术与文化的繁荣也促进了教育的发展。另外，值得一提的是，中国造纸术在帝国境内的传播对阿拉伯—伊斯兰文化的繁荣与教育的发展起到了推动作用。

在阿拉伯帝国统治时期，特别是其初期，就学术素养和教育发展成熟程度而言，波斯人无疑可以成为阿拉伯人的老师。伊本·哈尔东（1331—1405）

---

① 纳忠：《阿拉伯通史》上卷，559 页，北京，商务印书馆，2005。
② [美]希提：《阿拉伯通史》，马坚译，477 页，北京，商务印书馆，1979。
③ [伊朗]扎比胡拉·萨法：《伊朗文化及其对世界的影响》，张鸿年译，53 页，北京，商务印书馆，2011。

在其所著的《通史》前言中写道:"令人感到奇怪的现象之一就是在伊斯兰世界,掌握学术的人大多是伊朗人。不管是在宗教学问上,还是在哲理学问上,如果发现一个学者是阿拉伯人,人们也会以为他在语言运用上和学术教养上受惠于伊朗人。这是因为在伊斯兰民族中,在开始阶段,其学术与工艺极其原始和薄弱,还不能称之为学术……要学习学问则需要教育,需要研究方法。我们曾经指出,方法和技巧是文明发展的结果。但阿拉伯人却离文明相去甚远。专门的学问是属于文化范畴的。阿拉伯人文化落后,这一时期有文化的人都是伊朗人,或者是接近伊朗人的人,即释奴,或在文明上效法伊朗人的一些城市居民。因为这些人早在波斯帝国时期都已经接受了波斯文明的影响,所以他们适合承担此项重任。当时的语法学者、圣训学者和绝大多数注经学者都是伊朗人或者是学习了伊朗语言和接受了伊朗教育的人。"①

如前所述,阿拉伯化和伊斯兰化影响了帝国境内各个民族的教育,波斯教育与其他民族教育之间的界线和差异因此变得模糊,它们之间的共性日益凸显。阿拉伯帝国的教育事业多半是私人自由举办的,国家预算中没有教育经费一项,但哈里发、贵族和大臣对学者的馈赠是慷慨的。国家既不设置,也不干预教学纲领,除非讲授内容违背伊斯兰教的基本精神。因此,总的来说,阿拉伯帝国时期的学术与教育氛围是比较自由与开放的。在整个阿拉伯帝国境内,虽没有正规的、统一的教育制度,但还是有很多机构开展教育活动,充当学习场所。

清真寺是宗教礼拜和公共聚会的中心,也是最重要的教育场所;阿拉伯语的《古兰经》则是最重要的教学读本,诵读《古兰经》则是最重要的学习方式。早在638年,哈里发欧麦尔就将精通《古兰经》的经师派遣到各地,并且命令各地的人民定期到清真寺聆听宣教。清真寺也是讲授圣训学课程的场所。

---

① [伊朗]扎比胡拉·萨法:《伊朗文化及其对世界的影响》,张鸿年译,71~72页,北京,商务印书馆,2011。

这里除了举行聚礼，还有很多类似学术沙龙的集会和小组。在这种集会上，著名学者开设讲座，不仅讲授宗教学科，而且讲授语言学和诗学。每个穆斯林都可以自由地加入这种集会，获得学习的机会。这无疑是一种非正规的、开放的成人教育制度。与中世纪的修道院一样，中世纪的清真寺也是图书收藏所。

昆它布，即小学校，即使不是清真寺本身，也是清真寺的附属物。"昆它布"一词的含义，语言学家有不同的解释。根据《阿拉伯大辞书》的解释，"昆它布"是教育的场所。[①] 昆它布是普通穆斯林儿童接受正式教育的起步之地。年满 6 岁的儿童会被父母亲送到这里接受正规教育。在这里，除了学习诵读《古兰经》之外，儿童们也要学习读、写、算的基本知识，以及阿拉伯语语法、先知的故事、诗歌等。

除了昆它布这一具有某些公共属性的学校之外，还存在私立的初级学校——马克塔布。就波斯而言，有学者认为，741 年规定在呼罗珊和阿姆河以北地区一切官方活动中使用阿拉伯文，并禁止非穆斯林在政府中工作，因此"这一年可暂且视为这一地区在历史上开办私塾（maktab）的起点"[②]。10 世纪后，私塾的发展在波斯日趋完善。

第三种教育机构叫作"哈里·哈纳"（qārī-khāna）。这是一个阿拉伯—波斯语混合词，指诵读《古兰经》的大厅。在伊斯兰化时代，需要很多《古兰经》诵读者。哈里·哈纳是培养《古兰经》诵读者的学校，提供了私塾和高等伊斯兰学校——马德拉沙之间的一种联系。学生主要是孤儿和盲童，学成后必须能够全文背诵《古兰经》。在这些专业《古兰经》诵读者中，有许多人成为诗人和伊斯兰文化名人。

---

① ［埃及］艾哈迈德·爱敏：《阿拉伯-伊斯兰文化史》第三册（二），纳忠译，49 页，北京，商务印书馆，1991。

② ［英］C.E. 博斯沃思、［塔］M.S. 阿西莫夫：《中亚文明史》第四卷（下），刘迎胜译，7 页，北京，中国对外翻译出版公司，2010。

　　在阿拔斯王朝时期，高等伊斯兰学院——马德拉沙成为新兴的、独立的教学机构。瑞士东方学家亚当·梅茨(Adam Mez)认为，马德拉沙的出现首要原因是教学方法上的转变，即从原先的口述(dictation)到讲授。[①] 另外一种观点认为，游学学生的增加，特别是当伊斯兰教法发展成为一个不同于圣训的研究领域之后，需要有一个比较固定的、能够提供住宿的学习场所，这推动了马德拉沙的产生。马德拉沙最初是一个专门学习伊斯兰学，特别是伊斯兰教法律的场所。在阿拉伯帝国，"接受伊斯兰教法的训练可以成为日后一种生计，故十分流行"。997年，在尼沙布尔，今伊朗东北部的马什哈德，杰出的法律教师吸引了500多名的学生。而且，"马德拉沙"一词一开始是与"清真寺"一词互用的，因为这两个建筑常常挨在一起，内容相差无几的教学活动在这两种建筑里同时进行。马德拉沙在发展过程中逐渐与清真寺分离，成为一种独立的教学机构。其教学内容也不再限于伊斯兰教法，而成为传授教法、教义、阿拉伯哲学、阿拉伯语语法等综合性知识的教学机构。教师和学生的活动也比较自由，因此它逐渐向"自由大学"的方向发展，"成为伊斯兰世界中学习教义学与世俗知识的中心和官员阶层的代表接受穆斯林正统精神教育的场所"。[②] 另外，它的出现也使伊斯兰社会的教育出现了进一步的层次分化。

　　在马德拉沙，一般20余名学生跟着一名教师学习伊斯兰教法。学习从背诵《古兰经》和先知的圣训开始，然后进入实际事务层面。要成为一名法学家，必须能够回答非专业人士提出的问题；要成为一名法官，还要就案件做出判决。因此，马德拉沙的学生要熟悉和牢记圣训和以往的法学家的观点，能够根据《古兰经》和圣训中的文本做出回答。马德拉沙培养学生的重要方法是辩论。在辩论中，两名学者各持一端，每一方都试图使对方哑口无言。如果不

---

　　① [英]C.E.博斯沃思、[塔]M.S.阿西莫夫：《中亚文明史》第四卷(下)，刘迎胜译，11页，北京，中国对外翻译出版公司，2010。

　　② [英]C.E.博斯沃思、[塔]M.S.阿西莫夫：《中亚文明史》第四卷(下)，刘迎胜译，10页，北京，中国对外翻译出版公司，2010。

能做到这一点，就要说服听众，让他们相信自己已经压倒对手。经过四年的学习，教师会对学生进行考核，合格的学生会得到允许解答法律问题的证明。如果学生不仅想解答法律问题，还想从事教学工作，那么他必须担任教师的助教，实习一段时间。另外，他还得完成一份讲义。这份讲义常常是对权威伊斯兰教法手册的评论，在整个培养过程中，它的作用类似于博士学位毕业论文。最后，教师会向合格的学生发放教学许可证。需要指出的是，马德拉沙的伊斯兰教法教学与在校外的教学一样，是非正式的、个体的。发放许可证是教师个人的行为，而不是学校颁发的。因此，教师的声望比学校的声望更为重要，而且许可证没有统一的样式，因为它不是国家机构颁发的。

在阿拉伯帝国的城市里，除了马德拉沙这种高等宗教学校之外，还有高级世俗学校达比里斯坦（dabīristān）。在伊朗和阿姆河以北地区，达比里斯坦综合了萨珊王朝与后来阿拉伯哈里发统治下繁荣起来的近东和中东地区中世纪早期学校与学院的许多因素。① 它主要是培养政府机构、法庭或商贸机构中的书记官，但教学中除了要让学生掌握起草公文和信函的能力之外，还要学生接受历史、文学、哲学、音乐、骑射、摔跤、下棋甚至厨艺等方面的综合训练。

伊斯兰学者的学术旅行蔚然成风，旅行的过程既是学术交流的过程，也是传播知识的过程，这对阿拉伯帝国的学术研究和文化教育的发展起到了积极作用。在这个伊斯兰学者群体中，有相当一部分学者是波斯籍的。这些学者还时常充当哈里发的宫廷教师和贵族的家庭教师。

阿拉伯化和伊斯兰化经历了几个世纪。在这个过程中，实际上是阿拉伯—伊斯兰教育与各民族传统教育并存的时期。8世纪中叶，学者母撒·亚撒尔开设讲座时，右边坐着阿拉伯学生，左边坐着波斯学生，他分别用阿拉伯语和波斯语讲课和答辩。因此，他的学生既能学习阿拉伯语丰富而优美的词

---

① ［英］C.E. 博斯沃思、［塔］M.S. 阿西莫夫：《中亚文明史》第四卷（下），刘迎胜译，5页，北京，中国对外翻译出版公司，2010。

章，又能掌握波斯人深刻而隽永的哲理。① 这是阿拉伯—伊斯兰教育与非阿拉伯民族传统教育并存的一个生动案例。

萨珊王朝时期的波斯学术中心与教育传统在阿拉伯帝国时期一直发挥着影响力。例如，伊斯兰世界的医院延续了萨珊王朝的传统，它们既是医疗中心，又是医学教学中心。学生们在医院以理论与实践相结合的方式学习医学。

当然，随着阿拉伯—伊斯兰文化的壮大，波斯传统文化与教育也相应地萎缩了。

第三节　萨法尔王朝和萨曼王朝时期的波斯文化与教育

9 世纪中叶以后，阿拉伯帝国东部兴起了以萨法尔王朝和萨曼王朝为代表的一系列伊斯兰地方王朝。在这些王朝的庇护和支持下，以达里波斯语兴起为标志，波斯文化经历了一个复兴时期。其教育也继续发展，主要表现在私塾和马德拉沙这两种学校的发展上。

一、波斯地方王朝的兴起

随着阿拉伯帝国的衰落，帝国的东部地区，即伊朗和中亚地区，兴起了一系列独立的伊斯兰王朝，位于巴格达的哈里发开始丧失对它们的控制。

波斯地方王朝的兴起是从塔希尔王朝的建立开始的。822 年，波斯将军塔希尔下令所辖地区在聚礼日讲道时不再念哈里发的名字，而改念自己的名字，自立为王。"这就是伊朗人建立的第一个独立的伊斯兰王朝。"②塔希尔家族宣

---

① 纳忠：《阿拉伯通史》上卷，559 页，北京，商务印书馆，2005。
② 王治来：《中亚通史·古代卷》下，1 页，乌鲁木齐，新疆人民出版社，2004。

称自己是萨珊王朝诸王的后裔。塔希尔王朝鼓励教育，据说当时穷苦人的孩子也能上学。①

稍后出现的另一个地方王朝是萨法尔王朝。在阿拉伯语中，萨法尔的意思是"铜匠"。萨法尔王朝得名于这个王朝的创始人雅各布（Yakub ibn Layth），他原是一名铜匠。萨法尔王朝的统治中心在东伊朗和阿富汗西南部的锡斯坦地区。871 年，雅各布派人朝见哈里发，向哈里发表示忠顺。873 年，萨法尔王朝消灭塔希尔王朝。903 年，萨法尔王朝被萨曼王朝取代。

萨曼王朝兴起于中亚河中地区，即锡尔河和阿姆河流域以及泽拉夫尚河流域，都城为布哈拉。萨曼家族成员曾是塔希尔王朝的地方官员。塔希尔王朝灭亡，萨曼家族走向独立。经过一系列的战争和领土扩张，萨曼王朝成为一个强大的帝国。10 世纪后半叶，萨曼王朝走向衰落。不过，即使是在萨曼王朝鼎盛时期，其周边地区仍有不少实际上独立的地方王朝或地方统治者，如阿布·达乌德王朝、伽色尼王朝等。这些地方王朝名义上臣服于萨曼王朝，但"只送礼物，而不纳贡赋"。999 年，萨曼王朝终为突厥人的黑汗王朝所灭。

在伊朗西部，波斯血统的德莱木人建立了布维希王朝。德莱木人同样自称萨珊王朝的后裔。927 年，布维希家族成为德莱木人的领袖。934 年，布维希家族在设拉子建立地方政权。945 年，进军巴格达，控制了之后的五任哈里发，成为巴格达的实际统治者。1055 年，布维希王朝被塞尔柱突厥人取代。

除了布维希王朝之外，德莱木人在伊朗北部地区还建立了阿拉维王朝、席亚尔王朝等地方王权。

二、萨曼王朝时期波斯文化的复兴与教育

（一）传统波斯文化的复兴

自萨珊王朝灭亡到波斯地方伊斯兰王朝的兴起，尽管倭马亚王朝和阿拔

---

① 王治来：《中亚通史·古代卷》下，3 页，乌鲁木齐，新疆人民出版社，2004。

斯王朝前期的翻译活动保留了一部分波斯文化,但是波斯文化在阿拉伯—伊斯兰化的过程中还是遭到相当严重的摧残,包括大量琐罗亚斯德教典籍的毁损和中古波斯语(巴列维语)的消失。"伊朗各地方王朝在政治史上的地位和作用远不如它们在伊朗文化史上的贡献。正是在伊朗地方王朝统治时期,波斯民族的传统文化开始复兴。"①

与巴格达的哈里发一样,这一时期伊朗地方王朝的君主也四处延揽诗人和学者,奖励他们进行文学创作和学术研究,在兴建宫殿的同时建造图书馆等学术与教育设施。许多地方王朝的统治者都自称萨珊王朝的后裔,极力支持波斯传统文化的复兴。在伊朗东部和东北部地区,也就是越远离阿拉伯帝国的政治和文化中心,这种文化复兴的势头越强劲。萨曼王朝是一个相对开明的王朝,"以建筑、支持艺术和教育而闻名于世"②。首都布哈拉被时人称为"光荣之家,帝国之庙堂,君权之卡巴(天房),当代名人集会之地"。皇家图书馆规模宏大,藏书丰富。著名学者伊本·西那在自传中写道:"我进入一栋有许多房间的建筑物,每一个房间里都垒着一箱一箱的书籍;一个房间里放的是阿拉伯文的书籍和诗集,另一个房间里则放着法律方面的书籍,等等。每一个房间里的书籍属于一个学科。我看了一个古代〔作家〕的书单,便索要我需要的书籍。我见到了那样一些书,对许多人说来其书名都是没有闻知过的。无论是以前或是在这以后,我都从来没有见过这样的〔藏书〕。我浏览了这些书籍,从中吸取教益,并懂得了每一个人在他的那门学科中的意义。"③

在伊朗地方王朝的庇护下,许多传统的波斯文化又趋复兴,重要标志之一就是新的波斯语——达里波斯语的兴起。达里波斯语是北巴列维波斯语与伊朗东部麦达因地区的语言相融合而产生的一种新的语言。到萨珊王朝末期

---

① 王新中、冀开运:《中东国家通史·伊朗卷》,158 页,北京,商务印书馆,2002。

② 〔美〕米夏埃尔·比尔冈:《古代波斯诸帝国》,李铁匠译,164 页,北京,商务印书馆,2015。

③ 王治来:《中亚通史·古代卷》下,44 页,乌鲁木齐,新疆人民出版社,2004。

与伊斯兰教兴起前后，这种伊朗首都地区的语言已经成为伊朗人的交际用语。9—10 世纪，达里波斯语成为波斯文学的语言。《列王纪》的作者菲尔多西（Ferdousi，940—1020）在写到《克里来和迪木乃》时说："纳斯尔是天下之君，此书在他的时代是阿拉伯文。他下令把此书译成达里波斯语，译完后人们才感到满意。"他在谈到自己的诗歌的语言时说："三十年我辛劳不辍，用波斯语复活了伊朗。"当然，这一时期的波斯诗人基本上都是能够同时使用达里波斯语和阿拉伯语进行创作的。达里波斯语采用阿拉伯语字母，且在词汇和语法上受阿拉伯语影响，这些因素更方便他们在两种语言间自由切换。从 11 世纪开始，达里波斯语传播到伊朗中部、西部、西北部和南部。今天，它是伊朗众多通用语中的一种。①

萨曼王朝是波斯文学的奠基时期。② 萨曼王朝的国王下令把由巴列维语译为阿拉伯语的书籍译为达里波斯语。波斯诗人鲁达基（Rudaki，850—940）出生于今塔吉克斯坦的一个农民家庭，早年接受过良好的经学教育，通晓阿拉伯文，善于吟诗、弹奏，是著名的"民间歌手"和"诗琴能手"，因此被萨曼国王延揽入宫。鲁达基创作了大量的诗篇，来表现波斯人的宗教思想与人生观。例如，他在一首诗歌中提出完美的人应该具备四个条件："健全的理智/健康的身体/温和的性情/良好的声誉/具有这四种财富/正直的人就无忧无虑。"他培养了许多著名的诗人，并热心教导青年一代诗人用自己的语言——达里波斯语进行创作。

《列王纪》是萨曼王朝时期成书的重要文学作品，也是波斯人的爱国热情和达里波斯语相结合的产物。出于反抗阿拉伯人统治的需要，波斯地方政权的统治者提倡书写历史上的民族英雄。10 世纪上半叶，已有三部散文体和两

---

① ［伊朗］扎比胡拉·萨法：《伊朗文化及其对世界的影响》，张鸿年译，115~119 页，北京，商务印书馆，2011。

② ［伊朗］扎比胡拉·萨法：《伊朗文化及其对世界的影响》，张鸿年译，124 页，北京，商务印书馆，2011。

部诗体《列王纪》问世。在前人创作的基础上，菲尔多西花费 40 年的时间完成了这部民族史诗。菲尔多西生于霍拉桑图斯城郊的贵族家庭，自幼受过良好教育，精通波斯语和阿拉伯语。《列王纪》叙述的历史横跨 4000 年，涉及 651 年波斯帝国灭亡为止的多名帝王公侯的事迹。菲尔多西在创作《列王纪》时极少使用阿拉伯词汇，几乎全部用波斯语写成，从而确立了波斯语的历史地位。《列王纪》是古代波斯民间文学的总汇，为后世的波斯文学创作提供了丰富的素材。

从 11 世纪到 13 世纪初，除东部地区外，伊朗都在用达里波斯语进行文学创作和学术著述，产生了大量作品，"从而使达里波斯语更加具有文学表现力和表达科学概念的能力。同时伊朗人在许多方面也无需去查阅阿拉伯语材料。虽然后来蒙古人进行了毁灭性的扫荡，很大部分伊朗人写的书毁于一旦，但是保留下来的部分仍然构成波斯语诗文和学术著作的精华"[①]。

除了文学领域之外，萨曼王朝在其他文化领域，如医学、历史学、地理学等，也产生了众多杰出人物。其中最为著名的学者是伊本·西那。

(二)萨曼王朝时期的教育

10 世纪以后，私塾马克塔布在伊朗地区的分布更为广泛，但教育往往是不正规的、非职业的。一些学者，包括伊本·西那、安萨里、布尔汗·丁·扎奴基(Burhan al-Din Zarnuji)等曾系统全面地论述了私塾的基本教学方法。

10—15 世纪，马德拉沙这种高级宗教学校在哈里发国家的东部地区广为传布，成为最高教育机构。[②] 但是，它们的创建归于地方的努力，因此不构成一种统一的教育制度。11 世纪，塞尔柱人崛起并控制了伊朗。与早期的阿拉伯人一样，塞尔柱人需要借助波斯人进行统治。塞尔柱王朝统治时期，它借

---

① [伊朗]扎比胡拉·萨法:《伊朗文化及其对世界的影响》，张鸿年译，130 页，北京，商务印书馆，2011。

② [英]C.E.博斯沃思、[塔]M.S.阿西莫夫:《中亚文明史》第四卷(下)，刘迎胜译，11 页，北京，中国对外翻译出版公司，2010。

用并向西传播了马德拉沙这种成熟的制度。有学者甚至认为，当塞尔柱王朝的宰相波斯人尼采木·木勒克（又译尼采姆·穆尔克，1018—1092）在巴格达创建起辉煌的尼采米亚大学时，只是简单地抄袭了东方的马德拉沙的样式而已①，或者说，尼采米亚大学是制度化的马德拉沙。

马德拉沙的教学内容是综合性的，既有宗教学，也有世俗科学。课程的重点是高雅文化，其中包含一系列理性知识的学科，如历史、诗歌、语言学、哲学、数学、天文学、化学和医学等。马德拉沙兼收贫困学生和游学生。游学学生在学习期间可以获得免费的膳宿。在相当长的时间里，马德拉沙在伊朗都是文化和教育中心。对于文化和教育来说，它总体上是有效和必要的。②

第四节　《卡布斯教诲录》中的教育思想

《卡布斯教诲录》的作者是席亚尔王朝的王子昂苏尔·玛阿里（Onsor al-Ma'āli）。席亚尔王朝的疆域大约覆盖现今伊朗的中部和北部地区，其东北方向是萨曼王朝，南面和西南面是白益王朝。与当时的贵族一样，昂苏尔·玛阿里所受的教育也是非常全面的，"这不仅使他后来具有游刃社会、应付事变、发展自己的能力，而且也为他在老年时总结一生，写出教诲性的文字打下了坚实的基础"③。《卡布斯教诲录》是昂苏尔·玛阿里晚年写给自己的儿子的。

---

① ［英］C.E. 博斯沃思、［塔］M.S. 阿西莫夫：《中亚文明史》第四卷（下），刘迎胜译，11 页，北京，中国对外翻译出版公司，2010。

② ［英］C.E. 博斯沃思、［塔］M.S. 阿西莫夫：《中亚文明史》第四卷（下），刘迎胜译，16 页，北京，中国对外翻译出版公司，2010。

③ ［波斯］昂苏尔·玛阿里：《卡布斯教诲录》，张晖译，Ⅱ页，北京，商务印书馆，1990。

波斯和阿拉伯文学中有很多劝谕性的文学作品，其中不少是类似于《卡布斯教诲录》的具有鲜明教育性质的作品，如萨珊王朝时期的《卡瓦德之子与青年贵族》《对学生训谕》《卡瓦德之子胡斯洛遗训》等，阿拔斯王朝时期的《扎德法拉赫教子篇》《霍斯鲁父子对话录》《阿尔达细尔教子篇》等。昂苏尔·玛阿里的《卡布斯教诲录》是中世纪波斯的散文名著。它内容丰富，涉及哲学、宗教、伦理、风俗、科学、政治、经济、军事等方面，被伊朗著名学者巴哈尔称为"伊斯兰文明的百科全书"。英国历史学家珀西·塞克斯也非常推崇这部作品，他说，假如有人问我哪一本波斯人写的书最能引起英国读者的兴趣，我愿意推荐昂苏尔·玛阿里写于公元 1082 年的一本有关生活的道德与规范的著作。①

一、关于人、理性与知识

昂苏尔·玛阿里认为，在神创造的世界中，人是"真主的骄子"，是最高级的存在，因为神在赋予人生命的同时还赋予他理性。在他看来，这个世界的秩序可以简约为一个链条——"要素连着空间，空间连着物质，物质连着精神，精神连着理性"。火、水、土和气是构成世界万物的最为初级的元素，而理性则在这一链条中属于最高的阶段。真主创造万物，但只赋予人这一骄子以理性，"真主只是训教人类应当智慧、诚实、仁慈，不应当虚伪、奸诈；而对动物则放任不管。因为动物不可能具备这三种品质"②。

人类因为拥有理智而成为万物之灵长，这种观点在中世纪的波斯应该是普遍性的认识。例如，菲尔多西在《列王纪》中写道："理智是真主的最慷慨的赐予"③，"人象翠柏一样高昂起头颅，他有清醒的理智和善良的言语。他既

---

① ［波斯］昂苏尔·玛阿里：《卡布斯教诲录》，张晖译，Ⅱ页，北京，商务印书馆，1990。
② ［波斯］昂苏尔·玛阿里：《卡布斯教诲录》，张晖译，184 页，北京，商务印书馆，1990。
③ ［波斯］菲尔多西：《列王纪选》，张鸿年译，2 页，北京，人民文学出版社，1994。

有意识、见解与理智，一切兽类就都得服从他的意志"①。因此，人类不能妄自菲薄。

人是有理性的，只要不是天生愚鲁，那么每个人都有可能成为一个有理智的人，即智者。然而在现实中，并不是所有的人都是有理智的人，换句话说，并不是所有的人都具有智慧、诚实、仁慈等理性的特征。那么，是什么阻碍人成为理性的造物呢？是什么阻碍理性支配人的活动呢？昂苏尔·玛阿里指出，是愚昧无知。因此，从一名粗俗邪恶的人成为一名高尚的智者，通达的路径就是学习知识。他告诫孩子："你应当像为了化缘而整日乞求的游方僧那样地去学习知识，以便成为一个智者。"他强调，学习使人摆脱粗俗，变得文明，人的高贵有赖于才智，智慧的力量来自知识。

在昂苏尔·玛阿里看来，知识的取得与对事物的认识有关，但它不等于对事物的直观认识，因为知识是一种系统性的认识，是学问。他说："知识的内容包括五点：品质、质量、数量、特性、原理，即是指：是什么、怎么样、有多少、什么性质、何种原因。"②人胜过其他动物在于，人不仅知道是什么，而且能够全面了解事物的特性、数量、原理。例如，牲畜知道火燃起来了，但是它不知道为什么会燃起来，怎样才能燃起来，而人可以透彻地认识这些。

昂苏尔·玛阿里认为，知识的来源有二：一是前人积累下来的、经过思考和整理的理论知识，二是个人的实践经验。二者相互结合，构成知识的整体。"理论和实践如同躯壳和灵魂，是相互结合在一起的。没有灵魂的躯壳和没有躯壳的灵魂一样，都是不完整的。"③因此，在成长为智者的过程中，人们要勤学苦练，既要深入探究书本上的知识，又要不断实践，积累直接经验。

---

① ［波斯］菲尔多西：《列王纪选》，张鸿年译，6 页，北京，人民文学出版社，1994。
② ［波斯］昂苏尔·玛阿里：《卡布斯教诲录》，张晖译，196 页，北京，商务印书馆，1990。
③ ［波斯］昂苏尔·玛阿里：《卡布斯教诲录》，张晖译，138 页，北京，商务印书馆，1990。

作为穆斯林,昂苏尔·玛阿里自然地把世界分为此世与彼世,把知识和学问也相应地分为宗教的学问和世俗的学问。在昂苏尔·玛阿里看来,人生之目的就是要"成为对此世和彼世都有益的人"。为此,要全面学习和掌握关于两个世界的知识和学问。不过,相较而言,宗教的学问,或者说关于彼世的学问更为神圣,更为重要,因为"假若你丝毫不了解彼世的学问,你就不能充分运用今世的知识……若不懂宗教学,就不能从今世获得利益"①。伊斯兰教两世兼重,追求两世吉庆。昂苏尔·玛阿里告诫孩子:"在这尘世浮生中的一切劳累辛苦,都不过是为永恒的净世所做的准备。而对净世应看得比尘世更为重要。但彼世的一切生活所必需,却都要靠此世来挣得。"②可见,昂苏尔·玛阿里同样重视世俗的学问,主张全面掌握知识。

在昂苏尔·玛阿里看来,一名智者就是一个掌握全面知识的人,是一个能全面控制自己的身体、生命、感觉和精神的人。"他有健全的体魄、旺盛的生命、丰富的感觉、敏捷的思维,他从外表到内心都高于常人。"③他既笃诚又有知识,品德高尚。

此外,昂苏尔·玛阿里认为,一个人的聪明程度,或者说智能是由先天因素和后天因素共同决定的。先天因素是人的天赋,是智力,后天因素是人的学习,是知识。天赋当然越多越好,"后天的智能则只有通过艰苦的努力才能得到。先天的优越加上后天的努力,就能成为举世奇才……在有一定的先天条件下,就应去刻苦地学习。这样即使不能成为智者,也能学识渊博,二者必居其一,而不会无所作为"④。

---

① [波斯]昂苏尔·玛阿里:《卡布斯教诲录》,张晖译,121页,北京,商务印书馆,1990。
② [波斯]昂苏尔·玛阿里:《卡布斯教诲录》,张晖译,3页,北京,商务印书馆,1990。
③ [波斯]昂苏尔·玛阿里:《卡布斯教诲录》,张晖译,186页,北京,商务印书馆,1990。
④ [波斯]昂苏尔·玛阿里:《卡布斯教诲录》,张晖译,199~200页,北京,商务印书馆,1990。

二、关于青年及对子女的教育

昂苏尔·玛阿里在撰写《卡布斯教诲录》时，自感"年迈体衰，精力殆尽"。作为父亲和老人，他既富有人生的智慧，又要面对令人生悲的衰老与将近的死亡。因此，对于青年和老年两个人生阶段的优点和缺点，他看得更为透彻。他尖锐地指出了年轻人的优势与劣势：朝气蓬勃、意气风发、蒸蒸向上、思维敏捷、行动灵活等是青年的优势；心气过剩、智慧不足等是青年的劣势。年轻人一般"都很浮躁，好象心里装着一团烈火，往往并未进行认真的审视思考，就主观地认为远比自己的父辈博学多才"①。他希望孩子保持朝气和活力，甚至保持"狂劲"，积极奋进，努力工作，追求自己的理想，切记不要虚度年华，老气横秋。但同时，他也提醒孩子要消除傻气，努力学习，遇事三思而后行，要尊重老人的智慧和富有智慧的老人。他说："对青年人的所作所为却是可以谅解的。即使如此，也应当举止庄重、理智清醒，这才不会玷辱尊严和高贵。"②

在昂苏尔·玛阿里看来，为子女提供良好的教育，既是父母的责任，也是父母慈爱的表现。即使子女天资愚钝，父母也不能放弃对他的教育。如果父母对子女的教育置之不理，那么社会迟早会来过问。不过，显然那时已经错过最好的教育时机。因为人的天资禀赋相差不大，如果不重视早期的教育，包括良好生活习惯的养成，那么随着年龄的增长，人与人之间的发展差异就会逐渐增大。"有的人变好，有的人变坏"，"有的人走向幸福，有的人开始悲苦"。

教育的目的是使孩子学会生存，学会有教养、文明的生活方式，"不仅能在时代的压迫面前坚强不屈，并且能不断地增长才智"③。教育的理想是培养

---

① ［波斯］昂苏尔·玛阿里：《卡布斯教诲录》，张晖译，2 页，北京，商务印书馆，1990。
② ［波斯］昂苏尔·玛阿里：《卡布斯教诲录》，张晖译，65 页，北京，商务印书馆，1990。
③ ［波斯］昂苏尔·玛阿里：《卡布斯教诲录》，张晖译，1 页，北京，商务印书馆，1990。

至善至美的人，他们"学识宏丰、品德高尚、谦逊慎行、纯真正直、清心寡欲、温文尔雅、忍耐若愚、知耻知羞"①。这样的人是有益的人，或者如菲尔多西所说的那样，是"为主行善"的人②。

为实现教育的上述目的和理想，昂苏尔·玛阿里主张将一切应学的知识和技能全部教给孩子，认为这是父母留给子女的最为重要的遗产，"小偷偷不走，大水冲不掉，烈火烧不坏"。为什么要尽可能地让孩子学习各种知识和技能呢？一是因为"谁也不能预料世界上将来会发生什么事件"，二是因为"不论什么技艺和才学总有一天会用得上。学习知识和技术决不会有错"③。

要注意的一点是，在教育内容上，昂苏尔·玛阿里认为要教给孩子全部的知识与技能，只是针对贵族子弟而言的。在他看来，平民百姓家的孩子最重要的是学会一门手艺，而贵族子弟除了手艺之外，还应学习文化、礼仪和艺术。即使是手艺，贵族子弟学的也不同于平民子弟。这种有差异的教育是昂苏尔·玛阿里所生活的那个时代存在的尊卑贵贱观念的体现。

基于同样的理由，昂苏尔·玛阿里认为男女在教育上是有别的。在女孩教育的问题上，昂苏尔·玛阿里是比较保守的。在他看来，在成人之前，应将女孩"放到深闺绣阁交保姆好好抚养"，懂事之后应让老师教她如何祈祷、斋戒、遵守教义、符合礼仪，以及读书写字。而当她长大成人之后，就应尽早把她嫁出。

昂苏尔·玛阿里认为，在教育的过程中要尊重孩子的兴趣和追求，不要扼杀他们的朝气和理想，要原谅孩子所犯的错误，不要动辄棍棒惩罚。但是，对于惰学者，强迫是十分必要的。惰学者好逸恶劳，没有明确的目标，懒于主动地去做任何事情。因此，为避免让他成为一个不学无术的人，必须强迫

---

① 〔波斯〕昂苏尔·玛阿里：《卡布斯教诲录》，张晖译，24 页，北京，商务印书馆，1990。

② 〔波斯〕菲尔多西：《列王纪选》，张鸿年译，7 页，北京，人民文学出版社，1994。

③ 〔波斯〕昂苏尔·玛阿里：《卡布斯教诲录》，张晖译，100 页，北京，商务印书馆，1990。

他克服惰性，必要时可以施以棍棒。

对于学习者，昂苏尔·玛阿里提出了一系列的教诲。例如，要勤于学问，假如不以坚强的意志刻苦钻研，是不可能掌握两个世界的知识的；要博采众长，不耻下问，不仅要向智者学习，也要向蠢人学习；不要自满自诩，要精益求精，"只有明了自己还有所不知时，才能成为一个智者"；衡量一个人是不是有经验，主要看他的行动，因此要重视实践，"富于经验的魔鬼胜过毫无经验的好人"，"麻雀在手胜过孔雀在林"。

三、关于伦理道德

知识渊博和品德高尚是智者最重要的两个特征。昂苏尔·玛阿里认为，尘世就是人生的猎场，知识与善行就是追猎的对象。因此，他在《卡布斯教诲录》中用了相当多的篇章论述了道德与伦理问题。

在家庭中，要感念父母之恩。父母是孩子与造物主之间的纽带，孩子的成长离不开父母的抚育和教导。因此，无论是从宗教的角度，还是从伦理与常情的角度都要感念父母的恩情。在父母面前要恭敬谦逊，不能粗鲁无礼，要能够领悟父母的期待。

朋友之间，要同心同德。昂苏尔·玛阿里建议孩子广交朋友，通过交朋友来弥补自身的缺陷，发挥自身的特长；交朋友要注意对象，要多与学识渊博、品行高尚、时运亨通的人交往，以便得到有益的熏陶；对朋友要慷慨热情，但是要适度。他告诫孩子："哪怕你有一千个朋友，最可信赖的还应是你自己。"①

当面对普通人时，要与人为善，待人宽厚；要慎思慎言，态度稳重，不可信口开河，不要自我吹嘘，不随便开玩笑，"必须享有说实话的信誉"；要耐心倾听，把倾听视为学习的过程，不轻率否定他人的话语，"不要堵上谈论

---

① [波斯]昂苏尔·玛阿里：《卡布斯教诲录》，张晖译，108 页，北京，商务印书馆，1990。

你的大门"；要诚实可靠，乐善好施，学会制怒；不嫉妒，不贪求，坚守最基本的处事原则——"所做之事即使不能保证对人民有利，至少也绝不能有害"。

《卡布斯教诲录》问世后，很快流传开来，人们纷纷传抄，视之为教育子女的教材。它之所以广受欢迎，是因为它"使教育者懂得：原来'说教'书籍竟可以写得如此生动、活泼：使受教育者能够愉快地聆听，从中得到启迪和教益，更快地成熟起来。而当成熟后，更能体悟书中内容的深刻，令人回味一生"①。后世许多作家在创作时也大量引用书中的故事。目前，《卡布斯教诲录》有多种语言的译本，影响力可见一斑。

作为席亚尔王朝的王子，昂苏尔·玛阿里在《卡布斯教诲录》中所阐释的教育当然更多地体现了中世纪波斯贵族教育的形式和特征，但是不可否认，它也体现了那个时代教育的理想和理想的教育。

---

① [波斯]昂苏尔·玛阿里：《卡布斯教诲录》，张晖译，再版序，12 页，北京，商务印书馆，2017。

第八章

基辅罗斯和莫斯科公国兴起与发展时期俄国的教育

第一节　基辅罗斯兴起与发展时期的文化与教育

一、基辅罗斯的兴起与发展

俄罗斯人与乌克兰人、白俄罗斯人有着共同的起源。他们的祖先是斯拉夫人的东部分支，被称为东斯拉夫人。

（一）东斯拉夫人在东欧平原的发展

东斯拉夫人 6 世纪时居住在喀尔巴阡山脉东北的山坡，"即现今的加利奇亚和维斯拉河上游地区"。① 在这里，当时曾形成一个杜列伯王公统率的东斯拉夫联盟。当阿瓦人侵入和统治喀尔巴阡山脉东西两侧时，山脉东北坡的斯拉夫人东支逐渐向东和东北迁徙，来到东欧平原(亦称俄罗斯平原)。这次迁徙 626—650 年开始加速进行，于 8 世纪完成。② 《往年纪事》等著作的记述，

---

①　[俄]瓦·奥·克柳切夫斯基：《俄国史教程》第一卷，张草纫、浦允南译，107 页，北京，商务印书馆，1992。

②　[俄]瓦·奥·克柳切夫斯基：《俄国史教程》第一卷，张草纫、浦允南译，106~107 页，北京，商务印书馆，1992。

迁入东欧平原的东斯拉夫人有波利安人(Поляне,也译波良人)、德雷夫利安人(Древляне,意为"森林居民")、德列哥维奇人(Дрегович,意为"沼泽居民")、波洛昌人(Полочане,又译波洛茨克人)和北部伊尔门湖周围地区的斯洛文人(Словены,又译斯洛温人)、塞维里安人(северяне)、克里维奇人(Кривичн)、拉吉米奇人(Ладимичи)、维亚季奇人(Вятичи,又译维亚迪奇人)、杜列伯人(Дулебы,又译杜列比人)等 30 多个部落。①

东欧平原是东斯拉夫人的创业之地。西北多湖泊,和斯堪的纳维亚半岛有波罗的海相连,南临黑海,可以方便地抵达拜占庭的首都君士坦丁堡;北部边界一部分沿白海,一部分沿巴伦支海,"是寒冷的、基本上是苔原的边区,冬季寒冷而漫长,土壤常年结冻,夏季任何一个月份都有霜冻"②;东边的乌拉尔山脉是欧洲与亚洲的分界线,喀尔巴阡山脉是西南的边界与屏障。这里有丰富的森林资源:西北部的卡累利阿地区和东北部的伯朝拉地区遍布泰加林(针叶树林,如云杉、松树林等);中部主要是阔叶的栎树林,还有椴树和槭树;西部是喜温巨树千金榆和山毛榉,也属阔叶树;"在南方类型的泰加林里,还长出副小叶树——白桦,山杨的又一层林","桦树是小叶林的'主角'。它很容易侵入阔叶林地带,也容易侵入相邻的亚带和相邻的地带"③,常被当作俄罗斯大自然的一个象征。在东欧平原还有从摩尔达维亚一直绵亘到伏尔加河中下游地区的森林草原地带,再向南则是一片一望无际的草原,

① 王钺:《往年纪事译注》,19 页,兰州,甘肃民族出版社,1994;[苏联]B.B. 马夫罗金:《俄罗斯统一国家的形成》,余大钧译,3 页,北京,商务印书馆,1991。又。阿瓦人(Avar),是其来源和语言未能确定的民族,原居高加索,后来介入日耳曼人的部落战争,6 世纪下半叶以匈牙利平原为中心建立帝国,6 世纪末达到极盛时期。7 世纪初参加反拜占庭的战争,626 年几乎占领君士坦丁堡。7 世纪后半期发生内讧,约九千名反对派被赶出帝国。805 年被征服。参见《简明不列颠百科全书》第 1 卷,159 页,北京,中国大百科全书出版社,1985。

② [苏联]卡列斯尼克等:《苏联地理(总论)》上册,东北师范大学外语系、苏联研究所集体翻译,150 页,北京,商务印书馆,1997。

③ [苏联]卡列斯尼克等:《苏联地理(总论)》上册,东北师范大学外语系、苏联研究所集体翻译,104 页,北京,商务印书馆,1997。

与中亚草原直线相连。平原的水量充沛，主要河流是伏尔加河、第聂伯河和顿河，此外还有西德维纳河、北德维纳河、伯朝拉河，等等。由于土壤松软，土地平坦，这些流域相互交织，形成图案形的河流系统，印在广袤的平原上。① 东欧平原的地理位置和自然环境为东斯拉夫人的活动提供了广阔的天地和满足其物质生活需要的丰富资源，同时也使他们面临着严峻的挑战。

东斯拉夫人在 6 世纪时处在原始公社阶段。经济活动与日常生活中已出现少量奴隶，奴隶都源于战争，系外族人。其社会基本组织为氏族联盟，重大事件由民众会议(Вече，音译为"谓彻""维彻")讨论决定。拜占庭历史学家"普罗科匹厄斯在《战争》一书中记载：'安特人(即东斯拉夫人——引者)不是由一人统治的，历来过着民主生活，因而与其幸福攸关的一切事情，不论好坏，都要提交人民讨论……' 这说明当时东斯拉夫人过的是原始民主生活"②。

俄国历史学家瓦·奥·克柳切夫斯基(В. О. Ключевский)指出，氏族联盟是靠族长的权力和氏族财产的共有制维持的，新的自然环境和生活条件加速了东斯拉夫人原始氏族制的瓦解："森林适合于单个农户手工操作，田地是由单个家庭的劳力开垦出来的"，"族长的地位必然会让给家长，即农户的主人"，氏族财产的共有制也必然为家庭的私有制所取代。③ 克柳切夫斯基认为，根据《往年纪事》对古代传统的记述可以推断，由东斯拉夫人建立的最重要的城市基辅就是由三个独立的农院(或者可以称为三个独家村)及其共同的防卫设施发展而成的。④

---

① ［俄］瓦·奥·克柳切夫斯基：《俄国史教程》第一卷，张草纫、浦允南译，53 页，北京，商务印书馆，1992。

② 朱寰、马克垚：《世界史·古代史编》下卷，186 页，北京，高等教育出版社，1994。引文中的《战争》即《查士丁尼战争史》。——编者注。

③ ［俄］瓦·奥·克柳切夫斯基：《俄国史教程》第一卷，张草纫、浦允南译，113~114 页，北京，商务印书馆，1992。

④ ［俄］瓦·奥·克柳切夫斯基：《俄国史教程》第一卷，张草纫、浦允南译，114 页，北京，商务印书馆，1992。

　　东欧平原蕴藏着丰富的铁矿资源。由于铁制工具的广泛使用,东斯拉夫人改善环境、发展经济的能力大为增强。8世纪,东斯拉夫人的社会经济取得了较快的发展。氏族制度瓦解后,由若干家庭组织的地域性的农村公社成为社会组成的基本单位。它们在南方被称为维尔弗(Вервъ),在北方被称为米尔(Мир)。公社范围的森林、牧场、水源和荒地为公社所有;住宅、劳动工具、小块耕地和劳动产品为家庭私有。公社在处理民事纠纷和刑事案件中发挥重要作用。在农业和牧业发展的基础上,原始的手工业也发展起来了。商业开始是在乡村集市上进行的,后来由乡村集市扩展为较大的市场,而在某些地处商贾往来频繁的商路上的市场便发展为俄国古代著名的商业城市,如基辅、诺夫哥罗德、斯摩棱斯克、切尔尼戈夫、柳别契等。早于或者与东斯拉夫人同时来到东欧平原的保加尔人和哈扎尔人对东斯拉夫人商业活动的兴起与发展起了积极作用。

　　保加尔人是原始保加利亚人的别称,曾在高加索北部的里海和亚速海一带定居。7世纪前半期,原始保加利亚人建立了保加尔汗国。拜占庭人称之为"大保加利亚"。[①] 汗国由于哈扎尔人的入侵而瓦解,其中一个部落北撤,在靠近伏尔加河和卡马河会流处占领了一个地盘,繁荣兴旺数百年,至1237年臣属于金帐汗国(又称钦察汗国);另一个部落西渡德涅斯特河,进入巴尔干东南部,后来与定居在巴尔干半岛的斯拉夫部落首领结盟,建立了第一保加利亚王国,建都普利斯卡。第一保加利亚王国870年接受了东正教,并争得了设立大主教区和用斯拉夫语传教的权利。[②] 原始保加利亚人在东欧平原上的活动,在伏尔加河流域建立的汗国对东斯拉夫人的经商活动起了促进作用,对基辅罗斯国的文化发展也有很大的影响。

---

　　① 朱寰、马克垚:《世界史·古代史编》下卷,180页,北京,高等教育出版社,1994。
　　② 刘祖熙:《斯拉夫文化》,298~303、305~308页,杭州,浙江人民出版社,1993;《简明不列颠百科全书》第1卷,554~555、569页,北京,中国大百科全书出版社,1985。

哈扎尔人移居东欧平原南部草原的时间与东斯拉夫人移居东欧平原西部的时间大体相同，而生活方式与这片草原地带的游牧部落不同。8世纪，一批从南高加索来的从事手艺的犹太人和阿拉伯人与他们在一起生活。犹太人对这里的影响极大，以至于哈扎尔可汗的王朝及其宫廷，即哈扎尔社会中的高贵阶级，都信奉了犹太教。他们的首都伊蒂尔城立刻成了各族人汇聚的巨大市场，一同居住在那里的有穆斯林、犹太人、基督教教徒和多神教教徒。大约从8世纪中叶起，即在阿拔斯王朝时代哈里发的中心从大马士革迁到巴格达之后，哈扎尔人和伏尔加河流域的保加尔人就成了北方波罗的海和东方阿拉伯之间进行频繁的通商交换的中间人。①

克柳切夫斯基指出，"斯拉夫人迁居第聂伯河及其支流而产生的两个重要经济后果，就是这样：1）斯拉夫人与南方和东方，即黑海—里海地区的对外贸易的发展，和它引起的森林业的发展，2）罗斯古代城市及其周围工商业区的兴起"②。他在这里所说的斯拉夫人就是东斯拉夫人。他提到的城市包括基辅、佩列雅斯拉夫利、切尔尼戈夫、斯摩棱斯克、柳别契、诺夫哥罗德、罗斯托夫和波洛茨克，认为《往年纪事》虽然没有记载这些城市兴起的年代，但在"它开始记载罗斯历史的时刻，这些城市即使不是全部，也显然大多数都已成了重要的居民区"③。

由于经济的发展和佩切涅格人的侵扰④，东斯拉夫人的城市开始设防，城

---

① ［俄］瓦·奥·克柳切夫斯基：《俄国史教程》第一卷，张草纫、浦允南译，122页，北京，商务印书馆，1992。

② ［俄］瓦·奥·克柳切夫斯基：《俄国史教程》第一卷，张草纫、浦允南译，125页，北京，商务印书馆，1992。

③ ［俄］瓦·奥·克柳切夫斯基：《俄国史教程》第一卷，张草纫、浦允南译，124页，北京，商务印书馆，1992。

④ 佩切涅格人为8—9世纪伏尔加河中下游左岸草原上的突厥部落和萨尔马特部落联盟，9世纪时移至南俄草原，对东斯拉夫人的城市构成威胁。参见《苏联百科词典》，丁祖永等译，1013页，北京，中国大百科全书出版社，1986。

市四周"围以城墙,加以军事设施,驻扎士兵"①。在此基础上形成了诺夫哥罗德、波洛茨克、斯摩棱斯克、切尔尼戈夫、佩列雅斯拉夫和基辅六个城市领区,其中以诺夫哥罗德和基辅最为重要。

诺夫哥罗德位于"重要商业要道的汇合点",作为"斯拉夫国家组织的古老中心"之一而兴盛起来;8世纪时,它已是东斯拉夫人与哈扎尔人、保加尔人进行贸易的中心。② 贸易需求促使诺夫哥罗德扩张到冰冻的海(白海)和伯朝拉海。除毛皮外,运往诺夫哥罗德的还有亚麻、大麻纤维、海象牙等,这些原料被运到城市手工业者那里进行加工。9世纪,"诺夫哥罗德的商人已经用自己的大船(冬天则用车队)把商品运到南方城市——基辅、斯摩棱斯克、切尔尼戈夫,并交换粮食、蜂蜜、蜂蜡及其他物品"。诺夫哥罗德成为东斯拉夫人重要而且富裕的城市。③

基辅是东斯拉夫人在东欧平原南部建立的城市。"东斯拉夫人的土地上,在经济发展方面突出的是第聂伯河流域中部的波罗斯耶(罗斯河流域的一个地区)。看来,罗斯或者露西的名称可能就是由这个地区的名称演变而来的。"④"东斯拉夫部落散居在东欧森林草原地带和森林地带的沿河流域。他们在那里逐渐形成了河谷型的农业,他们用作耕地和牧场的是森林草原中河谷的草甸—草原地带和森林地带'透光'的不遮阴的地段,仍然是在沿河两岸或湖泊周围的盆地上";他们"伐林造田,建造住房和牲畜棚,修建围墙防止野兽对庄稼和村庄的侵害,以及构筑城堡等";"两河之间的分水岭上丛林密布,林

① [俄]瓦·奥·克柳切夫斯基:《俄国史教程》第一卷,张草纫、浦允南译,127页,北京,商务印书馆,1992。
② [苏联]卡列斯尼克等:《苏联地理(总论)》上册,东北师范大学外语系、苏联研究所集体翻译,293页,北京,商务印书馆,1997。
③ [苏联]卡列斯尼克等:《苏联地理(总论)》上册,东北师范大学外语系、苏联研究所集体翻译,294页,北京,商务印书馆,1997。
④ [苏联]卡列斯尼克等:《苏联地理(总论)》上册,东北师范大学外语系、苏联研究所集体翻译,292页,北京,商务印书馆,1997。

中野兽很多。因此，人们在从事农业、畜牧业、养蜂业和渔业的同时，也到处进行狩猎"①。《往年纪事》记述了基伊、塞克、霍里夫三兄弟创建基辅城的故事："基伊住的地方是现在的波利耶夫斜坡的山顶；塞克住的山头是现在的塞克维查；霍里夫住的第三座山头是以自己的名字命名的霍里维查山。他们建设一座城堡，以长兄的名字命名，称为基辅。城堡四围环绕森林和大松林，可从事狩猎活动。"②由于处在重要的通商大道上，基辅很快成了富裕城市。8世纪，基辅受到哈扎尔人的统治。9世纪前期，哈扎尔汗国遭到削弱，基辅成了几乎囊括半数东斯拉夫人部落的大公国。

由此可见，经过两个多世纪的发展，到9世纪前期，东斯拉夫人已为在东欧平原上建立统一的国家政权创造了必要的社会经济条件。

(二)基辅罗斯的兴起

以东斯拉夫人的发展为基础建立起来的俄罗斯、白俄罗斯、乌克兰最早的古代统一国家被称为基辅罗斯。关于基辅罗斯的形成问题，在俄国史学界历来就有两派意见，即"诺曼说"和"斯夫拉说"。12世纪成书的《往年纪事》为"诺曼说"提供了最初的史学根据。

《往年纪事》的作者涅斯托夫和编者西尔维斯特用有关瓦利亚格人留里克应邀成为诺夫哥罗德王公和奥列格夺取基辅与成为基辅大公的传说，从瓦利亚格人的立场说明了基辅罗斯的形成过程。其主要观点是：瓦利亚格人是来自海外(波罗的海)的北欧人，自称罗斯人；对诺夫哥罗德的土著居民(斯拉夫人和芬兰人)来说，他们是外来者；瓦利亚格人留里克是被诺夫哥罗德的斯拉夫人和芬兰人邀请来做王公的，斯拉夫人和芬兰人希望他能根据法律裁决纠纷，但是留里克并没有带来任何法律，而是和兄弟一起带来了一些自己的族

---

① ［苏联］卡列斯尼克等：《苏联地理(总论)》上册，东北师范大学外语系、苏联研究所集体翻译，292~293页，北京，商务印书馆，1997。

② 王钺：《往年纪事译注》，25页，兰州，甘肃民族出版社，1994。

人(僚属);他后来真正成了诺夫哥罗德的王公,将这里的东斯拉夫人和芬兰人置于自己的统治之下;留里克去世后,同是瓦利亚格人的奥列格夺取了基辅,就任基辅王公,将他率领的瓦利亚格人和斯拉夫人以及所有其他人都称为罗斯人,并向各地(包括诺夫哥罗德)征收贡赋。

18世纪,俄国史学家经过研究、分析和论证,形成完整的"诺曼说"。它的基本观点是,诺曼人通过海外远征,占领他族土地,建立国家,与当地民族逐渐融合。这些都是与基辅罗斯的早期历史相一致的。与"诺曼说"相对立的观点是"斯拉夫说",代表人物是罗蒙诺索夫。苏联史学界也一度坚决反对"诺曼说",斥其为"资产阶级伪科学的反动理论"①。

克柳切夫斯基认为瓦利亚格人是住在北欧(主要是波罗的海沿岸)的日耳曼民族的共同名称,主要是武装商人。他以《往年纪事》和阿拉伯、拜占庭学者提供的史料为依据,论述了留里克应邀成为诺夫哥罗德王公和奥列格夺取基辅王公、建立基辅罗斯国的历史过程。关于"罗斯"一词,他认为其原始意义是有关部落的,后来获得了等级的意义。再后来罗斯或罗斯国土——这个名称最初出现在945年伊戈尔的条约里——获得了地理上的意义,主要是指外来的瓦利亚格人密集的基辅领区(按照《始初编年史》的说法,是"现在称为罗斯人的波利安人")。最后,"作为部落的罗斯和当地的斯拉夫人融合了,罗斯和罗斯国土这两个名称在没有失去地理意义的同时,还具有了政治上的意义:这开始指从属于罗斯王公的整个疆土,以及这个疆土上的所有信奉基督教的斯拉夫罗斯居民"②。

20世纪80年代,亚·米·普罗霍罗夫(А. М. Прохоров)主编的《苏联百科词典》,关于罗斯、罗斯人、瓦利亚格人(瓦兰人)等概念和留里克、奥列格

---

① 王钺:《往年纪事译注》,46页,兰州,甘肃民族出版社,1994。

② [俄]瓦·奥·克柳切夫斯基:《俄国史教程》第一卷,张草纫、浦允南译,164页,北京,商务印书馆,1992。

等涉及基辅罗斯形成问题的关键人物都设有词目。其中，关于"罗斯"（Py-cb），其释文为："9世纪东斯拉夫人在第聂伯河中游建立的早期国家的名称。12世纪初以前指基辅罗斯疆域。12～13世纪指古罗斯各领地和公国。13世纪起出现了白俄罗斯、小俄罗斯等名称。后'罗斯'固定指古代罗斯国家的东北部，为以后的'俄罗斯'这一概念的基础。"①关于"罗斯人"（Poc），释文为："拜占庭和阿拉伯文献中对东斯拉夫人部落的统称。"②

　　综上所述，关于基辅罗斯的形成问题在历史上虽然存在不同意见，但"诺曼说"仍是主流，《往年纪事》关于基辅罗斯形成过程的记述大体上也与史实相符，只不过关于留里克受邀担任诺夫哥罗德王公这一历史事件应该如克柳切夫斯基所说，"是由两个因素构成的：与外国人签订的关于对外防御的雇佣契约和强夺对当地居民的统治权。我国的关于海外王公应邀到来的传说掩盖了第二个因素，详细地叙述了第一个因素，把它说成当地居民自愿把统治权交给外国人"③。

　　值得一提的还有T. C. 格奥尔吉耶娃关于基辅罗斯形成问题的观点。这位学者在《俄罗斯文化史——历史与现代》中强调，应当研究"斯拉夫部落及其先民的历史，乃至罗斯人（俄语拼写为'pycc'或'pocc'）的历史"④。她认为，罗斯人既不是东斯拉夫人，也不是瓦利亚格人（瓦兰人）。"许多人认为，'罗斯'一词是由斯堪的纳维亚侍卫们（在罗斯，人们把这些侍卫称为瓦兰人）引进东欧的，但实际上这个词在811—821年期间第一次出现在东欧南部撰写的《巴伐利亚年代记》中，当时，这个地区居住的诺曼人（北日耳曼部落）的人数

---

　　① 《苏联百科词典》，丁祖永等译，844页，北京，中国大百科全书出版社，1986。
　　② 《苏联百科词典》，丁祖永等译，844页，北京，中国大百科全书出版社，1986。
　　③ ［俄］瓦·奥·克柳切夫斯基：《俄国史教程》第一卷，张草纫、浦允南译，139页，北京，商务印书馆，1992。
　　④ ［俄］T. C. 格奥尔吉耶娃：《俄罗斯文化史——历史与现代》，焦东建、董茉莉译，4页，北京，商务印书馆，2006。

还不算太多。因此,这个出现于 9 世纪初的非斯拉夫名称带有一定的南方色彩。"①她认可在诺夫哥罗德留里克是第一位王公,但指出瓦利亚格人是个复杂的问题。她也论述了奥列格在建国中的作用:"在公元 882 年,他一举攻克了基辅,并使其他斯洛文人部落归顺自己;在 883 年,收复德列夫利安部落;在 884 年,收复塞维利安部落;885 年,征服了在此之前归顺哈扎尔人的拉基米奇人。从整体上来看,在公元 10 世纪,这个国家一直叫做'罗斯'或者'罗斯国家',其领土从第聂伯河中部地区一直扩张到基辅大公所管辖的所有疆域。"②格奥尔吉耶娃这些观点和论述对"诺曼说"有较大的突破。加强对"罗斯人"的研究,弱化北欧人(瓦兰人)在基辅罗斯形成中的作用,是俄国史学关于基辅罗斯形成问题研究的新趋势。

(三)基辅罗斯的发展

奥列格是基辅罗斯的创始者和第一位基辅大公,882—912 年在位。③ 他的继承人是伊戈尔(Игорь,912—945 年在位)。在伊戈尔死后,其妻奥莉加(Ольга)掌管政务至 964 年;后其子斯维亚托斯拉夫(Святослав Ⅰ,又译斯维雅托斯拉夫)执政至 972 年。斯维亚托斯拉夫的去世意味着基辅罗斯早期发展阶段的结束。早期基辅罗斯统治者的政治经济活动可归结为三个方面:一是向被征服的地区索取贡赋;二是多次发动对拜占庭帝国的武装进攻;三是加强对南部草原边境的防卫,并保卫去君士坦丁堡(在古俄语中叫"皇城",在《往年纪事译注》中译为沙皇格勒)的航道。

斯维亚托斯拉夫于 971 年与拜占庭所签订的条约使基辅罗斯与拜占庭的

---

① [俄]T.C.格奥尔吉耶娃:《俄罗斯文化史——历史与现代》,焦东建、董茉莉译,6~7 页,北京,商务印书馆,2006。

② [俄]T.C.格奥尔吉耶娃:《俄罗斯文化史——历史与现代》,焦东建、董茉莉译,10 页,北京,商务印书馆,2006。该书将德雷夫利安译作德列夫利安。——编者注

③ 《往年纪事》说,"奥列格统治的全部时间是 33 年"。参见王钺:《往年纪事译注》,82 页,兰州,甘肃民族出版社,1994。该书作者可能是从留里克去世,将公国委托给奥列格算起。

关系进入一个新时期。70 年间，基辅罗斯没有对拜占庭发动新的进攻，拜占庭对基辅罗斯的影响加强。斯维亚托斯拉夫有三个儿子。得知父亲去世的信息后，三兄弟之间立即爆发了王位之争。最终，第三子弗拉基米尔即位，即弗拉基米尔一世（Владимир Ⅰ，980—1015 年在位）。① 任基辅公期间，他向外扩张并积极防御，并奉基督教为国教。"俄罗斯民间故事中称之为红太阳。俄罗斯正教会尊之为圣者。"②弗拉基米尔一世去世后基辅罗斯出现内讧，1036 年才由雅罗斯拉夫（Ярослав）重新统一。雅罗斯拉夫在位期间（1019—1054）制定了《雅罗斯拉夫法典》。"1030 年，他在西北边境上营建尤列夫城，随后又在那个地区得到一些新的土地，这就保证诺夫哥罗德得以控制芬兰湾东南面的滨海地区（英格里亚）。在他逝世时，基辅罗斯是欧洲最大的国家，它把所有的东斯拉夫人都联合在一起，并且把一些非斯拉夫人的部族也包括在国境之内。"③在雅罗斯拉夫统治时期，基辅罗斯与欧洲各国在贸易和政治上的联系增强，法国、匈牙利、挪威等国王室开始和基辅罗斯王室结亲。④ 当时基辅城十分繁荣，建筑壮观。

在雅罗斯拉夫死后，基辅罗斯的发展充满内忧外患。所谓"内忧"，一是各支系的王公、贵族之间争夺权力与领地的内讧，二是人民群众反对统治阶级的斗争；外患则主要是波洛夫齐人⑤的入侵。弗谢沃洛德（Всеволод Ⅰ Ярославич，又译摩诺马赫，1078—1093 年在位）及其子弗拉基米尔·摩诺马

① ［俄］Т.С.格奥尔吉耶娃：《俄罗斯文化史——历史与现代》，焦东建、董茉莉译，17 页，北京，商务印书馆，2006。

② 《苏联百科词典》，丁祖永等译，392 页，北京，中国大百科全书出版社，1986。

③ ［美］爱伦·F.丘：《俄国历史地图解说——一千一百年俄国疆界的变动》，郭圣铭译，9 页，北京，商务印书馆，1995。

④ ［苏联］С.Н.瑟罗夫：《俄国史话》，中国人民大学俄语教研室译注，35 页，北京，商务印书馆，1986。

⑤ 波洛夫齐人（половцы，又译波洛伏齐人、波洛韦茨人），属突厥族的游牧部落。1055 年，波洛夫齐人首次出现在罗斯南方边境地区，此后大约 150 年始终是罗斯国家最危险的敌人。参见王钺：《往年纪事译注》，35~36 页，兰州，甘肃民族出版社，1994。

赫(Владимпр Ⅱ Мономах, 1113—1125 年在位)担任基辅大公时在组织对敌斗争、调解王公之间的矛盾、维护国家统一方面做出了一些努力，但未能阻止分裂局势的发展。在弗拉基米尔·摩诺马赫之子穆斯提斯拉夫一世(1125—1132 年在位)死后，罗斯进入封建割据时期，一些地区宣告独立。有学者认为，"实际上，早在 1169 年，基辅公国已经彻底崩溃了"①。如果说在 11 世纪末 12 世纪初，基辅罗斯的王公们尚能组织反对波洛夫齐人入侵的有效斗争，取得胜利；那么，13 世纪前期在鞑靼蒙古人大举入侵时，基辅罗斯则完全丧失了抵抗的能力。蒙古军队用了几年时间就征服了基辅罗斯的各个公国。基辅罗斯的最后一任基辅大公米哈伊尔·弗谢沃洛多维奇(Михаил Всеволодович, 1179—1246 年、1238—1240 年在位)在鞑靼蒙古陈兵基辅时逃往匈牙利，后冒险回到基辅，1246 年被杀。

二、基辅罗斯的文化与教育

(一)6—9 世纪东斯拉夫人的文化与教育状况

6—9 世纪的东斯拉夫人主要接受自然教育、社会教育与家庭教育。东斯拉夫人信仰多神教。"它是一个由一些原始认识、宗教信仰和崇拜构成的统一体。那些认识、宗教信仰和崇拜，反映了人们对周围自然条件的依赖，但同时，它们又是一种方式，被用来固定和传递数百年积累的生活经验和代代相传的具体的实践知识。"②东斯拉夫人把自然现象解释为神的作用，信奉天神与天火神斯瓦罗格(Сварог)、太阳神达日博(ДажБг)、地火神斯瓦罗日奇(Сварожич)、雷神别伦(Перун，亦译彼伦、佩伦)、风神斯特利博格(Стриъог)、家畜之神韦列斯或沃洛斯(Велес，Волос)、司万物生长的女神莫

---

① [俄]T.C. 格奥尔吉耶娃：《俄罗斯文化史——历史与现代》，焦东建、董茉莉译，52 页，北京，商务印书馆，2006。

② [俄]M.P. 泽齐娜、Л.B. 科什曼、B.C. 舒利金：《俄罗斯文化史》，刘文飞、苏玲译，20 页，上海，上海译文出版社，1999。

科希(Мокош，或译莫科什)等。东斯拉夫人还相信森林中有林神、鸟神，水中有水妖，山泉中有善神，各部落有自己的守护神。

在西里尔字母传入和斯拉夫书面文字产生以前，东斯拉夫人使用一种原始的图画文字"线条与刻痕"。《文字传》写道："以前的斯拉夫人，在他们还是多神教徒的时候是没有文字的，但他们借助于线条与刻痕来阅读和占卜。"①有学者认为，这种以"线条与刻痕"进行读写和占卜的斯拉夫原始图画文字出现于1世纪上半期②。有学者认为这种文字可能是北欧古代文字字母的变体。③"这大约是些用线条和凿痕表示的最简单的计算符号、氏族和个人的符号、财产符号、占卜符号，用来确定不同农作开始期和多神教节日的农历符号，等等。"④

东斯拉夫人虽然没有创造出能够表达复杂思想感情的文字，但民间口头创作还是很丰富的。东斯拉夫人的民间口头创作包括谚语、谜语、神话传说、劳动歌曲和诗歌，也有一些历史传说。例如，基伊三兄弟创建基辅的传说。9世纪还出现了壮士歌。例如，《沃尔赫·弗谢斯拉夫耶维奇》(Волх Всеславьевич)，描绘了理想的首领—战士形象。当时许多童话故事还塑造了农民的儿子伊凡(Иван)、尼基塔·科热米亚卡(Никита Кожемяка)等村社农民的范例。⑤

---

① Днепров Э.Д.：Очерки Истории Школы И Педагогической Мысли Нородов СССР С Древнейших Времен До Конца ⅩⅧВ.，Москва《Педагогика》，1989，стр.30。

② [俄]М.Р.泽齐娜、Л.В.科什曼、В.С.舒利金：《俄罗斯文化史》，刘文飞、苏玲译，17页，上海，上海译文出版社，1999。

③ Днепров Э.Д.：Очерки Истории Школы И Педагогической Мысли Нородов СССР С Древнейших Времен До Конца ⅩⅧВ.，Москва《Педагогика》，1989，стр.30.

④ [俄]М.Р.泽齐娜、Л.В.科什曼、В.С.舒利金：《俄罗斯文化史》，刘文飞、苏玲译，22页，上海，上海译文出版社，1999。

⑤ Днепров Э.Д.：Очерки Истории Школы И Педагогической Мысли Нородов СССР С Древнейших Времен До Конца ⅩⅧВ.，Москва《Педагогика》，1989，стр.25.

在 6—9 世纪东斯拉夫人社会分化、转型的过程中，逐渐形成了四个社会阶层：农村公社的农民、手工业者、部落显贵和多神教祭司。各个社会阶层对于教育后代都有自己的特殊要求。上述壮士歌和童话中的首领—战士形象与农民形象就是部落显贵和农民培养目标的体现。概括地说，部落显贵教育后代的目的是让他们长大以后能打仗并支配村社的生活；祭司要给予后代精神方面的培养，并掌握一些祭神的宗教知识；农民和手工业者主要是在实践中教会子女劳动。

当时，在东斯拉夫部落中村社农民占绝大多数。儿童在三四岁以前由母亲养育，父亲和家庭中的其他成员也对儿童给予关爱，使他们获得一些必要的生活经验。从三四岁开始，儿童就要参加力所能及的劳动，在家帮助母亲做些事情，教育主要在日常生活的实践中进行。家庭的年长者鼓励孩子做一些有助于发现他们灵巧、力量与机智和形成未来生产劳动所需要的技能、技巧的游戏。7—14 岁的男孩被东斯拉夫人称为"少年"（Отрок）。少年虽然还没有获得成年男子的发言权和投票权，但已转到家庭中的男人那一边去生活。他们要跟随父兄从事需男性承担的劳动任务，首先是农业劳动，包括农田耕作和畜牧业。同一年龄的女孩则学习妇女从事的劳动，如家务劳动，纺织，编织，制作瓦罐、瓦盆、砂锅之类的家庭用品。少年儿童在学习劳动的同时，还要掌握部落的行为规范和宗教与伦理道德观念。14 岁时，他们会成为享有充分权利的家庭成员，男孩需要进行必备的军事技能训练。①

在手工业从农业中分化出来以后，手工业者开始定居于城镇，逐渐形成了一种学徒制的手工业教育方式。参加学习的不仅是手工业者的子弟，还有农民的孩子，但都是男孩。按照这种教育方式，学徒住在工匠的家里，帮助工匠的妻子做些家务活，同时参加作坊里的劳动；工匠逐步向学徒揭示自己

---

① Днепров Э.Д.：Очерки Истории Школы И Педагогической Мысли Нородов СССР С Древнейших Времен До Конца ⅩⅦВ., Москва《Педагогика》，1989，стр.25-26.

手艺的奥秘，将手工业知识传授给他们，同时向他们灌输本行业范围流行的道德观与宗教观。①

东斯拉夫人部落显贵的教育中有一种流传很广的寄养制习俗。他们将儿童放到依附于自己的其他家庭里教养，使男孩在少年期以前受到与非显贵家庭的儿童大体相同的教育。这是由原始氏族公社制向阶级社会转轨过程中留下的遗风。七八岁以后，显贵家庭儿童回到自己家中，再接受与他们的社会地位相应的教育，获得军人或统治者所必需的知识与技能。

6世纪的东斯拉夫部落首领有自己的亲兵队(Дружина，或译侍卫队)。亲兵是一种职业军人的社会群体。7世纪，亲兵队从农村公社独立出来，完全由亲兵自己的子弟补充。未成年的亲兵从12岁起生活在专门住所，接受专门的军事训练与教育。对未成年亲兵的培养可以说是这一时期东斯拉夫人唯一的制度化教育形式。②

(二)基辅罗斯的文化与教育

1. 基辅罗斯的文化

基辅罗斯继承了东斯拉夫人民间口头创作的传统。其民间口头创作丰富多样。有些民间创作是与多神教有联系的，如"日历礼仪诗歌，即咒语、符文和礼仪歌，它们是土地崇拜不可分割的一部分"③。与民间日常生活相联系的礼仪歌则有婚礼歌、葬礼哀歌、宴席歌等。

关于历史事件的传说在口头创作中具有重要的地位，被学者们称为"口头编年史"。他们指出："'口头编年史'先于文字编年史，并且是后者的基本来

---

① Днепров Э.Д.：Очерки Истории Школы И Педагогической Мысли Нородов СССР С Древнейших Времен До Конца ⅩⅧВ.，Москва《Педагогика》，1989，стр.26.

② Днепров Э.Д.：Очерки Истории Школы И Педагогической Мысли Нородов СССР С Древнейших Времен До Конца ⅩⅧВ.，Москва《Педагогика》，1989，стр.27.

③ [俄]М.Р.泽齐娜、Л.В.科什曼、В.С.舒利金：《俄罗斯文化史》，刘文飞、苏玲译，17页，上海，上海译文出版社，1999。

源之一。"①壮士歌是民间口头创作的重要形式。这种形式的民间口头创作在基辅罗斯建国后获得了很大的发展。壮士歌塑造了伊利亚·穆罗梅茨(Илья Муромец)、多布雷尼亚·尼基季奇(Добрыня Никитич)、阿廖沙·波波维奇(Алеша Попович)等勇士和英雄的形象。伊利亚·穆罗梅茨"是一个农民的儿子,一个勇敢的爱国军人,一个'寡妇和孤儿'的保护者"②,是人们理想中的英雄。"壮士歌很少具有事实细节的准确性,壮士歌的长处并不在于历史事实的准确跟踪。壮士歌最重要的价值在于,这些作品是由人民创造的,它们反映着人民的历史观点,反映着人民对历史事件之实质的评断以及他们对于古罗斯国中形成的社会关系的理解,反映着人民的理想。"③

侍卫歌谣是另一类口头创作,其主题是歌颂王公及其功勋。《伊戈尔远征记》曾反复提到的鲍扬(Боян,或译博扬)就是这类歌谣的编唱者的代表人物。据说,《加里西亚—沃伦编年史》提到的"颂诗歌手米图萨"也是这类歌谣的编唱者的代表。④

9世纪后期,西里尔、美多德两兄弟创造的古斯拉夫字母传入基辅罗斯,使古罗斯文化的创造、积累与传递方式和教育的内容与方式发生了质的转变。基辅大公与拜占庭帝国签订的条约一式两份,一份用希腊文书写,另一份就是用斯拉夫文书写的。⑤ 掌握书面文字不仅是宗教活动的需要,更是世俗生活的需要。基辅罗斯接受和运用西里尔字母早于以基督教为国教大约100年。

---

① [俄]M.Р. 泽齐娜、Л.В. 科什曼、В.С. 舒利金:《俄罗斯文化史》,刘文飞、苏玲译,18页,上海,上海译文出版社,1999。

② [俄]M.Р. 泽齐娜、Л.В. 科什曼、В.С. 舒利金:《俄罗斯文化史》,刘文飞、苏玲译,13页,上海,上海译文出版社,1999。

③ [俄]M.Р. 泽齐娜、Л.В. 科什曼、В.С. 舒利金:《俄罗斯文化史》,刘文飞、苏玲译,12~13页,上海,上海译文出版社,1999。

④ [俄]M.Р. 泽齐娜、Л.В. 科什曼、В.С. 舒利金:《俄罗斯文化史》,刘文飞、苏玲译,13页,上海,上海译文出版社,1999。

⑤ Днепров Э.Д.: Очерки Истории Школы И Педагогической Мысли Нородов СССР С Древнейших Времен До Конца ⅩⅧВ., Москва《Педагогика》,1989, стр.30.

当然，基督教的传播也加速了书面文化的发展。10 世纪，西里尔文字得到普遍推广。"这是由于国家的统一已经巩固，罗斯各地区之间的联系有了加强。""在罗斯正式皈依基督教之前，基督教已逐渐传布，于是，祈祷用书籍在基辅和其他大城市中心也相继推广，这些书籍主要是从保加利亚传来的，但在俄国各城市一部分已经根据引进的样本重新抄写。"①

基辅罗斯接受基督教经历了一个比较长的过程。从 9 世纪后半期开始，已经有拜占庭传教士向罗斯人传播基督教并取得了一些成就。进入 10 世纪，在基辅王公的亲兵和商人中接受基督教的人多了起来。在 944 年伊戈尔大公与拜占庭缔结条约时，参加谈判的罗斯使节中就有人信奉基督教。他们签约时在十字架前宣誓遵守条约，没有接受洗礼的伊戈尔大公和罗斯代表则按多神教的方式宣誓。这时，基辅已建有圣伊利亚教堂，供伊戈尔已受洗的部分亲兵使用。②

拜占庭教会势力向基辅罗斯渗透取得的重大成果之一，是基辅罗斯女大公奥莉加皈依基督教。奥莉加的孙子弗拉基米尔一世不但皈依了基督教，而且还将属于东派教会的基督教，即东正教定为国教。这也是由于要加强基辅罗斯与拜占庭帝国之间的联系。智者雅罗斯拉夫在基辅修建了著名的圣索菲亚大教堂，它是都主教所在地。他还在其他城市和地方修建教堂，这一时期神父和教士也都增多了。③ 有学者指出："新宗教有助于进步的（较之于其以前的生产方式而言）封建主义生产方式的形成和发展，有助于巩固年轻的俄罗斯国家，巩固当时已跻身基督教列国的罗斯的国际地位。新宗教促进了东斯拉夫各部落进一步联合为一个统一的民族，促进了所有俄罗斯公国结为一个

① ［苏联］苏科院历史所列宁格勒分所：《俄国文化史纲（从远古至 1917 年）》，张开、张曼真、王新善等译，18 页，北京，商务印书馆，1994。

② 王钺：《往年纪事译注》，107~108 页，兰州，甘肃民族出版社，1994；［苏联］尼·米·尼科利斯基：《俄国教会史》，丁士超、苑一博、杜立克等译，22 页，北京，商务印书馆，2000。

③ 王钺：《往年纪事译注》，265~266 页，兰州，甘肃民族出版社，1994。

国家整体。对基督教的接受,拓宽了罗斯在国际上的文化联系,为罗斯对拜占庭和整个基督教世界丰富文化的把握创造了条件。教会对俄罗斯文化发展的巨大作用也已得到承认,如对文字和书籍的传播,对许多伟大的文学和艺术珍品的创造。"①

东正教的传播促进了古罗斯书面文化的发展。"11 世纪中叶,即俄国皈依基督教数 10 年后,古罗斯的书籍制作者已有了高度的技巧。现在保留下来的最古老的罗斯书籍——《奥斯特罗米尔福音书》是 1056—1057 年制作于诺夫哥罗德的,这是一件制书艺术的卓越作品,它用秀丽的基里尔字母写成……起初,罗斯书籍制作者只是照抄保加利亚传入的宗教书籍,以供当时城乡各地不断兴建的教堂的日益增长的需要。但不久罗斯书籍制作者就不再满足于单纯抄袭保加利亚文经书,而开始自己从原版书,即从希腊文翻译由拜占庭传入的宗教书籍了。鉴于这项工作对国家具有重要意义,11 世纪 30 年代公国政府担负起了这项工作的组织工作。智者雅罗斯拉夫在基辅召集一批文书开始翻译拜占庭的书籍,把它们'从希腊文翻译成斯拉夫文'。"②这样一来,"翻译成古保加利亚文或古罗斯文的拜占庭教会经书到 11 世纪时已在罗斯广为传播",其中包括《福音书》《圣诗集》,以及祈祷书籍(《经文月书》《三重颂歌》《日课经》《教会赞歌》《布道训诫文集》等)。③ "与教会的利益、宣传基督教信仰的任务相关联,出现了大量 3—7 世纪基督教作家('教父')的著作和他们的作品集。流传甚广的是约翰·兹拉托乌斯特的由《金流集》《金言集》等组成的

---

① [俄]M.P. 泽齐娜、Л.B. 科什曼、B.C. 舒利金:《俄罗斯文化史》,刘文飞、苏玲译,21 页,上海,上海译文出版社,1999。又:引文中的罗斯、俄罗斯国家、俄罗斯公国都是指古罗斯。

② [苏联]苏科院历史所列宁格勒分所:《俄国文化史纲(从远古至 1917 年)》,张开、张曼真、王新善等译,20 页,北京,商务印书馆,1994。该书将西里尔字母译作基里尔字母。——编者注

③ [苏联]苏科院历史所列宁格勒分所:《俄国文化史纲(从远古至 1917 年)》,张开、张曼真、王新善等译,20 页,北京,商务印书馆,1994。

著作。"①

除了宗教书籍，基辅罗斯还翻译了一些历史著作。"这些著作是在作者们从古希腊罗马历史学家的著作中了解到的世界历史的总背景上阐述拜占庭的历史的。11 至 12 世纪期间，一些文艺翻译作品也在罗斯传播开来，其中有：《亚历山大里亚》，这是描述亚历山大·马其顿的生平和功绩的一部中世纪的希腊长篇小说；2 世纪时的犹太作家约瑟夫·弗拉维著的《耶路撒冷被毁纪》；10 世纪时关于狄格内斯·阿克里特的拜占庭军事小说；关于阿基尔·普勒穆德尔的神话故事等等。"②在基辅罗斯流传的拜占庭历史著作还有尼基福尔大主教的《编年近史》和《古希腊和罗马编年史》。此外，还有其他一些文学作品，如《智者阿基尔的故事》《瓦尔拉姆和约阿萨夫的故事》。前者情节曲折，"有相当一部分为劝谕性的寓言，这些寓言又均以格言警句收尾"，后者"有亚洲、欧洲、非洲 30 余种民族语言的不同版本"，流传甚广。③ 也有一些反映中世纪人对宇宙和自然认识的半幻想式书籍，如《生理研究者》、各种《六日记事》、《基督教地形学》，其中《基督教地形学》的作者科西马·因季科普洛夫是拜占庭商人，曾于 6 世纪游历印度。④

在翻译保加利亚，特别是拜占庭著作，吸取这些国家书面文化营养，借鉴他国文化创造经验和本国民间口头创作成就的基础上，基辅罗斯人创造了自己的书面文化，为丰富欧洲中世纪的文化宝库做出了贡献，同时也为俄罗斯、乌克兰和白俄罗斯文化的发展奠定了共同的基础。

----

① ［俄］M.P. 泽齐娜、Л.B. 科什曼、B.C. 舒利金：《俄罗斯文化史》，刘文飞、苏玲译，21 页，上海，上海译文出版社，1999。

② ［苏联］苏科院历史所列宁格勒分所：《俄国文化史纲（从远古至 1917 年）》，张开、张曼真、王新善等译，21 页，北京，商务印书馆，1994。

③ ［俄］M.P. 泽齐娜、Л.B. 科什曼、B.C. 舒利金：《俄罗斯文化史》，刘文飞、苏玲译，23 页，上海，上海译文出版社，1999。

④ ［俄］M.P. 泽齐娜、Л.B. 科什曼、B.C. 舒利金：《俄罗斯文化史》，刘文飞、苏玲译，22 页，上海，上海译文出版社，1999。

俄国学者指出,基辅罗斯流传至今的最早著作是诺夫哥罗德的主教卢卡(1016—1060,又译路加)写的《对僧团训诫》(又译《善训》),仍可见到拜占庭的巨大影响。基辅第一位由本国人担任总主教的伊拉里昂(Иларион)在 11 世纪撰写的《论法律与天恩》(又译《论教规和神恩》)、《关于法律与天意》、《法与神赐说》,则歌颂基辅罗斯大公弗拉基米尔、雅罗斯拉夫,强调基辅罗斯与拜占庭是平等的国家。① 11 世纪后期至 12 世纪初,基辅洞窟修道院的修道士涅斯托尔撰写了《鲍里斯和格列勃传》。②

在基辅罗斯书面文化发展中,编年史据有重要地位。克柳切夫斯基指出:"编纂历史是我国古代典籍家喜爱的工作。他们开始是刻版地摹仿拜占庭年代记的表面形式,但是很快就掌握了它的精神和概念,过了一段时期,就自己创立了历史叙述的某些特点,制订了自己的体裁,确立了坚强而严整的历史世界观,以及对历史事件的一致的评价,而且有时使自己的工作具有出色的艺术性,编纂历史在当时被认为是大有教益的善事。因此不仅是私人有时用摘记的方式记录国内发生的个别事件,为自己备忘之用,而且在个别的机构、寺院,特别是修道院里也都为了公益而逐年记载重大的事件。除了私人的和寺院的记载以外,在王公的宫廷中还编纂官方的编年史。"③代表作有《往年纪事》(或译《编年纪事》)。这部书史料丰富,系统论述了古罗斯的历史发展。

史诗《伊戈尔远征记》是基辅罗斯书面文化的另一杰出成果,完成于 12 世纪。它记述了伊戈尔·斯维托斯拉维奇 1185 年发起远征的情况,中心思想是

---

① [苏联]苏科院历史所列宁格勒分所:《俄国文化史纲(从远古至 1917 年)》,张开、张曼真、王新善等译,24 页,北京,商务印书馆,1994;[俄]Т.С.格奥尔吉耶娃:《俄罗斯文化史——历史与现代》,焦东建、董茉莉译,38 页,北京,商务印书馆,2006。

② [苏联]苏科院历史所列宁格勒分所:《俄国文化史纲(从远古至 1917 年)》,张开、张曼真、王新善等译,22 页,北京,商务印书馆,1994。

③ [俄]瓦·奥·克柳切夫斯基:《俄国史教程》第一卷,张草纫、浦允南译,68 页,北京,商务印书馆,1992。

"当罗斯面临外来侵略的威胁时，所有的罗斯王公必须采取统一行动，即采取'一致对外'的政策"，而影响这种统一行动的主要障碍就是王公之间的纠葛和内讧。① 此外还有《丹尼尔·扎托奇尼克言行录》《丹尼尔·扎托奇尼克的祈祷》《关于罗斯国家的灭亡》等文学作品。《丹尼尔·扎托奇尼克言行录》成书于 12 世纪下半叶，"主要是由大量的格言和警句构成的"②。《丹尼尔·扎托奇尼克的祈祷》成书于 13 世纪二三十年代，表达了对"大贵族们的反感和不满"③。《关于罗斯国家的灭亡》成书"大约是在 1238 年初"，充满对基辅罗斯大地的赞美。"像史诗《伊戈尔远征记》的作者一样，《关于罗斯国家灭亡》的作者也通过对祖国昔日辉煌的回忆，试图找到罗斯国家当时所面临灾难的根源。"④

11—12 世纪编成的《罗斯法典》是基辅罗斯文化发展的一项重要成就。《罗斯法典》是这个国家全面系统的司法实践总结，对后世影响十分深远。⑤

2. 基辅罗斯的教育

在基辅罗斯初期，家庭教育和社会实践活动仍然是教育的主要形式。东斯拉夫人和其他各族普通人的后代都是通过家庭教育与各种社会实践活动成长的。农民在农业劳动中学会耕种、设置蜂房和养蜂取蜜、圈养牲畜；商人通过经商学会交易；统治者家族的子弟通过家庭教育和社会实践活动学习治国和统治人民的本领。

基辅罗斯创办学校是从弗拉基米尔一世将基督教奉为国教以后开始的。

① ［俄］Т.С. 格奥尔吉耶娃：《俄罗斯文化史——历史与现代》，焦东建、董茉莉译，48 页，北京，商务印书馆，2006。
② ［俄］Т.С. 格奥尔吉耶娃：《俄罗斯文化史——历史与现代》，焦东建、董茉莉译，49 页，北京，商务印书馆，2006。
③ ［俄］Т.С. 格奥尔吉耶娃：《俄罗斯文化史——历史与现代》，焦东建、董茉莉译，49 页，北京，商务印书馆，2006。
④ ［俄］Т.С. 格奥尔吉耶娃：《俄罗斯文化史——历史与现代》，焦东建、董茉莉译，50 页，北京，商务印书馆，2006。
⑤ 王钺：《〈罗斯法典〉译注》，前言，兰州，兰州大学出版社，1987。

"弗拉基米尔大公在接受洗礼之后，便着手进行一系列改革、教堂建设和国民教育事业。""弗拉基米尔大公还建造了几所学校，在这些学校里，专门由男孩来学习已经译成斯拉夫文的圣书。这些男孩都是被强制来学习圣书的。"①罗斯各大城市也建有学校。智者雅罗斯拉夫"其人很有教养，阅历也很广，他同时精通几门外语，他还以自己成长的方式教育自己的后代"。雅罗斯拉夫执政期间非常重视教育，鼓励翻译外国文献，建立了许多图书馆。圣索菲亚教堂的图书馆还收藏了一些古保加利亚语(通常被称为教会斯拉夫语)译著的抄本，便于基辅罗斯王公、贵族和他们的子弟学习。因此，它实际上也是一所学校。雅罗斯拉夫在诺夫哥罗德建立了一所容纳300名男孩的学校，并"专程从君士坦丁堡请来希腊歌唱家教罗斯僧侣们学唱歌"②。这所学校教学用斯拉夫语授课，"教授科目有阅读、书写、基督教基本教义和算术"③。

在基辅罗斯，"还有一些为国家活动和教会活动准备人才的高级学校。在基辅洞窟修道院中就有过一所这样的学校。这所学校曾培养出许多显赫的古代俄罗斯文化的活动家。在这样的学校中，除神学外，还研习哲学、修辞和语法，所用的教材有历史著作、古希腊和古罗马作者的讲谈集、地理学著作和自然科学著作"④。

基辅罗斯的教育在弗拉基米尔·弗谢沃洛多维奇·摩诺马赫执政时期获得了发展。"他创建了一所男子学校。他的姐姐在基辅建立了一所女子学

① [俄]T.C.格奥尔吉耶娃：《俄罗斯文化史——历史与现代》，焦东建、董茉莉译，24页，北京，商务印书馆，2006。

② [俄]T.C.格奥尔吉耶娃：《俄罗斯文化史——历史与现代》，焦东建、董茉莉译，30页，北京，商务印书馆，2006。

③ [俄]M.P.泽齐娜、Л.B.科什曼、B.C.舒利金：《俄罗斯文化史》，刘文飞、苏玲译，19页，上海，上海译文出版社，1999。

④ [俄]M.P.泽齐娜、Л.B.科什曼、B.C.舒利金：《俄罗斯文化史》，刘文飞、苏玲译，19页，上海，上海译文出版社，1999。

校。"①"11 世纪末在基辅的一个女修道院曾设立了一所女学堂，教女孩们阅读、书写、唱歌和缝纫。13 世纪在苏兹达尔也设置了一所女学堂。"②可见在基辅罗斯，女子教育也获得了一定的发展。"王公家庭中的一些妇女，也接受过教育。切尔尼戈夫的公主叶夫罗西尼娅随大臣费多尔读书，在关于她的传记中写道，虽然她'未就学于雅典，然学得雅典人之智慧'，说她掌握了'哲学、修辞及全部文法'。大公夫人叶夫罗西尼娅·波洛茨卡娅也'精于书写'，她本人还写过书。"③

　　基辅罗斯不仅在教育实践方面发展到比较高的水平，在教育思想方面也有代表性作品。《弗拉基米尔·摩诺马赫大公的训蒙篇》就是基辅罗斯一份珍贵的教育文献。《往年纪事》第十三卷附有《弗拉基米尔·摩诺马赫大公的训蒙篇》中的三个篇章——《训诫》《书信》《祈祷文》。弗拉基米尔·摩诺马赫通过《训诫》，从 11 世纪末 12 世纪初罗斯历史的现实出发叙述个人经历，"目的在于教导自己的儿子们如何对待未来，进而告诫人们要为祖国的利益效劳"④。在《训诫》的第一段中，他就表明自己已年老，可见他是把这份训辞作为遗言颁发的。他指出，这份遗言不仅是给自己的孩子的，还是给基辅罗斯所有后代的。他写道："我的孩子们，或是其他的任何人，听到这份《训诫》时，切勿发笑。我的某个孩子如果能对其予以深思，铭记心间，必可不致怠惰而是勤勉。"⑤《训诫》的主要思想可以归纳为以下几点。第一，要求后代养成勤劳的习惯，不要懒惰，指出懒惰是万恶之母；第二，要求后代敬畏上帝，认为这

　　① ［俄］T.C. 格奥尔吉耶娃：《俄罗斯文化史——历史与现代》，焦东建、董茉莉译，33 页，北京，商务印书馆，2006。
　　② ［苏联］H.A. 康斯坦丁诺夫等：《苏联教育史》，吴式颖、周蕖、朱宏译，181 页，北京，商务印书馆，1996。
　　③ ［俄］M.P. 泽齐娜、Л.B. 科什曼、B.C. 舒利金：《俄罗斯文化史》，刘文飞、苏玲译，19 页，上海，上海译文出版社，1999。
　　④ 王钺：《往年纪事译注》，382 页，兰州，甘肃民族出版社，1994。
　　⑤ 王钺：《往年纪事译注》，375 页，兰州，甘肃民族出版社，1994。

是万善之始；第三，要求后代热爱罗斯国土，在抵抗外敌入侵的战斗中英勇杀敌，杜绝内讧，维护罗斯的统一；第四，要求后代勿贪恋杯中物，戒暴食和贪睡，严禁说谎；第五，要尊敬老人，爱护年幼的人，不要忘记赤贫者，要施舍孤儿，保护寡妇，不允许强横者凌虐他人；第六，要求后代坚持学习，切莫忘记已经掌握的本领，不会的则要学会。

总之，无论是从构成人口主要民族的起源，还是后来的社会政治发展来说，基辅罗斯都是一个欧洲国家。它与拜占庭和欧洲其他国家都保持着密切的联系与交往。基辅罗斯的文化与教育和欧洲其他国家的发展是十分接近的。"十二世纪的罗斯编年史在写作技巧上已不亚于当时西方最好的史册。"[①]

第二节 莫斯科公国兴起与发展时期的文化与教育

一、莫斯科公国的兴起与发展

如上所述，由于王公之间的内讧和外族的侵扰，基辅罗斯日渐衰落。12世纪中叶，基辅罗斯"开始显露败落征象。很早以来人口稠密的第聂伯河中游及其支流流域从这时起人烟稀少了，居民跑光了"[②]。

自12世纪开始，从第聂伯河流域流向东北方向的移民通过乌格拉河，流入奥卡和伏尔加上游之间的地区。这些移民打通了穿过维亚季奇人的密林到罗斯拉夫、苏兹达尔、雅罗斯拉夫尔和穆罗姆等城市的道路，加强了苏兹达尔王公统治地区的建设。"正当人们抱怨南罗斯荒凉下去的时候，我们却见到在遥远的苏兹达尔边区建筑活动极为繁忙。在尤里·多尔哥鲁基和安德烈两

---

① [俄]瓦·奥·克柳切夫斯基：《俄国史教程》第一卷，张草纫、浦允南译，270页，北京，商务印书馆，1992。

② [俄]瓦·奥·克柳切夫斯基：《俄国史教程》第一卷，张草纫、浦允南译，277页，北京，商务印书馆，1992。

个王公的时代，这块地区新的城市一个接一个地建设起来。"①

尤里·多尔哥鲁基(Юрий Долгорукий，又译尤里·多尔戈鲁基)是弗拉基米尔·摩诺马赫之子，曾是苏兹达尔王公和基辅大公(1149—1151、1154—1157年在位)。② 1125年，他"将罗斯托夫-苏兹达利公国首都从罗斯托夫迁至苏兹达利。12世纪30年代初争夺南佩列亚斯拉夫利和基辅，为此而获得'长手'之绰号。1147年他在位期间……莫斯科初见史籍。1156年他加固了莫斯科城防"③。在苏兹达尔公国，"罗斯人之外还有保加尔人、莫尔多瓦人和匈牙利人，结果，'城境之内住满了成千上万的人'。在这些外来人中间怎么会有匈牙利人呢? 尤里·多尔哥鲁基跟沃林的侄子作战，他侄子的同盟者是匈牙利国王。显然，尤里把南方战役中俘获的匈牙利俘虏迁到了北方的新城市里"④。

尤里·多尔哥鲁基于1157年去世，由他的儿子安德烈·博戈柳布斯基(Андрей Боголюбский，约1111—1174)继承罗斯托夫-苏兹达尔王公位。他把这个公国的首都由苏兹达尔迁到弗拉基米尔·摩诺马赫在克利亚兹马河畔建立的弗拉基米尔城，改称弗拉基米尔-苏兹达尔王公国，使弗拉基米尔城成为东北罗斯的政治中心。⑤ 安德烈也致力于殖民活动，打算在克利亚兹马河上

---

① [俄]瓦·奥·克柳切夫斯基:《俄国史教程》第一卷，张草纫、浦允南译，283页，北京，商务印书馆，1992。

② [俄]瓦·奥·克柳切夫斯基:《俄国史教程》第一卷，张草纫、浦允南译，314~315页，北京，商务印书馆，1992。

③ 《苏联百科词典》，丁祖永等译，1542页，北京，中国大百科全书出版社，1986。又：苏兹达尔(Суздаль，又译苏兹达利)，1024年已有记载，12世纪为罗斯托夫-苏兹达克公国的首都，13—14世纪为苏兹达尔公国的首都，它在1217年是弗拉基米尔-苏兹达尔公国的封地，后成为东北罗斯独立的公国。

④ [俄]瓦·奥·克柳切夫斯基:《俄国史教程》第一卷，张草纫、浦允南译，285页，北京，商务印书馆，1992。

⑤ [俄]瓦·奥·克柳切夫斯基:《俄国史教程》第一卷，张草纫、浦允南译，314~318页，北京，商务印书馆，1992。

的弗拉基米尔创立一个独立于基辅之外的罗斯大主教区。① 1169 年，由于基辅大公之位落在他父亲的劲敌手中，安德烈·博戈柳布斯基带兵攻陷并洗劫了基辅城。② "一条血染的地带显露出民族的分裂，北方移民与他们离开的南方故乡之间的疏远早已是既成事实。"③

1174 年，安德烈·博戈柳布斯基被暗杀。④ 经过两年混战，弗拉基米尔-苏兹达尔王公位传到他的弟弟弗谢沃洛德(Всеволод Ⅲ Большое Гнездо, 1154—1212)手中。弗谢沃洛德也无法克服罗斯的分裂，重新统一国家。

就在形成封建割据形势、内讧不断时，古罗斯遭遇鞑靼蒙古的崛起和大举西征，而"罗斯人甚至在共同的敌人面前仍不能把封建内讧忘掉"⑤。1237—1240 年，罗斯公国被各个击破，除诺夫哥罗德外都遭到破坏与占领。1243 年，鞑靼蒙古以伏尔加河下游地区为中心建立金帐汗国，将它已征服和未征服的各公国都置于自己的统治下，东北罗斯受鞑靼蒙古的统治达 240 余年。莫斯科公国是在鞑靼蒙古的统治下逐渐兴起的。

在鞑靼蒙古征服古罗斯以前，莫斯科只不过是弗拉基米尔-苏兹达尔公国一个不大的边陲城堡。俄国历史学家认为，尤里·多尔哥鲁基是莫斯科作为王公城市的奠基者，他于 1147 年年初在这里为自己的同盟者切尔尼戈夫王公斯维亚托斯拉夫·奥利戈维奇举行过"盛大宴会"。因此，1147 年被视为莫斯科城的创建之年。1156 年，尤里·多尔哥鲁基又将它"圈上"新的木墙设防，

---

① [俄]瓦·奥·克柳切夫斯基：《俄国史教程》第一卷，张草纫、浦允南译，284 页，北京，商务印书馆，1992。

② [俄]瓦·奥·克柳切夫斯基：《俄国史教程》第一卷，张草纫、浦允南译，316 页，北京，商务印书馆，1992。

③ [俄]瓦·奥·克柳切夫斯基：《俄国史教程》第一卷，张草纫、浦允南译，316 页，北京，商务印书馆，1992。

④ [俄]瓦·奥·克柳切夫斯基：《俄国史教程》第一卷，张草纫、浦允南译，319 页，北京，商务印书馆，1992。

⑤ [苏联]Б.Д. 格列科夫、А.Ю. 雅库博夫斯基：《金帐汗国兴衰史》，余大钧译，40 页，北京，商务印书馆，1985。

"在阿乌札河上方涅格林纳河口为城市奠定了基础"，"这样就建立了位于涅格林纳河口下方的莫斯科内城(今克里姆林宫所在地)"。

13世纪中叶鞑靼蒙古入侵时，莫斯科也被夷为平地。但是在它与金帐汗国之间有梁赞公国和诺夫哥罗德公国，四周又环绕着茂密的森林，所以相对安全。因此，在以后鞑靼铁骑袭扰各城市时，人们就逃到莫斯科及其周围地区，使这一地区的人口迅速增长。13世纪末，当莫斯科"从鞑靼人的'大破坏'中恢复过来时，它建筑起房屋，开始积累力量，并在半个世纪中利用从鞑靼人的侵袭中'乱中求静'发展和壮大起来。甚至1293年鞑靼宗王都典的侵袭也没能使莫斯科逐渐积累力量的这一过程长久停顿"[1]。"莫斯科位于东北罗斯各公国的中央地区，是水陆交通的枢纽，以莫斯科为起点的沃洛季米尔大道经过库里科沃原野。这些古老的道路都是商队的必经之处，莫斯科成为东北罗斯以及东欧最大的商品集散地之一，因此关税成为莫斯科公国的重要收入。"[2]

13世纪末，特别是自14世纪，莫斯科开始走上古罗斯的政治舞台。莫斯科第一位著名的王公是亚历山大·涅夫斯基[3]的儿子丹尼尔·亚历山德罗维奇(Данил Алекеандрович，1261—1303，自1276年为莫斯科王公)。他从梁赞公国夺取了商业和战略要地科洛姆城，又从一位死后无嗣的亲属那里按遗嘱得到了佩列雅斯拉夫-扎列斯基，提高了莫斯科公国的地位。以后，他的儿子尤里·丹尼洛维奇(Юрий Данилович)又从斯摩棱斯克公国夺得了莫扎伊斯克。莫斯科与特维尔公国之间的较量也是从他开始的。

---

① 　[苏联]В.В.马夫罗金：《俄罗斯统一国家的形成》，余大钧译，88页，北京，商务印书馆，1991。

② 　张建华：《俄国史(修订本)》，10～11页，北京，人民出版社，2014。

③ 　亚历山大·涅夫斯基(Александр Невский，1220—1263)，诺夫哥罗德公(1236—1251)及弗拉基米尔大公(1252年起)，雅罗斯拉夫·弗谢沃洛德维奇公爵之子。他战胜了瑞典人(1240年涅瓦河之战)和日耳曼骑士(1242年冰上激战)，使罗斯西部有了安全保障。参见《苏联百科词典》，丁祖永等译，1478页，北京，中国大百科全书出版社，1986。

尤里·丹尼洛维奇死后，1325 年，其弟伊凡·卡里塔，即伊凡一世（Иван Ⅰ Данилович，或译伊万·卡利塔）继任莫斯科王公。卡里塔（Калита）是他的绰号，意为"口袋"或"钱袋"。卡里塔很早就协助尤里·丹尼洛维奇执政。两兄弟大力支持新到任的都主教彼得（Петр，？—1326，1308 年开始任职），为莫斯科与教会的联盟奠定了基础。彼得在世时，伊凡·卡里塔同暮年的都主教保持良好的关系，得以把都主教的讲坛由弗拉基米尔迁到莫斯科。伊凡·卡里塔竭尽全力来使新首都繁荣昌盛。"他在莫斯科修建了第一座白石教堂——圣母安息大教堂，从那时起，所有的都主教都在莫斯科拥有自己的讲坛。这一举还说明了伊万·卡利塔的继承人都有权获得大公王位，都有制止和结束内讧的能力。"[1]

伊凡·卡里塔利用鞑靼人的力量粉碎自己的竞争对手特维尔公。1327 年，在特维尔发生反对鞑靼压迫的武装起义。[2] 1328 年，伊凡·卡里塔获封弗拉基米尔大公。由弗拉基米尔大公征收全罗斯的贡税送交金帐汗国的做法也是从伊凡·卡里塔开始的，这使他有可能用汗的名义巧立名目，向各地征税。他"把首都迁往自己的封地——莫斯科城"，并不断扩张领地。[3]

在伊凡·卡里塔担任弗拉基米尔大公时期，罗斯政治平稳，经济得到恢复与发展。农民和市民从各地迁至莫斯科公国，从其他地方到莫斯科来的领主也不少。[4] "当莫斯科公国居民人数增多时，城市发展和富裕起来，新的'处女地'被开垦出来，莫斯科各乡扩大起来，手工业和各行业发展起来"，莫

---

① [俄]Т.С.格奥尔吉耶娃：《俄罗斯文化史——历史与现代》，焦东建、董茉莉译，73 页，北京，商务印书馆，2006。

② [苏联]Б.Д.格列科夫、А.Ю.雅库博夫斯基：《金帐汗国兴衰史》，余大钧译，199 页，北京，商务印书馆，1985。

③ 朱寰、马克垚：《世界史·古代史编》下卷，299~300 页，北京，高等教育出版社，1994。

④ [苏联]В.В.马夫罗金：《俄罗斯统一国家的形成》，余大钧译，105 页，北京，商务印书馆，1991。

斯科与其他各地的贸易联系也加强了。[①] 伊凡·卡里塔还从金帐汗国赎买罗斯俘虏，"让他们住在自己的土地上。这些农民被称为'来自汗国者'。王公的宫廷经济、王公的世袭领地发展起来"，修道院的地产和世俗领主的地产也发展起来了。[②] 伊凡·卡里塔的各种努力为莫斯科公国的强盛奠定了基础。

在伊凡·卡里塔执政时，立陶宛大公格底敏（Gedymin，? —1341，亦译格季明、盖迪明）已将西北罗斯的土地纳入自己的版图，并向东北罗斯西北部扩张。"诺夫哥罗德领主中出现了倾向于立陶宛的所谓'亲立陶宛派'，他们借立陶宛的帮助企图同莫斯科趋向中央集权化的意图作斗争。"[③]伊凡·卡里塔则借用鞑靼汗的势力与立陶宛的渗透势力抗衡。1329 年成为诺夫哥罗德王公后，伊凡·卡里塔企图把诺夫哥罗德纳入自己的"世袭领地"，并在北方扩展了自己的势力。[④] 伊凡·卡里塔于 1341 年去世，他的长子谢苗·伊万诺维奇（Семён Гордый，1316—1353）继位，被称为"骄王"，继续与立陶宛和周边势力周旋。[⑤] 谢苗·伊万诺维奇因患当时流行的鼠疫死去。

在谢苗·伊万诺维奇的继承人伊凡二世（Иван Ⅱ Иванович，1326—1359，1353 年起为弗拉基米尔大公和莫斯科大公，或译伊万二世）执政时，金帐汗煽动罗斯各公国互相敌视。出身于古老的莫斯科领主家族的都主教阿列克谢坚持罗斯东正教教会统一和国家统一的思想，"同立陶宛利用罗斯西部宗

---

① ［苏联］B.B. 马夫罗金：《俄罗斯统一国家的形成》，余大钧译，104 页，北京，商务印书馆，1991。

② ［苏联］B.B. 马夫罗金：《俄罗斯统一国家的形成》，余大钧译，106 页，北京，商务印书馆，1991。

③ ［苏联］B.B. 马夫罗金：《俄罗斯统一国家的形成》，余大钧译，100 页，北京，商务印书馆，1991。

④ ［苏联］B.B. 马夫罗金：《俄罗斯统一国家的形成》，余大钧译，101~102 页，北京，商务印书馆，1991。

⑤ ［苏联］B.B. 马夫罗金：《俄罗斯统一国家的形成》，余大钧译，113 页，北京，商务印书馆，1991。

教界来加强其对罗斯影响的企图进行了坚决的斗争"①。伊凡二世年幼的儿子德米特里·伊万诺维奇,即德米特里·顿斯科伊(Дмитрий Донской, 1350—1389, 1359 年起为莫斯科大公, 1362 年为弗拉基米尔大公, 又译季米特里·伊万诺维奇、底米特里·伊凡诺维奇)在政治斗争中继位, 阿列克谢摄政。大公亲政后, 总主教又精心辅政, 实施了一系列开明政策, 积极抵御外敌, 使莫斯科日益发展成为全罗斯的重大政治势力。德米特里·伊万诺维奇执政时期莫斯科公国的版图继续扩大, 兼并了"卡卢加和白湖公国(1362—1389)、弗拉基米尔大公国、乌格利奇公国、加利奇公国、科斯特罗马公国、斯塔罗杜布、德米特罗夫一带(1364 年)、米德尼一带(1371 年)和维契格达科米人的领土"②。

金帐汗国虽然走向封建割据, 国势大不如前, 但它不愿坐视莫斯科公国的强大和罗斯的统一, 不断出兵侵扰。1378 年 8 月的"沃扎河之战是金帐汗国与罗斯相互关系史上的转折点"。③

金帐汗国的实际统治者马买(Мамай, ?—1380, 亦译马迈、马麦)不甘于沃扎河之败, 亲自率军出征, 并与立陶宛王公雅盖洛(Jagiello, 又译亚盖洛)缔结了进攻性同盟。9 月, 两军在库里科沃原野展开了激战。德米特里·伊万诺维奇在会战中表现出的英勇气概和组织领导才能, 使他获称顿河王的尊称。库里科沃大会战的胜利增强了罗斯人摆脱鞑靼蒙古束缚的信心, 加强了莫斯科公国在统一罗斯国家中的作用。但完全摆脱蒙古束缚还需要时间和奋斗。1382 年, 莫斯科公国被迫重新承认对金帐汗国的依附关系。

在德米特里·伊万诺维奇的儿子瓦西里一世(Василий Ⅰ, 1371—1425,

---

① [苏联]B.B. 马夫罗金:《俄罗斯统一国家的形成》, 余大钧译, 116 页, 北京, 商务印书馆, 1991。

② 孙成木、刘祖熙、李建:《俄国通史简编》上册, 62 页, 北京, 人民出版社, 1986。

③ [苏联]B.B. 马夫罗金:《俄罗斯统一国家的形成》, 余大钧译, 124~125 页, 北京, 商务印书馆, 1991。

1389 年起为莫斯科大公）执政时，以脱脱迷失为王的金帐汗国遭到贴木儿帝国（都城撒马尔罕）的致命打击，降为二等国。瓦西里二世（Василий Ⅱ Тёмный，1415—1462，1425 年起为莫斯科大公）受到领主、服役贵族、商人、手工业者、农民以及宗教界的支持，摧毁了封邑制度，消除了莫斯科公国的内讧，新的政治制度得到巩固。

瓦西里二世推进了以莫斯科为核心的东北罗斯统一事业的发展，而彻底摆脱鞑靼蒙古的统治和建立俄罗斯中央集权国家的任务是由他的儿子伊凡三世（Иван Ⅲ Васильевич，1440—1505 年、1462—1505 年在位）完成的。[1]

伊凡三世先兼并了雅罗斯拉夫尔公国、罗斯托夫公国，又征服和合并疆域广大的诺夫哥罗德。[2]

接着，莫斯科公国兼并了特维尔公国，又在长期斗争中大败立陶宛，增强了在波罗的海沿岸地区的影响。[3]

伊凡三世执政时期的一大成就是使罗斯国家摆脱了鞑靼蒙古—金帐汗国的统治。1480 年，莫斯科军与鞑靼军在乌格拉河两岸对峙。"双方坚持到 11 月。严寒袭来，鞑靼军缺乏粮秣，衣着单薄，又没有得到卡什米尔许诺的援助……莫斯科军队却得到封邑王公的增援部队。鞑靼军被饥寒所困，不敢前进。突然俄军从克列缅茨转向鲍罗夫斯克。阿合马误认为俄军绕道进袭，仓皇逃遁。鞑靼军溃退。不久，阿合马在内讧中被杀。大帐又分裂为几个小汗国，进一步削弱了蒙古的统治势力。这样，到 1480 年，延续近两个半世纪的鞑靼人统治结束了。"[4]

---

① ［苏联］B.B. 马夫罗金：《俄罗斯统一国家的形成》，余大钧译，181 页，北京，商务印书馆，1991。

② ［苏联］B.B. 马夫罗金：《俄罗斯统一国家的形成》，余大钧译，182~190 页，北京，商务印书馆，1991。

③ ［美］爱伦·F. 丘：《俄国历史地图解说——一千一百年俄国疆界的变动》，郭圣铭译，36 页，北京，商务印书馆，1995。

④ 孙成木、刘祖熙、李建：《俄国通史简编》上册，71 页，北京，人民出版社，1986。

伊凡三世在位时已自称"全罗斯沙皇"。但是在他执政时，罗斯的统一并没有完全实现。伊凡四世(Иваи IV Васильевич，Грозный，1530—1584)即位时为"全罗斯"大公(从 1533 年起)，1547 年起称沙皇。他是俄国的第一个沙皇，号称"雷帝"。

莫斯科公国是俄国发展的重要时期。这一时期形成了近代俄罗斯民族的各个要素，具有俄罗斯民族性格的俄罗斯人构成其居民的主体。莫斯科公国显然已具有以俄罗斯民族的统治阶级为首的多民族国家的特点，其政治制度是中央集权的君主专治，其社会经济基础是封建农奴制。

二、莫斯科公国的文化与教育

(一)莫斯科公国的文化

13 世纪中期鞑靼蒙古的入侵使东北罗斯的经济和文化遭受了重大损失。"相当大的一部分居民被杀或沦为俘虏，众多物质珍品、城市和乡镇被毁。""大量手工人的被杀或沦为俘虏，降低了作为物质文化之基础的手工业生产的水平。许多技术方法和技能被埋没，某些种类的手艺完全失传。俄罗斯的建筑也因蒙古—鞑靼的入侵而遭难，许多建筑杰作被毁。由于缺乏物质材料和建筑工匠，砖石结构的建筑被停止达半个世纪。当它在 13 世纪末重新恢复时，已丧失了先前采用过的许多基本的建筑技术，因此，这一时期建起的建筑物都是寿命不长的。大量的文字杰作被毁，编年史走向衰落。绘画、实用艺术及文化的其他门类也经历了衰退。"①与此同时，与罗斯为敌的瑞典、立陶宛和波兰也阻碍了东北罗斯与西欧的交往，这也是不利于莫斯科公国文化发展的重要因素。但是，"一些没有被蒙古—鞑靼人侵扰过的地方，保存了一批比较完整的编年史资料，比如，诺夫哥罗德、普斯科夫、斯摩棱斯克和其

---

① [俄]M.P. 泽齐娜、Л.B. 科什曼、B.C. 舒利金：《俄罗斯文化史》，刘文飞、苏玲译，38 页，上海，上海译文出版社，1999。

他一些城市"①。此外，在鞑靼蒙古统治时期，"蒙古—鞑靼人有一个最大的特点，那就是他们容许各种宗教信仰并存。正是在这一时期，罗斯的教会才获得了大量的财富，而每当国家遭到严重经济危机时，就是这些财富助了大公一臂之力。教会从一开始就公开反对王宫内部的内讧和内战，一直追求并号召人民保证罗斯国家的统一。教会大大促进了莫斯科周围各公国的联合，莫斯科的都主教变成了各大公坚定的和最忠实的盟友，他们还极力调解各大公之间的关系"②。这些方面都为莫斯科公国的文化发展发挥了重要作用。

13世纪后期，特别是14—15世纪，现实的社会政治经济生活，特别是反对鞑靼蒙古的入侵和统治的斗争是莫斯科公国文化发展的动力和主题。正如俄国学者所说，摆脱"鞑靼枷锁是决定莫斯科罗斯文化迅猛发展的最重大因素"③。"对祖国光荣过去的回顾，对独立时期的文化传统和文化杰作的回顾，对本民族'古典时期'的回顾，唤起了爱国主义情感，坚定了战胜异族奴役者的信心。这一倾向在民间口头创作、编年史、文学、政治思想和建筑中都有明显的表现。"④消灭封建割据，为建立统一、强大的国家而斗争是这一时期文化创作的另一主题。

在这一时期的民间口头创作中，人们用自己所喜爱的基辅罗斯壮士歌中主人公的名字，如伊利亚·穆罗梅茨，作为新的壮士歌的主人公，让他们去和鞑靼人做斗争。例如，《伊利亚·穆罗梅茨从卡林皇帝手中解放基辅之歌》就是这样的新壮士歌，表现了对敌人的蔑视和战胜敌人的英勇气概。

---

① ［俄］T.C.格奥尔吉耶娃：《俄罗斯文化史——历史与现代》，焦东建、董茉莉译，75页，北京，商务印书馆，2006。

② ［俄］T.C.格奥尔吉耶娃：《俄罗斯文化史——历史与现代》，焦东建、董茉莉译，72页，北京，商务印书馆，2006。

③ ［俄］M.P.泽齐娜、Л.B.科什曼、B.C.舒利金：《俄罗斯文化史》，刘文飞、苏玲译，41页，上海，上海译文出版社，1999。

④ ［俄］M.P.泽齐娜、Л.B.科什曼、B.C.舒利金：《俄罗斯文化史》，刘文飞、苏玲译，40页，上海，上海译文出版社，1999。

　　在这一时期还形成了一种新的口头民间创作体裁,就是历史歌曲。"与壮士史诗不同,在历史歌曲中,对主人公和事件的描写更贴近现实,情节的时间不是史诗般假定的,而是历史具体的,虽然内容和人物也可能是假想的。这是对具体事件生动的、直接的反应。"①有一首关于梁赞妇女阿芙多季娅的历史歌曲长久地保存在俄罗斯民众的记忆中。"歌曲的主人公是一位普通的女市民,她在完成功绩时表现出了智慧、耐力和巨大的精神毅力:她救出被俘的梁赞居民,重新建起了城市。"②历史歌曲《谢勒坎·杜坚季耶维奇之歌》(后改编为《谢勒坎的故事》)生动地反映了1327年特维尔人民愤怒抵抗,杀死谢勒坎的历史事件。③

　　编年史的编纂是本时期的重要文化成果。在封建割据的形势下,各公国和地区的编年史都是按王公、主教、大主教和领主的意愿编写的,都带有地方的特色,注意力大多集中于本公国和地区的事件,但也似有一条总的线索贯穿所有的编年史,那就是国家的统一和与异族征服者进行斗争。例如,《诺夫哥罗德编年史》就是一部主要论述诺夫哥罗德城市内部事件,"最为充分地反映了一种民主倾向,反映了城市居民在社会生活中的作用"④的编年史。"出现于14世纪上半期的莫斯科编年史,起初也带有地方色彩。"⑤著名的编年史还有《拉夫连季编年史》《伊帕季耶夫编年史》等。它们对外族人的入侵、统治和剥削都做了详细的记载。俄国学者 M.P. 泽齐娜(M.P. Зезина)等在其

---

　　① [俄]M.P. 泽齐娜、Л.B. 科什曼、B.C. 舒利金:《俄罗斯文化史》,刘文飞、苏玲译,42页,上海,上海译文出版社,1999。

　　② [俄]M.P. 泽齐娜、Л.B. 科什曼、B.C. 舒利金:《俄罗斯文化史》,刘文飞、苏玲译,43页,上海,上海译文出版社,1999。

　　③ [苏联]B.B. 马夫罗金:《俄罗斯统一国家的形成》,余大钧译,96~98页,北京,商务印书馆,1991。

　　④ [俄]M.P. 泽齐娜、Л.B. 科什曼、B.C. 舒利金:《俄罗斯文化史》,刘文飞、苏玲译,27页,上海,上海译文出版社,1999。

　　⑤ [俄]M.P. 泽齐娜、Л.B. 科什曼、B.C. 舒利金:《俄罗斯文化史》,刘文飞、苏玲译,46页,上海,上海译文出版社,1999。

所著的《俄罗斯文化史》一书中指出，莫斯科公国"第一部克服了狭隘的地方利益、立足于罗斯统一立场的全俄罗斯性的编年史汇编"，是在 15 世纪初期编成的。① 据说，这部汇编是在都主教基普里安（Киприан）的参与下完成的，"并从罗斯（莫斯科罗斯和立陶宛罗斯）统一的观点"，分析了一些事件。这部编年史又称圣三一修道院本编年史。1418 年左右，都主教福季（Фотий，？—1431，1408 年起为罗斯都主教）参与编写《福季编年史》，编纂时考虑到了莫斯科政治家对圣三一修道院本编年史的不满。《福季编年史》成为此后诺夫哥罗德、特维尔、普斯科夫、罗斯托夫编年史编纂的基础，"贯穿着民主主义倾向，在记述同脱脱迷失斗争（1382 年）时，把商人、手工业者、为莫斯科和俄国而斗争的真正斗士提高到了首要地位"②。15 世纪后期，莫斯科编年史家还编写了个别大公的编年史，即瓦西里一世、瓦西里二世和伊凡三世的编年史。16 世纪，编纂了《尼康诺夫编年史》，简称《尼康编年史》，抄本之一是由牧首尼康（Никон，1605—1681，1652 年起为俄国牧首）编撰的。16 世纪 40 年代至 60 年代，还编撰了一部《插图本编年史》。③ 在伊凡四世正式加冕成为俄国沙皇后，出现了《伊凡·瓦西里耶维奇大公在位初期编年史》。"这部编年史涵盖了 1534—1553 年间的事件，证明了专制强权的必要。"④

武士故事是本时期最流行的文学体裁之一。"这一体裁作品的基础，是具体的历史事实和事件，主人公也是现实的历史人物。武士故事是接近口头民间创作的世俗作品，虽然也有许多故事经改编而带有教会思想体系的色

---

① ［俄］M.P. 泽齐娜、Л.B. 科什曼、B.C. 舒利金：《俄罗斯文化史》，刘文飞、苏玲译，46 页，上海，上海译文出版社，1999。

② ［苏联］B.B. 马夫罗金：《俄罗斯统一国家的形成》，余大钧译，334 页，北京，商务印书馆，1991。

③ 《苏联百科词典》，丁祖永等译，973 页，北京，中国大百科全书出版社，1986。

④ ［俄］M.P. 泽齐娜、Л.B. 科什曼、B.C. 舒利金：《俄罗斯文化史》，刘文飞、苏玲译，72 页，上海，上海译文出版社，1999。

彩。"①《拔都灭亡梁赞的故事》是武士体裁叙事文学的代表作，歌颂了传奇式的勇士叶夫帕季·科洛夫拉特(Евпатий Коловрат)英勇抗敌的功绩。梁赞大公费多尔及其美丽妻子叶夫普拉克西娅和儿子之死是故事的另一组成部分。"故事谴责了封建内讧，认为这是俄罗斯人失败的基本原因，同时，从宗教道德的观点出发，把所发生的一切视为上帝对罪恶的惩罚。"②

库里科沃会战的胜利大大地鼓舞了罗斯人民为摆脱鞑靼蒙古统治而进行斗争的意志，增强了民族自我意识，推动了俄罗斯民族和统一国家的历史进程。以此为背景产生了一系列文学作品，其中包括《顿河彼岸之战》《激战马迈的传说》《德米特里·伊万诺维奇大公的生与死》等。1382年脱脱迷失进攻莫斯科的历史事件构成《从脱脱迷失皇帝手中夺取莫斯科》的主要内容。诺夫哥罗德王公亚历山大·雅罗斯拉维奇率军迎战瑞典、日耳曼骑士团的历史事件被详细地记录在这一时期写成的《关于亚历山大·涅夫斯基大公的传说》之中。与日耳曼骑士团斗争的故事还有《关于普斯科夫王公多夫蒙特的故事》。《瑞典国玛格努斯的亲笔手书》描写了罗斯与瑞典的斗争。③这一时期，还创作有反映特维尔人民反抗鞑靼蒙古的作品《谢勒坎的故事》《米哈伊尔·雅罗斯拉维奇大公在金帐汗国遇害的故事》等。

谢尔吉·拉多涅日斯基(Сергий Радонежский，约1321—1391，又译谢尔盖·拉多涅日斯基)是谢尔吉圣三一大修道院(在莫斯科附近)的创建者和院长。"在精力充沛和具有崇高思想的谢尔盖·拉多涅日斯基身边，经常有当时最注重精神发展的人们来向他请教，他的一些学生开发并定居在祖国的最北

---

① [俄]M.P.泽齐娜、Л.B.科什曼、B.C.舒利金：《俄罗斯文化史》，刘文飞、苏玲译，47页，上海，上海译文出版社，1999。

② [俄]M.P.泽齐娜、Л.B.科什曼、B.C.舒利金：《俄罗斯文化史》，刘文飞、苏玲译，47~48页，上海，上海译文出版社，1999。

③ [俄]M.P.泽齐娜、Л.B.科什曼、B.C.舒利金：《俄罗斯文化史》，刘文飞、苏玲译，48~50页，上海，上海译文出版社，1999；[苏联]B.B.马夫罗金：《俄罗斯统一国家的形成》，余大钧译，329页，北京，商务印书馆，1991。

方，经过这些学生的努力，那些数百年来的不毛之地重新开始造福于人类，他们为那里的人们带来了精神文明和希望。"①他的生平事迹在 15 世纪初被智者叶皮凡尼（Епифаний Премудрый，？—1420）写成《谢尔吉·拉多涅日斯基传》。在圣徒传记文学作品中，还有一部由都主教基普利安（Киприан，1336—1406）撰写的《都主教彼得传》。

旅行"游记"是 15 世纪的一种文学体裁。著名的"游记"有特维尔商人阿法纳西·尼基金撰写的《三海游记》，描绘了位于印度与罗斯之间的几个国家所发生的重要事件。② 此外，"诺夫哥罗德的斯捷潘于 1348—1349 年期间在察里格勒撰写的《游记》、斯摩棱斯克的伊格纳季于 1389—1405 年撰写的《游记》、俄国大使于 1439 年前往意大利参观费拉拉市和佛罗伦萨市各大教堂时写下的札记等"都包含丰富的地理知识。③

《弗拉基米尔诸王公轶事》（又译《关于弗拉基米尔历代王公的传说》），是 16 世纪初期撰成的一部传奇性历史小说。④ "这部作品主要由两个传说构成。传说之一认定莫斯科的国君们系罗马皇帝奥古斯都的后裔。传说之二叙述道，拜占庭皇帝康士坦丁·摩诺马赫曾将皇冠授予基辅大公弗拉基米尔·弗谢沃洛多维奇，弗拉基米尔似乎就是戴着这顶皇冠登基的"，由此论证弗拉基米尔·摩诺马赫的后裔皇位继承权的合法性。⑤

罗斯教会中出现的异教运动发端于普斯科夫，然后转移到特维尔和诺夫

---

① ［俄］T.C. 格奥尔吉耶娃：《俄罗斯文化史——历史与现代》，焦东建、董茉莉译，77 页，北京，商务印书馆，2006。

② ［俄］T.C. 格奥尔吉耶娃：《俄罗斯文化史——历史与现代》，焦东建、董茉莉译，78 页，北京，商务印书馆，2006。

③ ［俄］T.C. 格奥尔吉耶娃：《俄罗斯文化史——历史与现代》，焦东建、董茉莉译，78 页，北京，商务印书馆，2006。

④ ［苏联］苏科院历史所列宁格勒分所：《俄国文化史纲（从远古至 1917 年）》，张开、张曼真、王新善等译，112 页，北京，商务印书馆，1994。

⑤ ［俄］M.P. 泽齐娜、Л.B. 科什曼、B.C. 舒利金：《俄罗斯文化史》，刘文飞、苏玲译，66 页，上海，上海译文出版社，1999。

哥罗德。"诺夫哥罗德的异教者从唯理论的立场出发,否定了基督教关于上帝三位一体的基本教义,反对教会的贪婪,反对教会的仪典和教会的等级制度。"一些人"对神学教义的唯理性批判,为科学的认知开辟了道路,而科学的认知则会动摇宗教世界观的基础。对于科学知识,异教者们表现出了很大的兴趣。他们研习哲学、天文学、数学、法学和语言学,他们不仅广泛阅读了中世纪的许多哲学著作,而且还广泛阅读了古希腊罗马的哲学著作,并对各种问题作出了一系列饶有兴味的思考"①。例如,"费多尔·库里岑在《拉奥季基书》中就表达了关于意志自由('心欲')的思考,并认为意志自由与人的文化水准有直接的关系"。②

在与异教者斗争的过程中,教会内部出现了以约瑟夫-沃洛科拉姆斯克修道院的院长约瑟夫·沃洛茨基(Иосиф Волоцкий,1439/1444—1515)为首的约瑟夫派。这一派坚持宗教教义不容动摇,保护教会和修道院占有土地的权利。约瑟夫·沃洛茨基著有《启蒙者》。还有一个禁欲派,其理论奠基人是尼尔·索尔斯基(Нил Сорский,约1433—1508)。他"发展道德自我完善和禁欲主义思想,反对教会土地占有制,主张在隐修生活和修道士本人参加劳动的基础上对修道院进行改革"③,著有《隐居条规》。他的思想主张为其学生瓦西安·科索伊(Вассиан Косой,?—1545,又名瓦西安·帕特里克耶夫)所继承。瓦西安认为,有必要划分世俗权力和教会权力的活动范围。"对于正统的教会文献,瓦西安发表过一系列的批评意见,这有助于对神学教义的唯理性批判的发展。"④瓦西安的观点中有许多又为马克西姆·格雷克(Максим Грек,约

① [俄]М.Р.泽齐娜、Л.В.科什曼、В.С.舒利金:《俄罗斯文化史》,刘文飞、苏玲译,68页,上海,上海译文出版社,1999。

② [俄]М.Р.泽齐娜、Л.В.科什曼、В.С.舒利金:《俄罗斯文化史》,刘文飞、苏玲译,68页,上海,上海译文出版社,1999。

③ 《苏联百科词典》,丁祖永等译,970页,北京,中国大百科全书出版社,1986。

④ [俄]М.Р.泽齐娜、Л.В.科什曼、В.С.舒利金:《俄罗斯文化史》,刘文飞、苏玲译,70页,上海,上海译文出版社,1999。

1475—1556，原名米哈依尔·特里沃利斯）所赞同。"马克西姆·格雷克于1518 年由阿索斯来到俄罗斯，任务是修订、翻译祈祷书。他向俄罗斯读者介绍了许多先前未知的作品，以自己的翻译活动为俄罗斯文化的发展作出了很大的贡献。他还写作了很多著作，在这些著作中，他批评了俄罗斯教会组织，抨击了僧侣，描述了修道院统治下的农民的艰难处境……他关于国家制度的理想，近似于等级代表君主制。他认为，必须用法律来限制君主的权力，沙皇应与聪明的谋士一起治理国家，并遵守基督教的道德准则。"①

16 世纪三四十年代，都主教马卡里（Макарий，1482—1563）主持编纂了《经文汇集》。"这是一部 12 卷本（每月一卷）的关于神职人员生活起居、训导、宗教法方面的全集，全书顺序均按照基督教节日和宗教忌日等排列。《经文汇集》并不是为宗教礼拜等活动而撰写的，而是出于方便个人阅读的目的。"②马卡里是约瑟夫派和爱书家小组的首领，他还主持编辑了《俄国王室谱系》。

16 世纪中期，莫斯科出现了一些世俗政论性著作。伊凡·谢苗诺维奇·佩列斯韦托夫（Иван Семёнович Пересветов，生卒年不详，出生于立陶宛）的创作"在 16 世纪世俗政论中占据中心地位"③。1549 年，他"上书伊凡四世，主张强化君主专制，进行军事改革，将喀山汗国并入版图"④。他著有一部以《君士坦丁皇帝逸闻》为书名的政论性小说。戈·瓦·普列汉诺夫（Г. В. Плеханов）在其所著的《俄国社会思想史》一书中对《君士坦丁皇帝逸闻》及其作者的思想进行了详细分析和评说。

在 16 世纪印刷业兴起前，图书的流传靠人工抄写，一些修道院设有抄书

---

①　[俄]М.Р. 泽齐娜、Л.В. 科什曼、В.С. 舒利金：《俄罗斯文化史》，刘文飞、苏玲译，70页，上海，上海译文出版社，1999。

②　[俄]Т.С. 格奥尔吉耶娃：《俄罗斯文化史——历史与现代》，焦东建、董茉莉译，105 页，北京，商务印书馆，2006。

③　[俄]М.Р. 泽齐娜、Л.В. 科什曼、В.С. 舒利金：《俄罗斯文化史》，刘文飞、苏玲译，71页，上海，上海译文出版社，1999。

④　《苏联百科词典》，丁祖永等译，1016 页，北京，中国大百科全书出版社，1986。

的作坊。"教会并没有垄断书籍的制作和传播。据书籍上抄写者本人的附笔看，相当一部分图书不属宗教界。在城市中的王公府第中也有抄写图书的作坊。图书通常是定做的，有时也用来出售。""文字和图书业的发展，伴随着抄写技术的变更。14 世纪，从国外、主要是从意大利和法国输入的纸张取代了昂贵的羊皮纸。书写字体也有所改变，所谓的半真半草字体取代了严格的'多角字体'，自 15 世纪起又出现了'速写体'，这便加快了制作图书的过程。所有这一切，使得图书较为价廉，有助于满足日益增长的需求。"[①]在诺夫哥罗德，抄书甚至成为一种职业，或父子相传，或收徒授业。[②] 1553 年，根据伊凡四世的命令，"在皇宫克里姆林宫附近兴建了一家印刷厂，在此之前，莫斯科已经有几家不大的私人印刷厂。国立印刷厂的厂长由克里姆林宫教堂的助祭伊万·费奥多罗夫担任，他是一个很有天赋、知识渊博和精通印刷技术的专家"；"1564 年，伊万·费奥多罗夫（Иван Федонов）和彼得·姆斯季斯拉维茨（Петр Мстиславиц）出版了第一种印刷本书——《使徒福音》；一年之后，他们又出版了第二本书——《日课经》，这是一本学生用书，书中收录的是正教中祈祷用的经书，内有供一昼夜做礼拜用的祷文和赞美诗"。[③]

在这一时期，俄国的建筑艺术和壁画艺术也获了很大的发展。鲁布廖夫（Андрей Рублёв，约 1360/1370—约 1430）是莫斯科画派的著名大师，主要创举是他绘制的"旧约"中的三位一体圣像画。季奥尼西（Дионисий，约 1440—1502/1503）是 15 世纪后半叶莫斯科画派最大的代表，成为鲁布廖夫绘画传统

---

① ［俄］М.Р. 泽齐娜、Л.В. 科什曼、В.С. 舒利金：《俄罗斯文化史》，刘文飞、苏玲译，45 页，上海，上海译文出版社，1999。

② Н.А.Конст Ант инов，Е.Н.Медынский，М.Ф.Шабаева：Ист ория Педагогики，Москва《Прос-вещение》，1982，ст p.145.

③ ［俄］Т.С. 格奥尔吉耶娃：《俄罗斯文化史——历史与现代》，焦东建、董茉莉译，102 页，北京，商务印书馆，2006。

的继承人，其作品对 16 世纪的各种艺术都产生了深远的影响。①

（二）莫斯科公国的教育

由于鞑靼蒙古的入侵，除诺夫哥罗德等少数城市外，东北罗斯各公国的文化教育设施遭受了极大的破坏。13 世纪后期，各个等级儿童的教育大多在家里进行，有时儿童也被送往他们所属等级从事的职业的能工巧匠那里学习。书面文化的初步知识或者是在家里学习，或者是通过自己周围识字的人学习。7 岁以上的儿童和成年人都要到教堂听教士布道。教会致力于培养人们对世俗政权和教会的尊重，要求他们习惯于对自己的行为进行忏悔。有些教会人士会在布道中对教民进行反对鞑靼压迫者的教育。例如，弗拉基米尔的主教谢拉皮昂（Серапиион Владимирский,？—1275）就在传教中和所作《箴言》中描述了鞑靼蒙古对罗斯的沉重压迫，希望罗斯能获得解放。"1274 年基里尔大主教在弗拉基米尔大教堂里讲的话也与此相仿。"②

13 世纪后期到 14 世纪的识字教学通过蒙师（Мастер Грамоты）进行。蒙师由东正教堂下级职员或世俗人士担任。他们或者以此为生，或者以此为副业。蒙师一般是教 8~12 名男孩读书、写字。有少数蒙师"可以说是高级型的。他们不仅教有些学生（大概来自较富裕的家庭）读和写，而且还教'语文科学'，甚至教数学"③。

在 14 至 15 世纪俄国圣徒的传记中，"有许多材料可以证明，当时已有培养儿童的学校，已有'书匠'教师。通常，这些学校均为教会所办，教员也基本上是宗教界的下层人士。教育从 7 岁开始，开设阅读、书写、圣歌等课程，

① [俄]Т.С.格奥尔吉耶娃：《俄罗斯文化史——历史与现代》，焦东建、董茉莉译，84~85 页，北京，商务印书馆，2006。

② [苏联]Б.Д.格列科夫、А.Ю.雅库博夫斯基：《金帐汗国兴衰史》，余大钧译，208 页，北京，商务印书馆，1985。

③ Н.А.Конст Ант инов,Е.Н.Медынский,М.Ф.Шабаева: Ист ория Педагогики, Москва 《Прос-вещение》, 1982, ст р.146-147.

也许还有算术等，进行最基本的教育。在 15 世纪，这样的学校不仅城市中有，乡村里也有。例如，亚历山大·斯维尔斯基就是在他故乡村庄奥鲍涅日耶的学校里学会了识字，安东尼·西斯基在白海畔的小村里上过学，马丁尼安·别洛泽尔斯基曾就学于基里洛夫修道院附近的一个村庄"①。"谢尔吉·拉多涅日斯基的传记中有一幅插图，上面画有 11 个孩子和一个正在授课的教师，这幅插图使人可以了解到当时学校里的情形。"②1551 年在莫斯科举行的百条宗教会议通过了《百条宗教决议》，规定"在皇城莫斯科及所有城堡中……神父、助祭和诵经员处应设学校，以使每一城堡中之神父、助祭和所有的东正教徒均能送其子女前去学习识字与书写"③。

诺夫哥罗德在鞑靼蒙古入侵时没有受到大的破坏，手工业和商业比较发达。13 世纪后期至 14 世纪，诺夫哥罗德和普斯科夫的文化教育发展水平较高，识字的人比较多。"在诺夫哥罗德的考古发掘中发现了许多桦皮文献，它们是诺夫哥罗德人的私人信件，或是一些生意笔记、借据等，这些文献证明了文字在市民日常生活中的广泛运用。在那儿还发现了一块上面刻有字母表的小木板。很可能，这些字母表是为了出售而制作的，用来作为教育孩子的教学用具。最难得的发现要数诺夫哥罗德男孩翁菲姆的桦皮学习笔记本(13 世纪下半期)，它使人们可以了解到当时学校中教授阅读和书写的方法，它表明，数个世纪之后被运用的教授阅读的音节教学法，在当时即已存在。"④如前所述，诺夫哥罗德有许多以抄书为生的抄写员，他们还喜欢在文章上添写各种

① [俄]M.P.泽齐娜、Л.B.科什曼、B.C.舒利金：《俄罗斯文化史》，刘文飞、苏玲译，44 页，上海，上海译文出版社，1999。
② [俄]M.P.泽齐娜、Л.B.科什曼、B.C.舒利金：《俄罗斯文化史》，刘文飞、苏玲译，44 页，上海，上海译文出版社，1999。
③ [俄]M.P.泽齐娜、Л.B.科什曼、B.C.舒利金：《俄罗斯文化史》，刘文飞、苏玲译，63 页，上海，上海译文出版社，1999。
④ [俄]M.P.泽齐娜、Л.B.科什曼、B.C.舒利金：《俄罗斯文化史》，刘文飞、苏玲译，44 页，上海，上海译文出版社，1999。

附笔。这说明他们具有一定的文字表达能力。"15 世纪在诺夫哥罗德编写的百科全书型的辞典、最古老的文字蒙求手稿流传至今。其中之一含有 350 个取自希腊语、保加利亚语及其他语言的一些至今在作品中尚能见到的字词。这些词典使我们有理由认为，当时有大量的读者在独立读书时需要类似的指南。"①

15 世纪以后，其他地方也出现了抄写图书、收藏图书和读书的人。"在图书产品中，祈祷书占大多数，在教堂、修道院的每一祭祀场所，祈祷书都是必备的。能反映出读者兴趣之特征的，是'月书'，即供个人阅读的书。在修道院的藏书室中有许多这样的书。那些被研究者称之为'带插图藏书'的图文并茂的图书，是 15 世纪最为流行的'月书'。'月书'的内容相当广泛。其中既有翻译过来的教父学作品和使徒传记作品，也有俄罗斯本族的著作；既有宗教劝诫文献，也有世俗性质的作品，如编年史片段、历史故事、政治文章。值得注意的是，这些文集中还有自然科学性质的文章，比如，在基里尔—别洛泽尔斯基修道院 15 世纪初的一册藏书中，就含有《论地球的纬度和经度》《论周期和昼夜》《论地球之构造》《论天与地的距离》《月亮潮》等文章。这些文章的作者与那些描述宇宙构成的教会作者们的不切实际的观点断然决裂，地球被断定为是一个球，虽然它仍被置于宇宙的中心。在其他一些文章中，还对一些自然现象作了完全现实的解释（比如，一位作者认为，雷电源自云的撞击）。此处还有关于医学和生物学的文章，有公元 2 世纪的罗马学者兼医生盖伦著作的摘录。"②

有些资料提到，15 世纪，"某些俄罗斯人曾到国外学习。例如，'15 世纪80—90 年代，德米特里·格拉西莫夫和格拉西姆·波波夫卡曾在立沃尼亚学习过。1493 年 6 月 14 日，来自诺夫哥罗德的西尔维斯特尔·马雷伊进入罗斯

①　Н.А.Конст Ант инов，Е.Н.Медынский，М.Ф.Шабаева：Ист ория Педагогики，Москва《Прос-вещение》，1982，ст р.146.

②　[俄]М.Р.泽齐娜、Л.В.科什曼、В.С.舒利金：《俄罗斯文化史》，刘文飞、苏玲译，45 页，上海，上海译文出版社，1999。

托克的大学。这些人基本上都来自传统上与欧洲国家有密切联系的诺夫哥罗德和普斯科夫……但自中央集权国家体制建立后，能自主地出国学习被置于国家政权机构的监督之下。到 16 世纪，出国留学就几乎不可能了。除难以出国外，不同的初等教育性质、不同的信仰和不掌握拉丁文也使到西欧高等学校学习的学生遇到极大的困难。'"①

本时期专门谈论教育问题的著作不多。卢卡·日佳塔(Лука Жидята,？—1054/1060)发表的《对教士们的训言》可以说是东北罗斯最早的集中反映教育要求的教育文献。卢卡·日佳塔从 1036 年起担任诺夫哥罗德的主教，是第一位担任这一教职的罗斯人。在这篇训言中，他谈到"要爱所有的人"，"对兄弟和任何人都要宽容"；"要诚实，以便日后不后悔"；要仁慈，"记住和关心流浪者、赤贫的人和囚犯"。他谴责虚伪、敌对、记仇、傲慢、说下流话、私通、酗酒等，要求人们尊敬老者和父母，不要受贿，不要杀人，不要偷盗，不要说谎，不要忌妒和诽谤。②

14—16 世纪的宗教读物和其他带有教导意义的演讲文献，包含培养对书籍和知识的热爱、培养为国服务的理想、使人远离恶习恶德、培养良好的道德习惯、处理好家庭关系等教育要求。③

15 世纪后期，费多尔·库里岑对教育问题颇为关注。其《论识字》中的教育思想与正统派教会人士撰写的《关于识字教学的谈话》中的教育思想不同。《关于识字教学的谈话》要求识字教学绝对服务于神学，认为其主要任务是给

---

① Днепров Э.Д.：Очерки Истории Школы И Педагогической Мысли Нородов СССР С Древнейших Времен До Конца ⅩⅦВ.，Москва《Педагогика》，1989，ст p.41-42.

② Днепров Э.Д.：Очерки Истории Школы И Педагогической Мысли Нородов СССР С Древнейших Времен До Конца ⅩⅦВ.，Москва《Педагогика》，1989，ст p.148.

③ Днепров Э.Д.：Очерки Истории Школы И Педагогической Мысли Нородов СССР С Древнейших Времен До Конца ⅩⅦВ.，Москва《Педагогика》，1989，ст p.149-153.

学生灌输东正教信仰。①《论识字》并不否定识字教学应培养基督教的高尚品德，但认为这不是识字教学的唯一目的，教学的另一任务是拓展人的可能性，也就是"使人更有经验"。该书详细地揭示了教学作为理性自我表现的手段和过去、现在与未来联系环节的意义。② 费多尔·库里岑强调："掌握文字和知识的过程不是机械地学习书的内容，而是自由的活动：'识字是独断'，它是自由的心灵、自由的意志、自由的理性活动的结果。"③

俄国印刷出版事业的创始人伊万·费奥多罗夫在他的出版活动中也表现出对教育的重视和某些人道主义的教育思想。由他编写出版的《识字课本》"含有改进了的识字教学体系和基本语法，贯穿了人道主义的教育思想。这方面有特色的是作者用作课文章首的横眉装饰而选择的主题。这些装饰用图描绘出带有叶、花和果实的植物生长发展的思想，象征儿童的教育和发展是一个愉快的过程，它应当带有师生的美好情感"。"在字母和语法以后，作者在课本的第二部分为巩固与发展读和写的技能而提供的课文不仅用了祈祷文和宗教的教义，他还挑选了各种要求用'仁慈、理智、温柔、长久的忍耐、相互认可和予以宽恕'来教育孩子的格言。"④伊凡·费奥多罗夫的教育思想和识字教学体系后来被运用到其他初级读本和识字课本编写中。

在这一时期，俄国最重要的教育文献是16世纪出现的《治家格言》。就整体而言，《治家格言》好似一部持家的百科全书。它一共70章，涉及教育家人敬畏教会和世俗权力，安排家庭经济、教育孩子、对待仆人等问题，并对持

---

① Днепров Э.Д.：Очерки Истории Школы И Педагогической Мысли Нородов СССР С Древнейших Времен До Конца ⅩⅧ В.，Москва《Педагогика》，1989，ст р.53.

② Днепров Э.Д.：Очерки Истории Школы И Педагогической Мысли Нородов СССР С Древнейших Времен До Конца ⅩⅧ В.，Москва《Педагогика》，1989，ст р.53-54.

③ Н.А.Константинов，Е.Н.Медынский，М.Ф.Шабаева：История Педагогики，Москва《Просвещение》，1982，ст р.147.

④ Н.А.Константинов，Е.Н.Медынский，М.Ф.Шабаева：История Педагогики，Москва《Просвещение》，1982，ст р.148.

家提出了各种实际的建议。①《治家格言》教育年轻人"生活在真话中，而不要生活在假话中"，其中有些章节("怎样用各种惩罚和对神的畏惧教育自己的孩子""怎样用畏惧来教育和挽救孩子"等)完全是在谈论儿童教育问题。"《治家格言》要求教育儿童'畏惧神明'，遵守宗教仪式，绝对服从长者，论及严格的纪律，建议采用体罚。但除了严格和严厉对待孩子外，《治家格言》也号召家长热爱孩子，关心他们的正常成长和发展，要求培养孩子的英勇、顽强、爱劳动、谨慎、节俭、善于经营、'彬彬有礼'(即以礼待人)。"②

如前所述，基辅罗斯的社会与文化教育发展水平与西欧各国是十分接近的，与拜占庭帝国和西欧各国都保持着密切的联系。在拜占庭和早期伊斯兰文化教育发展的影响下，西欧各国兴起了长达二百多年(14—16世纪)的文艺复兴和宗教改革运动，经济和文化教育获得了很大的发展。处于封建割据状态的东北罗斯各公国却遭受了鞑靼蒙古的入侵和长期的统治，不得不进行艰苦斗争，其西北部和西部亦遭受了瑞典、立陶宛和波兰的入侵。因此，东北罗斯各国的文化在很长的时间里主要是为解放和统一服务。在以莫斯科公国为中心建立中央专制统治的俄国后，其文化又服务于巩固其专制统治，人文主义因素只是在个别思想家，如费多尔·库里岑等的作品中略有表现；教育以个别教育和自学为主，学校比较少，更缺乏高水平的教育机构。16世纪俄国文化教育的发展水平与欧洲各国存在较大差距，弥补差距是17—18世纪俄国文化教育发展的主要任务。

---

① Днепров Э.Д.：Очерки Истории Школы И Педагогической Мысли Нородов СССР С Древнейших Времен До Конца ⅩⅦв., Москва《Педагогика》, 1989, стр.153~154.

② Н.А.Константинов, Е.Н.Медынский, М.Ф.Шабаева：История Педагогики, Москва《Просвещение》, 1982, стр.148.

第九章

中古时期的印度教育

第一节 部派佛教和大乘佛教的教育思想

　　部派佛教又称小乘佛教。从佛教上座部与大众部分裂到大乘佛教兴起，这个时期被称为部派佛教时期。佛灭后，随着众声闻长老逐渐离世，以及教团规模不断扩大，佛门对佛法的理解与解释渐渐失去规范。

　　佛门内部的意见分歧在佛灭后进行的第一次结集中就有所反映。[①] 当时，佛弟子们对戒律中规定的"八事"产生了疑问和争论。教团的公开分裂是在第二次结集时。关于分裂的原因，南传佛教与北传佛教说法不同。据南传佛教

---

　　① 佛灭后，僧众间的意见分歧日益严重。为了统一思想，到阿育王时，佛教共进行了三次结集。关于结集的细节，南传佛教和北传佛教的说法稍有不同。南传佛教认为，第一次结集是在佛灭后第一年的雨季，由大迦叶召集主持，确定了经、律的基本结构和形式。第二次结集是在佛陀涅槃100多年后，以耶舍为首的西印度比丘在吠舍离召集了一个700人的会议，审定律藏，宣布东印度跋耆族比丘提出的十条新戒律(一般称"十事")为非法。随后，不承认这次会议的改革派比丘召集了一次万人大会，进行自己的"结集"，并宣布从保守的教团中独立出来。第三次结集是在阿育王时，以国师目犍连子帝须为首，有1000比丘参加，主要目的是剔除掺杂进佛教的各类外道教义，再次整理经、律、论三藏。这次结集，北传佛教没有记载，一般认为这只是上座部的结集。另外，在贵霜王国迦腻色迦王的主持下，佛教又进行了一次结集，对佛经进行审核并补充注释。有论者把这次结集称为第四次结集。

说法，吠舍离是跋耆人的中心，从这一种族出家的佛弟子对戒律持比较自由的态度，并提出十条戒律的修正，即"十事"①。这一情况被长老耶舍发现，召开第二次结集，弹斥"十事"为非法，并进而对律藏与经藏重新结集。据传，在700位比丘于吠舍离结集之时，另有多数比丘召开大结集，与耶舍的结集对立。于是，一方面根据是否以"十事"为非法的态度，另一方面由结集上存在的分歧，教团内部争论不休，最终分裂成两派：坚持戒律但持自由态度的进行大结集的众比丘为大众部；而进行小结集并对戒律持保守态度的众比丘则为上座部。

据北传佛教的传说，发生分裂的地方并不在吠舍离，而是在摩揭陀；分裂的原因也并非戒律的问题，而是法相教理问题，其中，最主要的法相问题是阿罗汉的资格或性质问题。据《异部宗轮论》中的说法，佛法初破是因"四众共议大天五事不同，分为两部，一大众部，二上座部"。主张阿罗汉人间性的大天一派成为大众部，主张阿罗汉超人间性的一派则成为上座部。大众部与上座部分派之后，内部又相继分裂出其他部派，前后共形成二十部。这是北传佛教的说法，据南传佛教的说法则为十八部。

部派佛教时期，是阿毗达摩论书大量形成的时期。阿毗达摩是法或无比法之意。法指一切存在的理法，即一切存在者本身。因此，阿毗达摩可以说是对存在的研究。对论书而非经律的重视也在一定意义上反映了部派佛教的特色，那就是注重理论体系的结构、组织，而忽视实践的修持与践履。部派佛教的弱点就在于忽视了佛教的实际，不能从佛教的全局着眼，但它对佛陀教说法相的整理对佛教的发展起到了非常大的作用。

———————

① 关于"十事"的内容，南北传佛教文献所载有出入。根据《善见律毗婆沙》卷一所载，这十件事是：1. 盐净；2. 二指净；3. 聚落间净；4. 住处净；5. 随意净；6. 久住净；7. 生和合净；8. 水净；9. 不益缕尼师坛净；10. 金银净。印顺法师在其《印度之佛教》中认为"十事"指：1. 角盐净；2. 二指净；3. 他聚落净；4. 住处净；5. 赞同净；6. 所习净；7. 不攒摇净；8. 饮阇楼凝净；9. 无缘坐具净；10. 金银净。

部派佛教的思想理论极其繁杂，从中寻绎教育思想的因素则更困难。诃梨跋摩所著《成实论》记载，部派佛教讨论并争执的为所谓"十论"。这些问题根据佛教思想体系的基本构成，可以大致分为以下几种：①佛陀论，包括与佛陀自身的性质直接相关的罗汉论、菩萨论等。②存在论，探讨有为法与无为法等一切法的性质。③心性论，相当于修道论，探讨修道的内在根据及其可能性。④部派特有的关于轮回业报的主体——灵魂是否存续的问题。下面我们选取其中最有影响力的大众部与说一切有部，来了解部派佛教思想的整体旨趣，并从中发现其于教育思想的意义。

一、大众部的教育思想

一般来讲，上座部尊重传承，基本上以传统为教说的根据，并以维护和接续传统为根本方针；大众部则以理想为原则，以理想为衡量教说的标准。当然，这是就一般趋势和特点而做的一概之论，实际情况其实非常复杂。在教理重心上，两部虽然都以阐明苦、集、灭、道四谛为教说方针，但上座部关注的主要是苦、集问题，即现实成立的根据与原因，从染与迷的立场着眼立论；大众部则以灭、道问题为侧重点，着眼于理想境界的描述与说明，并有从已清净与觉悟后立论来构造世界观与人生观的倾向。

（一）大众部的佛陀论

大众部的佛陀论最能显示部派佛教发展的新兴气象。佛陀之为佛陀是因其成正等觉而为佛陀。这样，成道前之悉达多王子与成道后之佛陀之间，就存在着历史性形象与理想性形象上的差别。佛陀的历史性或人间性方面，即生身，究竟是确实存在的事实，还是不由业所感，而由佛陀法身化现而来的呢？佛陀与罗汉之间有什么不同？或者说，罗汉阶段的佛陀与作为佛弟子的罗汉是否有差别？据《异部宗轮论》，我们可以从三乘关系、佛身论、佛之精神力量以及佛说法之性质等几个方面分解大众部的佛陀论。

据北传佛教的说法，围绕阿罗汉的性质而产生的争论导致了上座部与大众部的分派。大众部阐释大天五事的意图在于把阿罗汉的性质解释为具有充分人间性的存在。其中，"为余所诱"是说罗汉在身体方面还是有漏的，还有不净烦恼的余习存在；"无知"与"犹豫"是说罗汉虽已断除情意上的烦恼，但还未断除所知上的执着烦恼的障蔽，还未达到佛陀所有的一切种智；"他令悟入"是说罗汉的觉悟并非由于自觉自证，而须经由他人之力，借他人之教说；"道因声起"是说罗汉并非常住于定境，还会有无常之苦受。大众部一方面指出罗汉对于理想境界的局限，降低罗汉果位的神圣性，还原其人间性的方面；另一方面则把佛陀推崇到极致，将一切理想的性质都赋予佛陀，从而把佛陀极端理想化。大众部的罗汉论包含着区分佛陀与罗汉的想法。上座部继承原始佛教的一种含混的说法，因为佛陀与罗汉都是解脱者，故以为佛陀亦是罗汉之一。例如，经律中有佛陀教化了五比丘后，加佛陀而有六罗汉之说，是佛陀与罗汉之界限、义理笼统不明的反映。

《异部宗轮论》述及大众部佛陀观的纲领时云："诸佛世尊皆是出世，一切如来无有漏法。"①根据这段引文，大众部思想中的佛陀是清净、完美、永恒的超自然、超人间的终极存在。所谓"皆是出世"，窥基《述记》释曰："此部意说世尊之身，并是出世，无可过故，唯无漏故。谓诸异生说名为世，可毁坏故，劣诸圣故；二乘有学，下过异生，劣无学故；二乘无学，下过有学，劣于佛故，非超彼之身，唯无漏故，非不可坏，犹立世名；唯佛世尊，下过一切，无所劣故，不可毁坏，超过毁坏，皆是出世，约人为论，无漏身故，萨婆多部，其意不然。"②意思是说，佛陀是超过世间一切存在的最高存在，因世间法皆是可毁坏、不易久长之法，所以佛陀之出世间，即不可毁坏、永

---

① 世友菩萨造，窥基述记，玄奘译：《异部宗轮论》，见《大正藏》第 49 册，15 页，金陵刻经处版。

② 转引自任钟印、黄学溥、吴式颖：《外国教育思想通史》第一卷，523～524 页，北京，北京师范大学出版社，2017。

恒不易之存在；众生与独觉、声闻二乘中的有学、无学，都还是世间法，故而"犹立世名"。所谓"无有漏法"，窥基释云，"约法为论，十八界等，在佛身时，皆名无漏，非漏相应，非漏所缚，故名无漏"①，也就是说，不仅佛陀的精神是清净的、完美的，而且佛的身体也是清净的、无漏的，不为烦恼所束缚，与烦恼不相应。

关于佛陀身体的性质，有两种不同的看法：一是认为佛陀的身体作为生身与众生的肉身无异；二是认为佛陀的生身是历经菩萨时代多劫修行而生成的，因此，在佛陀的时代已经变化成超自然的、超人身的灵体了。后一种看法已经暗示了后世大乘佛教三身观念中化身的雏形。大众部即持后一种看法。在他们看来，佛陀的生身并非由业所感而成——因佛陀所有的业力也是无漏、清净的，"佛所有三业，皆亦是无漏"（窥基语）——而是因发菩提心而回向世间、救度众生，化现于此世的超凡存在，《大毗婆沙论》所谓"如来生在世间，长在世间，出世间住，不为世间法之所污"就是此意。② 据此，大众部又认为"如来色身实无边际"，"如来威力亦无边际"，"诸佛寿量亦无边际"。据窥基的释义，如来色身，是经多劫修得的"报身"，其无边际，随机变化，因而有佛之生身。另外，由于报身无限，为利乐有情而现世，有情不能救度尽净，则如来不会舍身入寂，故寿命亦无限。身量与寿命无尽的佛陀，自然具有超常的能力，他的身体能随意识与无意识的作用于一刹那间遍布世间，这虽然已是大乘的解释，但也能说明大众部理想中超越时空限制、物理限制的自由随意的佛陀形象。

大众部关于佛陀精神力量的看法，虽与上座部一样承认其无限、无漏的性质，但更加强调佛陀精神力与众生心理能力的区别，着重于佛陀精神力量

---

① 转引自任钟印、黄学溥、吴式颖：《外国教育思想通史》第一卷，524 页，北京，北京师范大学出版社，2017。

② 五百大阿罗汉等造，玄奘译：《阿毗达磨大毗婆沙论》，见《大正藏》第 27 册，229、391～392 页，金陵刻经处版。

的神秘性。《异部宗轮论》这样描述佛陀的精神力量："佛一切时不说名等，常在定故，然诸有情谓说名等，欢喜踊跃；一刹那心了一切法；一刹那心相应般若，知一切法；诸佛世尊尽智、无生智恒常随转，乃至般涅槃。"①这是说佛陀能够动散不变，常在定境，不需经过思维、语言的过程，而能任运讲说，自成应理言教，即所谓"无思自成事义"（窥基语）。佛陀还能于一刹那间了知一切法的真相，不仅知外境之相，而且能知心之相；不仅能知一切法之共相，而且能知一切法的自相，这是对佛陀全知认知能力的描述。佛陀还能于一刹那间使心与般若智慧相应一致，不仅能知世间法，而且能知出世间法，这是对佛陀实践智慧能力的说明。另外，佛陀能于一刹那间与智慧相应一致，直至涅槃入寂，这说明佛陀没有无善无恶的无记心，完全超出了众生的心量。

　　佛陀说法的性质是佛陀论中一个非常重要的问题，涉及对佛陀与声闻、缘觉界限的确切认识。大众部在这一问题上所持的极端理想化的态度，使其对三乘之间界限的认识得到了强化。② 在大众部看来，"诸如来语，皆转法轮"，也就是说，佛所说的每一句话都是应理言教，正如窥基所云："此法轮体，即佛所有名句声等教法为体。"因此，佛说法的内容就应该不止四谛、八正道正式的具体教法，不仅佛的见道之语是转法轮的内容，就连佛陀与阿难日常的问答也富含深意，具有不可思议的、摧伏他人身上无知疑惑的力量，即所谓"世尊所说无不如义"。此外，关于佛陀说法性质的看法中，还有一个关于如何看待佛陀说法过程中以何种语言说法的问题。这本是一个关于历史事实真相的问题，但在部派佛教的法相讨论中具有了教义上的特殊意义。大众部认为，"佛以一音说一切法"，也就是说，佛陀说法时是用一种语言——梵语——来说法的，而听众则由佛陀的神通加持力，各以自己的语言听闻和

① 世友菩萨造，窥基述记，玄奘译：《异部宗轮论》，见《大正藏》第49册，15页，金陵刻经处版。

② 世友菩萨造，窥基述记，玄奘译：《异部宗轮论》，见《大正藏》第49册，15页，金陵刻经处版；《俱舍论疏》，见《大正藏》第41册，15页，金陵刻经处版。

领会。这种看法与上座部的解释又有不同。根据上座部的解释，佛陀并不是只用一种语言说法的，而是随着场合之不同，随时变换方言，即使在同一场合，由于听者种族不同，佛也能很快地变换语言，使不同的听者都能迅速领悟。这样，所谓"佛以一音演说法"（《大毗婆沙论》）的古训，就仅是一种象征、比喻的说法。[①] 大众部自然不同意这样的看法。根据大众部的认识，佛陀所说法，都是圆满功德所生不可思议力量之所为，因此，其所说也都是究竟彻底的了义言教，没有不了义的说法。这样的观点也自然不为上座部所接受。

大众部对佛陀说法性质的理想看法，把说法之佛陀与声闻、缘觉严格区分开来。在上座部看来，声闻、缘觉并非完全不对众生说法，只是没有如佛陀一样的愿心；大众部则认为说法完全是佛陀的资格，其他人根本不具备这样的资格。

通过对大众部佛陀观的分析，我们可以充分认识到大众部思想的理想化色彩。在大众部的佛陀观中，佛陀已经不再是一个循循善诱、诲人不倦的导师形象，而是一个借助奇迹来促使人产生信仰的教主，其历史性的、事实性的、人间性的存在已经被完全置换成超人间的、理想性的神圣存在。佛陀之说法也不再仅仅是一个教学的过程，而被神秘化为一种真理展示的过程；佛陀所说之法具有的朴实、亲切的理性教诲式的特点，也变成了一种启示。用这样一种佛陀形象来进行教学，已经不再是理性的具有人文色彩的教育，而是一种典型的宗教神秘主义类型的教育。在这样一种教育中，教与学的过程不是依据理性的原则进行知识上的传授，而是一种神秘的启示。大众部的佛陀观说明作为哲学、伦理理论体系的原始佛学已经开始向富有神秘主义色彩的宗教——佛教转变，开始由人文教育向宗教启示转变。

（二）大众部的心性论

佛陀的心体论拒绝对心体做形而上学的解释，部派佛教中上座部继承并

---

① 五百大阿罗汉等造，玄奘译：《阿毗达磨大毗婆沙论》，见《大正藏》第 27 册，410 页，金陵刻经处版。

发展了这种观点,并把这一思想演化成一种关于心理活动相状的理论,使心的作用相状理论成为部派佛教的基本问题。然而,大众部在究明心的作用相状之理论(心相论)的基础上,把佛陀的观点引向了一个新的方向,即关于心的本性或心的作用的本性是否清净。这就是与心相论相对的心性论。在一定意义上,大众部对心性问题的讨论,是心体论中形而上学倾向的回归。因此,在部派佛教中,尤其是大众部系的派别中,又有各种形式的有我论出现。

《异部宗轮论》这样表述大众部心性论的纲要:"心性本净,客尘随烦恼之所杂染,说为不净。"①从这一纲要中,我们知道心性论是在讨论心的本性与烦恼的主客、染净之关系。在心相论中,心的作用是有善有恶的,也就是说人心是善恶相混的,然而,论到心之善恶作用背后的根据,究竟为善为恶,或者说在心的作用中哪种作用更为根本,就不是心相论所能涵盖并解决的问题了。根据原始佛说,推原佛陀的心性思想,则是以无明为心的本性,以迷妄染污为心性。实际上,无明也只是心的作用中一种更为根本的作用而已,本身并非一种自在的体性存在。以无明为心性的说法,只是从染之现实世间而言的,着重于心的现实性的一面,并没有突出心的理想性的一面,即人之转染求净、舍迷趋悟、转识成智的内在根据。人之所以能突破无明之束缚,而产生求菩提之心并最终得到菩提之果,一定也有其心理上的依据。这一根据也一定是心的作用在与烦恼相应的同时,还能产生善心作用的原因。这样便出现了关于心性是净是染的讨论,即染的根据与净的根据哪一个更为根本。

大众部主张清净为心的本性,即以清净为心之主,以烦恼染污为心之客。烦恼染污之所以为客,为第二性的存在,其根据又何在呢?窥基释曰:"无始以来心体自净,由起烦恼染,故名染,烦恼非心无始本性,故立客名。问:有情无始有心称本性净心,性本无染,宁非本是圣?答:有情无始心性亦然,

---

① 世友菩萨造,窥基述记,玄奘译:《异部宗轮论》,见《大正藏》第49册,15页,金陵刻经处版。

有心即染，故非是圣。问：有心即染，何故今言心性本净，说染为客，客主齐故？答：后修道时染乃离灭，唯性净在，故染称客。"①据窥基之释义，之所以把烦恼作为客尘，并不是从本体论的角度着眼，以清净为逻辑在先，而是从修行实践的意义上，就修证之结果来说的。这就是说，无论是染心还是净心，都是现实给予的事实，是无始的存在；所谓"有心即染"，说明并无一个清净的心之本性先于烦恼存在。因此，并不能从理论之立场武断何者为先为本，而只能从修行的结果来看，以去除的为客，而以留存下的为主。这说明心性之主与客、净与染，仍然是依靠心之作用来显发的，表示心的这一作用的概念就是菩提智。经过修行，由菩提智呈露，与菩提智相应的就是心之本性。大众部这一思想实际上较好地调和了心性与心相的关系，坚持了以用显体、由相显性之方法论原则。这一原则实际上是佛教本体论的特色所在，能够避免东西方很多本体论都无法避免的善恶二元的悖论。

大众部的心性论中还涉及对烦恼性质及其与心之关系的认识。《异部宗轮论》说："随眠非心，非心所法，亦无所缘。随眠异缠，缠异随眠，应说随眠与心不相应，缠与心相应。"②随眠指烦恼的休眠状态，是潜存着的烦恼；缠指现起之诸烦恼，即烦恼的现实状态。烦恼伴随着心理作用而现起，即所谓"缠"；在心理作用中潜存着并形成生命解脱最后障碍的是随眠。伴随心理作用而现起的心理现象即心所，故缠即心所；随眠不与心理作用一同发生作用，因而不是心所。对缠与随眠的区分，在于指明对现起烦恼的破除并不是解脱，而只有连同身体一起舍弃，才能将随眠烦恼消除。对随眠与缠的区分，也说明修学的过程并不能由于做到了精神上的解脱就完成了，修学的目的在于生命的完全解脱。

---

① 转引自任钟印、黄学溥、吴式颖：《外国教育思想通史》第一卷，258 页，北京，北京师范大学出版社，2017。

② 世友菩萨造，窥基述记，玄奘译：《异部宗轮论》，见《大正藏》第 49 册，15~16 页，金陵刻经处版。

大众部的心性论在教育思想上的意义值得发挥之处甚多。首先,关于心性染净的讨论也是一个教育可能性的内在根据的问题。大众部的心性本净思想在一定意义上解决了人的教育可能性之内在根据的存有问题。教育之所以能够成立和进行,并非只需教的一方化之,而是还需要学的一方配合。由教化之必要性,即对佛教之宗教价值的承认,而进至教化可能性之探讨;由佛陀论中对教化一方的重视,而演化为对所化一方接受能力之强调,佛教的教育思想在大众部的心性论中得以发展。根据这样一种思想,教育的目的,只有通过学者的自觉,即知识只有真正进入学者的生命与生活中才能实现。其次,教育的可能性,不是理论上做出的泛泛判断,而是贯彻于教学实践的,体现于一定教学方法的观念,由一定的心理能力来反映的。也就是说,大众部心性论中对教育可能性的强调,主要表现于教学实践中如何主动发挥学习能力的问题,实质上是一个用的问题,即实践的问题,是与修学实践相配合的问题,而不完全是一个形而上学的问题。最后,大众部关于随眠与缠是不是心所的区分,事实上就是对教学中学习过程的说明。大众部着重知与行的合一,主张知识落实于生活与生命的实践之中。对知识的学习不是简单地接受理论,而是要能体会于生活与生命中,并且知识本身就是直接作用于生活与生命的学问。这一作用就表现于对烦恼的破除上。

(三)大众部的存在论

部派佛教的存在论与原始佛教的存在论相比,具有浓厚的形而上学色彩。其关于世界的本质与构成的认识渐趋理论化和系统化。佛陀存在论的实践旨趣也决定了佛陀存在论的理论特点,那就是不认为宇宙和人生中存在着固定不变的实体,在现象背后有着现象所依托的本质,而认为宇宙是由关系的法则形成的相互依存的存在。佛陀这种存在论实际上就是缘起观。这种存在论虽然不曾肯定实体性的不变存在,但它至少承认了缘起法则的不变性。对缘起法则不变性的不同解释就成为部派佛教存在论的不同形态。这些形态基本上可以分成实在论与观念论两种。其中，上座部是典型的实在论，大众部则明显是观念论。佛教用以表示存在的概念是一切法。根据存在的不同性质，佛教将一切法划分为有为法（现象界）与无为法（本体界）两大类。关于有为法与无为法的关系，一般有两种态度。一种持有为法与无为法互不相关的消极态度；另一种则主张无为法与有为法之间有一种积极的关系。前者是上座部的观点，后者是大众部的见识。

关于有为法的性质，《异部宗轮论》云："过去未来非实有体。"①窥基释曰："现有体用，可名实有，去来体用无，故并非实有。曾有当有，名去来故。"②过去法体已经过去，其作用亦消失，未来法体亦然，因无体无用，故并非真实存在。现在法体，有体有用，故为实有。一切有为法皆刹那灭，过去已经过去，未来还没有来，真正存在者，只有现在法。三世法之间有如波浪，此起彼灭。大众部不以三世法为并列的关系，而是认为其是前后相继的。在此意义上形成了刹那生灭说。刹那生灭说主张，一切现象（心理现象和物理现象）都是刹那流动的持续体，因而以一切法为一刹那心之存在，最终达到观念论的见地。

关于无为法，大众部有九种无为之说，即在说一切有部三无为（择灭无为、非择灭无为、虚空无为）之上，又加上了空无边处无为、识无边处无为、无所有处无为、非想非非想处无为、缘起支性无为、圣道支性无为。其中，由于涅槃之不生不灭的特点与由禅定所得的境界相似，故也以四禅境界为无为。"缘起支性"之所以为无为法，据窥基的释义，以其"此理是一，性常决定"，"其无明等十二支分，是有为摄，理是无为"③。十二因缘虽为有为法，

---

① 世友菩萨造，窥基述记，玄奘译：《异部宗轮论》，见《大正藏》第49册，16页，金陵刻经处版。

② 转引自任钟印、黄学溥、吴式颖：《外国教育思想通史》第一卷，261页，北京，北京师范大学出版社，2017。

③ 转引自任钟印、黄学溥、吴式颖：《外国教育思想通史》第一卷，262页，北京，北京师范大学出版社，2017。

但就性理而言是无为,此性理在大乘思想中即"空"。"圣道支性"亦是就其性理而言的,窥基云:"性能离染,理是常一,其八差别,自是生灭,理是无为。"①从性理而言无为,是大乘思想中自性涅槃观念的滥觞。

由上所述,我们可以看到无为法从作为有为法离灭之后的留存状态,与有为法之间不发生直接关系,而到大众部以性理解释无为法,已经暗含了大乘思想中关于无为法与有为法之间的积极关系的认识。这样一种积极关系主要表现为对无为法所起作用的认识。

大众部的存在论体现了一贯的理想主义精神,肯定终极存在的积极意义,扩展终极存在的范围,给修道解脱以更合理的根据,与其佛陀论、心性论一同为大乘思想的形成积蓄了理论资源。大众部存在论在教育思想上的意义,表现于终极存在的积极意义。无为法不是隐于有为法背后的消极存在,而是对有为法性质直接发生作用的存在。这种作用就表现为对有为法中舍染趋净能力的肯定。这一思想同心性本净思想是一致的,都对教育的内在可能性给予了积极的肯定,指出教育须诉诸人的自觉性和主动性。但是,大众部高扬理想主义的态度,也给其宗教的和教育的实践带来一些负面的影响。有学者指出:"大众系之于圣格,理想则崇高,行践则宽容,轻声闻而贵菩萨。思想多所启发,而言不及实。"②原始佛教的宗教实践由于佛陀的言传身教,虽戒律严格,但践行笃实,亦步亦趋,有规范可依;表现于教育之实践,亦平实朴素,教与学之间次第井然。至大众部,则将解脱目的极端理想化,将佛陀形象极端神秘化和偶像化,将修行解脱之可能性普泛化,但在修行上没有提出与此理想相应的实践规范,导致理想虽高,却放松践行之标准,对修行规范之遵守采取宽容、姑息的态度。这一特点见之于教学,就可能出现一种失

---

① 转引自任钟印、黄学溥、吴式颖:《外国教育思想通史》第一卷,262 页,北京,北京师范大学出版社,2017。

② 演培:《异部宗轮论语体释》,23~24 页,台北,正闻学社,1950。

序状态，如教师的权威被怀疑，教法作为规范的意义被减弱。

二、说一切有部的教育思想

说一切有部的思想在许多方面都与大众部相区别。然而，说一切有部并非因此就成为与大众部的进步倾向对立的保守派。因为在一定意义上，说一切有部是响应部派佛教新的思想动向而在上座部内部发生的革新运动的产物。

《异部宗轮论》记载，说一切有部是于佛灭后第三百年初从上座部中分出的部派。窥基释云："说一切有者，一切有二，一有为，二无为。有为三世，无为离世，其体皆有，名一切有。因言所以，此部说义，皆出所以，广分别之，从所立为名，称说一切有部也。"[1]此部以解说一切法为内容，一切法指有为法与无为法。有为法指三世有为，无为法指出世法。说一切有部又名说因部。所谓"说因"，指该部以解说一切法的因果为宗旨。

（一）说一切有部的存在论

说一切有部的存在论是典型的实在论形态，其特色集中体现于解析诸法的原则和观点上。《异部宗轮论》说："谓一切有部诸法有者皆二所摄，一名二色，过去未来，体亦实有。一切法处皆是所知，亦是所识及所通达。"[2]窥基释义曰："说一切有等，谓一切有者有二，一法一切，谓五法即心、心所、色、不相应行、无为；二时一切，谓去来今，各对诸部，名色摄一切法。色相粗著，易知其体，称之为色，四蕴无为，其体细隐，难知相貌，以名显之，故称为名。"[3]其中，以心、心所、色、心不相应行与无为五种类型的法的样

---

① 转引自任钟印、黄学溥、吴式颖：《外国教育思想通史》第一卷，264 页，北京，北京师范大学出版社，2017。

② 世友菩萨造，窥基述记，玄奘译：《异部宗轮论》，见《大正藏》第 49 册，16 页，金陵刻经处版。

③ 转引自任钟印、黄学溥、吴式颖：《外国教育思想通史》第一卷，265 页，北京，北京师范大学出版社，2017。

式来说明诸法，是说一切有部世友《品类足论》中首先提出并在部派佛教中具有代表性的思想。在他们看来，宇宙和人生在结构上都可以用这五法来归类，即宇宙、人生的诸种现象都可以归入这五种结构之中。心指心的主体；心所指种种心的作用；色指物质存在；不相应行指跨于心与物两者之间的关系、状态、性质、意义上的存在；无为指不生不灭之法。这五种结构按其性质又可以分成名与色两类，一指心理现象，二指物理现象。就细处再分析，五法又可以分出许多元素，一般来讲有 75 种。说一切有部认为这 75 种元素是构成心理现象与物理现象，以及联系心理现象与物理现象之间的关系、状态与性质意义上的根本实在。从上所知，说一切有部的存在论实际上是一种概念的实在论，因为说一切有部的态度是以抽象概念为实在的诸法。

说一切有部以择灭、非择灭与虚空为三无为法，没有对无为法做夸张、铺陈的解说。关于有为法与无为法的关系，说一切有部基本上还是与上座部本部持同一种消极的观点，即认为无为法只是隐于有为法背后的没有直接交涉的存在，是生灭变化之有为法灭除之后的一种状态而已，以不变性为无为法的要素。说一切有部对上座部仅以涅槃法为无为法的思想有所扩展，但并没有走向极端，其无为法思想实际上是部派佛教无为思想的基础。

说一切有部还主张"四谛渐现观依空、无愿二三摩地俱容得入正性离生"[1]，认为对四谛道理的修证需要经过渐修渐证。在修行上，它以空观来对治"见行"，即用空观根除认识上的障蔽。所谓"我见增上"与"我所见增上"，"增上"即指添加在如实之见上的见识。另外，说一切有部以无愿观来根除情意上的执着，即所谓"爱行"，包括"懈怠增"与"我慢增"。从以上说一切有部关于修行的思想，我们可以知道，与大众部相比，说一切有部的修行更加朴实可行，平易踏实。

---

① 转引自任钟印、黄学溥、吴式颖：《外国教育思想通史》第一卷，266 页，北京，北京师范大学出版社，2017。

说一切有部对待存在的实在论态度表明了一种现实主义倾向。例如，以缘起支性为有为法，与大众部以缘起支性为无为法截然不同。一方面，它严密区分了有为与无为之间的界限；另一方面，它也说明无为法在现实中不能有积极的作用。这一倾向在说一切有部的教育思想中，就表现为以现实的而非理想的手段来解决教学问题，实现教育目标。说一切有部在具体实践中讲究规范，致力于教法上的组织统一，力图使践履有法可依。说一切有部探讨教义与教法的论书也说明了对教法组织与传达的重视。这些都表明说一切有部强调教育的意义而不重视理想化之自觉。

（二）说一切有部的心理论

心理论是佛教思想中最具科学性的部分。有学者认为，佛教心理学的水平高于古希腊亚里士多德的心理学的水平。在整个佛教思想体系中，心理思想最具原创性。在佛陀思想中，心理思想与生命观、伦理观、认识论以及修道论紧密地结合在一起。佛陀关于心理问题的思想在部派佛教时代得到了进一步的深化。部派佛教的心理思想集中体现在以下方面。一是心体论，探讨心理现象与主体之间的关系。二是心理作用论，也可称为心相论，探讨心王与心所的关系以及心理作用的过程。三是心性论，探讨心之本体的问题，在某种意义上，是佛教形而上学理论的内容。在诸部派之中，说一切有部的心理思想最丰富和完整，对后世的影响也最大。与大众部相比，说一切有部的心理思想集中于心相论。下面我们就从心体论、心所论以及心性论几个方面来分析说一切有部的心理思想。

部派佛教的心体论，坚持佛陀原始教说中破除以心为固定不变之实体的思想，而贯彻佛教无我说，但是对于无我的解释各有不同。这些解释与各部派的心体观紧密相关，大致可以分成有机论的无我说与机械论的无我说两种。说一切有部就是机械论的代表。根据说一切有部的思想，心是缘起之现象，它由色、受、想、行、识五蕴，以及五蕴之间的因缘关系构成，或由六根、六识之间的依存关系构成，总之，心是由诸种要素依缘而成的现象。心的意义，在佛教文献中一般有三种表达，即心、意、识。关于心、意、识的关系，一般来讲有两种说法：一是以为三者之间全无区别，只是同一物的不同名称；二是以为三者意义不同。这些不同的意义中，有以心为滋长义，意为思量义，识是了别义；有以过去心名意，未来心名心，现在心名识；等等。说一切有部代表了部派佛教关于心、意、识的基本看法，即以三者为同一心体的不同作用和意义。世亲在《俱舍论》卷四中指出，"集起故名心，思量故名意，了别故名识"。

心的活动和作用及其与心所的关系，也是说一切有部思想中非常重要的部分。一般以缘虑，即认知，为心的主要作用。围绕认知而形成的推理、判断、意志等，就成为心理作用的组成部分。这些心的作用，就成为说一切有部思想中非常有特色的心所论。在进一步分解心所论之前，首先须解决心与心所的关系问题。一般而言，心所是心所有法之义，以心为心所的持有者，但是关于心所为心持有的意义，存在着不同的解释。一派以为心之外并无独立的心所法存在，它只是对心的作用的一种抽象说明而已；另一派认为在心王之外还有着虽为心所有，但仍然具有一定程度独立性的存在。无心所派是大众部系的主张，这种主张仅把心所视为心作用的差别，虽有种种不同，但仍与心是同一行相；心与心所别体论是说一切有部的主张，他们认为佛陀以五蕴解说心理现象，在识之外仍然别说其他四蕴，这说明在心外还存在着其他样式的心理作用，相应于心王而发生作用。《异部宗轮论》言及说一切有部本宗同义之时云："心、心所法，体各实有，心及心所，定有所缘，自性不与自性相应，心不与心相应。"①其明确主张心与心所法之间各有其体。关于心与心所的关系，在经论中有许多譬喻，如以心王为主人，以心所为仆人，心

---

① 世友菩萨造，窥基述记，玄奘译：《异部宗轮论》，见《大正藏》第 49 册，16 页，金陵刻经处版。

所是所属，在具体事实上虽结合于一处，但在概念上分别是一定的。关于二者的具体不同，《俱舍论》云："各各了别彼彼境界，取总境相故名了别。"①以心王为取总相，即对象总体上的相貌；心所取别相，即对象细微之处的相貌。一个认识，必须经过心王与心所之间的相互配合，二者同依止于心根，缘同一对象，共同作用才能发生和完成。

说一切有部关于心所分类的思想包含非常丰富的心理思想。心所分类的思想在说一切有部中也经过了一个发展过程。在世友的《品类足论》中发端的心所分类思想将心所分为十大地法、十大烦恼法、十大善地法、十小烦恼地法等。后来，逐渐形成了以《俱舍论》中的心所分类为成熟形态的分类类型，即大地法十、大善地法十、大烦恼地法六、大不善地法二、小烦恼地法十、不定八，后经唯识经论的整理，成为遍行、别境、善、烦恼、随烦恼、不定六种。其中，遍行（大地法）是指一切心共通的心理作用，包括感觉、思维、意识、统觉以及心与境之间的相应性。别境、善、烦恼、随烦恼等则专指在转迷成悟之修行实践过程中的心理现象，一是要发扬增进的心理作用，即作为善心基础的大善地法；二是要改进祛除的心理作用，即作为迷妄基础的大烦恼地法与大不善地法。从以上对心理作用的分类思想来看，说一切有部乃至所有部派佛教的心理思想具有一个不同于近代以来的科学心理学之处，即在一般的、客观的心理现象之外，还专门探讨了具有价值内涵的心理现象，这些现象包括伦理的心理基础和修行中超出一般心理的心理现象。佛教心理论的这一思想特点，与其作为宗教而非科学的思想性质相关，即对心理现象的认识要服务于修行解脱之目的。因此，这样的心理论就是专注于应用的心理论。它从宗教体验和宗教实践中来，并用之于宗教实践，必然与教育过程发生关联。

关于心性本净与否的问题，说一切有部持与大众部相反的观点。大众部

---

①　尊者世亲造，玄奘译：《阿毗达磨俱舍论》，见《大正藏》第 29 册，4 页，金陵刻经处版。

对心之本性持一种理想主义的态度,肯定众生解脱觉悟的可能性。说一切有部则认为,这样一种理想主义的心性观与心理现象的事实不符合。善与恶都只是心理作用而已,与心王相应,若离心王则无心之作用,亦无本性净与否的问题。这就否证了心性本净思想。说一切有部关于心性的思想充分体现了其以作用论心的思想特点,在此意义上,说一切有部坚持佛陀原始教说中的无我观,严防以心性问题的面目复活有我论。

由上我们讨论了说一切有部的心理思想,从中大致可以找出说一切有部教育思想的基本思路。以作用心与本性心相对,是说一切有部思想的基本特色。大众部的心性本净思想实际上已经蕴含了后来在大乘佛教思想中得到发挥的自性清净心思想。作为如来藏的自性清净心就是众生之佛性,即成佛之内在的可能性。只是这样一种可能性无论是在大众部还是在大乘思想中,都只具有境界一边的所知的意义。但是,这种思想存在着误把心性作为一种心体或心理作用的可能。也就是说,本净之心原本已非缘起之心、作用之心,而是一种性理,但以心性称之,就有可能使人误以为心性亦是一种心。说一切有部严格区分心性与心相,进一步明确了心与性的不同,以心为能知,以性为所知;以作用论心,以理体论性。说一切有部这样一种思想倾向继承了上座部注重现实的态度。基于这样一种思想态度,说一切有部就不是以高标理想来树立教育目标,而是多从实践的要求出发,以促进善心的增进为修行的具体德目,对最终的果位与不同阶段之修行所证也都抱一种现实的态度。表现于教育上,以随眠为心所,且为缠所摄的思想,就与大众部之以随眠非心所,而且与缠性质不同的论调截然不同。认为随眠为缠所摄,就是把随眠这样一种认识上的障蔽看作与情意方面的烦恼一样的心理作用,可以通过心理过程而克服。这样就把教育的针对性放在了一个现实的基础上,因而有助于把教育视为一种实际的理性化的教学过程,而教育的目标也是可以通过理性手段达到的。与这样一种思想相应,具体教学自然会讲求教育方法,肯定教育的必要性，着重教育手段的改进。

(三)说一切有部的佛陀论

说一切有部的佛陀论与大众部的佛陀论有着显著差异。关于佛陀与二乘之关系，说一切有部认为："佛与二乘解脱无异，三乘圣道各有差别。"①窥基释曰："解脱三乘无别，唯断染无知，得不染无知，无得解脱理。"②也就是说，佛与二乘就解脱果而言是同一的，但所依循之圣道有所不同。从可断之烦恼而言，佛是既能断染污无知了脱生死，又能断不染污无知得一切智与一切种智，即能获得关于事物共相与自相的完全认识；二乘之人则只能断染污无知了脱生死，出离轮回，但不能断除认识上的障蔽，不能得到对于事物真相的完全认识。因此，佛陀能于一切对象(境界)得不依于他之自觉，而且能得完全无保留的觉悟。这种觉智又是无错谬的，即无错谬觉。二乘中独觉唯得自觉而无其他二觉，声闻则二觉皆无。这种观点是由说一切有部与法藏部倡导而成为部派佛教佛陀论的一个基本内容的。这一点大众部也无异议。大众部与说一切有部之分歧主要表现在关于阿罗汉(声闻乘)之性质的理解上。说一切有部认为："诸阿罗汉皆得静虑，非皆能起静虑现前。"③窥基释曰："诸无学得静虑，离欲界欲法尔皆成熟，故中间与根本同一时得。"④也就是说，无学阿罗汉已得圣位，脱离欲解烦恼的束缚。这与大众部以阿罗汉"为余所诱"等人间性的解释有所不同。

与大众部降低阿罗汉果位的神圣性，从而理想化佛陀的思路不同，说一

① 世友菩萨造，窥基述记，玄奘译：《异部宗轮论》，见《大正藏》第49册，16页，金陵刻经处版。

② 转引自任钟印、黄学溥、吴式颖：《外国教育思想通史》第一卷，270页，北京，北京师范大学出版社，2017。

③ 世友菩萨造，窥基述记，玄奘译：《异部宗轮论》，见《大正藏》第49册，16页，金陵刻经处版。

④ 转引自任钟印、黄学溥、吴式颖：《外国教育思想通史》第一卷，271页，北京，北京师范大学出版社，2017。

切有部继承上座部的佛陀观，对佛陀的性质基本上采取一种现实主义的态度。这一态度见之于对佛陀身体的认识，就是不以佛身为彻底无漏。《大毗婆沙论》卷七十六云："若佛身是无漏，无比女人不应于佛生身起爱，指鬟于佛不应生嗔，诸骄傲者不应生慢，乌庐频螺迦叶波等不应生痴。"①这就是说，佛陀生身与人之肉身无异。佛陀超越于世间法之上，不为世间之得失苦乐所染，是由于其能够脱离利、誉、称、乐四法与衰、毁、讥、苦四法之义，即主要是一种精神上的超越。从说一切有部的纲领性结论而言，佛陀是十五界有漏，后三界无漏，也就是意识、法处、意根三界无漏。这样，佛陀之生身就没有不受限制之自由，不仅不会"寿量无边""色身无边"，而且不能自由变化，随意化身。在说一切有部看来，佛之生身在寿量和形体上都是有限的，真正无限的只有佛之法身。然而，说一切有部的法身观也不同于大众部的法身观。大众部的佛身思想已经基本具备了大乘思想中的三身观念，以佛之生身为佛之法身的化身，而法身无疑已经具有完全超越的性格。在说一切有部看来，不仅佛陀生身是有漏之肉身，而且法身也只是对佛陀教法的象征说法。"敬重法身不重生身"作为说一切有部的一个原则，主要是指对佛法和僧伽的敬重。佛陀所具有的种种神秘性格，在这样一个法身观念下就完全变成一种象征的说法。在此意义上，我们可以说，说一切有部的佛身观更接近于佛陀"依法不依人"之教诫本意。佛身之存续主要是佛陀教法之存续，佛陀精神之存续，而并非佛生身之神秘的不可思议的存续。

说一切有部关于佛陀精神力量之理解也体现了这样一种现实主义的理性化的风格。说一切有部不认为佛陀一刹那可了一切法，而认为人心是一心相续的，不能二心同时而起，因此，佛陀在了知外境之时也须经过一个认识的次第，而且要经过作意作用，即不能随意而知，而是一个自觉的认识过程。这样，尽智与无生智也不是恒常随转的，而是继起的，不是同时具有的。说

① 尊者世亲造，玄奘译：《阿毗达磨俱舍论》，见《大正藏》第29册，392页，金陵刻经处版。

一切有部甚至认为，佛陀也有无记心状态，即非善非恶的心理状态，并非完全处于善心状态。根据这样一种观念，佛陀说法自然是"非如来语皆为转法轮"，而唯有"八正道是正法轮"；而且"非佛一音能说一切法"，"能说诸法无我，不能说一念为无我"，佛所说皆为共相法；"世尊亦有不如义言，佛所说经非皆了义，佛自说有不了义经"①。佛陀说法的范围不是扩大到佛的一切言语，也不是完全称理而说，而是会针对不同情况，随顺众生而方便说法。

说一切有部对佛陀性质的理解，侧重于从精神上阐发其超越自由的性质，对佛陀生身的认识仍然坚持一种即人间的现实主义的理解。在说一切有部看来，佛陀并未完全被神秘化，成为超越于人间之上的与终极实在同一的存在，而仍然具有原始佛说中朴素、亲切的导师性格。说一切有部对佛陀法身的理解，表明佛灭后教团由对佛陀人格的敬慕发展出的对教法的依持，教法取代佛陀人格成为教团统一和教义传承的根据，实现了由佛而教的转变，教育的主体由佛陀自身的言传身教转化为以教法为主的传习。说一切有部对佛陀教法性质的现实主义意义上的理解，又使得教团内部自由探讨的氛围非常浓厚，教与学能够在一种理性的气氛中进行。说一切有部对待教法的尊重态度使其更重视教育在教团的维持与佛法的传播中的作用。过去由佛陀承担的救度众生的任务，由佛陀之法身，即教法与僧伽来承担，佛教之教变得制度化、组织化，这可以说是部派佛教，尤其是说一切有部思想的意义所在。

佛教发展到部派时期，已经具备了完整的规模，教义的组织整理已经体系化，教团的规范已经制度化，教法所依之经典已经定型，并在原有规模上进一步成熟。然而，与原始佛教相比，部派佛教失去了原始时期活泼生动的气息，由一种实践的宗教演变成一种教会的宗教；由一种作为实践指南的教义演变成一种纠缠于名相概念的烦琐教条；由一种具有生活内容的教说演变

---

① 转引自任钟印、黄学溥、吴式颖：《外国教育思想通史》第一卷，272 页，北京，北京师范大学出版社，2017。

成一种形式主义的说教。因此，还原佛陀通俗化、实践化精神的运动开始在部派佛教内部酝酿，其结果就是大乘佛教的兴起。

三、大乘佛教的教育思想

(一)大乘佛教的兴起

贵霜王国时期，统治者是游牧民族。种姓制度的存在使这些外来者很难获得较高的地位，而佛教对信徒的出身条件要求并不那么严格，于是贵霜统治者开始皈依并提倡佛教。特别是在迦腻色迦王的大力支持下，佛教在印度再次昌盛，出现了拥有大量财富的寺院和比丘。统治者对佛教的大力推崇，一方面使得一些佛教理论家对教理开始进行细致的考证与研究，形成了一些新的经典；另一方面也使得佛教越来越脱离一般民众。这种情况引起了下层佛教教徒的不满，佛教内部开始出现改革的浪潮。改革者认为，传统佛教只讲自我解脱，不讲普度众生，只是"小乘"，而佛教主要目的不应在于个人超越，而应在于救众生于苦海，而且无论是谁，只要发愿普度众生，并采用守戒、坐禅等方法，都可以获得解脱。这就被称为"大乘"。大乘佛教开始兴起。

大乘佛教兴起的标志首先是大乘经典的形成。大乘经典的结集，实际上就是在传统的教法权威之外，另立教法权威的核心，从而取代以传统的口传圣典为标准的教法系统。这些大乘经典利用阿含经典记述、教训的材料，加以自由的变化，表达一种新鲜的、更丰富的思想。最早成型的大乘经典主要有：形成于南印度的，以总结部派中空观思想的般若类佛经；在《般若经》基础上发挥唯心妙有思想的《华严经》；代表在家居士对传统教会思想的反动的，综合真空妙有并将其生活化的《维摩诘经》；由破斥二乘变为综合二乘，主张三乘归一，一切皆得成佛的《法华经》；等等。这些佛经在教义与实践方面，已经全面地提出了大乘佛教的基本思想和精神，只是在教义的逻辑化与系统化上还未加以严密的组织，大乘的中心义理没有得到进一步突出和强调。

大乘佛教的真正成熟是以龙树（Nāgārjuna）创建中观学派为标志的。大约公元 1 世纪时，在佛教理论家龙树的手中，大乘思想具有了成熟的规模和体系，且形成学派。这就是由龙树创建的以《般若经》为根本典据，以《中论》《十二门论》《大智度论》为基本论书的中观学派。公元 2、3 世纪，出现了以无著（Asaṅga）、世亲（Vasubandu）兄弟为代表的瑜伽行派思想，以及未完整成型的如来藏学系。瑜伽行派在护法之后逐渐走向教条化与烦琐化，于公元 6、7世纪发展出与印度教合流的密教思想。

(二)中观学派的教育思想

龙树，亦译"龙胜""龙猛"，生于南印度维达婆国一个婆罗门家庭，早年接受婆罗门传统教育，后皈依佛。传说，龙树在雪山龙宫得到大量的大乘佛经，后来依据这些大乘经典进行著述，创立了中观学派。他的著作据藏传佛教记载有 122 种，汉译有 22 部。其中，对后世产生巨大影响的论书有《中观本颂》(五百偈，后经弟子青目注释，称为《中观论》，略称《中论》)、《十二门论》、《大智度论》、《十住毗婆沙论》、《菩提资粮论》、《七十空性化》、《回诤论》等。龙树的学生提婆所著《百论》，与龙树的《中论》《十二门论》共同成为中观学派的基本论书。中国的三论宗就是以此三论命名的。

龙树对大乘经典的整理和解释主要从两个方面进行。一方面，透过经中繁复的教相，直接揭示其中所含的义理，树立大乘教的基本教理；另一方面，依据已经树立的大乘教理，利用部派佛教所整理的法相，重新组织大乘的法相系统，以统一佛说。龙树在从教理与教相两方面树立大乘教规模的理论活动中，贯彻始终的方法论是二谛论。下面我们就从龙树思想中的存在论与实践论两方面来分析他的思想内涵。

论及龙树的理论体系需先明了他的真俗二谛的方法论。贯穿《中论》的基调就是以二谛为基本的观察诸法的方法，并以二谛为组织部派教相与中观教理的指导原则。关于二谛理论的典据，见于《中论·观四谛品》："诸佛依二谛,为众生说法:一以世俗谛,二第一义谛。若人不能知,分别于二谛,则于深佛法,不知真实义。"①这说明二谛原本是诸佛说法之原则,是组织言教的方法,因此,二谛是从能诠言教上着眼,而非从所诠境界上立论。青目释曰:"世俗谛者一切法性空而世间颠倒故生虚妄法,于世间是实;诸贤圣真知颠倒性,故知一切法皆空无生,于圣人是第一义谛名为实。诸佛依是二谛而为众生说法,若人不能如实分别二谛,则于甚深佛法不知实义。"②可见二谛首先是诸佛依据真实义理而组织言教的方法;俗谛指对世间众生所说之法,真谛(第一义谛)是诸佛所见所知之法,可见二谛之别主要是由说法对象的不同而决定的,对世间众生说一切法是实,而于诸贤圣而言,一切法自性空。《三论玄义》言:"有二谛故,佛语皆实。以世谛故,说有是实。第一义故,说空是实。"③这是说佛说法皆是如实而说,对世间众生说一切法有是适应于众生具体情况的方便说法,而不是虚妄言说的假法。真俗二谛,两种如实言说之间的关系,就涉及中观思想的核心,即缘起性空之理的真实内涵。关于俗谛存在的必要性,论曰:"若不依俗谛,不得第一义谛。不得第一义谛,则不得涅槃。"青目释道:"第一义皆因言说,言说是世俗,是故若不依世俗,第一义则不可说,若不得第一义,云何得至涅槃,是故诸法虽无生而有二谛。"④这样,言教二谛之间由说法对象和内容之不同,又引申为真理与言教方便之间的关系。言说是世俗,是方便,是能诠;第一义是真理,是境界,是所诠。于是,二谛之间的关系就演化成缘起与性空之间的不即不离的中道关系。

缘起性空思想是《般若》经类的主题,也是龙树《中论》论说的宗旨。《中

① 龙树菩萨造,梵志青目释,姚秦三藏鸠摩罗什译:《中论·观四谛品第二十四》,见《大正藏》第30册,32页,金陵刻经处版。

② 龙树菩萨造,梵志青目释,姚秦三藏鸠摩罗什译:《中论·观四谛品第二十四》,见《大正藏》第30册,32页,金陵刻经处版。

③ 慧日道场沙门吉藏撰:《三论玄义》,见《大正藏》第45页,11页,金陵刻经处版。

④ 龙树菩萨造,梵志青目释,姚秦三藏鸠摩罗什译:《中论·观四谛品第二十四》,见《大正藏》第30册,33页,金陵刻经处版。

论》中有一首著名的偈颂，明白说示了二者的关系。颂云："众因缘生法，我说即是空，亦为是假名，亦是中道义。"青目释曰："众因缘生法，我说即是空，何以故？众缘具足和合而物生，是物属众因缘，故无自性，无自性故空，空亦复空，但为引导众生故，以假名说，离有、无二边故名为中道，是法无性，故不得言有，亦无空故，不得言无。若法有性相，则不待众缘而有，若不待众缘则无法，是故无有不空法。"①这首颂包含三重义理。第一重是诸法由缘起故无自性，无自性即空；第二重是诸法因无自性故，由缘而起皆为假名；第三重是因空故，缘起法非有，因假故，缘起法非无，缘起法非有非无，是为中道。这三重义理是对佛教真理空的完整说明，即一是空性，二是空之用，三是空之显现。作为本体之空性是超言绝相，不可言说的，这在中观学派中是由八不缘起的思想揭示的。空性是不着一边，不落言诠，非概念思维的神秘直观内容；空之用是指由性空故，空掉对诸法本性之概念执着；空之显现是指依空之用，使诸法依其自性而缘起显现。可见，中道就是正确认识缘起的方法，同时也是对缘起性质的完整说明。在中道的意义上，缘起法连接起真空与妙有，成为融会空有的存在。

中观学派的缘起思想扬弃了部派佛教的缘起观。这一点在中观思想的八不缘起观中得到了充分的体现。《中论》篇首有颂曰："不生亦不灭，不常亦不断，不一亦不异，不来亦不出。能说是因缘，善灭诸戏论；我稽首礼佛，诸说中第一。"②生、灭、常、断、一、异、来、出八种概念，是就缘起诸法的假相立名。众生把这八种概念执着为实在，便堕于无因、邪因、断常等不能正确理解诸法中道实相的错谬。无生是大乘缘起观的核心，是大乘缘起观区别于部派，尤其是说一切有部缘起思想的关键。原始佛说的缘起观着重说明

① 龙树菩萨造，梵志青目释，姚秦三藏鸠摩罗什译：《中论·观四谛品第二十四》，见《大正藏》第30册，30页，金陵刻经处版。
② 龙树菩萨造，梵志青目释，姚秦三藏鸠摩罗什译：《中道·观因缘品第一》，见《大正藏》第30册，1页，金陵刻经处版。

诸法相依相缘的相关性(又云此缘性),即没有一法是独立自存的。十二因缘就是这种相关性的集中教说,其中,"生"是十二支的核心。原始佛说缘起观的这一不彻底性,使得部派佛教的缘起观不是从相关性揭示的诸法性质上着眼,而是从相关的关系上立论,于是便出现了说一切有部元素实在的缘起观。中观的缘起观则进一步指出,由于相互依存,元素的存在是不实在的,不仅元素与元素之间由依存关系所成之物是不实在的,而且元素自身也是这样一种依存关系的产物,因而也是不实在的。因此,八不缘起观的意旨即在于破除对概念实在的执着,揭示诸法性空的实相,从而在空性的基础上树立正确的缘起观。《般若经》主要是从实践的意义上以空观来破除众生对这些法相的执着,并不是要提出一个与空观相应的理论体系,龙树的《中论》则完成了构建体系的任务。在《中论》二十七品的结构中,贯穿始终的是以二谛的辩证来纠正对缘起的错误认识。它以真空为第一义谛观照的内容,这是真理的终极意义;以说一切有部等部派树立分析的元素实在观为第二义谛的内容。《中论》以第一义谛的立场来破除第二义谛中存在的观察之妄,依据一种辩证的方法指出部派树立教相中的矛盾,通过对概念的否定辩证而最终归于一种非概念的直观,即以空为内容的神秘直观。这种否定的辩证法就是所谓"遮诠法",能破除一切对于概念的执着,因为概念总是与流动的世界不相符合。相对于世界而言,概念只是表诠这种刹那流动生灭之世界的方便和工具,只有象征和指示的作用,而且也只有在作为象征和指示的言教意义上,即假名,才具有自己的实在性。这样,便由概念的辩证而达致中道。于是,我们可以说,与说一切有部等所持概念,即实在的唯实论相反,中观的缘起观是一种概念非实在的唯名论。

根据这样一种辩证的缘起观,不仅世界是流动不居、刹那生灭、归之于空的,而且也并无能够最终完全表达这一世界真相的理论。世界的真相植根于一种由理论所指示,但最终要超越理论的实践体验。因此,中观的二谛中道思想，也给予佛陀以来的教法与教相如其实际的定位。这样的理论观念会影响到对于佛教教育的实质和方法的看法。说一切有部的教育观念，由于拘泥于佛说的内容，着重于教相的整理，因而在教育上表现为注重教说内容的传授，在实践上也更多地依据教说规范，亦步亦趋。中观学派则充分意识到了教说的方便性质，使教育变得更加自由和灵活。教说内容的传授以修行实践为归趣，教育以启发实践智慧为务。这样一种教育风格更接近佛陀原始教说的作风，而较少教会神学的教条气息与学究式的迂腐习气。

　　还有一种教育观念体现于中观学派的实践观中。以中观学派为代表的大乘佛教，与部派佛教在思想上的一个重大差异，在于大乘是以求菩提智慧为实践理想，而部派佛教则以求解脱为实践目标。这种转变的意义体现为大乘尤其是中观学派在有余涅槃与无余涅槃之外另立无住涅槃。根据部派佛教的解释，有余涅槃是仍然留存有身体的解脱，实际上是一种精神解脱，即见道；无余涅槃是指死后的隐没不现的寂灭状态，一种彻底的精神与肉体的全面解脱。这样两种解脱都是以个体为本位的解脱观，而且是一种以出离世间为唯一目标的解脱观。在这样一种解脱观中，道德只是解脱之方便，从属于解脱理想的价值，而不具有自在的价值。中观学派提出无住涅槃概念，一方面，是出于缘起性空的中道理念的必然引申，即在揭示终极真理的同时，也肯定假名之为假的意义和作用，这样在肯定出世间之价值的前提下，也肯定世间存在的意义；另一方面，则把个体的出离解脱与社会的他人的出离解脱结合起来，把自利自了的解脱行为与博施济众的救世活动结合在一起。这样一种结合基于解脱的可能性与必要性，即对个体来说，只有在自利修行之外，加上利他的环节，才能获得真正意义上的解脱。同时，真正的解脱并非在彼岸世界，而是只有将理想实现于此世间，使众生一同解脱，才是真正的解脱。于是，无住涅槃就成为一种清净世间的现实的社会改造运动。这样一种解脱涅槃的观念，就能诠主体而言，是一种菩提智慧，是一种即世间的受用人生的智慧。

与能动的实践的无住涅槃相适应，中观学派的道德观念也与部派佛教的道德观不同。部派以"诸恶莫做，众善奉行，自净其意，是诸佛教"为基本的道德原则。[①] 这样一个原则以行善止恶为自净其意的方便，道德只是擦拭心之镜的工具而已。大乘菩萨行则把道德的利他行为作为解脱修行的一个阶段，是在根本观照所得根本智之后的运用阶段，即所谓"后得智"。这种智慧在认知的意义上，是由根本智证所得共相智之后，将共相智用于个别事物以了知其自相的智慧。从实践的意义上而言，共相智是直观空理的智慧，自相智则是空观在具体社会实践中的运用，由直观状态演变为与知性相应的状态。道德就是空观在实际生活中的理性显现。在空观意义上的道德行为是一种彻底无我的利他行为。与这样一种道德观相适应，龙树整理了《般若经》中的德目，作为大乘菩萨行的修行内容。举其要者而言，即四无量与六波罗蜜。

四无量即慈、悲、喜、舍四种德行；六波罗蜜指布施、持戒、禅定、忍辱、精进、般若(智慧)六种到彼岸的修行法门。在这些德目中，道德的意义被大大扩展了。以布施为例，在原始佛教和部派佛教时期，仅仅是一种积累福德资粮的行为；大乘佛教以人、我、财三轮体空来解释布施，使布施成为般若(智慧)的一种体现和证明。智慧与道德不即不离，非一非异。没有道德的智慧是不完整的，没有智慧的道德是不彻底的。

大乘中观学派的智慧观与道德观在教育思想上的体现，首先，是以一种积极的、能动的、即人生即世间的智慧作为教育的理想，取代灭身灭智的出世解脱。这样一种教育理想将出世关怀与入世关怀结合起来，将宗教的神圣性与世间的社会性结合起来，使宗教教育与世俗的道德教育结合起来，找到了佛教进入并影响社会生活的一个契合点。大乘佛教出世与入世相即的特点，使它的教育理想包含了更多的社会内容，也承担了更多的社会责任，尤其是

---

① 智顗大师：《妙法莲华经玄义》，见《大正藏》第 33 册，693 页，金陵刻经处版。

中国的大乘佛教以及日本的大乘佛教成为教化社会与改造社会的重要的精神文化力量。其次，中观学派的辩证性使其对于佛陀以来之教说的方便性质，持一种更彻底的认识，教说在教义教学的实践中运用得更为灵活。在教说组织中，对遮诠法的运用也是中观学派一个十分重要的特点。这一特点在教学实践中的运用，是以否定的辩证法来启发学者的思维和悟性，使他们能够超越言教表面的意义，通过概念的具体所指，直接领悟教说所指的真理。这样一种教学方法不仅是对佛陀教学实践风格的还原，在一定意义上，也与以孔子和苏格拉底为代表的古代教育相通。

中观学派在实际教育中非常重视辩论在教学中的作用。他们把辩论作为摧毁邪说、声张己说的手段，同时也把它作为启发教学、检验教学的方法。这一特点在大乘中期佛教教育制度化、机构化以后体现得更为充分。

第二节　印度教的兴起及其对印度教育的影响

孔雀王朝时期，佛教得到空前的发展与传播，成为国际性宗教。但由于孔雀王朝的统治并没有深入到广大的乡村社会，因此婆罗门教在这里依然盛行。孔雀王朝灭亡之后，恒河平原上出现的两个重要政权巽伽王朝和卡奴瓦王朝都排斥佛教，而采取扶持婆罗门教的政策，于是婆罗门教开始复兴。但这时复兴起来的婆罗门教已经发生了明显变化。婆罗门教规定的神明、祭祀方式和信徒的生活方式都发生了变化，一种适合各地区生活方式、包罗万象的新型宗教开始产生，这就是印度教(Hinduism)。"在这阶段称它为印度教也许不符合事实，因为这名词是阿拉伯人在公元 8 世纪时使其通行起来的，当时这是指那些信奉盛行于印度的宗教的人们，即对湿婆与毗湿奴的崇拜者。

但为方便起见，这个宗教可以从这一点起称之为印度教。"①从印度教的产生来看，它并不是一个由某个历史人物创建的，也不是来自某种天启的宗教，而是在长期的发展过程中，在古代婆罗门教义基础上与印度各地方信仰和生活习俗相结合而产生的宗教。它既是雅利安文化要素与土著居民文化要素进一步融合的结果，也是婆罗门教、佛教、耆那教之间相互斗争、相互吸收、相互融合的产物。

贵霜王国时期，由于兼收并蓄的文化政策，中亚、希腊—罗马和中国的文化与印度文化交汇融合，对印度教的发展产生了重要影响。当时虽然佛教有了进一步的发展，但佛教的影响主要在统治阶层，而在广大的乡村及贵霜王国的力量没有达到的印度中部和南部，印度教的影响远远大于佛教的影响。伴随着佛教在上层社会中流行，印度教在民间也得到了进一步的复兴。当时，民众中对湿婆、毗湿奴以及克利什那神的崇拜已经相当流行，梵天则逐渐隐退到了幕后。同时，"关于神的一元化概念，不论以毗湿奴还是以湿婆作为表现形式，正在得到加强。神能以恩惠(prasada)赏赐给虔诚的信徒，这个关系是同一的；而虔诚(bhakti)的程度则因人而异。个人的虔诚即通常称为'巴克提'的思想，成为后来印度教的动力"②。

宗教信仰的转变使得印度教将最终的教育目的指向了实现灵魂(精神)的解脱。在印度教中，所谓"解脱"，就是使人的"精神"或灵魂从生死轮回中，从肉体束缚中彻底解放出来，达到永生不灭、无限福乐的境界。在印度教看来，"人真正要的就是'解脱'——要摆脱那拘束我们的有限性，达到我们的心灵真正欲求的无限的存在、知识和妙乐"③。按照奥义书的说法，生死轮回的根本原因是无明。无明即无知。人因认识不到"梵我同一"的真理而执着地迷

---

① [印度]R.塔帕尔：《印度古代文明》，林太译，131页，杭州，浙江人民出版社，1990。

② [印度]R.塔帕尔：《印度古代文明》，林太译，132~133页，杭州，浙江人民出版社，1990。

③ [美]休斯顿·史密斯：《人的宗教》，刘安云译，22页，海口，海南出版社，2013。

恋世俗生活，结果受到无明支配，永远处于无休止的生死循环之中。只有那些通过宗教修炼认识到"梵我同一"道理的人，即有真智的人，才能抛弃一切欲望，消除无明。

"梵我同一"概括了印度教的宇宙观和人生观，成为印度教的主要信仰，在印度教的思想体系中占据着主导地位。这种学说起源于奥义书，其影响力一直延续至今。早在《梨俱吠陀》时代的后期，印度教的圣贤们就从众多的神灵中概括出宇宙统一之神梵天。在后来的梵书中，梵天的概念已经演化为宇宙的实体，以有形象的人格化的神而存在。梵天不仅是世界万物的创造者，而且掌管着天、地、空三界，也是世间万事万物的归宿。万物从梵天而来，依梵天而存在，在毁灭时又复归于梵天。后来，婆罗门学者把梵天进一步抽象化，去掉其人格形象，将其转化成纯粹的哲学概念——梵。他们用梵文中的阳性名词"梵"（Brahma）取代了阴性名词"梵天"（Brahmā），并把"梵"作为宇宙的最高本体，万物的始基。"梵"是不可言说的，但是可以为人所体验感知。这是因为人的本质在其精神性，而不是肉体存在。所以，奥义书在把宇宙的本质概括为"梵"的同时，还把人的本质概括为"阿特曼"（Atman），意即"真我"或"自我"。"阿特曼"实际上就是人的灵魂，它位于人的肉体之中，代表人的精神本质。《歌者奥义书》这样描写"我"：阿特曼是我的灵魂，处于我心。小于米粒或麦粒，或芥子，或黍，或黍子核。这个我心中的我（阿特曼），大于天，大于地，大于空，大于万有世界。

在奥义书中，人的灵魂或本质"我"只是宇宙灵魂或本质"梵"在人世间的一种显现，"我"是"梵"的一部分，"我"是"梵"在人体中的代表，两者同根同源同体，是同一不二的。因此，教育的最高目的就是"梵我同一"。奥义书的著者，一方面把"梵"视为宇宙的创造者，万物的本原；另一方面又把它描绘成具有无限欢乐的极乐福境，作为人生追求的最高理想境界。他们认为，人的灵魂"我"就是"梵"降临世界，在人体中的一种显现。"我"在人世间受到各种欲望的束缚，它的无限欢乐和智慧的本性一时还表现不出来，但是它有恢复其本来面目的还原于"梵"的要求。根据这种理论，人接受教育的根本动力主要源于个体自我的内在超越要求，因而学习主要是个体发展的自身需求，而不是外在的要求。这种思想给后世的印度教及其教育以极大的影响。

中世纪的印度教吠檀多哲学继承了"梵我同一"的思想。虽然各种吠檀多论者在论述"梵"与"我"的关系上产生了分歧，从而出现了不同的派别——吠檀多不一不二论、吠檀多不二论、吠檀多限制不二论、吠檀多二无论等，但是他们的学说都没有超出"梵我同一"的大范畴。乔荼波陀所著的《梵经》把梵称为"最高我"或"最高者"，认为其是一种纯粹的精神，在空间上是无限的，无所不在的，在时间上也是永恒不灭的。他还把人的灵魂称为"身我"或"生命我"，认为"身我"也是一种精神，是宇宙精神——梵的显现。"梵"与"我"的关系就好比灯与灯光、火与火花、太阳与其映在水里的影子一样。商羯罗（约788—820）进一步继承和发展了乔荼波陀的学说，并提出了上梵和下梵的观点。他认为，以圣者之见，即以那些已经消除无明而获得真智的宗教圣者来看，梵是绝对、永恒、唯一的实在，不具有任何形式和属性，这种梵被称为"上梵"。但是，以凡夫之见，即以那些仍受无明限制而具有愚智的俗人来看，本来无形无性的梵就变成了有形式有属性的梵，这种梵被称为"下梵"。上梵是超越时空，超越主客观的绝对实在，下梵则是被无明的人主观化了的现象存在。在商羯罗看来，世界万物就是这种被主观化了的下梵，是不真实的，正像人们把绳子幻现为蛇一样，产生这种幻觉的原因就在于无明。因此，他主张一个人要获得解脱，就必须消除无明，变愚智为真智，从而证悟绝对的实在——上梵。由此，印度教经典《吠檀多精髓》明确强调，进行修行的全部课程都是为了最终的目标——解脱。可见，印度教的最高教育目的就是要求学习者亲证"梵我同一"的一元境界，从而让自己的"精神"不再受到任何束缚，最终获得至高无上的幸福。"假如我们能够完全成熟的话，我们就会由一个比较大的框架来看这一世的生命，其实人如能这样，就永不会终结。"①

在如何消除无明，实现真正的解脱方面，《吠檀多精髓》提出需要两个阶段：一为"有身解脱"，又称"生解脱"；二为"无身解脱"。"有身解脱"是说，虽然人在精神上获得了解脱，但身体还存在于人世间，还不能摆脱物质生活。这种精神获得自由的人，不会再造出新的"业"，因此不会再流转生死，但是他过去所造的"业果"还在继续，也只有等它消耗完毕，"精神"才能从物质生活中完全解放出来。像这种精神获得自由，但仍未摆脱物质生活的人，叫作"有身解脱者"或"生解脱者"。等到物质生活结束，过去的"业果"彻底耗尽而新的"业"也不会再产生，将出现个人的灵魂与宇宙精神——梵完全合一，即达到"无身解脱"。对于印度教教徒来说，"无身解脱"才是灵魂的真正解脱，其境界是不能描述、不可思议的。要实现这种解脱，关键在于"依靠观看、谛听、思考和理解自我，得知世界所有一切"②。可见，与世界其他古文明中教育强调对文字类书面知识的学习训练不同，印度教更加注重调动多种感官进行学习。虽然在学习时，印度教也非常重视学习知识的重要性，指出"天神世界依靠知识。天神世界是最优秀的世界。因此，人们赞颂知识"③，但"并不期望用眼去看去读，而是凭声音去听。就是借这种方法，早期的印度满足了对知识的渴求"④。在对知识的学习方面，印度教特别强调《吠陀》经典的重要性。印度教的各个教派，如毗湿奴派、湿婆派、性力派等，都把《吠陀》作为最基本的经典。印度教的各种哲学流派——数论、胜论、正理论、瑜伽论、吠檀多论和弥漫差论，也都是在承认《吠陀》权威的基础上建立起自己的哲学体系的。因此，承认《吠陀》经典的权威性与否，乃是印度教与其他宗教的分

① [美]休斯顿·史密斯：《人的宗教》，刘安云译，26 页，海口，海南出版社，2013。

② 《奥义书》，黄宝生译，46 页，北京，商务印书馆，2010。

③ 《奥义书》，黄宝生译，35 页，北京，商务印书馆，2010。

④ [美]威尔·杜兰特：《文明的故事 1：东方的遗产》，台湾幼狮文化译，427 页，成都，天地出版社，2018。

水岭。

"吠陀"(Veda)的字面意义就是"知识"。《吠陀》经典则是指印度教的一批最古老、最富权威性的典籍,包括《吠陀本集》、梵书、森林书和奥义书等。它们又被印度教教徒称为"吠陀天启",是早期印度人研究神圣的学问,因而也被看作"神的启示"。最早的《吠陀本集》共 4 部,包括《梨俱吠陀》《娑摩吠陀》《耶柔吠陀》《阿闼婆吠陀》。《梨俱吠陀》产生于公元前 1500—前 1000 年,是印度教最早的一部经典,全书共十卷,收集了 1000 多首赞颂神灵的诗歌。《娑摩吠陀》是一部颂神的歌曲集,给《梨俱吠陀》的大部分赞神诗都配上了曲调,供教徒在祭扫仪式中吟唱。《耶柔吠陀》是讲如何举行祭祀的典籍。《阿闼婆吠陀》是巫术和咒语的汇编。梵书形成于公元前 1000—前 700 年,现存 15 种,主要内容包括两个方面:一是讲仪轨——祭祀仪式的具体规定,二是讲释义——对赞歌、祭词、咒语的解释等。森林书也有许多种,它们是在梵书之后进一步阐述祭祀理论的典籍。奥义书大都产生于公元前 700 年—前 500 年,现存 100 多部。一般认为成书在公元前 6 世纪佛教兴起前后或同时的,至多只有 13 部。奥义书是专门阐述印度教宇宙观和人生观的重要哲学经典,中心内容是"梵我同一"和"业报轮回"等。从《吠陀本集》,经过梵书、森林书一直到奥义书,这些典籍在内容上都是有联系的,因此被统称为"《吠陀》经典"。在早期印度教教育中,《吠陀》经典都是口耳相传的。

后来,出现了许多阐释《吠陀》经典的经论。有的人还从诗韵、字源、语法、天文学等方面研究《吠陀》经典,建立起所谓"吠陀辅助学"。这些学问也成为印度教教育的基本内容。《摩奴法论》①就明确规定:学习《吠陀》经典是

---

① 《摩奴法论》,又译作《摩奴法典》,是古印度伦理规范的经典,属于广义吠陀文献中经书类法经部分。它托名于传说中人类的始祖摩奴,实际上由婆罗门学者完成,全书共 12 卷,内容涉及社会生活的各个方面,包括人生礼仪、习俗、教育、道德、法律、宗教、哲学、政治、经济、军事、外交等。目前《摩奴法论》有多种译本,如马香雪译本、蒋忠新译本、江平译本等,本部分内容引述主要用蒋忠新译本。

婆罗门、刹帝利和吠舍三个高级种姓必须履行的义务，而首陀罗由于等级低下是不被允许学习的。"为了保护这整个世界，那具有伟大光辉者为由口、臂、腿和脚出生的派定了各自的业。他把教授吠陀，学习吠陀、祭祀，替他人祭祀、布施和接收布施派给婆罗门。他把保护众生，布施、祭祀、学习吠陀和不执着于欲境派给刹帝利。他把畜牧、布施、祭祀、学习吠陀、经商、放债和务农派给吠舍。那位主给首陀罗只派一种业：心甘情愿地侍候上述诸种姓。"①高级种姓的人把学习《吠陀》经典看作最大的荣誉。这些人一般在七八岁时就被送到宗教导师家专门学习《吠陀》，去前必须举行隆重的宗教仪式，即所谓"入法礼"。印度教教徒认为，父母给了他第一次生命，即肉体生命，学习《吠陀》经典则可以获得第二次生命，即精神生命。

除了《吠陀》经典的学习之外，印度教也非常重视宗教伦理的教育。"业报轮回"是印度教的根本教义之一。它与"梵我同一""精神解脱"等理论相辅相成，构成了印度教的基本信仰。这种理论起源于奥义书，后来被印度教的各个教派所承袭，延续至今，对印度教的思想产生了深远的影响。"业报轮回"说的渊源，可以追溯至远古时代的灵魂不死的观念。奥义书的圣贤们继承和发展了灵魂不死观念，提出了"业报轮回"说。他们把人看作小宇宙，小宇宙与大宇宙一样，也包括物质和精神两部分。物质部分指人的肉体，而精神部分指人的灵魂，或称"我"。灵魂是人体中永生不灭的精神，它与大宇宙的最高精神——梵是同一不二的。人的死亡只是肉体外壳的断灭，而内在的灵魂却是不死的。人的这种生生死死的循环，就是所谓"轮回"。那么，人死后灵魂将在什么样的躯壳中再生呢？换句话说，人转世后的形态是什么呢？按照奥义书的观点，这完全取决于一个人生前的行为。人的行为，又被称为"业"。"业"包括身、口、意三个方面，也就是行动、语言、思想三个方面。人的任何行为都会引起"果报"，"果报"是绝对不能避免的。人死后，善业将有善

---

① 《摩奴法论》，蒋忠新译，87~91 页，北京，中国社会科学出版社，1986。

报，恶业将有恶报——这就是所谓"业报"。

根据"业"产生的不同"果报"，奥义书提出了"三道四生"说。"三道"是讲：一个教徒如果虔诚地崇信神明，奉行《吠陀》经典，其灵魂将达到"天道"（神的地位），转世为各种神灵；稍差一些，他的灵魂将投入"祖道"（人的地位），转世为婆罗门、刹帝利、吠舍等高级种姓；如果不崇信神明，违反种姓规定，他的灵魂就要沉沦为"兽道"（动物的地位），来世将变成首陀罗或各种动物。"四生"是讲：灵魂依据人生前的行为而投生于四种不同的形态——"胎生、卵生、湿生、种生"。"胎生"是指从母体胎中生化出来的生物，如人和哺乳动物等；"卵生"是指从卵中孵化出来的生物，如鸟、鸡、鸭等；"湿生"是指从湿气中生出来的生物，如蚊、虫等；"种生"是指从种子中生出来的生物，如草、木等各种植物。由"业"产生"果报"，由"果报"产生"灵魂转世"的形态，这就是"业报轮回"说的主旨。这种理论从奥义书的时代起，几千年来一直支配着印度教教徒的思想与行为，构成了印度教宗教伦理的核心。

在教育手段与方法方面，印度教教徒追求的最高目标是精神解脱。如何实现这个目标呢？他们把瑜伽修持作为实现解脱的唯一途径。"瑜伽"是梵语"Yoga"的音译，它的最初意思是"轭"或"驾"，即"用轭联结，服牛驾马"，后来引申为"连接""结合""归一""化一"之意。按照吠檀多哲学或《薄伽梵歌》的解释，瑜伽就是通过修炼而使个人灵魂(小我)与宇宙灵魂(梵或大我)结合化一。简言之，这里所说的"瑜伽"，就是印度教为实现最高目标，达到梵我同一或人神合一境界而采取的各种修行方法。《薄伽梵歌》指出，印度教教徒的瑜伽修行主要有四种：智瑜伽、业瑜伽、信瑜伽、王瑜伽。

智瑜伽(知识瑜伽)，就是通过增长宗教知识或智慧的途径来实现梵我同一的境界。吠檀多论者大都主张通过智瑜伽来实现解脱。他们认为，人的无知和私欲使其分不清什么是常(永恒的实在)，什么是无常(暂时存在的东西)；体会不到人的本质(我)与宇宙的本质(梵)同一的真理，因而总是把肉体意识和欲望看作"真我"，沉迷于世俗的名利追求，陷入生死轮回的痛苦之中而不能自拔。他们主张，一个人必须学习宗教知识，增长智慧，克服无明，消除私欲，学会分辨常与无常。当获得了真智，人就能体会到"真我"，抛弃"假我"，证悟到梵我同一的真理，最终达到人神合一的最高境界。

业瑜伽（行为瑜伽），是通过自己无私忘我的行为来达到梵我合一的状态。《薄伽梵歌》就是提倡业瑜伽的典型，它竭力宣扬一种"无欲业"——无私无欲的行动。《薄伽梵歌》第三章第二十三颂说："善人食祭余之食，一切罪恶得解脱；有罪者食其恶果，独为个人煮食故。"所谓"祭余之食"，是指祭祀神灵之后剩下的食物。善良的人先把食物献给神或他人，而自己吃剩下的食物，这是一种无私的利他行为。《薄伽梵歌》赞扬无私，谴责自私，倡导一个人应当服从神的意志，不考虑个人的得失，为众生的利益而忘我无私地工作，最终超脱自我，达到与神相结合的最高理想。

信瑜伽（虔信瑜伽），就是通过对神的虔诚崇拜来实现与神的结合。中世纪出现的各种印度教虔信派别，大都修持这种瑜伽。他们认为，神不是一个抽象的、看不见摸不着的概念，而是人们在现实生活中可以感觉到的存在。一个普通的信徒不需要高深的知识，也不必进行烦琐的仪式，只需要对神有坚定的信念和强烈的崇爱，就能沐浴神恩，实现与神的结合。这种瑜伽要求一个人把自己的思想、感情和行为完全奉献给神，对神充满虔诚和热爱。在具体做法上，各虔信派都有自己的特点和详细规定。一般来说，他们都崇拜神的偶像，每天供奉神像，朝拜神庙，进行简单的仪式，吟诵赞神诗歌，反复背诵神的名字，等等，以表达对神的虔诚。

王瑜伽（心理修炼的瑜伽），主张通过对肉体和心思的控制，使人在生理和心理上得到修炼，从而获得精神的解脱。这种方法被一些人认为是最稳妥、最直接、最迅速的解脱之道。由于超出前三种瑜伽，因此它也被称为"王瑜伽"，即"瑜伽之王"。修习王瑜伽的教徒认为，心理的狂热活动对内在的灵魂是一种束缚，会消耗灵魂的潜能，并阻碍灵魂向外显现，因此要竭力抑制。他们有一套修炼心思的计划和方法，如禁欲——抛弃内心的欲望和生理的欲望；忍耐——在痛苦中不觉困扰，在欢乐中不觉自得，超脱苦乐；坚定——摆脱名利的引诱，面对困苦，意志更坚；自制——对自己的感官和意识严格控制，保证内心清净，使之处于静思、冥想状态；等等。

　　印度教还对女子教育产生了巨大影响。在吠陀时代，印度妇女具有较高的社会地位，妇女不仅参与各种社会活动，还参与各种学术研究活动，奥义书中也出现了女哲学家。但在印度教兴起之后，女性逐渐受到排斥，开始处于从属地位，女子教育也随之发生了重大变化。一是女子被剥夺了参与学术活动的资格，不准读《吠陀》经典。二是女子的角色被重新界定，并被认为是祸水之源："耻辱的起源来自女人，争斗的来源来自女人，尘世的存在也来自女人，因此必须除去女人。""一个女性是有足够的能力去将一个不仅是愚笨的男人、即使是圣哲的男人从一个生活的正道上给拉了下来，再将他带到情欲的深渊，或因此而堕落毁灭。"三是给女子制定了道德伦理规范。如《摩奴法论》就提出了女子一生必须服从男人："无论在幼年、成年或者老年，女子即使在家里，也绝不可自作主张。""女子必须幼年从父、成年从夫、夫死从子；女子不得享有自主地位。"①"一个忠诚的妻子，对待她的丈夫必须如同对待神明，绝对不能对他有任何的不顺从而使他感到烦恼。必须竭尽自己的一切忍耐与柔顺温和去设想他的处境，解除他的困扰。"②这种轻视女子的局面一直到了虔信派运动兴起之后才有所改变。

　　印度教在数千年的发展过程中，吸收和融会了许多其他宗教的思想和信仰，是一个复杂的综合体。在印度教的内部，不同的教派、不同的种姓或社会阶层也有着各自相异的信仰和实践活动。尽管各个教派在信仰、哲学和伦

---

① 《摩奴法论》，蒋忠新译，145~146 页，北京，中国社会科学出版社，1986。
② 《摩奴法论》，蒋忠新译，95 页，北京，中国社会科学出版社，1986。

理上有很大的差别，甚至相互矛盾，但是有一些最基本的教义和信仰仍然是广大印度教教徒所公认的，如承认《吠陀》经典的权威，又如梵我同一、业报轮回、精神解脱、瑜伽修行等理论。

第三节　笈多王朝和戒日王朝时期的教育[①]

公元3世纪，统治中亚和北印度大部分地区的贵霜王国瓦解，北印度再次分裂为众多小国家。摩揭陀国君主旃陀罗·笈多（Chandra Gupta）乘机兴起，夺取华氏城，建立了笈多王朝。沙摩陀罗·笈多（Samudra Gupta）统治时代，笈多王朝大规模向外扩张，占有了东起布拉马普特拉河，西至亚姆纳河与昌巴尔河，北起喜马拉雅山，南至纳巴达河的广大领土，开始进入鼎盛时期。超日王旃陀罗·笈多二世继续实行征战政策，不断扩大王国的版图。409年前后，除了克什米尔以及印度南端的一些小王国外，笈多王朝几乎统一了全印度。超日王极其重视文学和艺术，实行宽容的宗教政策，使古印度文化的各个方面，如宗教、哲学、戏剧、诗歌、艺术、天文学、数学以及科学技术都呈现出繁荣的局面，出现了后宫"九宝"[②]。我国东晋时期的高僧法显就曾在超日王时期访问印度，并在其撰写的《佛国记》中记载了当时印度的社会状况和风土人情，称赞笈多王朝施行仁政，人民殷乐。笈多王朝统治下的印度，

[①]　这段时期包括笈多王朝和后笈多时期直到穆斯林统治印度前的这段历史时期，从文化角度看，是印度教文化与其他类型的文化在斗争、吸收、融合过程中逐步定型、改革、发展的时期。因为笈多王朝和戒日王朝时期是印度这段时期难得的稳定和文化发展时期，故本节标题以这两个王朝时期为题，但其历史时段以文化发展为序，并不以精确的历史划分期为界。特此说明。

[②]　后宫"九宝"，指在旃陀罗·笈多二世当政时，宫廷里有九位声名卓著的大学者，他们分别是剧作家和诗人迦梨陀娑（Kalidasa）、天文学家羲日（Varahamihira）、名医丹文塔里（Dhanvantari）、耆那教圣人克沙帕纳卡（Ksapanaka）、字典学者阿马拉·辛哈（Amara Sinha）、数学家桑库（Sanku）、诗人贝塔拉·巴塔（Betala Bhatta）和加塔·迦尔帕拉（Ghata Karpara）、文法学家瓦拉鲁奇（Vararuchi）。参见尚会鹏：《印度文化史（第三版）》，155页，杭州，浙江大学出版社，2016。

经历了 100 余年的政治统一和社会安定期。5 世纪中叶，匈奴侵入北印度，笈多王朝逐渐衰亡。值得一提的是，笈多王朝是印度文明的全盛时期，也是印度教文化的全盛时期。正是在这一时期，印度文化趋于成熟。因此，"文化史意义上的'笈多王朝时代'要比政治史上的时期长一些"①。

笈多王朝灭亡后，北印度由丹尼沙王国、羯若鞠伽国、羯罗拿苏伐剌国、摩腊婆王国统治。公元 606 年，羯若鞠伽国的戒日王联合丹尼沙王国，征服其他诸国，北印度出现了短暂统一。中国高僧玄奘此时到达印度。他的《大唐西域记》记载了戒日王时期印度社会的真实情况。公元 7 世纪中叶，各地方势力纷纷独立，印度再次陷入四分五裂状态。从历史发展情况来看，笈多王朝崩溃后，印度的经济、商业、文化均出现了衰退，佛教和耆那教均开始走下坡路，印度教则在吠檀多学派的带动下得到全面普及，与佛教、耆那教等进一步融合。由此，我们也可以说笈多王朝和戒日王朝时期是印度文化的全面发展时期，对当时和以后的印度教育产生了重要影响。

一、笈多王朝时期的教育

由于笈多王朝的政策支持与社会稳定，印度教育获得了很大的发展，"正规教育既可得自婆罗门机构，也可得自佛教寺院"②。除了传统的宗教教育得到进一步完善与深化外，行业技术教育、科学技术教育、文学艺术教育、医学教育等也都得到了发展。

(一)印度教的教育

在印度历史上，接受教育最早是婆罗门的特权。随着时代的发展，这种特权也开始推广到其他特权阶层。笈多王朝时期出现了向传统婆罗门教复归的倾向，婆罗门教几乎获得了国教的地位。婆罗门教也为了适应新的时代要

---

① 尚会鹏：《印度文化史(第三版)》，155 页，杭州，浙江大学出版社，2016。
② [印]R. 塔帕尔：《印度古代文明》，林太译，155 页，杭州，浙江人民出版社，1990。

求，大量吸收佛教和耆那教的教义教规，并融合了许多民间和地方的信仰习俗，逐渐向印度教转化。在这一转化的过程中，为了争取社会力量，印度教高度重视教育，使得各个教育阶段的教育都呈现出新的特点。在初等教育阶段，所有的儿童所受的教育都是宗教教育："儿童在 9 月至 2 月间在乡村学校就读，5 岁上学，8 岁离开。教课主要是宗教性质的，不论科目为何。背书是通常的方法，《吠陀经》是少不了的教材。读写算被包括在内，但并非教育的主要事务。"①随着教育机构的增加和受教育人数的日渐增多，原有的婆罗门阶层的职业也出现了分化。除了传统意义上的祭司之外，一部分婆罗门开始从祭司中分离出来，成为一个新的阶层——"古鲁"（Guru，又译师尊），意即个人的宗教导师。他们以传授《吠陀》经典，解决学生思想困惑为职业，成为专业的教师，受到当时社会的极大尊敬。"8 岁时，学生被交给一位师尊（Guru），从而得到较为正式的照顾，学生跟着这位师父一起生活，最好到 20 岁为止。他须做事，有时是体力操劳，他并且立誓守贞、谦虚、洁净和不食肉。现在给他的教导是'五科学'（Five Shastras）：文法、工艺、医药、逻辑与哲学。最后他被送去'涉事'，怀着那聪明的告诫，即教育只有四分之一从教师那里获得，此外四分之一得之于自修，四分之一得之于伙伴，四分之一得之于生活。"②可见，这一阶段相当于中等教育阶段，而学生所学习的除了宗教信仰教育、宗教仪式之外，还有其他学科知识与科学知识，这与婆罗门所肩负的职责是紧密相关的。另外，还有非常重要的实践与自学，而这些都特别强调与日常生活的关联，反映出教育的一种新趋向。

这些学生在大约 16 岁时可以离开师父进入大学。当时的贝拿勒斯、塔克西拉、维达巴、乌贾因、阿旃陀、那烂陀都是非常著名的大学。贝拿勒斯是

---

① ［美］威尔·杜兰特：《文明的故事 1：东方的遗产》，台湾幼狮文化译，584 页，成都，天地出版社，2018。

② ［美］威尔·杜兰特：《文明的故事 1：东方的遗产》，台湾幼狮文化译，584 页，成都，天地出版社，2018。

正统婆罗门教的坚强堡垒；塔克西拉是印度教研究的首席学府，医学院亚洲闻名；乌贾因的天文学首屈一指；阿旃陀是艺术中心；那烂陀是举世闻名的佛教高等学府。一般而言，学生在大学里的学习需要 10 多年甚至 30 年。但正如塔帕尔所指出的："从理论上说，婆罗门机构的学习期限是从幼年起的三十年到三十七年。实际上，这么做是不可能的；甚至在婆罗门中，充当学生而度过这么许多年的也是寥寥无几。"①大学的存在显然为婆罗门的学术系统化做出了重要贡献。

笈多王朝时期，印度教的哲学思想开始体系化，形成了"六派哲学"，也被称为印度教哲学的"六论"（The six systems），即数论（Samkhya）、瑜伽论（Yoga）、弥曼差论（Mimamsa）、胜论（Vaisheshika）、正理论（Nyaya）、吠檀多论（Vedanta）。其中，数论主张世界的本原是二元的，一种是纯粹精神，另一种是原初物质。纯粹精神无始无终，自己的存在是自己的原因。原初物质则由德性、激情、淡泊三种要素（德性）组成。② 人的感觉、知觉、思考等产生于物质而不是精神。它们只是受了纯粹精神的照耀才被人们感知到。纯粹精神本是纯粹清净的，但因受物质束缚，所以人的生存充满了痛苦。人死之后，物质依然存在，成为轮回的主体。为了脱离轮回，就要进行修行。修行解脱有"生前解脱"（解脱而生命没有完结）和"离身解脱"（解脱的同时生命也完结）两种。只有在"离身解脱"的情况下，纯粹精神才能获得独立，才能恢复清净本性。瑜伽论主张通过瑜伽修行来断灭欲望从而获得解脱，并提出了制戒、内制、体位法、调息、制感、总持、静虑、三昧八种修行的方法。弥曼差论强调通过祭祀来获得解脱，认为祭祀高于一切，决定一切，人们必须绝对遵

---

① ［印度］R. 塔帕尔：《印度古代文明》，林太译，155 页，杭州，浙江人民出版社，1990。

② 林太：《大国通史·印度通史》，80 页，上海，上海社会科学出版社，2007。关于三种德性要素，《薄伽梵歌》认为人具有"三德"：萨埵（Sattva）、罗阇（rajas）、答摩（tamas）。后则有不同译法，有的翻译为"喜""忧""暗"（金克木：《〈蛙氏奥义书〉的神秘主义试析》，见《印度文化论集》，24~28 页，北京，中国社会科学出版社，1983）；也有的译为"纯质""激质""翳质"（尚会鹏：《印度文化史（第三版）》，165 页，杭州，浙江大学出版社，2016）。

守吠陀的教导。胜论认为世界由各种要素聚合而成，构成世界万象的基本要素有实体、性质、运动、普遍、特殊、内属六种，强调通过研究学习六种要素的原理以及修持瑜伽来断灭不可见力获得解脱。正理论强调以逻辑为基础，通过"正确地推理"来实现解脱，认为人生即苦，但苦是人们对世界的错误认识导致的，只要能够消除错误认识，获得正确认识，人就可以脱离苦难，达到解脱。吠檀多论强调梵用自身创造了世界，"我"是梵的一部分，本质上与梵完全一致。因此，人生的目的就是脱离轮回，与梵合一，并且只要按照吠檀多派的要求修行，就可以实现梵我合一。"这六个主要派别虽然理论不同，但都承认《吠陀》经典的权威和婆罗门至高的社会地位，目的都是帮助人们达到解脱。不同之处在于采用什么方式。它们并不是同一个时代产生，各学派的渊源都可追溯到吠陀时代，即各派都经历了一个很长的发展过程，而它们的繁荣和系统化则大体是在笈多王朝及其前后完成的。"①

　　除了正规的学校教育，作为宗教教育的重要组成部分，社会教育和家庭教育也得到了很大的发展，并且有了新的内容和新的形式。正如威尔·杜兰特所指出的："基础学校和大学仅是印度教育系统的一部分。写作不像在其他文明里那样受重视，口述的教导保存并且传播了本国的历史与诗篇，聚众背诵的习惯则把文化遗产中最宝贵的部分传布于百姓之中。"②笈多王朝的统治者充分认识到了从思想上教化人民的重要性，积极推崇宣扬印度教精神、维护正统社会秩序的史诗《摩诃婆罗多》和《罗摩衍那》，婆罗门学者和民间艺人则不断在史诗中增加反映印度教思想的新内容。最终，在笈多王朝时期定型的《摩诃婆罗多》被奉为圣典，《罗摩衍那》成为印度最受喜爱的讲诵作品。这两部史诗作品不仅成为学校学习的重要内容，也成为社会教育的最基本"教

---

　　① 尚会鹏：《印度文化史(第三版)》，164 页，杭州，浙江大学出版社，2016。
　　② [美]威尔·杜兰特：《文明的故事 1：东方的遗产》，台湾幼狮文化译，588 页，成都，天地出版社，2018。

材",对当时的社会和民众产生了巨大影响。"对他们(印度人)而言,它们不仅是故事,它们是一些理想人物的画像,他们可以仿效这些人而修养他们的人格;它们是印度民族的传统、哲学和神学的储藏库;在某种意义上,它们是神圣的经典以供诵读的,好比一个基督徒诵读的《使徒行传》那样。虔诚的印度人相信黑天和罗摩是神的化身,并且仍然向他们祈祷。在这些史诗中读到他们的故事时,印度人觉得在得到文学的愉快和道德的感召之外,也得到宗教的好处,并且相信只要读《罗摩衍那》便会洗净一切罪恶,也会得到一个儿子。印度人常以一种单纯的信心接受《摩诃婆罗多》的骄傲结论:假如一个人读《摩诃婆罗多》,且能信奉它的道理,他可解脱一切罪恶,死后上天堂……如奶油之于其他食物,如婆罗门之于其他人……如大洋之于池水,如牛之于一切其他四足兽——此正如《摩诃婆罗多》之于其他的史书……凡留意谛听《摩诃婆罗多》之对句,并且能信之者,在此世就能得长寿和名誉,在来世就能在天堂永居。"①

笈多王朝时期编纂的《往世书》(也被译为《古事记》)成为神圣不可侵犯的印度教经典,同时也因为它比《吠陀》经典更为通俗易懂,所以对一般民众产生的影响极大,并成为后代许多文学作品的重要源泉。《往世书》以宇宙的创造为开端,讲述了宇宙的开创、破坏及重建,诸神以及圣仙的谱系,人类祖先摩奴统治的时期,日种和月种两个王朝的历史,还包括哲学、宗教仪式、习俗、政治、法律、天文、医学、军事等方面的丰富材料,其中对毗湿奴和湿婆的赞美尤其多,成为印度教社会教育的重要内容和基本"教材"。

宗教信仰与宗教仪式也成为印度教社会教育和家庭教育的重要形式。在宗教信仰方面,印度教打破了婆罗门教的一神教信仰,成为多神教的信仰。有说法认为,印度教信仰的神有3.33亿个,足见印度教信仰之复杂。不过印

---

① [美]威尔·杜兰特:《文明的故事1:东方的遗产》,台湾幼狮文化译,600页,成都,天地出版社,2018。

度教信仰的主神一般有三位：梵天、毗湿奴和湿婆。梵天是世界创造之神，毗湿奴是维持之神，湿婆是破坏之神。多神教的信仰使得印度教不再像婆罗门教一样强调"祭祀万能"，但仍然继承了婆罗门教的大部分仪式。祭祀活动在印度教教徒生活中占据着重要地位。当时的印度教祭祀活动主要有公祭和家祭两种形式。公祭主要在寺庙进行。寺庙里有专职祭祀主持祭祀活动，周围通常聚集着圣者、游方僧、星相家、占卜者、巫师、舞姬等。在当时，寺庙既是经济中心、商业中心、文化中心，也是教育中心。家祭是在家庭中举行的祭祀活动。当时的印度教教徒每天要进行梵祭、祖先祭、天神祭、精灵祭、客人祭五大祭。另外，印度教还继承了婆罗门教的许多礼仪，如妇女怀孕后的受胎礼，祈求胎儿顺利出生的分发礼，祈求婴儿未来健康的出胎礼，婴儿出生后十天起名的命名礼，婴儿第一次外出的出游礼，求子富贵的哺养礼，表示进入童年的结发礼，表示已成年的薙发礼，从师学习《吠陀》经典、接受宗教训练的入法礼，学成回家开始过世俗生活的归家礼，成家的结婚礼等，并增加了与生活阶段相关的其他礼仪，如林栖礼（50 岁左右）、遁世礼（70 岁以后）。这些礼仪不仅具有宗教意义，而且成为习俗教育的重要形式。

（二）佛教的教育

笈多王朝时期虽然提倡印度教，但奉行比较开明的宗教政策，因而佛教也得到了相当程度的发展，佛教教育无论是在思想上还是在实践上也都出现了新的气象。在思想方面，受当时印度教体系化的影响，大乘佛教也开始建立理论体系，瑜伽行派开始兴起。实践方面，寺院教育对佛教的传播发挥了重要作用，那烂陀成为印度北方最重要的佛教寺院和教育中心，吸引了世界各地的学生。下面我们就以大乘佛教瑜伽行派的教育和那烂陀寺的教育为例，对这一时期的佛教教育做一简单介绍。

1. 瑜伽行派的教育

在中观学派之后，又有大量大乘经典问世。这一时期的大乘经典针对中观学派的不足，主要从三个方面来深化和发展大乘思想。第一，关于染净迷悟根据的说明不足。中观学派主要是从认识观照的意义上立论的，以一切法为所知，染净迷悟仅是观照境界的差别，而未能指出染净迷悟在能知主体中的根据，建立大乘思想的本体论基础。第二，由于对染净迷悟问题的说明不足，所以在关于一切众生悉能成佛这一大乘基本教说的心理根据说明上还有未达一间之处。如何解决这一大乘实践的根据问题，是中期大乘思想的一个主要的理论关怀。第三，关于佛陀本性的认识，经过中观学派的发展，人们已经在思想上获得了佛陀大致的轮廓，但是还未能在教相上提出完整的法相，而中期大乘经典中的三身论就是这样一种成熟的法相。这一时期出现的大乘经典主要有两类，一是从自性清净心的意义上建立染净根据的如来藏经类，如《大方等如来藏经》《胜鬘经》《大般涅槃经》等；二是从杂染心的角度立论的瑜伽唯识系的经典，如《解深密经》《大乘阿毗达摩经》等。综合二者思想的代表即《入楞伽经》。

由无著、世亲兄弟创建的瑜伽行派就主要是从杂染心的意义上整理大乘经典思想的。在瑜伽行派的基本典据六经十一论中，六经包括《华严经》《密严经》《解深密经》《大乘阿毗达摩经》《入楞伽经》《大乘庄严经》，即六种从染净两方面立论的经典。这表明了瑜伽行派最初的综合立场和理论规模。无著、世亲通过整理和组织，确立了以杂染心，即阿赖耶识为核心的瑜伽唯识思想系统，也由此出现了与中观并立的大乘学派。

瑜伽行派与中观学派的不同之处，也正是其理论特色所在之处。下面我们就从瑜伽行派的两个组成部分，即在教理上深化部派、中观缘起思想的唯识学与注重从教相上统合大小乘、中观与唯识思想系统的法相学，略述其思想梗概。

瑜伽行派的唯识思想是大乘思想发展的一个阶段性标志。原始佛说与部派佛教思想中有着大量关于心识性质与作用的思想，但是这些思想都未能引申出存在的统一根据。唯识学中阿赖耶识的概念总结了关于心识、心体的思想，同时也将缘起安置于恰当的基础之上。在唯识学的心识观中，阿赖耶识处于心识的最深层，它不仅是诸法依持的根据，而且也为诸识所依。唯识学关于心识与诸法的生起关系的态度，并不是一种以心体为动力因而能生一切法的关系，心与诸法之间由缘起联系，而且是对缘起的说明。阿赖耶识缘起论把认识问题与存在问题结合了起来。认识问题与存在问题的相关性是佛教思想实践特色的反映。阿赖耶识与杂染法之间的依持关系，一方面说明了染境迷界存在的根据；另一方面说明了凡界认识的来源，以及其中妄见的根源。阿赖耶识作为存在与认识的根源，其与终极存在和清净认识的关系又是怎样的呢？或者说阿赖耶识与清净法的关系如何呢？作为染因的阿赖耶识能否生起清净法？如果能生，是否会破坏关于存在与认识的一元论解释？

　　清净法的来源是唯识佛教乃至中期大乘佛教关心的重点。唯识学，主要是晚期唯识学，即唯识今学，对这一问题的处理体现了唯识学的根本理论特征。唯识今学区分了清净法的两种不同性质，即作为所缘境界的清净与作为能缘识体的清净。所缘清净就是真如，能缘清净即菩提智慧。唯识今学在能缘清净的意义上，认为清净法确实是有种的，但它并非真如种子，而是菩提种子，即智慧的根据，而非真如或涅槃的根据。涅槃与菩提、真如与正智之间的不同，在果位上是所显得与所生得的区别，是所缘与能缘的不同。智慧菩提更多是从主体受用的一边立论的，真如涅槃则多从所证所显的境界一边着眼。这种区分同大乘无住涅槃与无余涅槃、有余涅槃的区分是一致的。菩提智慧的现行在阿赖耶识中是有其种子根据的，这就是无漏种子。关于无漏种子的来源，唯识学的解释大致有三种观点：一是认为无漏种子本有，从无始以来即存在于藏识之中；二是主张无漏种子是在多生多劫的轮回过程中受佛法的熏习乃发，即无漏新熏说；三是综合二者，认为无漏本有，新熏乃发。一般来讲，本有说是超验说，新熏说是经验说，本有新熏说是先验说。这三种观点都有其合理性。

对无漏种子存在根据问题的理解，涉及瑜伽唯识学关于众生成佛可能性的看法。早期大乘经典，尤其是《法华经》，提出了"一切众生皆能成佛"的口号。上面提到的三种关于无漏种子本有与否的解释，就是唯识学中关于这一问题的不同理解。玄奘所传的唯识今学主张五姓各别说，在表面上与大乘基本教义相悖，实际上，一切成佛说是在所知境界的意义上就众生的体性，也就是自性涅槃的意义上来立论的，而五姓各别说则是从能知智慧的意义上来立论的。就境界而言，众生都有可能得见真如实相，但从主体的角度来看，总有人无缘听闻佛法，而失去熏习本有净种的机会。这才是五姓各别说的本意。正如中国古人所说，人皆可以为尧舜，不必人人果成尧舜；涂之人可以为禹，不必人人终能成禹。可能性与现实性并非总是一致。

从其关于清净法来源，以及五姓各别的认识中，我们可以充分了解到唯识学对熏习，即教学的重视。瑜伽行派恰当地承认了教育在佛教中的地位，指出教育之于佛教的意义。根据本有新熏说，众生虽然都有自觉的能力，但这种能力还仅仅是一种潜能，若不经过教育的熏习，永远不会变成现实。这一方面指出了教育可能性的根据所在，另一方面也突出了教育活动对于佛教理想之实现的重大意义。其次，关于教育结果，瑜伽行派持一种积极的态度。以菩提代涅槃，就是把佛教的解脱作为一种即世间的受用人生的境界，这使佛教的教育具有了一定意义的人文色彩，可以起到一定程度的人文世俗教育的作用，甚至可以取得世俗教育无法取得的效果。那就是把教育与人的存在问题、幸福问题结合起来，使教育工作的着眼点从寂灭以后的虚无转向现世，转向今生。此外，瑜伽行派关于本体问题侧重于实践的解释，表现于教育问题上，即主张根据不同根性、不同认识能力，在不同的环境、不同的条件下实施不同的教育方针，采取不同的教育手段。另外，瑜伽行派还从认识论的意义上阐发了学习的过程。瑜伽行派认为，能缘心识首先以相似于真如法界的中介——教法产生关于法界真如的共相意义上的认识，并在这一对真如法界的理论认识的基础上产生一种豁然贯通的精神了悟，使理论的认知变成生命的觉悟，即所谓"见道"，或称共相智。然后，再进一步将这种共相智落实于具体的生活实践，使其成为一种与生命实践密切相关的，充分觉醒的，对自我与世界都同样洞彻其奥秘的智慧境界，这正是能够了知诸法自相的自相智，即修道位的智慧。真正的学习过程也应该是由一般的理论认知开始，经过一个融会贯通的阶段，最终进入生命实践，成为一种生命智慧，为生命实践服务的过程。

再来看瑜伽行派中法相学的思想内涵。法相学一般包括形式与内容两个方面。从形式上讲，它依据部派佛教，尤其是说一切有部论书的法相组织形式来阐发大乘，主要是唯识学的教理。说一切有部的法相组织形式主要指由世友在《品类足论》中首先确立的以心、心有所、心不相应行、色、无为五法或五位的组织结构。世亲所著《俱舍论》进一步发挥了这一形式，并明确了由五位所摄诸法的名目，形成部派佛教关于存在元素的比较完备的结构形式，即五位七十五法。世亲在改宗大乘瑜伽行派以后，又利用这五位七十五法著成《大乘百法明门论》，首次点明了旧的法相组织形式与新的教理之间的关系，分别将五法相对于心的关系加以分梳，指出心法为一切法中最胜，心所法与心相应，色法是心"所现影"，无为法是心"所显现"，将一切法归著于心，故一切法空无我；由一切法无我故，部派法相归著于大乘教理。这种利用旧有法相组织形式来表达新的大乘教理的方法，充分体现了瑜伽行派在大乘教理的基础上完成教法统一的关怀，这正是瑜伽行派不同于中观学派之处。

瑜伽行派对教法统一的关怀，表明了一种重视教法传承，强调教法内在关系的态度。在瑜伽行派看来，对各种学派，包括部派思想的学习体会，是修道途中必经的阶段。从部派佛教到中观学派，然后至于瑜伽行派的教法都是佛陀言教的结晶，只有通过大量知性的闻熏，才能不断生起正信、正念、正思维,最终生起智慧。尽管三乘不同、五姓各别,众生根性与机感不同,但是佛法一味,具有内在的统一性,众生随其根机而各取所需。只有广泛地学习佛法,才能最终由小入大,会三归一。在不同根性众生中,瑜伽行派尤其重视不定种姓。瑜伽行派的唯识学教法既不同于以大乘根性为对象的中观教学,注重无师自悟的可能性,也不同于部派,尤其是说一切有部的教学,纯以自利为怀,而是在强调学习过程艰苦漫长性质的同时,承认最终成佛的可能性。在瑜伽行派看来,多闻熏习的过程不仅是书本学习的过程,而且是接受道德教育、进行道德实践的过程。在实践中学习,在实践中证明所学,把个人的教育与众生的教育联系在一起,成为一种社会教化的活动。这些都是瑜伽行派思想中非常有意义的教育思想。

此外,瑜伽行派还将学习放置在比较科学的基础上。瑜伽行派法相学还有一个十分重要的内容,即对遍计所执性与依他起性的区分。在唯识古学中,遍计所执性与依他起性一同为虚妄分别性所摄,也就是说,日常的认识作用都是一种执着、错谬的认识,正确的认识只有在重新生起的正智中才会发生。这一方面将正智与缘起法(依他起性)对立起来;另一方面也使得正智与真如之间的界限不易分别。唯识今学则重新审定虚妄分别性,使依他起性不再是一种错谬执着之见,而仅仅是一种认识能力。根据这样一种观点,学习的过程首先是一个缘起的过程,由微至著,由小积大,逐渐积累而进至完全掌握,成为一种生命的智慧。这一态度也使得人们对学习抱一种客观的实事求是的看法,防范以学习为完全神秘的过程甚至可以一蹴而就的误解。因此,瑜伽行派的这一思想也就成为能医治大乘佛教末流轻视教育、奢谈智慧得证的神秘主义作风的良药。

瑜伽行派的教育思想也充分体现在实际教育中。成立于五六世纪,兴盛于七世纪的那烂陀寺就是瑜伽行派教育思想的完整代表。在那烂陀寺中,部派佛教、中观学派与瑜伽行派的教学同时进行,而且还包括外道的、世俗的教学科目，由此构成了一个师与法具备的完整的教学体系，对印度教育做出了很大贡献。

2. 那烂陀寺的教育

那烂陀寺，又被翻译为那兰陀寺、阿兰陀寺、纳兰陀寺，是古印度著名的佛教寺院及学术中心。该寺位于摩揭陀国首都王舍城北，在今印度比哈尔邦。据《大唐西域记》记载，寺院所在地原为庵摩罗园，佛陀曾在此地说法三个月。佛陀入灭后不久，戒日王即于此处创建寺院。梵语中"那烂"（Nāla）指"莲花"，莲花在印度代表着智慧，所以印度人把那烂陀寺比喻为"给予你智慧的地方"。据记载，那烂陀寺离舍利弗尊者的出生地不远，也有人认为那烂陀村即舍利弗尊者的出生地。舍利弗尊者在释尊十大弟子中被尊为"智慧第一"。

那烂陀寺历经笈多王朝、戒日王朝（612—约647）、帕拉王朝（750—1199），全盛期有一万多名学生和两千多名老师，精通三藏的法师有一千多人，每天都有一百多个讲坛，藏书多达九百万卷。据《大慈恩寺三藏法师传》所载，那烂陀寺主要研究弘扬大乘佛教的唯识学，也传播其他学派的佛教教义，并对外教授各种学问，如《吠陀》经典、工巧明（工艺学）、声明（语言学）、医方明（医学）、外明（天文学）、冶金、书画、咒术、数术等。可见那烂陀寺不仅是著名的佛法研究与教学中心，也是一所著名的综合性大学。在当时有极大影响力的瑜伽行派论师如护法、德慧、护月、坚慧、光友、胜友、智月、戒贤、智光等人都曾在此讲学，或担任住持。印度佛学的许多大师、学者，如龙树（那烂陀寺第一任住持）、无著、世亲、法称、陈那和莲花生大士等都出于此寺。

玄奘大师在那烂陀寺学习期间，导师戒贤论师年已百岁。他是那烂陀寺的住持，德高望重。众人非常尊敬老法师，尊称他为"正法藏"。当时那烂陀寺极为辉煌，除了数千佛子在寺中修学外，还有外道学众，人数过万。寺里还聚集了许多婆罗门教的权威人士。在寺院中，学人如果不谈论经典的深义，就没有人会把他当作交谈的对象。可见那烂陀寺虽然以佛学为中心,但是又有兼容并包的学术胸襟和自由讲学、勤于钻研的优良学风。玄奘大师在《大唐西域记》中做了这样的描述:

> 请益谈玄,竭日不足,夙夜警诫,少长相成,其有不谈三藏幽旨者,则形影自愧矣。故异域学人欲驰声问,咸来稽疑,方流雅誉,是以窃名而游,咸得礼重。殊方异域欲入谈议门者,诘难多屈而还;学深今古,乃得入焉。于是客游后进,详论艺能,其退走者固十七八矣。二三博物,众中次诘,莫不挫其锐,颓其名。若其高才博物,强识多能,明德哲人,联晖继轨。至如护法、护月,振芳尘于遗教;德慧、坚慧,流雅誉于当时;光友之清论;胜友之高谈;智月则风鉴明敏;戒贤乃至德幽邃。若此上人,众所知识,德隆先达,学贯旧章,述作论释各十数部,并盛流通,见珍当世。[①]

凡僧人想进入那烂陀寺常住或参学,都要经过两重考核:首先要通过山门处接待僧人严格的辩论口试,通常十人中仅有一人能够通过;其次要通过论难考核。因此,留在这里学习的人都是学识素养较高者。这也吸引了大批其他国家的优秀学子前来学习。国王下令由一百个村庄来负责供养这座大学,有两百户人家负责师生们每日的饮食,也为那烂陀寺的教学与发展提供了必要的经济基础和便利的生活条件。然而,这样一所承前启后、声名远播的高等教育学府,12世纪末被侵占,寺院和图书馆遭受严重破坏,大批僧侣逃亡。从此,那烂陀寺失去昔日的光辉并渐渐被遗忘。

(三)其他类型的教育

笈多王朝时期的教育随着社会经济的稳定发展而呈现出多元化的特征,

---

① (唐)玄奘:《大唐西域记》,217页,上海,上海人民出版社,1977。

除了占据主导地位的宗教教育以外，其他与世俗生活相关的教育也纷纷得到了发展。"正规教育的重点是文法、修辞学、散文与诗歌创作、逻辑、形而上学和医学等学科。"①

1. 语言教育

语言教育方面，最典型的是梵语教育。有学者将笈多王朝时期的梵语分为史诗梵语和古典梵语。史诗梵语指《摩诃婆罗多》和《罗摩衍那》两大史诗所用的语言，其他宗教、哲学、文学、科学、律法、艺术作品等所用的语言被称为古典梵语。梵语的学习自幼开始，婆罗门必须严格学习。传统学习梵语的方法是师徒对坐，口耳相授，通过死记硬背掌握诀要。为了使人们更好地学习梵语，有关梵语的辞书和语法书便应运而生了。早在公元前5—前4世纪，波你尼就写成了语法书《波你尼经》，共八章，亦称《八章书》。4—5世纪出现了《长寿字库》，它以给诗人创作提供丰富的词汇为宗旨，实际上是一部按门类编排的同义词词典，对后世产生了巨大影响。与口头语言相伴随，文字书写也日益得到重视。4—6世纪发展出一种笈多体的书法，7世纪又发展出天城体(devanāgarī)书法，影响日渐扩大。

2. 科学教育

笈多王朝和戒日王朝时期，印度在天文学、数学、历法、化学、医学、农学、生物学等方面都取得了很大的成就，特别是在天文学、数学和医学领域，对世界文明做出了重大贡献。5世纪初，《苏利耶历数书》问世，取代了传统的《吠陀支天文篇》，成为天文学教育学习的重要材料。该书涉及行星的运行和位置、日食和月食等天文现象，以及宇宙论、时间的测定、子午线及方向的测定等。5—6世纪的阿利耶毗陀在数学和天文学方面取得了许多成就。在天文学著作《阿利耶毗陀论》(又译《圣使集》)中，阿利耶毗陀解释了日食与月食的成因，并准确预算出日食与月食的发生时间。他还进一步提出地球是

---

① ［印度］R. 塔帕尔：《印度古代文明》，林太译，155页，杭州，浙江人民出版社，1990。

一颗行星,不断围绕太阳公转,而且围绕自身的轴自转。立足于科学的天文学使得人们对天象的解释与预测的准确度大大提高,而这对当时的宗教来说异常重要。因此,天文学不仅是当时学术研究的重要学科,也是大学必须学习的学科。那烂陀寺也规定学生必须学习天文学。①

因为古印度的数学与宗教相伴而生,所以印度一直十分重视数学教育,其中服务于天文计算的数学更是被誉为"所有知识的顶端"。《梨俱吠陀》包含的数列知识就已经超出了初级数学的范围。而后吠陀时期,数学著作更是被称为"绳经",有着崇高的学术地位和社会影响力。美国科学史学者萨顿(George Alfred Leon Sarton,1884—1956)指出,数字和零是印度教教徒发明的,然后经由阿拉伯人传到全世界。印度古代数学在笈多王朝时期发展到顶峰,并取得了许多世界领先的重大成就,数学教育也成为正规教育的重要内容。著名天文学家婆罗门笈多的天文学著作《婆罗门历数书》中有两章专门论述数学问题,内容涉及代数、平面几何、立体几何等。著名数学家摩诃毗罗还在宫廷里担任教师,著有《算法精义》。②

因为宗教祭祀要求洁净,古印度很早就开始了对医学的关注。《阿闼婆吠陀》就包含不少医学方面的知识,这意味着人们在学习《吠陀》经典时也会接受医学教育。讲述植物和医药的生命吠陀也从一个侧面证实了当时医学教育的重要性。公元1—2世纪的名医遮罗迦的医学实践及其著作《遮罗迦本集》表明印度医学已经发展到了成熟阶段,《遮罗迦本集》也因其完备的体系被誉为"古印度医学百科全书"。作为印度外科鼻祖的妙闻则是古代印度医学分科的创始人,对印度的医学教育做出了重要贡献。妙闻之后的著名医学家婆跋吒的《八支心要方本集》和拉维笈多的《医理精华》更是成为印度医学教育的重要经典。更值得我们关注的是,古印度的医学教育非常重视医德教育。例如,遮罗迦

① 刘建、朱明忠、葛维钧:《印度文明》,247~252页,福州,福建教育出版社,2008。
② 刘建、朱明忠、葛维钧:《印度文明》,252~256页,福州,福建教育出版社,2008。

在学生学徒期满时总要举行庄严的仪式，并对学生宣讲医德要求。他告诉学生："你们如若要在行医、生财和名声方面获得成功，要想在身后升入天堂，就必须在每天起床后与入睡前为众生的福祉祈祷，尤其要为母牛和婆罗门祈祷，你们必须竭诚为患者的健康而奋斗。你们绝不能背弃患者，哪怕牺牲自己的生命也在所不惜……你们不能醉酒，不能作恶，不能结交不肖之徒……你们必须和颜悦色……体贴患者，并不懈提高自己的（医学）知识。"他还教导学生："当你们前往患者之家时，你们应当将自己的话语、心思、智慧和感官集中于患者及治疗，而非他处……病人家中发生的任何事情均不可对外乱说，亦不可将患者的病情透露给任何在获悉情况后可能对患者或有关人员加害的人。"①从这里我们可以看出印度医生非常重视职业道德，并强调尊重病人的隐私，这是难能可贵的。另外，印度的医生在当时可能兼任兽医之职。不过，印度学者塔帕尔对古印度的这种医学教育提出了批评，认为在正规教育"这类科目中把医学包括进去，这也许是不幸的事，因为这使得医学变得越来越理论化，由而阻止了医学知识的真正进步。这一时期最重要的医学工作是对早期文本的编纂，几乎没有任何有意义的新知识。一个颇为有趣的副产品是首次出现兽医科学的详细著作，这主要是与军队至为重要的马和象有关。印度医学知识向西传播并激起了西亚医生们的兴趣。其中，有一名波斯医生在6世纪来到印度，学习印度医学"②。塔帕尔的意见从历史发展的角度来说有一定的道理，但是我们也要看到笈多王朝时期及其以后一段时期，正是古印度医学体系化的成熟时期。对以往医学经验的总结并使其理论化、体系化使古印度的医学得以自成一体，从而对西方医学、阿拉伯医学以及中国医学产生了相当的影响。如果没有实现理论化、体系化，印度医学对世界医学的影响可能十分有限。

---

① 刘建、朱明忠、葛维钧：《印度文明》，259页，福州，福建教育出版社，2008。

② ［印度］R. 塔帕尔：《印度古代文明》，林太译，155页，杭州，浙江人民出版社，1990。

3. 技术教育

笈多王朝时朝，纺织、石头雕刻、宝石加工、制陶等手工业因为市场异常发达，对技术教育质量的要求也不断提高。考古发掘证明，在笈多各地层发现的物品显示出精湛的技术和较高的质量。[①] 而在中国，印度的工匠受邀参与壁画装饰和塑造佛教神像，这也从侧面印证了印度工人的技术水平，从而间接证明了古印度技术教育所达到的水平。

当时行会掌握着技术化和专业化的知识，因此技术教育主要是行会教育。"在那儿，工匠的儿子们在世袭的行业中受到培养。这些中心点与婆罗门机构和佛教寺院几乎没有联系。"[②]由于资料所限，我们目前无法清楚了解当时技术教育的具体细节，但是印度德里附近的麦哈洛里矗立着一根 5 世纪时铸造的巨大铁柱。这根铁柱高约 6.7 米，直径约 1.37 米，实心，柱顶有着古色古香的装饰花纹。据说，这根铁柱是为纪念旃陀罗王而铸造的。另外，出土的钱币和印章上精巧的雕刻也充分证明了当时的技术水平。德里铁柱和钱币、印章都从侧面反映出当时的技术教育水平。当时也有关于石庙建筑的手册，记录石庙建筑的详尽细节。我们既可以把它看作技术手册，也可以把它看作技术教育的"教材"。

4. 艺术教育

随着印度教的兴盛，具有印度教风格的艺术品大量出现，且艺术技巧日臻完善，印度艺术开始进入辉煌的古典阶段。这个时期，印度的美学理想开始确立，印度的艺术风格开始形成。这个时期的雕像和绘画，被后来的印度艺术家们当作完美的典范。这一时期的艺术教育呈现出稳定化、多样化、宗教化的特征。

笈多王朝时期的艺术教育，毫无例外都服从于宗教教育，着力表现宗教

---

① [印度]R.塔帕尔：《印度古代文明》，林太译，151 页，杭州，浙江人民出版社，1990。
② [印度]R.塔帕尔：《印度古代文明》，林太译，156 页，杭州，浙江人民出版社，1990。

题材中所蕴含的信仰元素。如在旃陀罗·笈多二世时完工的博帕尔附近的岩洞神殿中的石浮雕表现的就是毗湿奴化身野猪拯救大地的传说；而被誉为笈多时期最杰出的雕刻品的埃洛拉石窟则是印度教教徒、佛教教徒和耆那教教徒的圣地，这里既有湿婆神像和大量的浮雕作品，也有佛像和耆那教崇拜者的雕像；绘画方面有著名的阿旃陀石窟的壁画，这些壁画除了反映佛教故事之外，还反映印度的各种生活情景。这里的石窟不仅是艺术创作的地方，也是教学与学术研讨的地方。石窟壁画的绘画方法和程序如下：先在石壁上涂一层泥、牛粪和牲畜毛的混合物，厚度约 1.5 厘米，然后涂一层光滑细腻的白石灰泥浆，形成作画的平面；墙面未干时就开始作画，然后用当地的颜料涂色，整个画面涂满颜色后再用褐色或黑色勾勒形象，画完后用滑石摩擦画面使其产生光泽。

音乐教育与舞蹈教育也与宗教紧密相连。笈多王朝时期，人们认为，音乐与舞蹈不仅是娱乐形式，也能体现对宗教的虔诚。如印度教教徒认为印度教的神经常会在舞蹈与歌曲中被召唤。"对于印度人，这些舞蹈不仅是肉体的展示，它们在某方面是宇宙间律动与过程的模仿。湿婆便是舞蹈之神，而湿婆的舞蹈正象征着世界的律动。"①印度人认为音乐是一种能够使人灵魂超脱世俗并升华到精神世界的艺术形式，音乐在印度人的生活中具有非常神圣的地位。婆罗多制定的音乐规则，成为印度音乐家一直遵循的基本规范。作为印度音乐中独一无二的概念，"拉加"（也译作拉格）是基于印度传统美学的八"味"（指情调或风味）而形成的乐曲。这八"味"分别是爱、勇敢、憎恨、愤怒、欢乐、恐怖、怜悯、惊奇，它们会被调和到一种宁静的状态。因此，"拉加"总是象征性地与印度教特殊的神灵或特殊的时间以及宗教节日紧密地联系

---

① ［美］威尔·杜兰特：《文明的故事1：东方的遗产》，台湾幼狮文化译，618页，成都，天地出版社，2018。

在一起。①

二、后笈多王朝时期的教育②

戒日王朝时期，工商业阶层衰落，受其支持的佛教和耆那教开始走下坡路。印度教则在吠檀多学派的带动下得到全面普及，出现新的发展。所以戒日王朝时期的教育，实质上是印度教教育大发展、佛教教育逐渐消亡的时期。

(一)吠檀多学派的新发展及其教育影响

吠檀多学派形成以后，围绕着"梵"与"我"究竟是一元还是二元，是有限制的一元还是没有限制的一元，是有限制的二元还是无限制的二元等问题展开了争论，并分成了不同的流派。"印度吠檀多不二论哲学是印度哲学史上的主流派，雏形为创立很早的婆罗门教哲学，发达于公元七八世纪，主要代表人物为乔荼波陀和商羯罗；其哲学理论影响之深远，流传之广泛，在印度哲学史上是数一数二的，它的主要哲学理论至今还影响着占印度总人口 70% 的印度教徒。"③

乔荼波陀(Gaudapda，约 640—690)是吠檀多不二论较早和较系统的表述者，主要著作是《蛙氏奥义颂》(又称《圣传书》)。他将奥义书中的"四位说"做了进一步发挥，认为世界最高的原理是梵，亦即最高我。最高我有四位。第一是普遍位，这是梵的觉醒的状态，认知着外界的对象。第二是光明位，此时梵处于梦眠状态，已从外界事物和经验印象中初步摆脱出来，但还认知着内部的精神。

---

① 陈自明：《印度音乐文化》，北京，中央音乐学院出版社，2018；张玉榛：《印度音乐教育研究》，北京，首都师范大学出版社，2013；郑育：《宗教信仰对印度古典音乐文化的影响》，载《黄河之声》，2017(20)；何茜：《印度音乐文化的宗教精神显现——以印度教为中心》，载《齐鲁艺苑》，2012(4)；庞丹：《北印度古典音乐的传承与教授：异文化语境中的承载及体验》，中国音乐学院，硕士学位论文，2008。

② 这里的后笈多王朝时期指从笈多王朝灭亡到 12 世纪时伊斯兰国家统治印度前为止，是印度教、佛教、耆那教等文化相互妥协、相互融合的历史时期。

③ 孙晶：《印度吠檀多不二论哲学》，绪言，1 页，北京，东方出版社，2002。

第三是智慧位，这是一种深睡状态，一种纯粹意识，梵既摆脱了外界对象，也摆脱了内部的精神对象。第四是最高我的真实存在，此时既无主、客观的对立，亦无时间、因果的制约。他认为最高我与个体我是同一的，正如瓶中的虚空与大虚空的关系：当瓶被击破的时候，最高我和个体我就合而为一，这叫"梵我不二"。另外，乔荼波陀还提出了重要的"摩耶"[①]（maya，意为"幻"）理论。根据这个理论可知，世界是"梵"通过其幻力创造出来的，因而是不真实的，只是一种幻象。这也可以说是印度教对世界最根本的看法。

乔荼波陀的思想在被誉为"8世纪印度教最伟大的改革家，古代吠檀多哲学的集大成者"[②]商羯罗（Śaṅkara，约780—820）[③]那里得到了进一步发展，并对以后印度教的发展产生了巨大影响。商羯罗出生于今南印度喀拉拉邦马拉巴尔海岸一个名叫伽拉迪（Kaladi，也译作卡拉迪）的小村庄，属婆罗门种姓，5岁丧父，很小时就掌握了不少正统派哲学知识。少年时他告别母亲，随乔荼波陀的弟子牧尊学习婆罗门教的经典，后游历印度宣传宗教改革学说，曾在贝拿勒斯与其他学派辩论。离开贝拿勒斯后，他又到印度各地传教，同时建立寺庙，组织教团，后病逝于基达那特。从他的生平可以看出，商羯罗不仅是著名的哲学家、宗教改革家，也是著名的教育思想家和教育实践家。

在商羯罗看来，梵是世界本原，万物始基。它是永恒、绝对的精神实体，是统一、永恒、纯净、先验的意识。它无内无外、无形无状，既不具有任何差别也不具有任何属性，既超主观也超客观，既超时空也超因果。商羯罗效仿龙树，提出了"上梵下梵"说和"上智下智"说。在他看来，梵有两个：一个是上梵，即无属性、无差别、无限制之梵；另一个是下梵，即有属性、有差

---

① "摩耶"这个词在奥义书中出现时，含义并不明确，后经过吠檀多哲学家的阐发，成为吠檀多思想的一个中心概念。

② 刘建、朱明忠、葛维钧：《印度文明》，309页，福州，福建教育出版社，2008。

③ 关于商羯罗的生卒年月，一直存在争议。目前认同度较高的有两个时间，即700—750，或780—820。1882年，印度的波答迦（K.B.Pathak）提出，商羯罗的生卒年约为788—820。此说曾广为学术界沿用。

别、有限制之梵。上梵是非经验的或非现象的，是绝对的实在，是万物的本原，也是万物的创造者；下梵则是经验的或现象的，是主观化了的上梵，具体表现为神祇、个体灵魂(个体我)和世界万象。商羯罗认为世界是梵通过"摩耶"创造的；"摩耶"作为一种幻力，是由人的无明或虚妄的认识引起的。本来无属性、无差别的上梵，由于人的虚妄认识呈现出五光十色的现象世界。人们对世界的认识也包括两种，即"上智"和"下智"。上智是指超越世俗经验而去把握和认识上梵的智慧或者观点，因为作为实体存在的上梵才是真实认识或高级认识的真正认知对象。下智是指常人认识世界的经验或者观点。人们的经验存在是虚妄认识或低级认识的认识对象。在商羯罗看来，下智是一种无明或者虚妄的认识，这种认识把虚幻的世界变成了真实的认知，人们由此把现象世界当作真实世界而沉迷其中，无法获得真正的解脱。因此，人必须经过刻苦的学习和修炼，消除无明，抛弃对世俗生活和现象世界的迷恋，最终获得上智，进入"梵我同一"的最高境界。不过，商羯罗认为真正的"解脱"不是到达一种至善至乐的状态，而是除去无知的遮蔽。从教育的角度来看，商羯罗的"梵我同一"理论强调了世界本原的唯一性及其与现象世界的多样性之间的关系，鼓励人们透过复杂的现象世界去深入探究现象背后的本质，并通过上智与下智的区分，强调人们应该从整体上去把握和洞察事物的本质，而不是纠结细枝末节。这对于激发学生的学习兴趣、培养学生积极的探究精神、深刻的洞察力和健全的人格有着积极的作用。

商羯罗进一步指出，获得上智有两种"解脱"，即"有身解脱"(Jivamukti，也称"生解脱")和"无身解脱"(Videhamukti，也称"死解脱")。所谓"有身解脱"，就是人活在世间时就达到了"梵我同一"的境界。"有身解脱"其实还不是最稳固的，因为还存在业力和肉身的影响。达到"有身解脱"的状态后，人们还需要进一步修炼，以彻底消除业力和肉体的影响，实现真正的"解脱"，即"无身解脱"。从当时的情况来看，商羯罗的"解脱论"给现实生活中的人以极大的鼓励，增加了宗教的吸引力，促进了印度教的普及。同时，"有身解脱"说极大地提振了民众对自我提升的信心，对改变社会道德面貌起到了积极的推动作用。① 与"解脱论"相伴随，商羯罗还积极倡导智瑜伽②，认为学习和求证"梵我同一"是学习和修行的最高目标，这种真知和智慧通过学习宗教经典并亲身体验就可以获得，完全用不着原来印度教那些繁缛的祭祀仪礼。这样一来，就大大降低了民众和信徒学习的难度，简化了修行的过程，使智瑜伽逐渐成为印度教教徒修行的主要方式。

在论争中，商羯罗发现其他宗教的僧侣社团颇有凝聚力和战斗力，而印度教却没有这样的组织。为此，他创立僧侣社团，并积极筹建寺院。其中，南方的寺院成为商羯罗进行宗教活动的大本营，至今仍聚集着商羯罗派的教徒。这些寺院就像那烂陀寺一样，也是教育中心与学术研究中心。寺院一方面向教徒传播宗教知识，并进行相关的学术研究，另一方面也进行宗教辩论，以及各类学术交流。在吸引教徒朝拜的同时，这些寺院也吸引了广大学子前来学习。

商羯罗的理论研究、宗教活动、教育教学都取得了巨大的成功。印度总理尼赫鲁曾给予他极高的评价："在短短的三十二年的生命中，他做了许多位长寿的人的工作，而在印度遗留下他那直至今天还有很显著的强大智力和丰富人格的印记。他是一个奇特的混合物——一位哲学家、一位学者、一位不可知论者、一位神秘主义者、一位诗人、一位圣人，还要加上他是一位实际

---

① 刘建、朱明忠、葛维钧：《印度文明》，312 页，福州，福建教育出版社，2008。

② 智瑜伽(Jnana Yoga)提倡培养知识理念，从无明中解脱出来，达到神圣知识，以期待与梵合一。智瑜伽认为，知识有低等和高等之别。普通人所说的知识仅仅局限于生命和物质的外在表现，可以通过直接或间接的经验途径获得。智瑜伽所寻求的知识则要求瑜伽者转眼内向，通过朗读古老的、被认为是天启的经典，理解书中那些真正的奥义，获得神圣的真谛，从而透过外在事物的本质去体验和理解创造万物之神——"梵"。

的改良家和能干的组织者。"①在商羯罗之后,印度教形成了许多派别,教义和实践也五花八门。

印度教理论上的突破和宗教实践方面的发展,使得教育神学化的倾向进一步加强。"理论上,这些学校和中心地对三个高等种姓都是开放的,到这时正接受着很大的王室赞助;但事实上它们几乎由婆罗门独占使用,婆罗门已把这些地方转变成神学院。"②神学教育的强化抑制了正规学校教育中的探究与创新,记诵经典成为学校教育的主要形式,注重实际的技术知识则被严重轻视。虽然在行会中接受培训或者作为学徒进行学习的制度依然得到了保留,但这种教育已经只局限于专业培训。因为宗教竞争,过去注重多学科发展的佛教寺院也开始改变成为单一性质的佛教教徒教育中心,进一步弱化了佛教教育与民众的联系,为以后佛教教育的衰落埋下了伏笔。

(二)佛教与密教的教育

随着印度教的快速发展,佛教开始走向衰落。这一时期,"寺院继续是佛教教育体系的中心;这些寺院坐落在康契普腊姆地区、克里希纳河和哥达瓦里河流域以及内洛尔(Nellore)地区"③。在这些寺庙及佛教中心,佛教僧侣沉湎于烦琐的院式研究,内部派别之争异常激烈,这也导致佛教开始远离民众。印度本土的上座部各派大多衰亡,较有势力的有说一切有部、经量部、正量部等,出现了《大宝积经》《大集经》等经典。瑜伽行派较著名的学者陈那(Dignāga,又译大域龙、童授,约440—520),吸收了正理论的逻辑学知识,对于认识论、推理等问题做了细致的研究,写成了《因明正理门论》一书。该书成为佛教因明(逻辑学)的入门书。陈那的观点后来又为法称(Dharmakīrti,约600—680)进一步发挥。中观学派出现了代表人物佛护(Buddhapalita,约

① [印度]贾瓦哈拉尔·尼赫鲁:《印度的发现》,齐文译,235~236页,北京,世界知识出版社,1956。

② [印度]R.塔帕尔:《印度古代文明》,林太译,264页,杭州,浙江人民出版社,1990。

③ [印度]R.塔帕尔:《印度古代文明》,林太译,184页,杭州,浙江人民出版社,1990。

470—约540）和清辨（Bhavaviveka，约490—约570）。他们标榜恢复龙树和提婆的学说，与瑜伽行派展开"空有之争"。7世纪以后，佛教衰落，再无出色的学者和新理论出现。8世纪后，中观学派、瑜伽行派趋向合流，形成瑜伽中观派，后又融于密教。

所谓"密教"，是相对于显教而言的，属于印度大乘佛教后期阶段的一支。7世纪中叶，印度政治上封建割据加剧，城市衰落，商品经济和对外贸易衰退，各地区孤立而闭锁，缺乏交流。一些信奉佛教的知识分子沉湎于对深奥佛理的探讨，日益走上烦琐考证的道路，对民众失去了吸引力；在民间传播的佛教则逐渐与印度民间信仰融合，在吸收了印度教（尤其是性力派）的一些因素后演变为密教。该教强调现世成佛（即身成佛），也就是发菩提心之后，不必改变修行者现有的肉体，直接由世俗之身成就佛果。在密教看来，心、佛、众生三者并无区分，其本性均为真如，所以自身没有圣凡、迷悟的分别。

密教形成独立的思想体系和派别，一般认为在7世纪中叶《大日经》以及7世纪末《金刚顶经》出现后。《大日经》的内容是大日如来（又译毗卢遮那佛）宣说，该经确立了大日如来的中心地位，并主张菩提心为因，大悲为根本，方便为究竟，以手结印契、口诵真言、心观本尊的"三密相应"为究竟之途。以《大日经》为代表的解说内在行法的经典，被称为行续。《金刚顶经》主要解说金刚界曼荼罗，凸显阿閦佛的地位，宣扬大乐思想。为了与大乘和小乘相区别，密教信仰者自称"金刚乘"（vajrayana），并将自己信奉的佛称为"大日如来"。10世纪后，密教分为易行乘（又译俱生乘）和时轮乘两支。易行乘没有特定经典，代表文献为《道把歌》，反对深奥的理论与烦琐的仪轨，主张自然天成、简便易行之道。时轮乘出现于11世纪，属于无上瑜伽部，是印度密教的最后阶段的一支。

在发展过程中，密教大量吸收了印度民间信仰，把许多佛教以外的地方神祇视为大日如来的显现。为了进一步吸引民众，贴近民众，密教表示，大乘佛教的修行方法太难了。众生本来就具有佛性，只要手结印契、口诵真言、心观本尊，并参加密教的特别仪式，就可以成佛。密教教团组织严密而封闭，其复杂隐秘的仪式在当时并不被社会主流认可。密教承认现世的幸福，认为人的欲望不应被抑制而应被尊重。对世俗享乐的肯定是佛教对当时民间信仰的妥协，但密教在这方面走得更远。

在当时的社会背景下，虽然密宗的教育及其方式经常受到谴责，"但它是起源于对正统印度教仪式和婆罗门社会秩序的一种有意识和审慎的反抗；这通过结合非正统诸崇拜如'女性性力'朝拜而表达出来，也通过反抗被视为已确定的社会行为规范而表达出来。顺便谈及'密宗'对魔力的兴趣，特别是由于用化学品和金属的实验，导致了某些半科学性的发现"①。佛教教育由主张"不杀"、"不淫"、节制欲望的宗教教育，发展到"性力"崇拜，也从一个侧面反映了佛教趋于衰败的现实。11 世纪至 12 世纪，在孟加拉地区帕拉王朝的支持下，密教获得较大的发展，修行方法更趋简单。密教的兴起使佛教丧失了本来面目，抹去了印度教与佛教之间的差别。在伊斯兰教进入印度后，为了与之抗衡，密教加速了同印度教的融合，佛陀成为毗湿奴大神的第九个化身。佛教的寺院也改为印度教的庙宇。时轮乘就认为，世界的最高实在是高于释迦牟尼之上的"本初佛"。"本初佛"类似印度教中的"梵"，这明显是受到了印度教神明思想的影响。向世俗的妥协和同印度教性力派的融合使佛教失去了作为独立宗教而存在的理由。1203 年，阿拉伯军队摧毁密教大本营，佛教在印度灭亡。随着佛教在印度的灭亡，佛教教育也在印度终结。

佛教教育有系统的理论支持，有正规的僧团和寺院教育组织，并主张众生平等，反对等级严格的种姓制度，在印度教育史上发挥过积极作用，并为世界文化的发展做出了贡献。但是，要在以种姓制度为基础的等级森严的，

---

① ［印度］R. 塔帕尔：《印度古代文明》，林太译，274～275 页，杭州，浙江人民出版社，1990。

且地理、种族、语言极为复杂的印度大陆实现众生平等的教育，这是很难办到的。特别是佛陀涅槃之后佛理的复杂与深奥，使得佛教教育始终未能够在广大中下层群众中扎下根，缺乏像印度教那样牢固的社会基础。所以，尽管在历史上得到了阿育王、迦腻色迦王等统治者的大力扶持，但佛教与佛教教育依然缺乏强大的内在性生存能力，并与印度人深层的文化心理缺乏有效的契合。正如印度哲学家拉达克里希南所指出的，"对于道德的笃信是佛教力量的秘密；对于人性神秘方面的忽视是促使它失败的原因"①。佛教及其教育虽然为了生存而向印度教妥协并积极迎合民众的信仰，但是仍未能逃脱失败的命运。

（三）虔信派运动的兴起及其教育影响

强盛的笈多王朝并未能影响到印度南部。笈多王朝衰落后，印度北部在文化上的优势逐渐丧失，德干西部和南端的泰米尔文化却处于上升趋势。南方文化在保持了达罗毗荼文化的基础上，吸收了雅利安文化，到 5 世纪前后逐渐形成了新的泰米尔文化，并开始对整个印度文化产生影响。7 世纪以后，泰米尔地区有两个由民间诗人和印度教圣者组成的派别，开始宣扬虔信思想。一派信奉湿婆，称"那衍纳尔派"；另一派信奉毗湿奴，称"阿尔瓦尔派"。他们都反对烦琐的祭祀仪式和种姓制度，认为只要虔信神，就可获得解脱。他们把这种思想用泰米尔语编成诗歌，配上曲调，到处吟唱，还在庙会等场合，通过各种文艺形式进行表演，使得虔信派运动在民众中的影响逐渐扩大。大约到了 10 世纪，由于佛教和耆那教势力日减，虔信宣传失去了对手，热潮也有所降温。但是，这种对神虔信的主张，就是后来虔信派改革运动的思想源头。

作为虔信派运动理论先驱的婆罗门诗人罗摩奴贾（Ramanuja，也译罗摩奴

---

① 黄心川：《印度哲学史》，263 页，北京，商务印书馆，1989。

阇，约 1017—1137)①，既是一位著名的哲学家、思想家，也是一位著名的教师。他在室利兰伽姆的寺院里教授《吠陀》经典，同时也宣传阿尔瓦尔派理论。在学习与思考的过程中，他对商羯罗的观点提出了批评，并形成了"制限不二论"思想。

在罗摩奴贾看来，梵实际上就是具有无数美德的毗湿奴，是一切的创造者、维持者和毁灭者，也是一切有情的主宰者、控制者和赏罚者，是全智、全能和无瑕的，也是无所不在的。世界上的各种现象都是梵的权现。个体我与最高神并非同一的，但是，个体我(灵魂)和物质世界却又是梵的现相，也可以被称为梵的身体。作为最高神或梵的身体的个体我和物质世界，在世界创造之前是不可见的，未显现出来，也无法知觉到，但它们却是存在的，以一种微细的具有可能性的状态潜存于最高神之中。在罗摩奴贾看来，个体我(灵魂)依附于身体，而肉身具有感觉器官、行动器官和意。罗摩奴贾把灵魂和生命区别开来，认为生命的本质是自我意识，只有当其存在时才具有这种本质，而灵魂无论是在被束缚的状态还是解脱的状态下都是认识的主体。生命是活动的载体，而灵魂为活动带来结果。具体地说，只要灵魂因业而仍为身体所缠缚，那么就还得活动着，而一旦业被消除，灵魂摆脱了缠缚，那个体就实现了最终的愿望。罗摩奴贾认为，现象世界可以分为三类：原初物质、时间和纯质。所有的这些非意识性的实在都遵从于神的意愿而活动，它们本身无所谓善恶，但由于命我本身的业而产生苦乐。根据罗摩奴贾的观点，最高神(梵)与个体我(灵魂)和世界形成一种相互制约的关系，也是一种异同关系。梵在一方，个体我和世界在另一方。罗摩奴贾认为，梵是有差别的、有属性的和有作为的，梵真实地显现为现象世界，而不像商羯罗所宣称的那样只是一种幻现。总的来说，梵与个体我、世界是一个整体，世界和个体我是梵的性质或部分。也可以说是实体与性质、部分与整体的关系。这种关系是不可

---

① 关于罗摩奴贾的生卒年说法不一，也有说是 1055—1137、1017—1127。

逆的，既不可以性质代替实体，也不可以部分之和来等同于整体，因为梵是超越所有性质的。罗摩奴贾承认梵为个体我和世界所制限，他并没有像商羯罗那样把梵分为上梵和下梵，从而将最高本体绝对化，将客观精神实在化。罗摩奴贾承认梵显现为现象界是真实的转变，在这种显现中因真实地转变为果，肯定了本质与现象之间的因果联系，这使得他的理论具有了科学性的追求。

在对世界的认识方面，罗摩奴贾反对商羯罗的无明理论，认为无明不可能是梵，因为梵是全知全智的，梵所显现的世界实际上也是真实存在的。认绳为蛇的例子只能说明对非存在的认识与特定的时间地点有关，但不能否认蛇的映象本身的存在，因此世界本身的真实性是无法否认的。与商羯罗通过批判虚幻而把握本质的认识途径不同，罗摩奴贾强调要在真实性的基础上去把握事物和世界的本质，为其新的认识论建构奠定了基础。

罗摩奴贾强调认识对象的客观实在性，认为离开了对象就没有认识。在他看来，认识的来源有三：知觉、推论和圣典的证言。其中，知觉可以分为有限制的知觉和无限的知觉，前者只是对有限的(或有性质的)对象的认识；后者则是对绝对无差别或纯在的对象的认识。在商羯罗看来，对于梵的认识需要修行者在出神状态下直接领悟或通过熟读圣典证悟；罗摩奴贾虽然承认圣典的权威，也认为只有通过圣典才能把握最高实在的知识，但是他又认为梵不是感觉的对象，因此思想并不能真正使人们面对实在，即使是《吠陀》经典也只能给人们以间接的知识。要想获取真理，既要心动又要身动。可见，在罗摩奴贾这里，认识是直接经验与间接经验的有机统一。既注重经典的学习，更注重实践的体验，使得罗摩奴贾对过去唯经典至上的学习提出了批评，而倡导通过实践来达成对梵的理解与合一，这为虔信派运动的实践提供了理论的支持。

在对梵的认识过程中，罗摩奴贾主张对毗湿奴虔诚和信爱，认为只有达到全身心的诚信，才最终达到对梵的认识。但是这一过程并非一个绝对准确的过程，而是可能出现各种错误。知识尽管都是真实的而非虚构的，但它并不是整体的实在，也存在着非完善的和非全面的缺陷。例如，我们把贝壳误认为银片，就是只看到了存在于贝壳中的银片的共同的基本要素(如银色)，而忽略了其他要素。因此，人们的认识过程中存在着确实的知识和谬误的知识。实际上这两种知识都是不完全的，前者只顾及对人有用有益的要素，后者在认识上没有尽善尽终。确实的知识因对人的生活有用而被认为是确实的知识，谬误的知识并非自身错误而是没有对人的生活显示出有用性。例如，海市蜃楼就是一种谬误的认识，但这种谬误性并不是因为它没有显现出水的要素，而是因为它无法解除沙漠中人们的干渴。在这里，罗摩奴贾提出了学习过程中一个非常重要的问题，即将书本知识和实践知识有机结合的问题。对于认识而言，无论是书本知识还是实践知识，都是人认识事物和世界本质的一个侧面，都不是完善的、全面的知识。对真正知识的学习，不仅要看认识理解的程度，也要看其实践效果。这对当时只注重经典学习的婆罗门教育是深刻的批判。注重知识的实际效用则提醒教育必须注重学习知识与人的现实生活之间的联系。

正是基于对人的现实生活的重视，罗摩奴贾认为商羯罗否定现实生活的修行主张是不对的。在他看来，商羯罗让修行者在学生期就进入云游仙人的阶段，过超越现实的人生生活的主张是不可取的。罗摩奴贾主张先顺次经过学生期、家住期、林栖期，最后再进入云游仙人的阶段。可见，罗摩奴贾十分重视现实家庭生活对个体发展的重要意义。对于普通民众来说，要按照商羯罗的教导去破除无明，获得真知基本上是不可能的，罗摩奴贾则从大众的现实生活和心理需求出发，强调虔诚信仰的重要性，认为只要全心全意地热爱毗湿奴，顶礼膜拜，施行礼仪，就可以摆脱现世的苦难并趋于永生。在他看来，真正的解脱不是自我的消失，而是从有限的束缚中摆脱出来。罗摩奴贾认为，虔信表示一个人通过对神的虔诚由低级的信仰向高层次的实在生活发展的内涵。虔信不是盲目信仰和崇拜，而是在对神的热爱中沉思。这种沉思持续不断，就像汩汩流淌的河流。

罗摩奴贾还对虔信的方法和内容做了一系列描述和规定。他强调导师对虔信者的指导。只靠个人的虔信无法达到解脱，必须有导师的指点。在他看来，虔信并不仅仅是情感主义的，它还包括对愿望和知识的获取训练。它是有关神的知识和对神的意愿的服从。人们在信爱的每一步骤或阶段中都是在完善自我，因而需要导师的指导，也需要一系列修持方法和程序。为此，罗摩奴贾提出虔信的一系列修持要求，主要包括：吃干净的食物、离欲、对神的信念、布施、慈悲、诚实、正直、怜悯、非暴力。通过这些修持，信徒首先可以进入低层次的信爱，这个层次包括祈祷、举行仪式和形象崇拜。这一切虽然可以帮助灵魂进步，但却不会拯救灵魂，必须向高层次发展。高层次的信爱实际上是进入最后的认识，把最高实在作为沉思的对象。

从教育的角度看，罗摩奴贾的理论还有一点值得重视，就是他在教育对象上的平等观。他认为对神的信爱是没有差别的，灵魂在神的面前都是平等的。由此，罗摩奴贾不仅排除了基于过程中传统意义上严格的等级制，还排除了印度长久以来对妇女的歧视。他的 12 人教团就包括一个婆罗门、一个理发师、一个皮匠和一个妇女。他还公开地反对婆罗门的特权地位。罗摩奴贾的这种平等思想反映了当时城市贫民和手工业者的利益和愿望，推动了后期虔信派运动向下层民众发展。

第四节　德里苏丹时期的教育

印度次大陆处于长期分裂的状态中。962 年，萨曼王朝驻呼罗珊总督、突厥人阿尔普特勤创立了伽色尼王朝。1186 年，伽色尼王朝被兴起于阿富汗赫拉特地区的廓尔王朝(又译古尔王朝,1152—1206)所灭。但廓尔王朝很快又陷入了分裂,1206年廓尔王朝驻德里总督、奴隶出身的突厥人艾巴克(又译艾伯克)自立苏丹王国,建都于德里,开启了所谓"奴隶王朝"(1206—1290)。在以后三个多世纪中,印度更换了五个王朝,但德里仍为首都,苏丹的称号也未更改,所以史称其为德里苏丹国。1526年,巴卑尔攻陷德里,建立了莫卧儿帝国,印度进入了一个新的时代。

在苏丹王国建立之初,为了抵御外敌和加强内部统治,统治者在政治管理和土地占有方面做了一些调整。在政治管理上,建立了一支由阿富汗、伊朗,以及中亚一些国家的外籍人组成的雇佣军队,组成了从中央到地方的由伊斯兰教贵族以及教徒充任的官僚系统。最高统治权完全由苏丹掌握。在地方设有省督。省督拥有省内财政支配权,但必须将开支后剩余部分上交苏丹;还拥有常备雇佣军的指挥权,以镇压人民的反抗。省以下再分为若干税区,直接征收土地税和附加税。作为统治者的伊斯兰教贵族还特别鼓励印度人民改信伊斯兰教。伊斯兰教与印度教之间发生了激烈的冲撞。当时,一方面,由于对抗伊斯兰教文化的进入,印度教文化的一体性得到了强调,各种教派及其思想均出现了融合倾向;另一方面,伊斯兰教文化与印度教文化在冲撞中也彼此吸收,相互融合,产生了新的文化事物,如锡克教等,这也预示着印度社会开始了新的历史转型。在这一转型过程中,新的教育思想与教育实践也出现了。

一、苏非派的教育思想及其影响[1]

苏非派(al-Tasawwuf)[2]是伊斯兰教中一个信仰神秘主义的派别,产生于7

---

[1] 刘建、朱明忠、葛维钧:《印度文明》,314~317页,福州,福建教育出版社,2008。

[2] 关于苏非派的名称,有两种说法。一种说法认为,"苏非"一词出自阿拉伯语"sūfī",原意为"羊毛"。由于该派信徒都身穿毛织衣服,以示俭朴,故人们称他们为苏非派。另一种说法认为,"苏非"一词来自阿拉伯语"sataa",意为"洁净"。因为该派信徒主张通过各种活动来净化自己的灵魂和行为,以保持心灵的洁净、道德的洁净和外在的洁净等,故被称为苏非派。

世纪末 8 世纪初的阿拉伯，最初主要在下层穷苦百姓之中流行。8 世纪以后，随着伊斯兰教的进入，苏非派思想也传入印度，但影响很小。11 世纪初，以胡吉伟利为代表的一批苏非大师来到印度，苏非派得以在印度广泛传播。胡吉伟利定居拉合尔以后，首先在拉合尔建造了一座清真寺和一所伊斯兰教学校。他一方面在当地宣传伊斯兰教教义；另一方面广招弟子，传道授业，培养信徒。在他的努力下，苏非派思想得以迅速传播。在传播过程中，苏非派还融合了不少印度教思想，在印度广大中下层群众中有较大影响。

苏非派的教育目的就是"认识真主、敬爱真主、最终达到与真主的合一"。所谓"认识真主"，就是通过神秘主义的直觉体验来证悟真主是唯一的实在、永恒的美和无限的圆满。所谓"敬爱真主"，就是通过各种行动来表达对真主的爱。所谓"与真主的合一"，是苏非派信徒所追求的最高目标，他们的一切修行最终就是为了使自己与最高的神真主、永恒的美和圆满相结合，从而达到最幸福、最欢乐的境界。苏非派认为，真主寓于人之中，就此而言人就是真主，人也有神性，而人一生追求的最高理想就是达到"人主合一"的境界。这与印度教"梵我同一"的追求有着很大的相似之处。

在教育内容与方法的选择上，相较于传统的书本知识学习和理性推理能力的训练，苏非派更强调神智论和贴近现实说的具体实践。苏非派的神智论认为教育的具体目标是获得能够认识真主(神)的最高级智慧，而这种智慧不是靠勤奋的学习和理性的推理得来的，而要靠长期的入神冥思和神秘主义的直觉体验。因此，一个人要想达到"人主合一"的境界，关键在于使自己的灵魂净化，而要使灵魂净化，就必须远离尘世，修持苦行。但是，在进入印度以后，苏非派发现一味强调远离尘世的禁欲苦修会使自己远离群众，因而积极吸收印度教的思想，对自己的教育内容和方法做了必要的改进与修正，强调教育内容与形式、方法要同当地民众的生活相结合，并要同当地民众喜闻乐见的形式相结合。这逐渐使苏非派演化成一种具有印度特色的伊斯兰教派别，其中最典型的就是在宗教修行过程中采取了一种叫"萨马"的活动形式。所谓"萨马"，实质上就是一种乐舞活动。苏非派信徒们在宗教修习过程中一边修炼，一边唱歌跳舞，通过音乐和舞蹈来激发灵感，召唤"神智"。这种形式迎合了印度教用歌舞敬神的传统，深受印度民众喜爱。此外，苏非派在修习过程中还吸收了许多印度教的瑜伽形式，把当地流传的一些爱情故事改写成抒情诗，让信徒们在清真寺和修道堂里吟唱，以此抒发他们对真主的渴望和敬爱之情。

在教育对象方面，苏非派宣扬"在神面前人人平等"的思想，反对种姓歧视，主张平等地对待所有人，不管是低级种姓还是高级种姓，也不管是穷人还是富人。这种博爱、平等的思想与做法有效地缓和了印度社会的宗教矛盾，并促进了印度教自身的变革和锡克教的产生。后来的虔信派改革运动和锡克教也是在苏非派思想影响下逐步发展起来的。

二、虔信派改革运动及其教育思想①

虔信派改革运动的源头，可以追溯到 7 世纪南印度泰米尔游方僧的虔信思想。从 11 世纪罗摩奴贾发起改革开始，虔信派改革运动从南向北，一直持续到 17 世纪。由于崇拜对象和崇拜方式的不同，在这一改革运动中，涌现出诸多宗教派别。

(一)摩陀伐派

摩陀伐派由印度教哲学家和改革家摩陀伐(Madhva，约 1199—1278)创立，主要流行于南印度迈索尔地区。在摩陀伐看来，神与物质世界都是实在的，但二者又有不同。灵魂是由细微物质(又称"细身")构成的，虽然依附于神，但其本身并不是神。因此，人生和教育的目的就在于培养对黑天大神的无限虔信。他强调，对神的爱要超过对自己的爱，任何情况下都绝不动摇，

---

① 刘建、朱明忠、葛维钧：《印度文明》，317～327 页，福州，福建教育出版社，2008。

这样才能赢得神的恩泽，真正感知自我的完美本性，实现最高的精神解脱。为了实现对黑天大神的虔信，信徒们要吟诵《吠陀》经典，进行沉思，遵守忠诚、行善、不贪、不淫、不密等戒律，使自己的行为不带任何自私的动机，最终实现解脱。

（二）尼巴迦派

尼巴迦派由哲学家和瑜伽大师尼巴迦（Nimbarka，又译宁巴尔迦，约13世纪）创立，又称"尼曼陀派"，盛行于印度东部地区。尼巴迦认为人的解脱在于人神之间的爱的结合。现实中的人受到物质条件和肉体的羁绊，只要从内心深处信爱黑天和他少年时代的情人罗陀，以各种行动为他们服务，获得黑天的神恩，就可实现人与神的结合，获得最终的解脱。在教育方面，尼巴迦派特别强调对《摩诃婆罗多》《诃利世系》《薄伽梵往世书》等经典的学习，以从黑天大神和罗陀的爱情中获得对人与神爱的理解，从而获得神恩，实现解脱。

（三）瓦拉巴派

瓦拉巴派由哲学家瓦拉巴·阿恰吉亚（Vallabha Acharjya，1479—1531）创立，流行于印度北部和西部。瓦拉巴派主张一个人只要崇拜爱神，顺从神意，就可以得到神的恩泽和慈爱。在他们看来，崇拜神灵不是靠裸露身体和饿其体肤，而是靠华衣和佳肴；不是靠独身禁欲和克制情感，而是靠世俗的享乐和尽情的欢乐。因此，瓦拉巴派反对禁欲和苦行，提倡享乐主义和幸福之道。该派崇拜黑天大神少年时代的形象牧童及其情人罗陀，把他们奉为主神。该派规定每一个成员都要承担一项重要义务，即一生中至少要到阿杰米尔的高帕尔神庙朝拜一次牧童神。凡是到过这里朝圣的信徒，都可得到一本证书，以证明自己对神的虔信。

（四）阇多尼耶派

阇多尼耶派由著名学者阇多尼耶（Caitanya，又译查伊塔尼亚，1488—1533）创立，主要流行于孟加拉和奥里萨地区。阇多尼耶强调一个人只要对神虔诚，完全信从神的意志，就可获得神的恩宠，获得解脱。阇多尼耶派崇拜黑天及其情人罗陀，认为罗陀象征着人类的灵魂，黑天象征着神的灵魂，黑天与罗陀的爱情体现着神与人的相爱及结合。因此，该派教育的最终目标就是让信徒去追求并实现最高境界的人神相爱，从而获得解脱。在他们看来，对神的虔爱比传统的苦行、行善和冥思更为重要。因而，他们反对烦杂的祭祀仪式，允许任何种姓的人入教，学习他们特有的曼荼罗。

在修习过程中，阇多尼耶派规定了信徒的四项基本义务，明确了修习的五个阶段。四项义务如下。①尊重师尊(指本派宗教导师或领袖)，服从师尊，把师尊视为自己的保护者。②反复背诵神的名字。③踊跃参加赞颂黑天大神的公共集会，在集会上高唱赞歌并狂热地跳舞。④本派的圣者或领袖去世时，要举行盛典，教徒必须参加，并且要一起吃饭。五个阶段如下。①清静阶段，在这一阶段虔信者要抑制情感和私欲，使内心纯洁清净，能够冥想神。②服役阶段，在这一阶段思想开始活跃，对神的情感加深，发誓为神服务。③友爱阶段，达到这一阶段的虔信者不再把黑天大神视为主人，而是将他看作朋友，对神生出挚友般的情谊。④孝敬阶段，达到这一阶段的虔信者会把黑天视为自己的父母，把自己看作神的子女，产生出子女孝敬父母的感情。⑤甜蜜阶段，在这一阶段虔信者对神的爱达到最高水平，犹如罗陀对黑天的热恋。

(五)罗摩派

罗摩派又被称为"罗摩难陀派"，在印度北方广为流行，创始人为罗摩难陀(Ramananda，1360—1450)。罗摩派认为人生和教育的最高目的是获得解脱，只要虔信宇宙的最高主宰罗摩大神(毗湿奴大神的化身)并默念他的名字，就可获得解脱。因此在教育过程中，他们反对烦琐的祭祀仪式，强调学习过程中虔信的重要性。在教育对象方面，罗摩派主张教徒平等，反对种姓分立和种姓歧视，允许低级种姓的人入教；在教育内容方面，罗摩难陀和他的追随者们强调教育内容的通俗易懂，因而他们不用传统的梵文作为教育语言，而是采用当地的大众语言——印地语，并以通俗的风格和形式写了大量有关罗摩大神的诗歌和著作，来替代传统的经典诵读；在学习过程中，罗摩派强调唯能是举，不管是什么种姓，只要有能力，受教徒拥护，就可以被提升为师尊、圣者或寺院住持。另外，罗摩派把世界万事万物都看作毗湿奴大神的不同化身，从而主张万物平等，主张宗教和解与和谐，并给予妇女平等的受教育机会和地位，这在当时是难能可贵的。

（六）伽比尔派

伽比尔派主要流行于北印度，创始人是伽比尔（Kabir，又译卡比尔，1440—1518）。该派受伊斯兰教影响较大，认为宇宙万物的最高本体是一种无形式、无属性的纯粹实在，人们因为认识不同而赋予这个纯粹实在"梵""罗摩""黑天""毗湿奴""安拉""胡达"等名称，但其本质是一样的。伽比尔派认为，人生和教育的目的只有一个，那就是与神沟通，获得神恩，最终实现灵魂与神结合的最高境界。而要想获得神恩，只有一条道路，那就是虔信的道路。因此，每个信徒都必须用行动来表达对神的虔诚和信爱，以此来净化自己的灵魂，实现与神沟通。在伽比尔派看来，因为神的本质是唯一的，所以信仰也应该是独一的。伽比尔派既反对印度教的偶像崇拜，也反对由此而来的各种仪式、仪礼和朝圣活动，甚至反对各种经典。伽比尔不无讽刺地写道：

> 偶像皆无生息，不能言语；
> 我知道这一点，因为我曾对它们高声呼喊。

因为神的唯一性，伽比尔派还强调众生平等，主张信徒应该亲如兄弟，而不应该受特权、种姓以及其他因素的影响而产生差别。由此，伽比尔派严厉批评婆罗门的跋扈和特权，批判种姓制度所带来的等级分化和阶层歧视，反对宗教对立和教派冲突，主张宗教团结和相互谅解、相互尊重。

印度教教徒和穆斯林都达到了同样的目标，

那里不复有任何表示差别的特征。①

在教育内容方面，伽比尔派特别强调道德教育的重要性，主张严守道德准则：一切生命都是神圣的、平等的，不论对人还是对动物，都要行善，这是最基本的美德；人与人之间应当忠实，真诚相待是行善的必要前提；隐居，抛弃世俗生活，是对神虔诚的表现；尊重师尊，服从师尊，是信徒的基本义务；热爱真理，憎恨暴力，坚决实行非暴力，是每个信徒必须遵守的道德原则。在伽比尔看来，神无所不在，因此无须远求，只等着个人用心去发现。在教育过程中，他要求放弃外在的仪式、苦行和对知识内容的追求，转而寻找心中更为内在和灵性的东西，最终在虔信中与神合一。

(七)林伽派

林伽派(Lingayat Sect)亦称"勇者湿婆派"(Virasaivas)，主要流行于南印度迈索尔讲坎纳达语的地区，创始人为巴萨瓦(Basava，1156—?)。林伽派是在虔信派改革运动的潮流中产生的，在湿婆派中最富有改革精神。在教育对象方面，林伽派主张废止种姓对立，消除种姓差别和歧视，让所有人都可以受教育；在教育内容上，他们否定《吠陀》经典的权威，而崇尚自己的经典《巴萨瓦往世书》《林伽往世书》《卡纳雷斯训诫》等；他们注重对信徒的道德教育，批判婆罗门祭司的虚伪、无知和欺骗，反对印度教烦琐的祭祀仪式；难能可贵的是该派反对轮回转世说，反对童婚和殉夫，且允许寡妇再嫁，主张提高妇女权利，这在当时的历史条件下有着进步意义。

除了上述流派之外，虔信派改革运动中还出现了许多其他教派。在这些教派的努力之下，中世纪的印度教经历了一次规模宏大的革新运动。从时间上看，它从11世纪延续到17世纪；从范围上看，它从南到北，从东到西，

---

① 尚会鹏：《印度文化史(第三版)》，228页，杭州，浙江大学出版社，2016。

席卷了整个古印度；从参加的人员来看，包括社会各阶层，如农民、商人、手工业者和服务业者，主要是广大下层民众和低级种姓者；从改革的内容来看，它涉及教义教规、伦理道德、社会制度、生活习俗等各个方面。这场改革运动对印度教的影响巨大而深远，"它把印度教旧的神祇、旧的宗教态度、旧的文化形式和旧的生活习俗统统抛到一边，取而代之的是新的神祇、新的宗教态度、新的文化形式和新的生活习俗"。

三、锡克教的产生及其教育思想①

锡克教是在伊斯兰教影响下出现的一个经过改革的印度教派，创始人是那纳克(Nanak，又译那内克，1469—1539)，被认为"既是印度教徒的祖师，又是伊斯兰教的圣人"②。"锡克"本是印地文"Sikh"的音译，意为"门徒"。据说，每个锡克教教徒都自称教主的门徒，所以人们称该教派为"锡克教"。下面我们主要论述那纳克的思想及其教育主张。

那纳克出生于一个印度教家庭，他的家乡离当时伊斯兰文化中心——拉合尔较近。他自幼不仅接受梵文教育，学习印度教经典，而且接受阿拉伯文和波斯文教育，学习伊斯兰教思想。16岁时那纳克来到拉合尔，接触了许多宣传宗教改革的虔信派思想家，也经常与宣传一神论和平等观念的苏非派学者来往。大约30岁时，那纳克创立自己的门派，宣传新的教义。随后他云游四方，用通俗的赞美诗宣讲自己的思想，与不同信仰者讨论宗教问题，组织社团，吸引了越来越多的信徒。

那纳克认为从最终的意义上看，神作为唯一的存在，是无形的、永恒的、不可言喻的，因而也是不可知的。但是，神又是仁慈的，他普爱众生，能把

---

① 刘建、朱明忠、葛维钧：《印度文明》，327~329页，福州，福建教育出版社，2008。

② 孟庆顺：《论18世纪中叶的锡克运动》，载《南亚研究》，1988(3)。关于锡克教的研究，也可参见高建章：《锡克·辛格·阿卡利——锡克民族与锡克教》，成都，四川民族出版社，1994。

恩惠赐予每一个人，愿意帮助人们得到解脱，使人们获得快乐与幸福。由此，那纳克认为教育对象应该面向所有人，坚决反对种姓划分和种姓歧视，主张在神面前人人平等。他宣传一种"四海之内皆兄弟"的思想，不仅提倡穆斯林与印度教教徒的和解，而且倡导所有种姓的信徒们在一起用餐。那纳克坚信，人们只要睁开双眼去看，并得到导师的指导，就可以见到一种有意义的启示，让自己得到解脱。所以，在教育过程中，教徒要尊崇祖师，坚信祖师是神的使者，具有无上的权力，要信奉祖师的预言，服从祖师的指导。

在那纳克看来，神的意图可以有多种启示。人们惯常于通过言词去寻找，或者听从导师的言语教导，或者从经典中去寻找言词的启发。但是这种"言词"启发并不是真正的神的启示，通过"言词"来传达启示的导师也并不是人类的真正的导师。因为真正的启示就存在于人的内心，只有人内心的"声音"才是真正的神的"声音"。因此，唤醒人内心的"声音"，使人们的精神知觉神的启示的方法才是正确的方法，掌握并运用这种方法的导师才是真正的导师。学习者要在真正的导师的引导下，观察自己的周围及自己的内心世界，领悟到神的"秩序"(hukam)，最终促进自身与神的和谐。

那纳克认为神的"秩序"表现为外在的道德规范与内在的虔信虔爱。那纳克也借用了"摩耶"这个概念，但是他认为这个词不是指世界本身的最终的不真实，而是指它所表明的价值标准的不真实。世界的价值标准是虚幻的。如果一个人承认了它们，那么再多的虔诚也无法使他得救。人应该摒弃这些虚幻的价值标准，而代之以可选择的价值标准。只有承认可选择的价值标准，忠实地遵循能够明显地产生预期结果的教规，人们才能真正得救。关于这些价值标准，那纳克写道：

> 以克制为熔炉，以顺从为金匠，
>
> 以理解为铁砧，以神学为工具，

> 以畏神为风箱，以苦行为炉火，
>
> 以爱神为炼炉，将神明化于其中。
>
> 经文将在这真正的作坊中铸成文字，
>
> 这就是神以爱宠的目光注视的信徒必行之功。①

　　内心的虔信虔爱则表现为自觉地体会神赐的和谐，并把自身纳入这种和谐之中。这就需要一种明确的内心教规，即"牢记神名"（nam simaras）或"反复默念神名"（nam japan）。那纳克认为许多教派强调的只需简单、机械地重复一个选定的神名就可以获得解脱其实是远远不够的。他提出对待神名的方式还应该包括在经常地按照教规的规定去默想神名的同时，逐渐把自己与神和谐地联系在一起。按照这种方式一直坚持下去，"他便会达到一种越来越高的精神境界，最终到了一种神秘的极乐状态，此时一切不和谐已不复存在，轮回也随之最后终止"②。

　　那纳克去世以后，他的后继者继续按照他的方式进行传教。到五代古鲁阿尔琼时这些传教的内容被编辑成了《阿底·格兰特》（又译作《阿迪·格兰特》，后来被称为《格兰特·莎菲》），成为锡克教的经典，也成为伊斯兰教文化和印度教文化两大宗教文化及其教育相互融合的历史见证。

----

　　① ［印度］R.C. 马宗达、H.C. 赖乔杜里、卡利金卡尔·达塔：《高级印度史》，张澍霖、夏炎德、刘继兴等译，439 页，北京，商务印书馆，1986。

　　② ［印度］A.L. 巴沙姆：《印度文化史》，闵光沛、陶笑虹、庄万友等译，442 页，北京，商务印书馆，1997。

第十章

中古时期的日本教育

日本的中古时期主要指 7 世纪至 16 世纪日本封建制度由产生、发展直至走向兴盛的一段历史时期。同一时期中国的唐、宋、元、明各朝代都不同程度地引领了当时日本历史文化的发展，而日本也在此基础上逐渐创造出具有自身特色的文明成果。

从封建制度的发展来看，日本的中古时期可以分为三个阶段：早期阶段是飞鸟时代，引进并确立了以唐为楷模的封建制度；奈良时代至平安时代的四百多年属中期阶段，是进一步学习中国文化并逐渐形成日本特色封建文化的时代；后期阶段包括镰仓时代、南北朝时代、室町时代、安土桃山时代，开始并发展了日本历史上的武家封建政权(其中自室町时代中期以后，武家群雄割据，政局跌宕起伏，又被称为"战国时代")。本章首先介绍日本中古之前的历史文化踪迹，以窥中古时期日本文化教育的渊源；继而分析上述三个阶段日本教育的历史发展。

第一节　日本历史与文化教育的变迁

日本由北海道、本州、四国、九州四个大岛和其他众多岛屿组成，位于亚洲的东部。旧石器时代，这些地方是和亚洲大陆板块连在一起的，因此几万年前那里就有大陆原始人群的活动。13000 年前火山大爆发引起地壳运动，形成了后来的日本列岛，并使得岛上的人群与大陆上的人群隔离开来。

原始时代的社会生产力极大地限制了人类活动的范围。日本列岛上的人群也是如此。他们不仅与亚洲大陆失去联系，而且彼此之间的联系也十分困难，只能在各自的小圈子里繁衍生息，进而形成了众多强弱不等的部落。因为出土陶器上普遍饰有绳纹，历史学家将距今约 10000 年到公元前 8 世纪这一时期的文化称为"绳纹文化"。在这个漫长的时期，石器以及弓箭是主要的狩猎工具，渔猎和采集是主要的生活来源，自然的和自挖的洞穴是主要的居住场所。随着生活经验的积累，这里的人活动范围逐渐扩大：从沿海沿河延伸到内陆腹地，从森林高地延伸到平原地带；部落的规模也逐渐扩大。尽管如此，绳纹时代的日本人依然过着原始的群居生活，女性地位颇高；后辈跟随和模仿前辈并与之共同参与各种活动，"做中学"。

到了大约公元前 3 世纪或更早时期，日本列岛上的陶器形状及其表面的图案逐渐复杂起来，摆脱了绳纹的特征。由于这种陶器是 1884 年首次在东京都文京区弥生町发现的，所以史家以此为代表，将这一时期的日本文化称为"弥生文化"。弥生文化时代延伸至公元 200 年前后。在这一历史过程中，日本由原始社会逐渐过渡到奴隶社会，其发展和进步的动力在于与中国和朝鲜半岛的交往增多，中国先进的稻作文化、铜铁技术、制陶技艺等逐渐传入日本，从而大大提高了劳动生产率，促使财富增加、部落扩大；进而私有财产出现,部落内部的阶级斗争和外部的地域战争日趋激烈,男性的作用和地位逐渐超过女性,部落内部的奴隶制度以及国家制度逐渐孕育形成。到了弥生文化时代末期,日本列岛上的众多部落归并成了 30 多个小国,其中大和国(倭国前身为邪马台国①)最为强大。大和国不断并吞其他小国,成长为较为成熟的奴隶制国家。日本文化也进入了古坟文化时代。

古坟文化时代(200 年前后起至 6 世纪末),因考古发现此一时期统治者大量营造古坟而得名;又称大和时代,因为古坟文化时代的日本列岛基本上是以大和国为主体的统一国家。大和国所在的地区,是今日本列岛中的本州岛(另说为九州岛)。该岛面积较大,没有海洋阻隔,便于大和国不断扩张;5 世纪时大和国(一说为 4 世纪中期即 350 年前后)基本上统一了日本列岛上的大部分地区,成为现今日本国家之雏形。在此期间,随着生产力的进步和领土扩展的需要,大和国一方面逐步形成了自己的内部社会制度,另一方面在外部增加了与中国等国家的联系。

就大和国内部发展看,当时的对外扩张增加了贵族财富,修建坟墓之风大兴;扩张得到的土地和民众,由皇室和贵族所有。被分配给皇室和贵族的人,一小部分成为家中奴隶;一大部分则成为部民,主要从事各种生产劳动。虽然不允许随意买卖和杀害部民,但实际上部民与奴隶相差无几——部民没有自己的姓氏,可以被主人当成礼物赠送等。后来,大和国内部贵族之间的矛盾逐渐激化,一些势力较大的贵族不断并吞小的贵族和平民,甚至觊觎中央政权。在 6 世纪之前,就有物部氏、苏我氏先后控制朝政。

---

① "邪马台"一词最早出现在中国典籍《三国志》中。《魏书·乌丸鲜卑东夷传》中有一段记述倭人的文字,称当时日本有一个"女王国"叫"邪马台",最为兴盛。中国史学界把这段记述倭人情况的文字简称为《魏志·倭人传》。有一种观点认为,邪马台国地处本州岛上的"大和"(今属奈良)地区,也就是大和国。其主要依据是"邪马台""大和"及"倭"的古日语发音(训读)都是"やまと",即 yama-to,"邪马台"是赴日的中国古人对古日语地名(大和)的音译。后来赴日的中国人并没有继续使用"邪马台"这一音译,而是改用"大和"。因此,邪马台国即大和国或大和国的前身,"邪马台""大和"是中国古籍对同一个国家的不同称呼。本书姑且采用此说。

就大和国外部发展看，此时日本进一步受到先进的大陆文明的影响，在社会生产力和社会文化教育方面都进步显著，特别是汉字以及儒学的传入大大启蒙了日本文明。与中国的交往，以及统治者注重上层贵族教育，是当时日本文明进步的主要原因。

例如，《后汉书·东夷列传》记载："建武中元二年，倭奴国奉贡朝贺，使人自称大夫，倭国之极南界也。光武赐以印绶。"这枚"印"，就是1784年在日本北九州志贺岛出土的"汉委奴国王"金印。又如，《魏志·倭人传》中就多次记载3世纪中叶魏帝下诏、倭女王上表答谢诏恩的外交往来。这些历史文献均说明文字在外交活动中已被使用。

公元5世纪前后，日本与中国南朝的刘宋政权和朝鲜的百济王朝的交往尤为紧密，中国的文化和科学技术也不断传入日本。有记载的日本文字教育，是在这一时期中国儒家经典传入日本的时候开始的。据720年完成的《日本书纪》记载，405年，朝鲜半岛上的百济国国王派阿直岐送两匹好马给日本天皇。阿直岐因为能读中国经典，所以在负责给天皇养马的同时也当了太子菟道稚郎子的老师。阿直岐向天皇推荐了学者王仁。次年二月王仁带着《论语》十卷和《千字文》一卷到达日本。于是"太子菟道稚郎子师之，习诸典籍于王仁，莫不通达"[①]。太子跟随阿直岐和王仁的学习活动，可以说就是日本宫廷贵族教育的起源。由此也可以看出，日本贵族教育从一开始就与中国儒学的经典紧密相连，中国儒家学说的思想影响也因此不断扩大和深入。这也成为儒学深深扎根日本教育乃至日本社会的主要原因。

对文化的需求当然并不仅限于太子一人。其他宫廷贵族弟子也跟随留居日本的中国文化人或朝鲜文化人学习中国文化。随着教育规模的逐渐扩大，组织性必然愈来愈强，以至于后来建立了百济五经博士轮流赴日讲学的轮换制度。据《日本书纪》记载，513年，百济国派遣五经博士段杨尔到日本讲学，

---

① 《日本书纪》卷十应神天皇十六年条。

三年之后,又派遣"五经博士汉高安茂,请代博士段杨尔"①,此后又有以五经博士王柳贵替换马丁安,同时还派来易博士、历博士、医博士、采药师、乐工、僧人等。这些事实表明当时不仅有派遣教师轮流赴日的轮换制度,而且教学的规模不断扩大,教学的内容也日趋丰富。

6 世纪初,源自印度的中国佛教传入日本。其标志性事件是"522 年,司马达等东渡来日,崇奉佛教;538 年,百济圣明王送佛像、经论来日"②,从此以后,佛教经典也逐渐成为日本宫廷贵族教育的重要内容。然而,佛教在日本的传播并非一帆风顺。例如,苏我氏主张接受佛教,物部氏则坚决反对,认为佛教崇尚异于日本的神,会带来灾难。最终,苏我氏赢得了政权的实际控制权,佛教得以在日本落地生根,传播开来。佛教的传播也促进了民间宗教教育和世俗教育的萌芽。

古坟文化时代日本的社会和教育的发展,奠定了后来大化改新的基础。以大化改新奠基者圣德太子于 593 年出任天皇为标志,日本历史进入飞鸟时代。

第二节　大化改新前后的教育

大化改新,亦称"大化革新",是日本中古时期一场以学习中国唐朝律令制度为主要内容的社会改革,其中也包含教育制度的模仿和建立。大化改新以日本孝德天皇于大化二年(646 年)颁布《改新之诏》为标志,解放了部分生产力,完善了日本的统治制度,奠定了日本的国家方向,有非常积极的意义。这一时期的政治中心是藤原京,属奈良县的飞鸟,日本著名寺院飞鸟寺也于596 年建成,所以大化改新前后的一百多年时期(593 年圣德太子当政至 710

---

① 《日本书纪》卷十七继体天皇十年九月条。
② 东京学艺大学日本史研究室:《日本史年表》522 年条,东京,东京堂,1984。

年迁都奈良)也称日本历史上的飞鸟时代。飞鸟时代可以大致分为三个发展阶段：前期即圣德太子在天皇的支持下执政时期(593—645)；中期即大化改新的几十年(646—672)；后期是大化改新之后的几十年(673—710)，进一步巩固了大化改新的成果。

一、大化改新之前的改革和教育状况

推古改革和大化改新的出现并不是孤立的偶然现象，实际上在飞鸟时代之前的百余年间，日本社会已经发生了较大的变化。如前所述，古坟文化时代后期大和国贵族已经形成了物部氏和苏我氏两大集团。它们不断并吞小的贵族势力及其所属部民，许多平民的人身、土地等财产也被剥夺，社会矛盾空前尖锐。部民制已经不能适应当时的社会状态，社会变革迫在眉睫。当时的改革是从统治层开始的，掌握中央财政大权的苏我氏代表人物苏我稻目(约506—570)不仅倡导佛教，也力主学习中国的政治制度，倡导采用建立户籍的办法进行治理。这种改革可以使部民在较大程度上脱离贵族的直接控制，变成以户为单位的小生产者，直接向政府交纳年贡，成为自由民。因为一定程度上打破了贵族的专制，改革遭到了代表贵族保守势力的物部氏的反对。因此，直到587年苏我氏战胜物部氏，户籍制改革才有了发展的可能。

除了社会内部的矛盾斗争之外，当时的日本对朝鲜半岛的控制也面临危机。隋朝结束了中国长期的分裂局面，一个强大的封建王朝也带领一直学习中国的朝鲜半岛繁荣起来。朝鲜半岛上一直由日本控制的百济被新罗占有，这对当时的日本统治集团震动很大，他们迫切希望日本强大起来。这一愿望也成为改革的强大动力。

经历一段时间的宫廷内斗，592年掌握大权的苏我氏重臣苏我马子推举自己的外甥女成为天皇，这就是日本历史上第一个女性天皇推古天皇。第二年，推古天皇立厩户丰聪耳为太子(后世称圣德太子),"录摄政,以万机悉委焉"①,开启了圣德太子在推古天皇任期内的社会改革。

圣德太子的推古改革以对佛教的推崇和弘扬为突破口。执政第二年他就推出了以天皇名义发布的诏书,"诏皇太子及大臣,令兴隆三宝"②(佛、法、僧),振兴佛教。一批日本历史上早期的寺庙纷纷建立起来,如广隆寺、法起寺、中宫寺、橘寺、葛木寺等。加上菩提寺、妙安寺、金刚寺以及法隆寺等,到圣德太子去世后的第二年,日本已建造寺院46座,僧尼数达到1385人。③

由于这一时期的佛教寺院多为天皇敕建,所以其性质多为皇家(代表国家)的寺院,与之前为数不多的贵族私建的寺院不同。但相同的是,这些寺院都是上层社会的所有物,并没有在民间普及。尽管如此,佛教寺院的日益增多,特别是佛教的教义特点,还是为其走向民间提供了有利的前提。其在教育上的意义在于,它为日后日本民间教育的发展奠定了基础,"寺子屋"类型的民间教育机构的出现就与佛教寺院的普及及其教学有密切的联系。另外,皇家佛教寺院的增加也给当时的贵族教育、皇家教育增添了新的内容和形式,直接推动了贵族教育的发展。圣德太子曾在法隆寺建学问所,为僧人提供经费,方便他们研究佛教、儒学、历法、算数、天文、地理等,可谓官方创办学校之始。④

推古改革对于日本教育发展的积极意义还体现在与中国的交流加强。圣德太子已经不满足于经由朝鲜半岛吸收先进的中国文化,开始直接向隋朝派遣交流人员。据历史学家统计,圣德太子主政期间,曾三次派出"遣隋使"前往中国。其中第二次(608年)派出了留学生高向玄理等8人与使者同行,这可以说是日

---

① 《日本书纪》卷二十二推古元年条。

② 《日本书纪》卷二十二推古元年条。

③ 《日本书纪》卷二十二推古三十二年条。

④ 杨孔炽:《日本教育现代化的历史基础》,31页,福州,福建教育出版社,1998。

本留学教育的开端。① 这些前往中国的使者、学习者、僧人等，有的长期在中国学习，回日本后成为一代大僧、大儒，在日本开宗立派，传播佛教和儒学；有的注重学习中国当时的政治制度，成为推古改革和大化改新的中坚力量。例如，632 年回日的僧旻，640 年回日的高向玄理、南渊请安等，都是著名的学者。他们传播佛教、儒学、政治观念的途径之一就是兴办私塾。一些从中国和朝鲜半岛到达日本的学者，也热衷于开办家庭学塾。例如，602 年一位名叫观勒的学问僧从百济到达日本后，就有三四名青年拜他为师。②

圣德太子还以身作则，发奋学习中国儒学和佛教经典。史书记载，高句丽僧人慧慈到达日本后，圣德太子习内教于慧慈，"学外典于博士觉哿，并悉达矣"③；圣德太子也多次开讲《法华经》《胜鬘经》《维摩经》，听众上至天皇下至百姓，颇受欢迎；在著述方面，他著成《三经义疏》。

在大力学习和推广儒学、佛学的基础上，圣德太子在摄政期间（593—622）开启了他的政治改革，措施之一就是在 604 年颁布了《十七条宪法》。该宪法的主要内容是以儒学伦理和佛教教义约束和训导官吏及民众，从而加强皇权和官吏制度，客观上起到了削弱贵族奴隶主保守势力的作用。《十七条宪法》的内容是：

> 一曰，以和为贵，无忤为宗。
>
> 二曰，笃敬三宝。
>
> 三曰，承诏必谨。
>
> 四曰，群臣百寮，以礼为本。
>
> 五曰，绝餮弃欲，明辨诉讼。

---

① 杨孔炽：《日本教育现代化的历史基础》，31 页，福州，福建教育出版社，1998。
② 王桂：《日本教育史》，12 页，长春，吉林教育出版社，1987。
③ 《日本书纪》卷二十二推古元年条。其中"内教"指佛学，"外典"指儒学。

六曰，惩恶劝善，古之良典。

七曰，人各有任，掌宜不滥。

八曰，群卿百寮，早朝晏退。

九曰，信是意本，每事有信。

十曰，绝忿弃瞋，不怒人违。

十一曰，明察功过，赏罚必当。

十二曰，国司，国造，勿敛百姓。

十三曰，诸任官者，同知职掌。

十四曰，群臣百寮，无有嫉妒。

十五曰，背私向公，是臣之道矣。

十六曰，使民以时，古之良典。

十七曰，夫事不可独断，必与众宜论。①

《十七条宪法》制定了众多方面的行事规则，包括人与人之间要"以和为贵""以礼为本""每事有信""无有嫉妒"等；对待天皇和佛事的态度必须"笃敬"和"必谨"等；办理政务必须"掌宜不滥""赏罚必当""勿敛百姓""背私向公""不可独断"等。从教育的角度看，其教育和引导官吏和民众忠于皇权、崇敬佛学和儒学的旨向十分明显。

圣德太子603年颁行了确定官位高低的"冠位十二阶"，开了日本官制的先河，形成国家政府官僚体制的雏形。此时的"冠位十二阶"就是将官吏的等级从高到低分为12级(大德、小德、大仁、小仁、大礼、小礼、大信、小信、大义、小义、大智、小智)，并以12种颜色的官帽在外形上加以区别，可见其宣传的是以"德、仁、礼、信、义、智"为核心理念的儒学思想。这也是崇

---

① 《日本书纪》卷二十二推古十二年条"皇太子亲肇作宪法十七条"。限于篇幅，此处只引用其标题。

尚皇权、强化皇室权威、确立中央集权、打击贵族世袭的具体措施，亦是推行政治教育和社会教育的重要内容。

圣德太子执政期间制定的改革政策和措施虽然有着重要的历史意义，但总的看来力度并不算大，改革的重点主要停留在思想观念的更新层面，未能触动部民制这一贵族保守势力的社会基础。圣德太子的改革并不是深度的社会制度改革，只能说是没有完成的限于上层统治阶层的改良，不过还是为此后的大化改新预备了一定的思想基础和部分客观条件。

二、大化改新及其教育改革

645 年，革新派中大兄皇子（626—671）、中臣镰足（614—669）等人刺杀了保守派重臣苏我入鹿并迫使其父苏我虾夷自杀，拥孝德天皇（约 596—654）即位，史称乙巳之变。政变后形成了以孝德天皇为首、中大兄为皇太子、中臣镰足为内臣、僧旻和高向玄理为国博士的新的领导集体。新朝改年号为大化，并迁都大阪（时称难波）。

646 年，孝德天皇颁布《改新之诏》，主要宗旨是废除原有的大贵族钳制天皇、垄断国家政权的体制，以唐代律令制度为样本，规定了天皇中央集权的封建国家体制，形成了类似中国唐朝模式的政治、经济、文化体制。

《改新之诏》只是大化改新的开始。668 年，日本第一部成文法《近江令》进一步确定了大化改新的成果。《近江令》以中国唐代的《贞观令》为样板，在日本开启了以"令"为名的古代法律文本史。[①] 日本在教育方面也学习唐代制度，在中央设立"大学"，并设"大学头"（校长）和"学识头"（教务长）。进入大学学习的贵族子弟都被称为博士学生。[②]

---

①　在《近江令》颁发之后编成的《日本书纪》等古文献并没有记载颁布《近江令》一事，且至今难觅《近江令》原文，所以有学者怀疑《近江令》存在的真实性。但《大宝律令》的出现也一定程度上表明了它存在的可能性。

②　滕大春、姜文闵：《外国教育通史》第二卷，375 页，济南，山东教育出版社，1989。

672年，日本发生了保守势力反对改革的壬申之乱，结果改革势力获胜，中央集权进一步得到强化。681年，天武天皇着手制定《飞鸟净御原令》，689年该令正式施行，以国、郡、里为主的地方行政体系也更加完备。而在《改新之诏》发布后的大约半个世纪中，日本曾6次派遣交流人员到中国进行学习，推动了日本教育的不断进步。

飞鸟时代后期日本社会改革的重要历史事件，是701年《大宝律令》的编成。① 《大宝律令》包括"律"六卷、"令"十一卷。所谓"律"，是关于刑罚的规定；"令"则是关于官制和其他行政方面的规定，其中就包括"学令"。《大宝律令》成为当时日本建立新教育秩序和制度的法律依据。除了"学令"外，其他如"选叙令""职员令""考课令""医疾令"等也涉及教育方面的规定。

《大宝律令》规定，在京城设立中央"式部省"(人事部门)管辖的"大学寮"，在地方各"国"设立各地管辖的"国学"学校。② 大学寮既是大学，也兼具行政功能。负责人为大学头。大学头管理下属官员、教官和学生等全部事务，主持每年两次祭祀孔子的释典仪式，等等。大学头下设次官"大学助"、判官"大学允"(大允、少允)，以及"大属""少属"，协助大学头管理学生、掌管大学行政工作和教学活动。

教学方面，《大宝律令》规定有秀才、明经、进士三科，但实际上只设有明经、算学两个主科。进行日常教学工作的教官规定为9人，包括"明经博士"1人，"助教""音博士""书博士""算博士"各2人；明经博士和助教负责明经科"经学"的讲授和学生的考核，音博士教授汉字的发音，书博士教授汉字的写法，算博士教授"算学"。因为当时日本没有自己的文字，所以汉字的

---

① 《大宝律令》今已不存。以下关于该律令的内容，参考了众多日文资料和中文著作，如《日本教育史资料》(文部省，1892)、《日本教育史基本文献：史料丛书》(寺崎昌男，1992)、《外国教育通史》(滕大春等，1989)、《外国古代教育史》(曹孚等，1981)等。

② 日语"大学寮"可译为"大学"，系参照隋唐的太学设立；作为古代日本的地方行政单位"国"，其学校称"国学"，名称上与隋唐的地方学校不同。

读和写是入门课程，明经和算学才是高一级的专门学科。

明经是主要学科，教科书就是来自中国的经典。这些经典被分为小经、中经、大经三类：小经有《周易》《尚书》，中经有《毛诗》《周礼》《仪礼》等，大经则有《礼记》和《春秋左氏传》，此外还有《论语》和《孝经》。这些典籍的版本也是有明确规定的：《周易》用郑玄和王弼的注本，《尚书》和《孝经》用孔安国、郑玄的注本，三礼和《毛诗》用郑玄的注本，《左传》用服虔和杜预的注本，《论语》用郑玄、何晏的注本，等等。

算学作为大学寮的专门学科，教材是《孙子算经》《五曹算经》《九章算术》《海岛算经》《缀术》《周髀算经》等，选学其一即可。专攻算学的学生称"算生"，定员 30 名。

《大宝律令》在大学寮入学、教学、考核、毕业等方面规定十分严格。入学年龄要求 13~16 岁；入学资格按学生家长的官位①高低严格区分：前五等级的高官子孙和东西史部的弟子可以无条件入学；严格控制六位及以下官员子弟的入学人数，入学须经申请批准；庶民子弟不得入学。入学后学生先学习认识汉字，熟悉其发音和写法后再阅读经典、学习经义以及计算。每十天组织一次小考，考后休息一天；每年 7 月举行一次大考，大考即考问明经课经典学习内容中的八个问题，即大义八条（答对六条及以上的考生成绩为上等，答对五条和四条者成绩为中等，只答对三条或以下者成绩为下等），对学习不好的学生可以体罚；如果连续三年大考成绩均为下等，或连续九年学无所成，则会被退学；对不尊师道，或正常假期之外缺课百日以上的，也会劝退。大学寮无固定的修学年限，学生能够学成上述大经和中经中的任何两种，即可毕业，有的可由朝廷委以官职。此时，大学寮教育的目的是为朝廷培养具有一定文化水平的官吏。因此，大学寮不仅不向学生收取学费，而且学生可以免服杂役、免征庸调税。这种由大学寮向太政官推举当官的毕业学生叫

① 《大宝律令》废除冠位制（冠位十二阶等）、施行位记制。官位数字越小，层级越高。

作"举人",高于地方学校向上推荐的"贡生"。

《大宝律令》不仅规定在朝廷所在地设立大学寮,而且还规定设立"典药寮""阴阳寮"和"雅学寮"。这些机构分属"宫内省""中务省"和"治部省"管辖。这些机构不仅提供朝廷所需要的医疗、历法、乐舞等各项服务,而且进行医学药学、天文历法、文武各类音乐舞蹈等方面的教育,培养并向朝廷提供各种技术人才。

《大宝律令》将全国划分为60多个大的地方行政区域,称为"国",其长官为"国司",由中央直接任命。"国"之下设"郡",由"郡司"主政。"国学"就是由地方行政掌控的地方学校。一般一国设置一所国学。国学以地方上层人士特别是国司、郡司的子弟为主要培养对象。招生定额,因各国人口、面积的不同而不同:大国的国学招生定额为50人,中等规模的定额为30人,小国的定额为20人,由六国合办的太宰府府学定额为240人。在学生人数不足的情况下,也可选择庶民子弟中的优秀者入学深造。国学也以明经为主,教师被称为国博士,太宰府府学中的教师被称为太宰博士;进行医药学教学的教师被称为医师。这些地方学校在学科设置、课程安排、考试方法等方面都学习大学寮,唯所存经典的数量和教授的水平可能不及大学寮。地方学校也可以向地方长官和中央朝廷推荐优秀毕业生,考核合格后亦可委以官职。

综上所述,《大宝律令》的颁布成为飞鸟时代后期巩固大化改新成果的重要事件。其中的"学令"对于大学寮及国学、太宰府府学的种种规定是相对系统的,形成了从中央到地方的国家学制和教学制度的雏形,在日本教育史上具有开创性、基础性的意义。但我们从中也看到了各类学校的阶级性,一般民众基本上被排除在此一学校系统之外,且学校以文科儒学教育为主,对实用学科及实际技能的培养重视不足。这实际上也是大学寮及地方学校兴办后遭到冷遇的原因之一。地方上的国学更是因为教材、师资的不足以及学生来源的限制,变得有名无实;只有太宰府府学因为与中国的联系较早、较多,文化底蕴较为深厚，所以受到学生的欢迎。不少外地学者和学生慕名而去，以至于太宰府府学成为当时日本学术的中心。

第三节　奈良时代与平安时代的教育

日本历史上的奈良时代和平安时代，历时近五个世纪。这一时期中国唐朝也由极度繁盛渐渐转向衰落，日本对中国亦由全面跟随逐渐转向疏离。正是这种跟随和疏离，为日本社会的迅速进步并逐渐形成不同于中国的、具有自己特色的封建制度和文化教育创造了历史机遇和条件。

一、奈良时代日本的社会与文化

《大宝律令》的颁行第一次建立并有力推进了日本律令政治；中国的兴盛则一直吸引着日本的目光，模仿唐风一时成为风尚。就都城而言，此前日本的都城都是随着天皇所在地的改变而变换的，而此时日本深感唐都长安所显示的赫赫国威，于是也依据堪舆之说，着手仿照长安建造新的都城。几经波折，日本终于在710年建造了平城京，并迁都于此，开始了日本历史上的奈良时代。

奈良时代的日本承续《大宝律令》之定制，继承大化改新之精神，社会生产力获得了一定程度的解放；政治上天皇大权在握，与大化改新的功臣中臣镰足家族（赐姓藤原）交好；经济上继续贯彻大化改新提出的班田制和租庸调制等；外交方面则进入与中国交往的鼎盛时期，促进了农业、手工业和商业的发展，文化教育事业也获得多方面的进步。具体来说，奈良时代社会文化中的以下方面显著影响了文化教育的发展。

一是大规模派遣遣唐使，全力学习中国。

奈良时代派遣遣唐使不仅次数多，而且目的明确，就是学习中国文化，而不是像此前那样多数是为了军事或经济的谈判。奈良时代派遣遣唐使的另一个特点是规模大，如717年和733年的两次，赴唐人数分别是557和594，其他几次也是二百多人或一百多人。赴唐人员中，除了官员、水手等约占半数之外，其余都是各种技艺人才和学问僧、留学生，如医师、画师、乐师、译语、史生，以及木工、铸工、锻工、玉工等各行工匠，甚至还有射手、围棋手等。有的留学僧、留学生长期留在中国，回日本时也往往是随同使团回国。这些人能够随船赴唐，也是经过选择和考核的，以保证能尽快吸收新的知识。他们中的不少杰出人才，如阿倍仲麻吕(约698—770，汉名晁衡)、吉备真备(693—775)，以及后来的橘伊势(约782—842)、最澄(767—822)、空海(774—835)等，有的不仅在中国考取了功名，而且带回大量的汉籍。回国后，他们有的在朝廷担任要职，有的著书立说介绍中国文化，有的招徒讲学、兴办私塾。凡此，对于促进日本大学寮及国学的完善，推动日本民间教育、佛教教育的发展起到了重要的作用。

二是佛教受到极大重视，得以广泛传播。

佛教在这一时期也趋于鼎盛。对于佛教的推崇，一方面是不断派遣僧人前往中国寺院深造并搜集文献资料，学成回国后弘扬佛教；另一方面是邀请中国高僧前往日本传道授业。例如，鉴真和尚(688—763)就是接受日本留学僧的邀请赴日弘法的。鉴真受到天皇的高度重视和佛教界的热烈欢迎。他们委托鉴真制定受戒制度，在奈良的东大寺专门为鉴真修建讲学场所以培养和训练佛教僧人。756年，鉴真被封为"大僧都"，统领所有僧尼。天皇表达了对鉴真的高度信任和推崇。鉴真也不负众望，在日本传道十年，并于759年在奈良建成唐招提寺。该寺成为当时日本佛教教徒的最高学府，而鉴真也成为日本佛教律宗的始祖。像鉴真这样赴日传播佛教的唐代高僧还有很多，他们为日本佛教教育的发展做出了很大的贡献。

随着佛教在日本的广泛传播，佛教经典被大量引入日本，与佛教相关的建筑、音乐、美术、雕塑等也极大地提升了日本的文化品位，特别是寺庙增加，各方面设施也更加成熟。当时日本在全国广建寺庙，鼓励创作佛像、壁画等。例如，圣武天皇建立的东大寺有68所分寺。作为这些分寺的总寺院，东大寺又被称大华严寺。寺中的奈良大佛成为唐代艺术东传日本的众多成果之一，也成为奈良佛教教育的重要标志。

三是学术和艺术繁荣，成果迭出。

奈良时代各门学术的高度发展和文学艺术的繁荣，带动了各种专门教育的发展和进步。例如，著名的小说体文学作品《古事记》于712年编成，是日本最早的书面文学的代表作品；著名的地方志文献《风土记》于713年开始编辑，后历时约20年完成；著名的历史编年体著作《日本书纪》也于720年完工。此外，751年出现了日本的第一部汉诗集《怀风藻》，奈良后期又出现了最早的和歌总集《万叶集》。当时日本还未创造出假名文字，所以这一时期的著作都是借助汉字写成的，唯《万叶集》在文字上有所创新。736年，唐代音乐家皇甫东朝到达日本后被敕封为"雅乐员外助"，极大地提升了雅乐寮的舞乐水平。另外，书法、绘画、印刷、制镜、漂染等技艺都大量吸收了中华文明成果，甚至在吃穿住行、时令节气、起居习惯等方面都受到了"唐风"的影响。这些也都影响了奈良时代教育的发展。

此外，奈良时代重视农耕水利，鼓励垦荒拓土，促进了社会的稳定和繁荣，为教育的进步准备了较好的客观条件。

二、奈良时代日本教育的特点

奈良时代的教育是在《大宝律令》中"学令"规定的基础上发展起来的。具体来说，这一时期的教育制度延续了飞鸟时代所确立的大学寮、国学的贵族教育体系，不过也形成了自己的特点。

718 年制定的《养老律令》①依据《大宝律令》修订而成。其中,"学令"共二十二条,相较于《大宝律令》,增加了对教师的录用和考核(第一、十四、十条)、学生束脩(学费)的分配方式(第四条)、学生中优秀者的破例推荐(第十二条)、对学生的优待保护(第十七、十九、二十条)、学生的实习观摩活动(第二十一条)等内容。

721 年的天皇诏书提出:"文人、武士,国家所重。医卜、方术,古今斯崇。宜擢于百僚之内。优游学业,堪为师范者,特加赏赐,劝励后生。"②可见奈良时代对于知识和人才还是比较尊重的。奈良时代对于大学寮等教育机构的资助也有增加,757 年的敕文指出:

> 安上治民,莫善于礼。移风易俗,莫善于乐。礼乐所兴,惟在二寮。门徒所苦,但衣与食。亦是天文、阴阳、历筭、医针等学,国家所要。并置公廨之田,应用诸生供给。大学寮卅町,雅乐寮十町,阴阳寮十町,内药司八町,典药寮十町。
>
> 治国大纲,在文与武。废一不可。言著前经,向来放敕,为劝文才,随职闲要,量置公田。但至修武,未有处分。今故六卫置射骑田,每年季冬,宜试优劣,以给超群,令兴武艺。卫府卅町,卫门府、左右卫士府、左右兵卫府各十町。③

上述敕文文武教育并重,都将其作为国家要事给予资助。资助方法也是参照唐朝的做法,给予田地。文的方面是设置"公廨之田",用于学生供给;

---

① 《养老律令》于 718 年开始起草,时为天皇养老二年,故名。该律令于奈良时代的中期正式施行,直到明治维新时代才废止,延续了一千多年。《养老律令》作为日本古代的基本法令之一,包括律、令各 10 卷。其规定的政治、经济、文化教育制度,初步形成体系,标志着日本已成为封建法制较完备的国家。

② 《续日本纪》卷八,养老五年正月条。

③ 《续日本纪》卷二十,天平宝字元年八月条。

武的方面是设置"射骑田",用于六个卫府的修武、兴武支出。在各类教育机构中,大学寮得到了比其他机构更多的资助。757年的一份敕文批评了地方国学中的不正之风,并对各类师资学习的经典、尊师措施和意义等做出了明确规定:

> 如闻:"顷年,诸国博士、医师,多非其才,托请得选。"非唯损政,亦无益民。自今已后,不得更然。其须讲经生者,三经;传生者,三史;医生者,太素、甲乙、脉经、本草;针生者,素问、针经、明堂、脉决;天文生者,天官书、汉晋天文志、三色薄赞、韩杨要集;阴阳生者,周易、新撰阴阳书、黄帝金匮、五行大义;历算生者,汉晋律历志、大衍历议、九章、六章、周髀、定天论,并应任用。被任之后,所给公廨一年之分,必应令送本受业师。如此,则有尊师之道终行,教资之业永继。国家良政,莫要于兹。宜告所司,早令施行。①

奈良时代后期还曾改革大学寮课程。730年新设文章、明法两科,前者主要是指导学习《史记》《汉书》《后汉书》《文选》等,后者则学习和钻研律令方面的知识。这样,原来的四科就改成了明经(研究经书)、文章、明法和算学。其中,文章科的设立并非仿唐制,而是根据培养日本朝廷官员的需要创设的,地位低于明经科。739年奖励优秀学生,给予衣食补助。757年,为大学寮设"劝学田",作为大学寮各项开支的财源。792年,桓武天皇给大学寮的教官定"职田";后又多次给大学寮增拨劝学田。② 著名学者吉备真备留学多年,

---

① 《续日本纪》卷二十,天平宝字元年十一月条。

② 杨孔炽:《日本教育现代化的历史基础》,33~34页,福州,福建教育出版社,1998;王桂:《日本教育史》,37页,长春,吉林教育出版社,1987。

回日本时,带回了大量汉文经典;担任大学助的时候,他在大学寮中增设了音韵学方面的课程;担任九州的太宰大贰的时候,他亲自讲授《孙子兵法》《吴子兵法》等。①

除了大学寮和地方的国学之外,奈良时代日本的私人办学也有所发展,出现官立学校、私塾、家学并存的局面。学者的私塾、家庭的私学在飞鸟时代就已出现,并得到圣德太子的支持。到了奈良时代,更多的学者,特别是从唐朝留学归来的留学僧、留学生等加入了私人办学的行列。例如,730年太政官曾就尽快培养专业急需人才,向天皇提议并鼓励学者开办私人教育(学生待遇同大学寮学生),得到天皇的批准:

三月辛亥,太政官奏称:"大学生徒,既经岁月,习业庸浅,犹难博达。实是家道困穷,无物资给。虽有好学,不堪遂志。望请,选性识聪惠、艺业优长者十人以下五人以上,专精学问,以加善诱。仍赐夏、冬服并食料。又阴阳、医术及七曜、颁历等类,国家要道,不得废阙。但见诸博士,年齿衰老,若不教授,恐致绝业。望仰,吉田连宜、大津连首、御立连清道、难波连吉成、山口忌寸田主、私部首石村、志斐连三田次等七人,各取弟子将令习业。其时服、食料,亦准大学生。其生徒,阴阳、医术各三人,曜历各二人。又诸蕃、异域,风俗不同,若无译语,难以通事。仍仰粟田朝臣马养、播磨直乙安、阳胡史真身、秦忌寸朝元、文元贞等五人,各取弟子二人,令习汉语者。"诏并许之。

除上述负有朝廷任务的私人教学外,更多学者以儒学和佛教教义为自办

---

① 王桂:《日本教育史》,29 页,长春,吉林教育出版社,1987;李海滨:《〈孙子兵法〉的战略智慧与管理启示》,13~16 页,北京,经济科学出版社,2009。

私塾的教学内容。社会中不能进入大学寮、国学、私塾的下层子弟，只能在家庭中接受生活知识、读写算教育，特别是手工技艺（如耕种、木工、金工、美工、女红等）的传承教育。皇室子女则多在宫廷中学习他们所需要的各种知识。有的贵族家庭还招揽学者在家中教育子女。

综上所述，奈良时代是古代日本第一次文化全面昌盛的时期，教育事业也大为进步。然而，天皇集权因内讧而逐渐削弱，经济上班田制的实施愈加困难，终于以794年迁都平安京为标志，开启了日本历史上的平安时代。

三、平安时代日本的社会与教育

平安时代因国都在平安京而得名。这一时代历时近四百年，其发展的显著特点有二。一是班田制带来的解放生产力的红利逐渐消失，民众负担逐渐加重，社会矛盾逐渐激化。民众被迫逃离班田制给予的口分田。这些口分田被另一些人所圈有，形成所谓"田堵"。田堵占有者"名主"以自己的姓名标志土地的占有权，出现了"名田"。官僚贵族等除了占有原先班田制所给予的位田、职田、功田、赐田外，更是向外拓展，占领更多的土地，形成自己的庄园。占有土地众多的人被称为"大名主"，简称"大名"。拥有土地的大名阶层成为威胁朝廷的豪强势力，天皇的权力日渐旁落。858年，藤原家族大臣藤原良房以一品大员"太政大臣"的身份辅佐9岁的清和天皇，成为非皇族血统者担任这一职务的第一人，开"摄关政治"先河。

二是在平安时代早期秉承奈良时代遗风与中国交往不断，但随后由于内乱等多方面原因，894年天皇接受学者菅原道真的提议，正式撤销派遣遣唐使的制度。也就是说，进入平安时代，日本逐步减少了对中国文化的学习，具有日本民族特点的"国风文化"日渐流行——日本字母万叶假名出现于奈良后期，此时已于贵族及僧人中普遍使用。佛学与日本传统的神道趋于结合而出现"本地垂迹说"等思想。文学艺术中则有本土诗歌和歌的流行，如905年印行著名的《古今和歌集》。《伊势物语》《竹取物语》《土佐日记》等文学作品出现。11世纪初完成的《源氏物语》成为日本古典长篇文学的经典。此外，在史学、美术、音乐、书法等文化领域也出现了不少本土学者和相关著作。凡此，本土化的程度在文化领域日益加深，这必然带动日本教育发生新的变化。

平安时代早期的大学寮和国学继承奈良时代的传统，继续得到朝廷的支持，如不收学费，并为学生提供食宿；为教师提供职田；多次对大学寮增拨"劝学田"，由20町增加到120町；建于皇宫南门附近的大学寮新舍规模庞大，不仅有本寮和孔庙，而且明经、文章、明法、算学各科还有各自的学堂。806年和824年，朝廷又要求和鼓励五位以上官吏的子孙入大学寮。随着平安时代前期汉文的流行，文章在大学寮的地位逐步提高，甚至超过了明经。[1]

大学寮的衰落是从9世纪后期逐渐开始的。[2] 从其本身看，大学寮只收八位以上特别是五位以上官僚的子弟入学，这就极大地限制了学生来源。另外，从大学寮毕业的学生经过式部省的任官考试后，合格者最多只能被授予"正八位"官位，而根据"荫位制度"（实质上的世袭制度），五位以上官僚的子弟即使不上大学寮学习，也可因父亲的地位而获得"从八位"的官位。通过大学寮（特别是明经）获得官位的希望也越来越小，因此贵族子弟进大学寮学习的积极性并不高，学生人数达不到定额（400名）是常见的现象。再者，在政治方面，9世纪后期，藤原氏专权，大学寮培养官吏的职能进一步丧失。大学寮的劝学田也逐渐被豪族侵吞，致使学校财源枯竭。

大学寮衰落的文化背景，是与中国联系减少乃至停止而导致的唐风文化的衰落。假名的出现带来了和歌和故事的兴起。这些和歌和故事逐渐在上层官吏贵族中流行，以至于胜过了汉诗和汉文，以汉典特别是训诂性质的汉唐经学为主要学习内容的大学寮逐渐受到冷遇就是必然的了。

---

① 杨孔炽：《日本教育现代化的历史基础》，34页，福州，福建教育出版社，1998。
② 杨孔炽：《日本教育现代化的历史基础》，34~35页，福州，福建教育出版社，1998。

在大学寮衰落的同时，私学逐渐发展起来。开始时，一些达官贵族为方便本族子弟在京城的大学寮就学，在大学寮附近设立宿舍，一般称"曹司"。其中建于大学寮校园内的称"直曹"，建于大学寮外的称"别曹"。这些宿舍后来也兼作学生入大学寮的预备性学习机构。随着大学寮的衰落，达官贵族将这类机构改成学舍，另取专门的名称，聘请本族学者或大学寮的博士为教师，以培养本族子弟成为官吏、增强本族势力。当时著名的私学有"直曹"转变的文章院，由"别曹"转变的弘文院（和气广世 782 年创办）、劝学院（藤原冬嗣821 年创办）、奖学院（在原行平 881 年创办）、学馆院（橘氏公 9 世纪前期创办）。此外，一些历代都有族人在大学寮担任博士（教官）的家族也在自宅收徒讲学。这类专为本家族贵族青年办私学的做法是过去所没有的。1177 年的一场大火将大学寮化为灰烬；后来除劝学院得以重建外，其他几所私学一蹶不振。此时已是平安时代后期，战乱纷起，学术荒废，贵族学校制度走向衰微。继承奈良时代私学之风并侧重于吸收平民入学的只有少数佛教寺院中培养僧侣的机构，如最澄在比睿山设的道场和空海主持的综艺种智院。

综上所述，奈良时代和平安时代日本的学校教育主要是围绕着贵族阶层展开的。这一时期日本大量吸收并消化中国隋唐文化，引进了儒学教育并使之在日本扎下根来；后来一定程度上脱离中国文化的影响，自行发展本土教育。同时，学校管理经验日渐丰富，从汉字到假名的教学，到各种经典和技艺的教学经验也有了积累，为此后的教育发展打下了基础。此外，在狭隘的贵族教育之外的佛教平民教育的萌芽（如综艺种智院）虽然是后来教育对象向下拓展的先声，但从整体上看，此时的非官方教育机构的发展还只是处于起步阶段。

第四节 镰仓时代至战国时代的教育

日本历史上的镰仓时代至战国时代，包括了镰仓时代（1192—1333）、南北朝时代（1333—1392）、室町时代（1338—1573）、安土桃山时代（1573—1603）四大时期，历时约四百年。战国时代主要指室町幕府后期到安土桃山时代的一百多年。上述时代有一些共同特点。一是政治上的"武家政治"也称"幕府政治"确立，天皇大权旁落，形同虚设；武士成为社会上层的主流，大权在握。二是独特的日本武士道文化萌芽，它是以日本本土文化为主，并与儒家文化、佛教文化相结合的产物。三是社会局势不稳定，各派争斗不断；日本武家封建政治和武士文化此时虽然处于上升阶段，但并不成熟。

镰仓时代之所以逐渐出现了武士阶层，最初是因为在平安时代中后期，大名阶层及其占有的庄园土地需要保护。及至后来，一些大名积极对外扩张，以图占有更多的土地，武士的战斗属性愈加突出，许多大名本身就是武士。由此，武士阶层成为国家实权的掌握者，登上了日本的政治舞台。武士的培养与教育问题也就必然成为这一时期日本教育的主要内容。

一、镰仓时代至室町时代前期的日本武士教育

镰仓时代至室町时代前期，历时约二百年。1192 年，源赖朝（1147—1199）开始担任征夷大将军，以此为标志开启了镰仓时代的大幕。大将军的指挥所是幕帐，源赖朝在地势险要的镰仓建立的据点也就被称为"镰仓幕府"。它与位于京都的中央朝廷遥相对立，实际上控制了国家大局。

源赖朝作为武士的领袖人物征战多年，具有率领、管理和教育武士的丰富经验。为巩固和扩大自己的统治，源赖朝积极进行政权建设。这方面的突出成果之一，是 1232 年发布的由幕府公文所第三代"执权"（负责人）起草的

《御成败式目》35 条法令（后经历次修改增为 51 条），史称《贞永式目》。它是日本历史上首部具有日本特色的独创法律，也是当时与日本朝廷的律令（"公家法"）大不相同的"本所法"，通行于幕府势力之内的地区，后来也扩展至全国，影响深远。它既是当权的镰仓幕府维护封建统治秩序的国家性法令，也是规定"武家之习、民间之法"的重要教育文献。例如，要求各级武士诚心祭祖，崇敬佛教，严守职责，向公背私，知法遵法，特别讲求主从之间、父子之间的忠、孝之道。另外，武士之间不得相互诽谤，相互干涉，等等，否则会被严加惩处。①

镰仓时代的编年体史书《吾妻镜》②记载了源赖朝对近卫的三项要求：①必须是世代为武的亲信勇士；②必须是弓马之技精湛者；③必须是容貌诚实者。可见除政治和道德上的要求外，就是武艺上的要求了，这实际上也是对征战沙场的武士的基本要求。《北条五代记》也指出："武道弓马乃武家必备之本领也。"③当时武士教育比较忽视文化及政务知识，只重道德与武艺，这也是武士教育区别于贵族教育的基本特征。

不过，当权的武士不久就意识到了处理政务及社会交往中文化修养的必要性。源赖朝也不隐讳自己"适禀武器之家，虽运军旅之功，久住远国，未知公务"④，注重招贤纳士。1284 年，镰仓幕府重修的新式目规定"要设置学问所"，以培养人才，开幕府设校的先河。日本学者认为，镰仓幕府及其后武家的学问所，是江户时代著名的昌平坂学问所和藩校的起源。⑤

---

① 杨孔炽：《日本教育现代化的历史基础》，38 页，福州，福建教育出版社，1998。
② "吾妻"是日本古代逢坂关以东诸国的总称，这里指代镰仓幕府；"镜"是以史为鉴的意思。故此书又称《东鉴》。该书日记体，作者不详；记述的内容从 1180 年开始，到 1266 年为止。该书除了采纳幕府的部分官方记录以外，还大量引用《明月记》等日记及古代文书的内容。它是日本最早的武家活动记录，亦是研究镰仓时代的基本史料之一。
③ 王桂：《日本教育史》，49 页，长春，吉林教育出版社，1987。
④ 《吾妻镜》文治二年四月三十日条。
⑤ 杨孔炽：《日本教育现代化的历史基础》，39 页，福州，福建教育出版社，1998。

二、室町时代及战国时代的日本武士教育

室町时代的武家幕府是足利尊氏在京都室町建立的武家政权，亦称室町幕府，权倾一时。到了室町时代中期，各地大名互相征伐，积极扩大各自的势力，不再听从幕府号令；皇室、京都贵族、寺院宗教势力以及幕府内部各种势力的争斗也日趋白热化，最后酿成武装割据百余年的政治局面。以 1467 年"应仁之乱"的发生为标志，日本进入了大名混战的战国时代。

虽然战乱持续百余年，但是各地大名统治者为了保证战时对经济力量的需求，注意鼓励内外通商，发展农业和手工技艺；也十分注意从文武两方面对武士进行训导、教育，以不断壮大自己的势力。大约从南北朝时代起，有实力的武家也开始在自宅设立学问所。足利义政 1451 年在京都北小路的家中设立学问所，丰臣秀吉在伏见桃山城内设立的学问所（与茶室兼用），就是武家自设学问所的突出例子。武家学问所不仅像日本皇室、宫廷和寺院那样注意书籍的收藏，而且内部也有教师与学生的教学活动。还有不少注重学问的武家当权人在自宅或其他地方设立文库（图书馆），这成为武家文教活动的重要方面。当时比较有名的文库有三善康信（1140—1221）设立的名越文库，佐介时盛设立的松谷文库，以及二阶堂行藤等人设立的文库。北条实时（1224—1276）1247 年设立的金泽文库建于金泽的称名寺，寺内后来又设立了金泽学校。

值得注意的是，室町时代的足利学校作为武家战乱时代日本教育的中心，是日本教育史的重要教育遗产。学校的创始人足利义兼（约 1154—1199）戎马一生，晚年出家后，在自己的领地足利町建立寺院并设置讲书场所，这成为足利学校的开端。据此推断，该校大约是 12 世纪后期建立起来的武家私立家族学校。当时的教学内容是儒佛兼习，其中儒学教育仍以汉唐旧注为主。在 14 世纪的日本南北朝时代，学校一度衰落。及至 15 世纪，上杉宪实向足利学

校赠献了儒家典籍和田地，并亲自置订了《足利学校置五经疏本条目》来保护古籍和学问，此外还设立了供学徒休养的病房。这一时期，足利学校已转变为专攻汉学的学府。1446年的《校规三条》中，第一条就规定，除"三注"(《千字文集注》《古注蒙求》《胡曾诗注》)、"四书"、"五经"、《列子》、《庄子》、《老子》、《史记》、《文选》之外，其他一律禁讲。藏书中中国学者的新作如《周易传》《易学启蒙通释》《书经集注》《礼记集说》等大有增加，《诗经》《论语》的旧注本上也增加了新注，表明了学风的转变。足利学校汉学教育的重点逐渐移向兵学和《易》学。高僧快元1439年出任庠主后，更是使该校成为日本的《易》学中心。战乱时代，武士特别重视作战方略，需要通过占卜预测吉凶，这是《易》学流行的主要原因。从足利学校出来的学生，大多服务于武将的军事活动，如行占筮、讲兵书、观战阵等，成为军事参谋。另一些学生则是回到故乡为师授徒，使足利学校"具有了教员养成所的作用"①。由于这些新特征，足利学校受到了武士的广泛欢迎，各地武家青年来此求学者络绎不绝。镰仓时代以后武家的家庭教育，特别是上层武士的家庭教育，也为江户时代留下了丰富的遗产。②

三、镰仓时代至战国时代的家庭教育

镰仓时代至战国时代的教育，一方面是以大学寮为代表的贵族教育衰落，另一方面是武士教育的兴起，其典型是学问所和足利学校的兴盛。同时，无论是武士家庭还是贵族皇室，乃至一般民众，对于家庭教育都是十分重视的。特别是中上层社会的家庭，大多以武士的养成作为目标，按武士的标准严格要求子弟。这样，子弟不仅能为家庭争光，而且能为整个家族及其所在的武士集团做出贡献。特别是男孩作为未来的武士，对其基本素质的培育更为人

---

① 乙竹岩造：《近世教育史》，99页，东京，培风馆，1952。
② 杨孔炽：《日本教育现代化的历史基础》，41页，福州，福建教育出版社，1998。

们所关注。

家庭教育可以说是从胎教开始的。例如,15 世纪出现的《世镜抄》就提出男女结婚时心平气和的重要性,认为这样未来的孩子才能"正直而辨别是非、健康而寿命延长、运气好而扬名于世"①。在日常生活方面也要注意营养的供给,主张从年幼起,男孩应一日多餐,多食鱼、鸟,以增强体力,从而养成坚强果敢的品质。

学习要有端正严肃的态度、适当的顺序。一般 7 岁时举行"开始读书""开始习字"的仪式,此后才有"开始着铠""开始弯弓""开始骑马"的仪式。这些仪式能增加学习的严肃性,有利于培养学生严肃正确的学习态度。与此相关,当时的家庭教育强调跟随良师学习;游戏应有男女之别,少儿故事也应注意相关的教导。

七八岁以后的武家少年,需要学习的文武两方面的内容日益增多。一方面,要注重在活动中获得训练,如让少年们使用玩具式的弓、箭、刀,模拟作战。双方摆开"战场",在游戏中增加争斗性、冒险性的项目。为了培养杰出的武士,也常常进行近乎野蛮的实际锻炼。另一方面,为了获得较高的修养,少年们还要学习和歌、连歌、鞠、围棋、将棋、双六棋、乐器等,还有计算、医术、炊事、仪容装饰、工艺等日常生活中和战场上所不可缺少的知识。众多学习内容也使 11—13 岁被认为是武家少年最为紧张的学习阶段。不仅如此,少年们还要随时随地接受道德、纪律的劝告或批评。这一阶段家长对孩子的教育也是最为操心的。②

在学习材料方面,虽然有《猿蟹合战》《桃太郎》等 16 世纪末或 17 世纪初出现的儿童读物,但主要还是"家训"之类的家庭训导材料。镰仓时代至战国时代的武家家训中,最早的是镰仓中期的《北条重时家训》,共 43 条。这一时

---

① 梅根悟:《世界教育史大系》第 1 卷,65 页,东京,讲谈社,1976。
② 杨孔炽:《日本教育现代化的历史基础》,42 页,福州,福建教育出版社,1998。

期的武家家训以日常规范为主；后期的家训中宗教色彩较为浓厚，但政治的因素日趋消失，如 14 世纪末斯波义将（1350—1410）的家训《竹马抄》，类似的家训还有今川贞世（1325—1420）的《今川状》、战国时代北条早云（1432—1519）的《早云寺殿二十一条》等。它们既是教育武家少年的材料，更是维护武家统治的思想工具。①

四、镰仓时代至战国时代的佛教教育

如前所述，佛教自圣德太子改革之后就逐渐在意识形态领域居于优势的地位。进入镰仓时代，佛教在政治上更因提倡"兴禅护国"而进一步得到统治者垂青。此外，禅宗、净土宗、净土真宗等佛教新派修行方式变得简约化、大众化，深得武士和平民的青睐。因此，在兵荒马乱、文教衰微的战国时代，佛教寺院成为学术重镇以及下级武士和平民子弟的文化殿堂。镰仓时代著名的寺院有"镰仓五山"，室町时代有"京都五山"。② 这些寺院既是学者云集之处，也是求学者的"学校"。不仅如此，即使一般的寺院也都成为下级武士和平民的文化殿堂。其与武家学问所、文库及武家学校等教育机构的最大的不同之处是扩大了教育对象的范围，主要面向社会的基层武士，成为江户时代平民教育的先声。③ 不过，那时求学于寺院的子弟中，平民子弟仍然只占极少数，大多数仍是武家子弟。

儿童入寺学习，一般是十岁左右。因寺庙大多建于山上，所以入寺被称为"登山"。《世镜抄》记载了寺院每日的课程安排：

---

① 杨孔炽：《日本教育现代化的历史基础》，43 页，福州，福建教育出版社，1998。

② "镰仓五山"即建长寺、圆觉寺、寿福寺、净智寺、净妙寺；室町"京都五山"即建于京都的南禅寺、天龙寺、相国寺、建仁寺、东福寺。

③ 此类面向平民儿童的寺院教学机构，在 17 世纪的日本江户时代被称为"寺子屋"。镰仓至战国时代尚无"寺子屋"这一名称。

  上午：1. 看经，卯时至辰时。

     2. 写字，巳时至午时。

  下午：3. 读书，午时至未时。

     4. 游戏，申时至酉时。

  晚上：5. 和歌、人情事理、故事、笛箫、管弦、乐器等活动，

     酉时至戌时。①

  从这种安排可以看出，寺院的学生学习佛学或儒学经典（"看经"）的时间只占很少的部分，写字和读书是每天活动的主体，并混杂其他方面的学习活动。这反映出佛教教育以世俗性的文化修养为主导的性质。

  无论在寺院还是在家里，儿童的文字学习都是从假名开始的。11 世纪中期出现的《いろは歌》②是当时流行的学习假名的材料；此后就是学习和歌《なにわづ》和《あさか山》③。14 世纪末，开始有数字教材出现。往往是大小写的中国数字和日本平假名、片假名写在一起。学习了假名和数字之后，就是学习汉字。学习汉字的教材多种多样，例如南北朝时代的《拾要抄》、平安时代的《伊吕波歌》及《琐玉集》。

  儿童进一步学习所使用的材料就是往来物了。"所谓往来物，就是书信集，它是收集取材于武家日常生活的书信作为写字的范本和读本的书籍。"④往来物是"使用日汉混淆文体写的（也有的是纯粹的汉文体）。它集中了若干组往返两封的信件，作为范文乃至标准文，而具有了教科书的形式"⑤。迄今所知的最早的往来物，一般认为是 11 世纪后期（平安后期）的学者藤原明衡

---

  ① 梅根悟：《世界教育史大系》第 1 卷，83~84 页，东京，讲谈社，1976。

  ② 《いろは歌》是用 47 个假名翻译出来的《涅槃经》中的一段短文。

  ③ 《なにわづ》和《あさか山》是按五、七、五、七、七音节数的格式写成的，以其起句"**なにわづ**"和"**あさか山**"为名称。

  ④ 海后宗臣：《日本教育小史》，56 页，东京，讲谈社，1978。

  ⑤ 石川松太郎语，引自梅根悟：《世界教育史大系》第 1 卷，37 页，东京，讲谈社，1976。

(989—1066)编撰的《明衡往来》，此外还有镰仓初期(12 世纪末)的《十二月往来》①，镰仓中期(13 世纪中期)的《垂发往来》②、《手习觉往来》③、《山密往来》④、《饮茶往来》、《应仁之乱消息》等。往来物中影响最大、使用最普遍的教材是 14 世纪中叶写成的《庭训往来》，直到 19 世纪中期还有私校采用，影响了一代又一代日本人。除此之外，还有专门编写的《童子教》《实语教》等，这些读物主要训练儿童日常生活中的良好态度。

五、镰仓时代至战国时代西方文化的传入和日本早期的教会学校

日本最早的基督教教徒是萨摩国武士弥次郎(教名保罗)。1549 年，弥次郎带领耶稣会传教士方济各·沙勿略等一行 6 人到达日本，开启了基督教——主要是天主教在日本的传教历史。此时正是日本中世后期的战国时代，耶稣会兴办各种慈善事业，赈济灾民，颇得民心。1583 年，日本大约有 200 个教堂，信徒达 15 万人以上。

在基督教的传教事业中，兴办学校历来是重要的内容和手段之一。其目的一是培养年幼的信徒，扩大影响；二是培养传教骨干，拓展传教事业。从 1550 年起的大约 30 年间，基督教的全日制初等小学仅在日本西部就有将近 200 所，入学儿童达 1 万人以上。与寺子屋类似，小学大多设于教堂。除全日制的学生外，还有劳动之余前往学习的年龄稍大的学生，他们早上做弥撒，中午或晚上学教义、听布道。因此，不少学校白天晚上都上课，平均白天 40 多人，晚上 30 多人。其受欢迎的程度，在基督教流行的地区是不亚于寺子屋的。教会小学的教学内容与当时日本学校完全不同。开始时学校开设阅读、

---

① 《十二月往来》是按月份顺序编辑的往来物，每月一封信，内容是关于本月贵族之间例行的事情及节日、聚会活动。

② 《垂发往来》是涉及寺院儿童生活、娱乐的信件。

③ 《手习觉往来》是主要谈论字典故与学习方法的信件。

④ 《山密往来》是主要谈论寺务知识的信件。

音乐、礼法等课程，以宗教教义为中心，后来逐渐增加绘画、对话、戏剧、修辞等学科。教科书除编有《教理问答书》外，还有仿照《庭训往来》编写的《贵理师端往来》等。这些书后来甚至被一些寺子屋用为教材，可见影响之大。

水平高于教会小学的是 1580 年和 1581 年先后在长崎的有马和京都的安土设立的神学校。这两所神学校主要面向上层社会子弟，授以中等程度的教育。有马的神学校 1595 年已经发展成有近百名学生的学校。神学校要求学生一律住宿、剃发，但服装及饮食起居等仍采用日本方式。神学校的课程设置较小学更为广泛。儿童大约 10 岁以前学习预备课程，此后要学一年日本语及文学，两年拉丁文法及文学，其他还有拉丁语、葡萄牙语、历史、数学，也学习风琴、长笛等乐器，学习铜版画、油画、炭笔画、水彩画、雕刻、钟表、印刷等方面的初步知识。主要的教科书有《基督教教徒子弟的教育》《拉丁文典》《圣教精华》等。

相当于高等教育程度的教会学校是 1580 年设于府内的神学院。其中自然科学类课程包括算术、几何、天文、医学等，人文类课程包括经院哲学、神学、政治、经济、世俗法律、教会法规等，此外还有语言类课程。总之，基督教在 16 世纪中期传入日本以后的半个多世纪中，已经发展出相当规模的初、中、高三级学校教育。其教学虽然注重宗教教育，但也在学校中引入了崭新的教学内容。西方的办学方式、管理办法、自然科学和人文科学知识首次直接进入日本教育实际，这在日本教育史上是划时代的事件。

中古时期的日本教育走到近代之时，既包含近世教育新因素，也保留着明显的古代教育的旧特征。一方面，"学在宫廷""学在官府"的垄断已经被打破，显示出教育发展中的进步；另一方面，寺院中的学问所和初等教学并非专门的学校，数量也不多，说明旧的东西虽然崩溃，但新的事物尚未成熟。社会文化水平一度降低也就成了必然的现象。所谓"中世黑暗现象"的评价是有一定的根据的。① 值得指出的是，基督教学校教育给相对封闭的日本社会第一次吹来了西方教育的新风；寺院中的各种教育活动面向基层，初具雏形，预备了后来日本教育发展的历史条件。

① ［日］小原国芳：《日本教育史》，吴家镇、戴景曦译，第四章，上海，商务印书馆，1935。

第十一章

中古时期撒哈拉以南非洲的教育

本章用"非洲传统教育"来指称中古时期撒哈拉以南非洲的教育。历史上，对于非洲传统教育，有着不同的描述——本土教育、沦为殖民地前的教育、非正式的教育或基于群落（共同体）的教育。基于这些描述，在本章中，非洲传统教育是指撒哈拉以南非洲地区在伊斯兰教育和西方教育（或基督教教育）传入之前普遍存在的本土教育。就尼日利亚而言，14世纪正式建立伊斯兰教育，19世纪基督教教育传入，然而，在14世纪之前以及之后，本土教育一直存在，从未消失。尼日利亚学者法贲瓦（Fafunwa）和艾希库（Aisiku）认为，如果对于伊斯兰教和基督教传入之前在非洲普遍存在的传统或本土教育体系缺乏充分的认识，那么任何对非洲教育史的研究都是不完整的或没有意义的。[①]

何为非洲传统教育？坦桑尼亚学者穆西（Mushi）将它定义为将部落传承的知识、技能、文化传统标准和价值观在部落成员中一代代传递的过程。[②] 通过口头教导和实践活动，老一辈将知识、技能和部落的观念传递给年轻一代。对于在古代和中世纪乃至近现代普遍存在于撒哈拉以南非洲地区的传统部族

---

① A. Babs Fafunwa and J.U. Aisiku, *Education in Africa: A Comparative Survey*, London, George Allen & Unwin, 1982, p.9.

② Philemon A.K. Mushi, *History of Education in Tanzania*, Dar-es-Salaam, Dar-es-Salaam University Press, 2009.

教育，如同整个传统部族文化一样，近代的西方殖民者曾长期贬低它、轻视它，认为这种教育是原始的、野蛮的、落后的，以至于试图消灭它，用西方教育取代它。但是，这种观点应该被视为西方殖民者无知的产物，体现出他们完全不理解非正规教育的固有价值。评价一种教育体系，必须依据它在特定时期满足特定社会需求的程度。因此，对于传统非洲教育的评价必须依据其自身在特定社会背景下的表现，而不是依据某些外来的尺度。显然，在伊斯兰教和基督教传入撒哈拉以南非洲前的数千年历史中，包括中世纪，非洲的传统教育在很大程度上满足了这一地区的部族社会生存和发展的需要。

第一节　撒哈拉以南非洲的社会与文化

中世纪撒哈拉以南非洲地区的教育，既存在共通性或相似性，也存在差异性或多样性。这种二元性产生于非洲部族所生活的地理环境、所经历的社会经济生活的相近与区别，也源于非洲部族在人种上的差异以及血缘上的亲疏。但不容否认，每个部落都有自己的教育体系。这个体系承担着传承部族文化，维系部族发展的功能。

一、地理环境与经济生活

（一）地理环境

撒哈拉以南非洲面积约占非洲总面积的三分之二。在如此辽阔的地理空间里，地形地貌、气候条件、资源物产等地理环境要素组合存在极大的差别。事实上，在非洲大陆可以找到地球上几乎所有的地貌和气候类别。非洲人在适应不同地理环境的过程中创造了各具特色的文化：农耕文化、畜牧文化、采集文化、狩猎文化、商业文化以及各种各样的混合文化。美国非洲裔人类学家埃利奥特·P. 斯金纳(Elliot P. Skinner)认为,"Africanity"这个词指当地习俗的多样性,它回答了关于非洲人的存在——从出现到应对日常生活等的基本问题。"这些问题的解决方式各不相同,因为某个非洲社会对应着某个环境生态学。"①也正是因为如此,作为改造自然与利用自然能力之体现的文明在非洲各个地区的发展也极不均衡。尼罗河流域于5000多年前就已建立王国,而非洲其他很多地区迟至19世纪也还未出现制度化的政治实体。美国历史学家埃里克·吉尔伯特(Erik Gilbert)和乔纳森·T. 雷诺兹(Tonathan T. Reynolds)进一步指出:"截至公元1500年,非洲史的突出特点是其多样性,非洲大陆不同部分在不同时期发生了极不相同的事情,导致了不同的结果",这种多样性也体现了非洲历史经历的复杂性,因此"与其说公元1500年之前存在单一的'非洲史',不如说存在许多不同的非洲历史沿革"②。

在正视非洲内部多样性与差异性的同时,也必须把握非洲文化的整体性与独特性。这种整体性与独特性同样部分源于非洲大陆不同于其他大陆的、异乎寻常的气候带以及独特的自然环境。美国学者哈特维希在谈到研究非洲文化发展的一般原则时指出,准确把握地理环境与热带气候条件的特点,以及这些特点对非洲文化的影响,仍是理解传统非洲文化的基本前提。③ 非洲大陆"被赤道拦腰分成对称的两半,两半的面积都很大,整个大陆呈厚实块状以及起伏状态相对整齐划一,这些因素加到一起,使非洲各气候地带具有世界上其他地方所不可比拟的特点"④。非洲大部分地区在气候上属于热带沙漠气候、热带草原气候和热带雨林气候。尽管许多地方因为地处高原,海拔较高

① [美]耶鲁·瑞奇蒙德、菲莉斯·耶斯特林:《解读非洲人》,桑蕾译,前言,北京,中国水利水电出版社,2004。

② [美]埃里克·吉尔伯特、乔纳森·T.雷诺兹:《非洲史》,黄磷译,3页,海口,海南出版社,2007。

③ 转引自刘鸿武:《非洲文化与当代发展》,43页,北京,人民出版社,2014。

④ [布基纳法索]J. 基-泽博:《非洲通史》第一卷,236页,北京,中国对外翻译出版公司,1984。

而相对凉爽，但是整体来说，95%的地区年平均气温在20℃以上。高温无冬，阳光炽烈，是撒哈拉以南非洲气候的主要特征。热带气候，再加上地理上的相对封闭性以及相同的历史际遇，造就了撒哈拉以南非洲文化的统一性与独特性。例如，由于气候高温无冬，动植物生长快速，因此如果没有其他外部威胁，"一棵树，一块布"就可以让一个人活下去，生存变得相对容易。同时，因为高温炎热，食物不易保存，所以生活在这种环境下的人习惯于分享与满足当下。

许多学者赞成非洲文化具有某种整体性与独特性。例如，历史学家尼昂认为，非洲文化发展的突出特点是其多样性，"但是这一时期（12—16世纪）也确实显示出一定的整体性，而且不止一种意见认为，这一时期正是整个非洲历史发展的关键时期。的确，这是一个非常特殊的时期，在这时期内，非洲发展了它的固有文化，并且在保留它自己个性的同时，融合了外来的影响"①。在非洲历史与文化研究中，有一批学者属于"非洲中心论者"，认为"非洲所代表的与其说是多种不同的人类文化，不如说是一种包含着共同信念的不同表现形式的单一的文化单元"②。非洲民族主义思想的先驱，利比里亚作家爱德华·威尔莫特·布莱登（Edward Wilmot Blyden）在1893年的讲演中，首次使用"非洲个性"这个词。他说，民族性是自然法则，没有独特而有效的民族性，任何一个民族都不能在世界民族之林获得影响力。布莱登倡导的"非洲个性"和"黑人传统精神"包括三个因素：一是非洲黑人的村社概念和非洲社会的和谐一致关系；二是非洲黑人同自然界广泛的和谐一致；三是非洲人在宗教信仰上跟神（上帝）的广泛一致。

就非洲文化的发展史而言，一个值得注意的特征是，撒哈拉以南非洲主

---

① [塞内加尔]D.T.尼昂：《非洲通史》第四卷，1页，北京，中国对外翻译出版公司，1992。
② [美]埃里克·吉尔伯特、乔纳森·T.雷诺兹：《非洲史》，黄磷译，57~58页，海口，海南出版社，2007。

要的政治与经济中心和人口稠密地区不是在湿润多雨的沿海平原和热带雨林，而是在相对干燥的稀树草原。稀树草原"不但是非洲大陆最常见的地貌类型，而且最适宜人类居住，因而是非洲大陆人文历史展开的主要地区"①。它包括东非和东北非的高地，以及撒哈拉沙漠的南部边缘地带——萨赫勒(Sahel)②。萨赫勒是非洲撒哈拉沙漠南部和中部苏丹草原地区之间长约 3800 千米的地带，从西部大西洋伸延到东部非洲之角，属于半干旱草原地区。中古时期，生活在这一地区的民族创造了加纳、马里、桑海、豪萨、加涅姆-博尔姆等文明中心。

撒哈拉以南非洲地区文化的发展面临来自环境的诸多挑战。一是土壤贫瘠问题。高温导致土壤中的水分快速挥发，有机质加速分解，造成土壤中的植物营养素不够丰富，这是撒哈拉以南非洲农业长期停滞不前的原因之一。不过，也不能一概而论，像埃塞俄比亚、肯尼亚、坦桑尼亚、乌干达、卢旺达、布隆迪、喀麦隆等国家地处高地，温度较低，因此土壤较为肥沃，适合于农业发展。二是降雨问题。非洲大部分地区的降雨是周期性的，全年分布不均匀。在这些地区的农业生产中，农民要仔细安排种植时间，且必须为旱季做好准备。三是疾病问题。热带气候为动植物的生长创造了有利条件，同时也导致蚊蝇滋生和各种热带传染病流行。由蚊子传播的疟疾和黄热病是造成热带非洲人口死亡的主要疾病，而由采采蝇传播的锥虫病(睡眠病)则对牛、马等大型牲畜造成极大的威胁和伤害。所有这些挑战决定了撒哈拉以南非洲虽然不是地球上最难以生存之地，但是相对于气候温润的欧亚大陆等地区确实更为艰困。因此，尽管历史上的非洲人在适应自然环境，应对环境挑战上取得了惊人成就，但是这里的人口增长、知识积累、技术进步、制度创新的

---

① [美]埃里克·吉尔伯特、乔纳森·T.雷诺兹：《非洲史》，黄磷译，20 页，海口，海南出版社，2007。

② Sahel，出自阿拉伯语"sahil"，意思是海岸。这里指沙漠之海的边缘地区。

速度还是较欧亚大陆等地区要慢。

(二)经济生活

如前所述，撒哈拉以南非洲自然条件的差异性决定了经济生活的多样性。不过，自给自足的农业经济是社会经济生活的基础。"大约在公元 5 世纪前后，撒哈拉以南非洲大致形成了三种获取生活资料的基本方式，即狩猎—采集经济、畜牧业经济和农业经济。这三种生产方式或经济类型，分布广泛，具有代表性，并且一直以较完整的形态持续到殖民统治建立前，甚至其残留形态和次生形态还存留到今天。"①

狩猎和采集是撒哈拉以南非洲最古老的生产方式。在 500—1500 年的这段时期，随着班图人的扩散以及随之而来的农耕生产方式的扩散，狩猎和采集逐渐不再是最普遍的生产方式。不过，俾格米人、布须曼人以及东部非洲的伯尼人、多罗博人、金迪加人等，仍然延续着这种生产方式。其主要特点是生产工具和技术简单、原始，生活方式具有高度的集体流动性。

撒哈拉以南非洲地区有着大量的哺乳动物，这使得畜牧业在非洲经济中占有重要地位。撒哈拉以南非洲地区的畜牧业因自然环境和技术水平的不同而存在差异。南部非洲的霍屯督人继续着原始的畜牧方式，以单纯的流动性放牧长角羊和肥尾羊为主；撒哈拉沙漠中部高原和绿洲的游牧部落以饲养骆驼、山羊和驴子为主，兼营绿洲农业和贸易；撒哈拉沙漠南缘的游牧部落以养牛为主，其中富拉尼人还与邻近的豪萨人建立了和谐的农牧共生的关系(在豪萨人完成作物收割后，富拉尼人就将畜群赶到豪萨人的庄稼地里。农作物的残梗为牲畜提供了食物，牲畜的粪便则成为庄稼地的肥料)。

农耕经济是最为重要的经济类型，它广泛分布于撒哈拉以南非洲地区。不过就生产工具和耕作技术而言，这里的农业属于广种薄收的初级农业。各族普遍实行烧林耕作制，即在一块土地上耕作几年后进行休耕，待它重新长

① 艾周昌、舒运国：《非洲黑人文明(修订插图本)》，131 页，福州，福建教育出版社，2008。

出草木后再烧荒垦地。土地休耕期视土地肥力而定，各族对此往往也有着自己的习俗。生产中只使用锄头一类的工具，不使用畜力，农业和畜牧业一般来说是分离的。栽培的作物主要有黍、玉米、高粱、薯类块茎作物、香蕉等。

在以上三种经济生活内部，劳动分工有了进一步的发展，木匠、铁匠、皮革匠、织布工等传统手工艺人开始产生。不过，因为初级的农业生产不可能提供较多的剩余农牧产品，所以传统手工业很难脱离农牧业而成为独立的经济部门。同时，不同经济类型之间还存在互补共生的关系。例如，在森林里居住的人用可乐果交换盐，牧民和农民互相交换食物，东南非内陆的非洲人用黄金和铜在国际贸易中换取瓷器、串珠、布匹等。7—11世纪，"非洲大陆的一多半已经卷入大规模的贸易之中，而剩下部分的绝大多数地区的区域性网络也在形成之中。完全没有贸易网络，甚至没有地区网络的地方是少见的，可能只在少数孤立的袋形地区……但是，这种印象很可能是我们自己缺乏资料的产物"①。到了15世纪，非洲经济与贸易的发展"达到了高峰"，"再没有孤立存在的地区，因为不论是荒漠还是密林都不再是难以逾越的障碍"②。也正是这些贸易网络的存在使得撒哈拉以南非洲呈现出不可否认的整体性。

二、人口迁移与宗教信仰

(一)人口迁移

在历史上，非洲大陆有过多次大规模的人口迁移。中古时期，规模较大的人口迁移包括阿拉伯人穿过撒哈拉沙漠进入苏丹，班图人在东部和南部非洲的扩散，以及布须曼人和霍屯督人向南部非洲的迁徙等。这些迁移有的是

---

① [摩洛哥]M. 埃尔·法西、I. 赫尔贝克：《非洲通史》第三卷，638页，北京，中国对外翻译出版公司，1993。

② [塞内加尔]D.T. 尼昂：《非洲通史》第四卷，503页，北京，中国对外翻译出版公司，1992。

有目的、有计划的流动，但更多的是无目的、无计划的扩散。

阿拉伯人于642年征服了埃及，并在10世纪基本实现了对北非的统治。从9世纪开始，伊斯兰教在非洲的扩张对西非稀树草原地区产生了越来越深刻的影响。而在此之前，这一地区已经有了活跃的经济、政治和文化生活。黍与高粱的培植、铁制品加工技术以及尼日尔河的渔猎经济促进了西非稀树草原地区经济的发展。加上这一地区处于北部非洲与撒哈拉以南非洲之间，繁荣的黄金、盐、象牙、兽皮、可乐果、铜、海枣等的贸易进一步助推了它的发展。"伊斯兰教和商业在撒哈拉以南非洲的高度结合是众所周知的事实。"①由于穿越撒哈拉沙漠的贸易欣欣向荣，许多阿拉伯商人，包括皈依了伊斯兰教的柏柏尔人在西非商路沿线的城镇，如瓦拉塔、尼亚尼、加奥、廷巴克图、杰内-杰诺等地安家立业，进而形成了小型的阿拉伯人社区。他们在社区内建立清真寺，践行伊斯兰教教规与习俗，往往享有某种政治和司法自治权。穆斯林紧跟着商人的步伐，来到西非稀树草原。这些商路沿线和主要中心地的穆斯林居留地构成伊斯兰教广泛传播的摇篮，阿拉伯语也成为西非知识分子和宫廷官员的语言。②

与西非稀树草原地区相似，伊斯兰教在非洲之角和东非地区的传播也与商业紧密结合。8世纪初，达赫拉克群岛已经成为一个穆斯林聚集的岛屿，与此同时，红海沿岸另外一些地方也开始有穆斯林定居，大部分是阿拉伯人或其他非洲血统的人。从这些中心地开始，伊斯兰教在非洲之角沿海的本地人中传播开来。在达赫拉克群岛发现的大量阿拉伯文碑文表明穆斯林聚集的地区十分富裕，他们几乎垄断了贸易。③

① ［摩洛哥］M. 埃尔·法西、I. 赫尔贝克：《非洲通史》第三卷，57页，北京，中国对外翻译出版公司，1993。

② ［摩洛哥］M. 埃尔·法西、I. 赫尔贝克：《非洲通史》第三卷，58页，北京，中国对外翻译出版公司，1993。

③ ［摩洛哥］M. 埃尔·法西、I. 赫尔贝克：《非洲通史》第三卷，67页，北京，中国对外翻译出版公司，1993。

9 世纪以后，越来越多的穆斯林向南部拓展，在亚丁湾沿海地区、东非沿海地区以及海岛上建立起一个个小型的社会和政治单位。在这些地区发现的与阿拉伯半岛和波斯地名相仿的地名，就是这些定居点起源于阿拉伯和波斯的证据。① 穆斯林移民为这些地区带来了包括伊斯兰教在内的阿拉伯文化和波斯文化，并与非洲本土的班图文化以及印度文化等融合，形成了东非独特的斯瓦希里(Swahili)②文化。

班图人的扩散是一个冰山移动般的缓慢过程。从公元前第一个千年到公元后第二个千年，班图人从尼日利亚和喀麦隆交界地区扩散到了非洲大陆靠南三分之一的土地上。语言学家揭示了这片土地上的 400 多种语言都来自同一种原始语言，这些语言构成了"班图语族"。1862 年，威廉·布莱克首先判断讲这些语言的人属于同一个族群，并把这个族群命名为"班图"(Bantu)，因为意思是"人"的词在这个族群的语言里都有类似"Bantu"的结构，它们都是由词根-ntu 和表示复数的前缀 ba-构成的词形派生出来的。例如，杜亚拉语的"bato"，芳语的"bot"，刚果语的"bantu"，芒戈语的"banto"，卢旺达语的"abantu"，赫雷罗语的"abandu"，等等。③

班图文化是一种铁器农业文化。相对于采用采集、狩猎方式的食物搜寻者(如俾格米人、布须曼人)来说，班图人"扩散的根本原因可能还是贾尔德·戴蒙德所讲的农民相对于食物搜寻者的优势，即'农民活力'"④。农业生产的发展和物质资料的增长为人口的增长奠定了基础。人口规模的不断扩大使得人地关系日益紧张，在此情况下，班图人不得不离开原来的定居地，向外扩

---

① [摩洛哥]M. 埃尔·法西、I. 赫尔贝克：《非洲通史》第三卷，483 页，北京，中国对外翻译出版公司，1993。

② "Swahili"一词衍生于阿拉伯语中有着相同词根的"Sahel"，意思是海岸地区居民。

③ [摩洛哥]M. 埃尔·法西、I. 赫尔贝克：《非洲通史》第三卷，110~111 页，北京，中国对外翻译出版公司，1993。

④ [美]埃里克·吉尔伯特、乔纳森·T. 雷诺兹：《非洲史》，黄磷译，65~66 页，海口，海南出版社，2007。

散。在这个过程中，他们进入了俾格米人、布须曼人和霍屯督人等食物搜寻者的领地，后者慢慢被排挤而向南部迁移，或者被班图人同化。班图人迁移对非洲文明的最大影响就是使铁器农业文化覆盖了撒哈拉以南非洲更大的区域，最终形成南部非洲的农牧混合经济，使生产力得到发展，新的社会组织形式得以产生。一些地区以部落联盟为基础，出现了早期的国家组织。

（二）宗教信仰

非洲人笃信精神的力量，习惯用宗教来理解自己生活的世界，并赋予这个世界以意义。英国学者帕林德在《非洲传统宗教》一书中这样写道："对非洲人来说，精神世界是如此真实和亲近，它的各种力量互相交错，鼓舞着看得见的世界，因此人类，不管是异教徒还是基督教徒，不得不认真对待'肉眼看不见的东西'。"①

中古时期，撒哈拉以南非洲大部分地区流行的是土生土长的传统宗教。这些传统宗教五花八门，但是仍具有一些共性，如至高神信仰、万物有灵论、祖先崇拜等。这些特征使之与基督教、伊斯兰教有着鲜明的区别。需要注意的是，传统宗教信仰实际上属于非洲人传统的生活方式。就像吉尔伯特和雷诺兹所指出的："在大多数非洲文化体系内部，宗教并非生活中需要对其加以时间和地点限制的独立的或唯一的部分，它实际上更像是一切活动的组成部分。"②

"力量、有力的生活，或生命力"，是班图人的最高价值。他们相信精神世界也存在这样一种力量，它超越感觉又无处不在。从苏丹西部到几内亚海岸，都可以看到"尼亚美"（Nyame）这个词的变体。这个词有时被用来称呼至高的神，有时代表人或动物的力量，或者代表土药的神奇效力。人们还常把

---

① ［英］帕林德：《非洲传统宗教》，张治强译，6 页，北京，商务印书馆，1992。

② ［美］埃里克·吉尔伯特、乔纳森·T.雷诺兹：《非洲史》，黄磷译，77 页，海口，海南出版社，2007。

尼亚美想象为一种与人力无关的、无意识的活力。在东部非洲和中部非洲，人们相信波瓦恩噶(Bwanga)是一种能起改善或破坏、保护或危害作用的能力，它实质上是一种隐藏在邪术概念中的无形力量。精神力量的人格化即为神。非洲的传统信仰通常是以一个至高神(supreme deity)为核心的多神信仰体系。至高神在撒哈拉以南非洲被认为是万能的神，是天地万物的创造者，特点是全知全能、无处不在、无时不在，能给人们提供同情、怜悯、友善、保佑和恩惠。例如，塞拉利昂的门德族(Mende)崇拜创世神恩格沃(Ngewo)；在东部非洲和南部非洲，许多班图语族部落把创世神叫作"穆隆古"(Mulungu)；在祖鲁族的神话中，温库仑库鲁(Unkulunkulu)创造了一切，教会祖鲁人如何狩猎、取火、耕种。至高神造物并规定各种制度，在人类安居后便退出了舞台，成为"逊位神"。至高神虽然至尊至大，但不直接控制世界、主宰众生；既不佑助，也不降厄，失却了干预尘世生活的实际意义，因而也没有专门的祭祀场所和仪式。在至高神与人之间，是精灵(spirits)的世界。精灵存在于岩石、森林、灌木、河流等万物之中。许多部族把精灵作为人与至高神的中介，他们在宗教仪式中常佩戴面具，希望被祖先、英雄的灵魂或自然界的精灵附身。例如，奎勒族(Kwele)有一个面具表现的是善良的森林之精灵——艾库克(Ekuk)。当村庄遇到危机的时候，奎勒族就会举行仪式，并在仪式中使用这个面具。

祖先观念在非洲人的精神世界中占据着十分显要的位置，是其传统宗教中最典型和最引人注目的内容。加纳学者贝塔说："我们非洲人与我们的祖先生活在一起。"[1]不细致了解非洲人的祖先崇拜，就无法了解他们的宗教信仰，也就无法了解他们的全部生活。在非洲的传统社会中，祖先被赋予神秘的力量，在活人的世界中保持着权能和地位。非洲人大多相信祖先超脱了死亡，生活在精神世界之中。大多数部族认为祖先居住在附近，关注和护佑着共同

---

[1] 转引自李保平：《论非洲黑人的祖先崇拜》，载《西亚非洲》，1997(5)。

体。与其他传统信仰一样，祖先崇拜反映了撒哈拉以南非洲人信仰意识中对祖先敬爱和畏惧交织的矛盾心理。为了与祖先沟通，向祖先求助，或者安抚祖先，非洲传统社会形成了各具特色的祭祖仪式。

　　中古时期，撒哈拉以南非洲宗教版图的重要变化就是伊斯兰教的扩散。从7世纪开始，伊斯兰教通过经济、政治和知识的交流缓慢地在西非和东非地区传播，不过总的来说，它仍然是属于城市和宫廷中的宗教，并没有打破撒哈拉以南非洲传统的宗教结构。尽管如此，它还是给撒哈拉以南非洲地区政治、经济和文化的发展带来了重要的影响。从文化和教育的角度来说，它促成了这些地区新的文字的产生、新的知识分子阶层的成长，以及新的学术与教育中心的建立，造就了中古后期西非和东非沿海地区的文化繁荣和文化觉醒。

三、社会与政治组织结构

　　中古时期撒哈拉以南非洲地区大部分属于"无国家的社会"。这种社会的突出特点是没有成形的政治实体，没有职业政治阶层。不过，"没有国家机构并不意味着这些社会是混乱的或'未开化的'，没有国家机构也不一定意味着不存在权威"①。实际上，非洲传统社会有着复杂的组织结构。

　　(一)社会组织结构

　　历史学家认为，中古时期是非洲"'族的形成'时期，它把旧有的群体吸收进一些较大的群体和语言相近的整体之中"②。中古末期，"氏族和部族群体大体上已充分组织起来"，"非洲各地已经达到或经历了氏族阶段"③。氏族和

　　①　[美]埃里克·吉尔伯特、乔纳森·T.雷诺兹：《非洲史》，黄磷译，75页，海口，海南出版社，2007。
　　②　[摩洛哥]M.埃尔·法西、I.赫尔贝克：《非洲通史》第三卷，620页，北京，中国对外翻译出版公司，1993。
　　③　[塞内加尔]D.T.尼昂：《非洲通史》第四卷，551、553页，北京，中国对外翻译出版公司，1992。

家族是非洲传统社会中重要的社会生活单位。氏族是由一个真正的或神话中的远祖的后裔组成的,具有共同血缘关系的集团。这样一种结构以各式各样的名称存在于整个非洲。一个氏族可分成若干个"家族",后者将某一特定个人的全部后裔一代又一代地纳入一个单独的世系。氏族成员的后裔可分为父系或母系。例如,加纳的阿散蒂人就是一个建立在母系制度基础上的社会。在这些社会里,舅父起着其他地方父亲所起的作用。土地、财产和社会地位都是由舅父传给外甥。大多数非洲人的社会属于父系氏族社会,遗产的转让在父系氏族内进行。

非洲传统的家庭组织形式是一夫多妻制和大家庭。"男人只有一个妻子,相当于只有一只眼睛。""只有一个妻子,相当于篮子里只有一个陶罐。""如果男人只有一个妻子,当妻子生病的时候,他会饿瘦。"这些谚语反映了在非洲传统社会中,一夫多妻制婚姻更受欢迎。在他们看来,这样的婚姻有助于通过将更多的人结合在一起而扩大家庭关系。在传统的农业社会中,劳动力是最重要的生产要素,人丁兴旺是一个家庭实力和财富的象征。同时,大家庭也能为家庭成员提供社会安全保障。

氏族和家族内部实行"类分式亲属"制度。在这一制度下,氏族和家族内部同一辈的所有成员都一律被视为兄弟、姐妹。这样,祖辈一代均被称作"祖父"或"祖母",父辈一代均被称作"父亲"或"母亲",晚辈一代均被称作"儿子"或"女儿"。喀麦隆学者芒加·贝孔博·普利苏指出:"现代社会侧重自然的,即生物学意义上的亲属关系,而非洲的传统社会与此恰恰相反,所侧重的是一种以'父母角色'概念为基础的社会契约关系,而'父母角色'往往可能是由若干人扮演的。""孩子的父母就有责任把孩子抚养成能充分行使职责、有法定资格的社会成员的人,这些人可以是孩子的亲生父母,也可以是一个包括其他亲属在内的群体。"①

---

① 转引自张宏明:《非洲群体意识的内涵及其表现形式》,载《西亚非洲》,2009(7)。

非洲传统社会还受到等级原则的支配。基于性别、年龄、辈分，乃至知识和个人成就等，共同体的成员分成不同的等级。"平等的观念在这里完全是相对的，而绝不可能以之建立一种社会组织。"①在撒哈拉以南非洲，年龄等级的存在是非常明显的。老人受到普遍的尊重，他们往往身居要职。有些非洲谚语就体现了这一点。例如："秃头和白发应受到敬重，这是杰出的标志。""老人的劝诫是菜里的盐。""一个老人就是一座图书馆。"在年龄等级制下，人们依照年龄组成不同的集团——年龄组。年龄组一般在成年礼时组建。例如，东非的巴里人、丁卡人、阿乔利人、卡拉莫人、马萨伊人等，他们的青年男女在进入青春期后就要举行成年礼，并开始学习本族的历史、生产与生活的技术、军事技能、伦理道德规范、宗教信仰等。属于同一个年龄组的成员一起学习，一起劳动，一起战斗，一起成长，相互帮助，因此成员之间会建立特殊的关系。不同的年龄组在共同体中承担不同的责任，享有不同的地位。例如，年轻人负责作战保卫方面的任务，成年人承担指挥和管理的职责，老年人则充当顾问。可见，撒哈拉以南非洲地区这种特殊的年龄等级制具有教育和行政管理方面的作用。②

在撒哈拉以南非洲传统社会中，年龄等级制还常常和秘密盟会结合在一起。例如，马里班巴拉人的可摩盟会是马里最大的秘密盟会，会主常常由铁匠担任。科特迪瓦境内的泰姆奈人、瓦伊人的男性和女性可以分别自愿加入波罗盟会和桑德盟会。盟会的活动具有神秘性。在村社等共同体内部，这些组织承担着组织成年礼，对年轻人进行教育和培训的任务。

村社是由单个或若干大家庭组成的地方共同体，是非洲传统社会结构的重要依托。这些大家庭可能并不是血亲团体，但有一定的血缘关系，有共同的祖先，崇拜共同的神灵。宗教观念对于村社十分重要。历史学家赖德在论

---

① ［法］G. 尼古拉：《黑非洲传统社会的社会结构》，载《世界民族》，1982(3)。
② ［法］皮埃尔·古鲁：《非洲》，蔡宗夏、刘侊译，113页，北京，商务印书馆，1984。

及伊乔人时说:"他们对阿马-特梅-苏奥尤其崇拜,因为它代表了'村社本身的特点和有生命的精神,村社的命运(和历史)完全取决于它'。"①在村社里,主要生产资料土地归集体所有,家庭则对土地以及其他自然资源享有使用权,是生产和分配的基本单位。如大家庭一样,村社为其成员的一生提供了社会保障,在教育方面也是如此。

总的来说,在非洲传统社会中,共同体起着决定性的作用。这是生产力处于初级阶段所决定的,这样的社会发展阶段需要通过共同体来保障个体生存。因此,群体意识或共同体意识(Sense of Community)在非洲人的思维方式和行为规范中起到了举足轻重的作用,其中包含互助、共享、共识、和谐等价值观。津巴布韦学者安布罗斯·莫友认为,传统的非洲社会是集体性的,与西方相比,个人的需要和成就与多数人的相比是第二位的。南非约翰·麦克汉对此表示赞同,指出非洲文化是建立在集体主义和集体经验基础上的"我们"的文化,西方文化则是"我"的文化,颇具个人主义色彩。②

(二)政治组织结构

"在 1600 年前,非洲各地区已经达到或经历了氏族阶段;凡有条件的地方,都建立了城镇、王国和有生存力的帝国。原始的政治结构已经形成,而且从外部得到充实,出现了许多种政府形式。"③可以说,中古时期的非洲政治结构复杂多样,同时存在氏族、部落、王国、帝国等不同发展阶段的政治形式。

氏族和部落是国家的萌芽形态,中古末期已在撒哈拉以南非洲地区广泛出现。氏族是由拥有共同祖先的后裔组成的集团。依据传统,长辈中年龄最

---

① [塞内加尔]D.T. 尼昂:《非洲通史》第四卷,283 页,北京,中国对外翻译出版公司,1992。

② [美]耶鲁·瑞奇蒙德、菲莉斯·耶斯特林:《解读非洲人》,桑蕾译,5~6、11 页,北京,中国水利水电出版社,2004。

③ [塞内加尔]D.T. 尼昂:《非洲通史》第四卷,553 页,北京,中国对外翻译出版公司,1992。

大的人代表氏族创始人，或者由家族长指定的一个人来行使权力。首领的基本职责是保证集体财富的公平分配。在氏族内部，首领担任仲裁者的角色，但是没有任意决断的权力。很多情况下，首领只是负责宣布氏族成员通过充分沟通而达成的共识。这种议事程序常被叫作"大树下的民主"。坦桑尼亚首任总统朱利叶斯·尼雷尔曾说，非洲民主的起源是日常的口头讨论——老人坐在树下谈话直到大家达成一致。

部落是氏族的集合体，或者是由最初的氏族分裂而成，或者是由几个氏族组合而成。部落的形成或者是由一个氏族首创此议并用武力强加给别的氏族的结果，或者是出于抗击入侵者的需要几个氏族联合的结果。部落往往有更为明确的领地意识，部落成员也往往有更为强烈的认同感。部落的领袖酋长是部落团结统一的象征。酋长是部落的精神和世俗领袖，是疆土的统治者，也是最高军事长官和司法长官。酋长通常会有由氏族长、军事和宗教首领组成的议事会辅佐。部落结构在非洲广泛存在，在非洲南部霍屯督人、刚果的尼洛特人、撒哈拉的游牧民中尤为盛行。撒哈拉以南非洲的部落文化具有封闭性与排外性、原始性与神秘性、稳定性与保守性等基本特性。久而久之，非洲发展的停滞性和部落共同体的稳定性沉淀积淤下来，逐步转化成某种相对固定的文化心理结构，形成非洲传统文化的重要成分。[①]

王国是由几个氏族或部落组成的，国王通常是最强大的氏族和部落首领，是征服者的后代。较之氏族和部落，王国的政治结构更为复杂，它的许多特点容易让人想到中世纪欧洲的封建王国。"国王往往是一位王国的命运系于一身的神人。由他掌管着天雨的降落、土地的肥沃、人类的繁衍，以及在他的辖区里生活的所有人的健康。他常常被看成一个超凡的人，能够变化成动物，并同时在许多地方出现。有时连观看他、与他说话、称呼他的名字都加以禁绝。许多礼仪，特别是加冕典礼和葬礼，目的都是要使人们把他看作一个全

---

① 李保平：《传统与现代：非洲文化与政治变迁》，3 页，北京，北京大学出版社，2011。

智全能的人。"①国王由贵族辅政，贵族往往世代相袭。同样地，国王也被理解为共同体的服务者，他的权力不是绝对的。因此，非洲有这样的谚语："一个人拒绝服从，就不能发号施令。""作为一个国王，意味着通过全民族的赞同而接受某一立场。"

除了上述这些政治组织结构以外，中古时期的撒哈拉以南非洲还存在过加纳、马里和桑海帝国，以及沿海国家。

四、口传文化

(一)口传文化的特性

在近代以前，撒哈拉以南非洲各族基本上没有文字，文化主要借助口头语言传承，因而可以把他们的文化称为"口传文化"。即使西非地区和东非沿海地区在 16 世纪以前存在文字②，但文字流行的区域有限，而且只有很少的人会写字。③ 在一个通过口耳来传递文化的社会中，语言不仅是日常交流的工具，而且也是保存先人智慧的手段。口传文化可以被理解为"一代人用口头方式传给下一代的口证"，因此"几乎在任何地方，言词都具有一种神秘的力量，因为它能创造事物。这至少是大多数非洲文化的观点"④。

马里学者阿马杜·哈姆帕特·巴就口传文化进行了一系列的思考，在他看来，口传文化具有以下特性。

首先，口传文化具有真实性。他认为，"书面或口头证据归根结蒂只是人

①　[法]G. 尼古拉：《黑非洲传统社会的社会结构》，载《世界民族》，1982(3)。
②　中古时期，撒哈拉以南非洲只有为数不多的文字，其中包括东非沿海居民 7—13 世纪创制的斯瓦希里语，西苏丹地区于 12 世纪以后出现的以阿拉伯字母为基础的豪萨文、富尔贝文、卡努里文等。
③　[布基纳法索]J. 基-泽博：《非洲通史》第一卷，104 页，北京，中国对外翻译出版公司，1984。
④　[布基纳法索]J. 基-泽博：《非洲通史》第一卷，104 页，北京，中国对外翻译出版公司，1984。

类的证据，与人类具有同等价值"，因为它们都是口述者"透过自身情感或心理或利益，或切望的棱镜来证实自己的观点"，而"许多宗教的、魔术的或社会的因素结合在一起，保存了口头传说的可靠性"。

其次，口传文化具有神圣性。口传文化使人与语言之间的联系变得更为密切，因为"说"即"做"，人们必须信守诺言。"根据非洲的传统——至少是我所知道的撒哈拉以南整个草原地带的传统——言语除了它的基本道德价值以外，具有同它的神圣起源及其所拥有的玄妙力量相联系的神圣特征……不可等闲视之。"

再次，口传文化具有整体性。"口头传说是生活的一所大学校，它包括并影响生活的各方面。对于那些不知内幕的人来说，它可能是一片混乱。它说不定会使笛卡尔哲学信徒感到困惑，因为他们习惯于把各种事物分得清清楚楚。事实上，在口头传说里，精神方面和物质方面并不是分离的。""它同时是宗教信仰、知识、自然科学、手艺、历史、游艺和娱乐，因为任何一个细目都能使我们一直回到原始的统一。"

最后，口传文化具有教育性。一方面，它是一种适合于所有人的教育手段。"口头传说，由于经历了从秘授到公开的过程，能适应人的接受能力，按人的理解能力向他们讲述，根据他们的天赋揭示其真谛。"另一方面，它对人产生全面的影响。"口头传说以传授和经验为基础，约束着人的一生，因此我们可以说，它有助于造就一种特殊类型的人，有助于塑造非洲人的灵魂。"①

当然，口传文化相较于文字文化有更显著的变异性和短暂性。

(二)口传文化的传承者

在非洲，每一个部族都有自己各种形式的口传文化遗产，包括神话、

---

① ［布基纳法索］J. 基-泽博:《非洲通史》第一卷，121~122 页，北京，中国对外翻译出版公司，1984。

传说、故事、寓言、诗歌、谚语等；也都有自己的口传文化传承者，他们或是祭司，或是巫师，或是秘密盟会的组织者，或是村社的长老，或是说唱艺人。

西非班巴拉人中的这类口传文化传承者被叫作"多马"或"索马"，意思是"博学之士"，或者被叫作"多尼凯巴"，即"知识制造者"。富拉尼人把这些传承者叫作"锡拉蒂奎""甘多""特基奥里克内"，意思均为"博学之士"。他们可能是铁匠、织工、猎人、皮匠等传统行业的从业者，但是很少是只知其一的"专家"，而是知识广博的人。他们有的也是秘密盟会的组织者和主持者。如前所述，秘密盟会在共同体中还承担着组织成年礼，以及对年轻人进行教育和培训的任务，因此这些口传文化传承者也成为知识的传授者。他们在讲授前会向祖先祷告，祈求祖先保佑他们言语无误。例如："倘若我传授时恰当而忠实的言语能得到护佑，我就要依照你们的话语向明天的人传授。他们是我们的孩子，我们的孩子的后裔。我要向他们讲述，从你们过去到我们今天，件件事情的起始根由。啊！紧握我言语的缰绳吧！列祖列宗！指引我讲述的词语，遵从一定规则，这些规则他们生而固有。"①

除上述传承者外，还有一类传承者也非常重要，他们就是说唱艺人。班巴拉人称之为"迪埃利"，富拉尼人称之为"班姆巴阿多"。法语中"迪埃利"被称作"格里奥"(Griot)。《罗贝尔标准法语辞典》对"格里奥"的解释是：属特殊等级的西非黑人。他们既是诗人、乐师、歌手、讲故事的人、历史学家，也是外交官、贵族顾问。"格里奥"是非洲社会的"档案保存人"②。这些说唱艺人云游各地，像血液一样在社会集体中循环。

---

① [布基纳法索]J. 基-泽博：《非洲通史》第一卷，129 页，北京，中国对外翻译出版公司，1984。

② [布基纳法索]J. 基-泽博：《非洲通史》第一卷，139 页，北京，中国对外翻译出版公司，1984。

第二节　撒哈拉以南非洲的本土教育

在近现代，有很多西方知识分子固执地认为，在被西方殖民统治之前，非洲人和非洲文化是野性的、原始的。他们进而否认非洲传统文化的价值。也正是因为如此，早期一些研究非洲本土教育的西方学者也认为在西方正规教育输入之前，非洲没有教育制度，即使有，也不过是"丛林学校"。对于西方学者这种对非洲传统教育真实性的否认，乌干达学者奥西第（Jakayo Peter Ocitti）提出了批评。他提醒那些持欧洲中心论的西方学者注意，每个社会都应珍视那些由一代代人传递下来的东西，不能因为非洲人没有书写就认为他们没有教育体系。

在概括性地描述撒哈拉以南非洲地区传统教育体系时，可以归纳出很多共同的特征，这些特征体现了撒哈拉以南非洲文化的统一性。非洲文化往往分享着某些文化要素，包括教育的哲学基础。不过必须承认，不可能只有一种非洲文化，也不可能只有一种非洲教育。在被西方殖民统治之前，生活于这片广袤土地上的部族社会、经济、政治发展水平不同，社会组织形式不一，在受外部影响上也存在差异，因此不同的历史时期、不同的社会（部落）存在着不同的传统教育。

一、本土教育的哲学基础

与其他有效的教育体系一样，撒哈拉以南非洲的传统教育也是建立在自身哲学基础之上的。是否存在可靠的非洲哲学呢？欧洲中心论者否认非洲哲学的存在，批判欧洲中心论的学者则认为，尽管书写是最有效的记录系统，但是它并不是唯一的能在代与代之间传播知识的方式。除了神话，名言、世界观和生活知识，特别是那些与儿童生育和抚养相关的知识，也可以在社会政治组织和文化工具中被保存下来。通过这些渠道,非洲哲学家的反思与观点得以传递,并且可以被用于非洲教育。虽然我们不知道最初提出这些思想的人,不过这些思想肯定是在遥远的过去一些非洲思想家深入持续的哲学思考的产物。"随着对独立的追求,非洲人重新意识到要拥有哲学……去殖民化的过程同时也意味着,伴随着这个过程重新赢得那种独特且意义重大的文化、历史、宗教以及独特的哲学。"①比利时传教士普拉西德·唐普尔(Placide Tempels)1945年出版的《班图哲学》"是第一本通过同语系的语言及其哲学来研究一个非洲民族群落的著作,在某种程度上也是关于非洲哲学的开山之作"②。之后,一代代学者努力阐释着非洲哲学传统。

(一)作为本体论基础的人

从根本上来说,任何一个民族的教育都是由这个民族对人的看法决定的。在非洲本体论中,人是宇宙的中心。肯尼亚学者姆彼第(Mbiti)认为,人就是存在的中心,非洲人也是在与人的中心地位的关联中来审视万事万物的,就好像至高神是为了人而存在似的。③ 米图(Metuh)支持姆彼第的论断,他提出,在非洲人的世界观中,万事万物也似乎是从人的位置、意义和目标中获得它的方位和重要性的。④ 至高神、神灵、祖先、典礼、祭祀等,都因为在某种程度上满足人的需要而变得有用。

在非洲人的世界观中,人最好被置于与造物主的关系中,因为人是在最高存在者——至高神那里获得自身的起源与终结的。不过,在至高神创造的

---

① [德]海因兹·基姆勒:《非洲哲学——跨文化视域的研究》,王俊译,11页,北京,人民出版社,2016。

② [德]海因兹·基姆勒:《非洲哲学——跨文化视域的研究》,王俊译,27页,北京,人民出版社,2016。

③ J.S.Mbiti, *African Religions and Philosophy*, Nairobi, East African Educational, 1969, p.92.

④ E. I.Metuh, *African Religions in Western Conceptual Schemes: The problem of Interpretation*. Jos, IMCO Press, 1985, p.109.

这个世界中，人与其他万物是有区别的。普拉西德·唐普尔在对班图语进行深入研究后发现，班图语系中普遍存在"-ntu"这一词根，并用以表达词语的独特类别。例如，在斯瓦希里语中，"人"被称为"Mtu"，前缀"M"与词根"-ntu"组合在一起，表示"具有智能的存在物"；事物则被称为"Kitu"，表示"不具有智能的存在物"。由此可以看出，在最高存在者的创造物中，人被赋予了特殊的地位。

加纳哲学家哥耶克耶（Kwame Gyekye）进一步探讨了人的属性。他认为，人具有三个方面的属性，分别是心、灵和身。"在某种意义上这三个方面可以对应地被理解成心性、精神和躯体，当然也有非常深刻的差异。"[1]在哥耶克耶看来，灵是人的本质属性，并且只能是善的。可以说，灵是人性中的神性部分。"在生命的进程中重要的是，善的行为冲动总是越来越强。通过教育和个性培养，善的行为总是越来越成为习惯……善的行为同时具有一种美学性质。善和美是密不可分的。如此看来，教育与个性培养就具有如下目标：将自身生活塑造成一件艺术品。"[2]

在非洲人的世界观中，人有着需要实现的目的和使命，他是作为一种力来到这个世界的。崇高地位、健康身体和兴旺发达是一个人强健生命力的体现。但是，人不只是单独的个人，在非洲本体论中，共同体具有相对于个体的优势。哲学家图姆巴（Maurice Tschiamalenga Ntumba）从刚果北部林加拉语"过度"使用"我们"一词的现象中，意识到这种语言使用习惯产生于一种强烈的共同体意识，使用者在潜意识中把人的存在理解成一种"共在"，即"我们的存在"。"图姆巴不仅仅给予交互主体性、'我们'以及共同体更多的空间，而且尝试将深深根植于非洲思想的，且以多重方式被结构化的'我们哲学'，与

---

①　[德]海因兹·基姆勒：《非洲哲学——跨文化视域的研究》，王俊译，39 页，北京，人民出版社，2016。

②　[德]海因兹·基姆勒：《非洲哲学——跨文化视域的研究》，王俊译，41 页，北京，人民出版社，2016。

一种在形成过程中被掌握的西方的'我们哲学'划清界限。"①用非洲本土语言表述这种"我们哲学",即乌邦图思想。

(二)乌邦图

乌邦图(Ubuntu)一词由前缀"ubu"和后缀"ntu"组成,前者意指"存在""本质"(be-ing),后者指"人"。乌邦图字面的意思就是人的存在。从另一个关联的角度来说,乌邦图是一个描述决定人是否存在的品质,即人性(humanness)的词语。"乌邦图"一词来自南非的豪萨语和科萨语,在班图语族的其他语言中,可以找到该词的变体。例如,乌干达卢干达语中的"Abantu",莱索托塞索托语中的"Batho",南非聪加语中的"Bunhu",卢旺达语中的"Ubumuntu",马拉维语中的"Umunthu",津巴布韦修纳语中的"Unhu",等等。

作为一种哲学或世界观的乌邦图的普及,始于 20 世纪 50 年代,特别是约旦·库什·恩古班(Jordan Kush Ngubane,1917—1985)在杂志《非洲鼓》(*African Dum*)上发表的作品。在 20 世纪 60 年代开始的非洲去殖民化运动中,非洲的政治思想家宣扬非洲化。在此背景下,乌邦图被描述成为一种特别的"非洲人本主义"。1980 年,津巴布韦学者萨姆坎的《温胡或乌邦图:一种津巴布韦本土政治哲学》(*Hunhuism or Ubuntuism: A Zimbabwe Indigenous Political Philosophy*)是第一部专门从哲学角度讨论乌邦图的著作。在书中,萨姆坎提出,乌邦图主义是一种哲学,非常重视人类关系。② 萨姆坎试图将乌邦图确立为新成立的津巴布韦的政治意识形态。之后,撒哈拉以南非洲在争取废除种族隔离制度,实现多数人统治的过程中也接受了这一概念。1999 年,南非哲学家拉莫斯(Mogobe B. Ramose)出版了《透过乌邦图的非洲哲学》(*African Philosophy through Ubuntu*)这一重要论著。拉莫斯基于前人的研究,从包括祖鲁

---

① [德]海因兹·基姆勒:《非洲哲学——跨文化视域的研究》,王俊译,33 页,北京,人民出版社,2016。

② S. Samkange and T. M. Samkange, *Hunhuism or Ubuntuism: A Zimbabwe Indigenous Political Philosophy*, Salisbury, Graham Publishing, 1980, p.34.

语、斯威士语、科萨语在内的多种南非部族语言中的同一基本概念乌邦图出发，开启了非洲哲学研究的一个新视角。他认为，乌邦图是非洲本体论和认识论的源泉，可以被视为非洲哲学的基础。① 许多南非学者和政治家都认同拉莫斯的观点。学者艾兹(Eze)认为乌邦图既是一种哲学，也是一种非洲哲学借以建立的文化。②

乌邦图哲学思想与非洲传统的社会结构以及传统的生活方式有着内在的联系。如前所述，在撒哈拉以南非洲传统社会中，社群或共同体起着决定性的作用。一个人首先隶属于大家庭，然后隶属于在此基础上不断扩展形成的共同体——家族、氏族、村社、部族等。"当一个人从天上来到地上，他就抵达了一个共同体。"人依赖于共同体的存在状态从这条谚语中可见一斑。"乌邦图"这一概念与撒哈拉以南非洲传统的社群生活方式有着内在的联系。社群中的人际关系对于非洲人的生活极为重要。在社群中，个体不是孤独的，他的身份是由他与其他人的关系来确定的。南非恩古尼人有一句格言，可以转译为"因为我们存在，所以我存在"。这句话体现了乌邦图哲学的精髓。在拉莫斯看来，人是通过承认其他人的人性来肯定自己的人性的，并在此基础上与其他人建立相互尊重的关系。换言之，我的人格是由其他人的人格构成的，反之亦然。非洲传统哲学中这种由个体与共同体的辩证关系来定义人性的观点显然不同于欧洲启蒙思想家将人界定为一个理性存在的观念——"我思故我在"。或者说，非洲的传统哲学是一种"我们"哲学，而西方近现代的哲学是一种"自我"哲学。从"乌邦图"这个概念出发，研究者又开始讨论传统非洲思想与实践中的社群主义原则。

社群主义是非洲传统社会结构的基本特征。塞内加尔政治领袖利奥波

---

① M.B. Ramose, *African Philosophy through Ubuntu*, Harare, Mond Books, 1999, p.49.

② M.O. Eze, "What is African Communitarianism? Against Consensus as a Regulatory Ideal," *South African Journal of Philosophy*, 2008(4), pp.386-399.

德·桑戈尔(Leopold Senghor)认为,尼格罗非洲人社会是集体主义的,或者群体的。它不仅是一个灵魂的团体,而且是一个个体的集合体;它强调团体甚于强调个体,强调团结一致甚于强调个体的行动与需要,强调人的交流甚于强调人的独立。[①] 哥耶克耶支持桑戈尔的观点,认为传统社会伦理思想的社群趋向是根源于"非洲社会结构的社群主义特征",同时这些特征又"决定了那些社会的特征"[②]。当然,在社群主义的价值观中,个性并不会被完全吞蚀。有着不同能力的个体同样可以以不同的方式为共同体做出贡献。因此,在非洲传统社会中,个人的优点在某种程度上能够被承认和重视;同样,个人可以有自己的意愿、希望和念想。但不能否认的是,个体必须履行集体导向的义务。

同情、仁慈、团结、无私、互助、共享等是非洲传统社会所珍视的价值观。这些人道主义品质将共同体捆绑在一起。一个人的成功为其他人所分享,同样,一个人的不幸也是所有人的不幸。乌邦图哲学包含社群主义和人本主义,它强调非洲的伦理与实践道德,构成了非洲社会哲学的一条基本原则。也正是由于乌邦图哲学同时涵盖社群主义和人本主义,所以乌邦图哲学区别于西方的人本主义,而这也是其作为非洲传统哲学的独特性所在。

(三)传统教育的基本原则

如前所述,在非洲人的传统宇宙观中,人被赋予了崇高的地位,这也带来了发展和保持道德品质的要求。为了实现人与神的和平共处,就有了复杂的禁忌,以及政治、经济和社会领域适度的限制。这些价值观需要通过教育被传递给下一代。在非洲本体论中,人性就是教育的基础。人受教育是因为他是一个人;他之所以能够被教育影响,是因为他具有动物所没有的智能。

---

① Leopold S. Senghor, *On African Socialism*, New York, Praeger, 1964, pp.49, 93.

② K. Gyekye, *Person and Community in African Thought*, Washington D.C., Council for Research in Values and Philosophy, 1992, p.102.

此外，非洲本体论是不会脱离共同体来思考人的。

乌干达学者奥西第系统阐释了非洲本土教育实践所遵循和体现的五项原则：预备主义、功能主义、社群主义、永恒主义和整体主义。① 这五项原则是撒哈拉以南非洲传统教育得以建构的基础。它们就像五根柱子支撑起整个非洲传统教育，包括其目标、性质、内容以及教育方法。

第一项原则是预备主义。预备主义原则坚持教育的目的是使受教育者获得在家庭和社会中完成特定任务所需的特定技能。被传授的知识总是为了某一特定的目的，被传授的技能总是为了某一未来应履行的责任。例如，传统社会中，男孩和女孩所获得的教育能使他们完成社会所规定的男性责任和女性责任。因此，男孩教育主要培养农民、渔夫、猎人、雕刻匠、制陶工、战士、铁匠、统治者以及其他男性主导的职业；女孩教育主要是培养未来的妻子、母亲和主妇。预备主义还意味着教育要培养年轻一代适应社群，在社群中发挥有益的作用。为此，要向儿童灌输对共同体的义务意识，使儿童理解共同体的历史、语言、习俗和价值观。

与预备主义相关联的第二项原则是功能主义，即强调教育的实用性。功能主义意味着教育无论是对学习者个人来说还是对于扮演着教育者角色的共同体来说，都是实用性的、参与性的。例如，年轻人跟着父亲耕作，学习如何耕耘土地、种植庄稼、铲除野草和收割庄稼。他们在学习的同时也开始参与这些活动。因此，教育总是实用性的，总是与一个个具体场景联系在一起。在学习的过程中，学习者成为共同体中一名具有生产能力的、能发挥作用的、有用的成员，从而顺利地与共同体融为一体。

第三项原则是社群主义。在传统部落社会中，所有成员共同拥有共同体的一切，包括儿童，并本着集体精神生活与工作。在非洲传统教育中，教导

① Jakayo Peter Ocitti, *African Indigenous Education: As Practised by the Acholi of Uganda*, Nairobi, East African Literature Bureau, 1971.

儿童不只是父母的责任，还是整个社群的责任。因此，父母、家庭、村社、部族等全都参与到儿童教育中。儿童通过社群实现社会化。社群对儿童的成长负有集体的责任，即每一位成人都对儿童承担教育的职责。当儿童行为不当时，共同体中父母之外的其他成人可以对他进行纠正和惩戒。社群主义也意味着教育是社群导向的，要旨是让年轻一代准备好与共同体融为一体，从而强化共同体的有机统一。

永恒主义是非洲传统教育的第四项原则。永恒主义相信世界处于不确定之中，因此应该坚持某些绝对的原则。永恒主义将教育视为保存文化遗产、维持部落生活现状的重要工具。当人们说非洲传统教育是基于永恒主义的原则，那么就意味着非洲本土教育是保守的，只是让年轻一代为维持现状做准备。从这里我们也可以看出，为什么传统非洲社会必然用禁忌来维持现状。这样的教育并不鼓励质疑和批判，进步的思想或对传统文化与信仰的质疑会受到严厉惩罚，在极端的情况下，甚至会被从共同体中驱离。

第五项原则是整体主义。在社会经济发展水平较高的社会，如阿散蒂人、努佩人和祖鲁人中，确实存在高度的专业学习，但是这在中古时期的撒哈拉以南非洲并不普遍。换句话说，这里很少有甚至没有专业教育。在大多数部族的教育中，男孩和女孩学习与不同职业相关的知识与技能。一个男孩接受舞蹈或摔跤的训练，这并不意味着他不会种田、盖房或打猎。同样地，一个会编辫子的女孩可能也会做饭、跳舞、持家、接生等。传统教育的这种整体性使年轻人获得各种使自己成为对共同体有用之人的技能，也因此在共同体中承担不同的角色。非洲传统教育给予个体的训练是全面的，具体包括身体的发展、道德的教化、性格的培养、智力的开发和技能的习得等。

二、本土教育体系

(一)教育目标

尽管不同地区、不同社会经济结构下的传统教育系统存在差异，但是这些系统的目标常常有相似之处，即它们在本质上都属于生存教育，主要目标是全面训练年轻人，使之为成年做好准备，重点是灌输社会可接受的标准和行为，维系共同体的团结。

尼日利亚学者法贲瓦在《尼日利亚教育史》中总结了传统教育的七个主要目标：①发展儿童潜在的身体技能；②培养品格；③灌输尊重长辈，服从权威的观念；④发展智力技能；⑤获得特定的职业训练，培养诚实劳动的健康态度；⑥培育一种归属感，积极参与家庭和社群事务；⑦理解、欣赏和推动整个共同体的文化遗产。① 简而言之，在非洲传统教育中，儿童本质上是整体的，教育的目标是在所有方面使儿童准备好成为成人。

(二)教育内容

在非洲传统社会中，知识优于一切。有知识的人会受到尊重，任何领域的博学之士都享有崇高地位。非洲社会中的老人之所以受到尊重，主要是因为他们比年轻人拥有更多的知识与智慧。在这一时期的非洲，其本土知识实际上是一种生活智慧，基本上没有被系统分类。因此，非洲传统教育的过程与族群的经济、社会、文化、艺术、宗教与娱乐生活紧密地结合在一起。也就是说，教育并不脱离生活的其他领域。传统教育不仅关注青少年系统的社会化，而且非常重视实践技能以及对青少年个人以及整个共同体有用的知识。宽泛地说，它强调社会责任、工作导向、政治参与和精神道德价值。同时，传统教育的内容受限于撒哈拉以南非洲特定历史时期的物质、社会和精神状况。

物质环境影响着课程的内容。教学内容要能帮助儿童适应物质环境，进而利用物质环境，并从中受益。不论儿童生活在平原还是雨林，他们都必须学会与所面临的危险做斗争，并利用物质环境生存繁衍。由此，儿童要学习地形、气候、动植物等方面的知识。随着不断长大，儿童要学会如何利用当

---

① A. Babs Fafunwa, *History of Education in Nigeria*, Sydney, Allen & Unwin, 1974, p.20.

地的动植物，以及学习与此相关的禁忌。物质环境决定儿童需要掌握的实用技能，以便他们履行未来的职责。例如，生活在捕鱼区的儿童要学会抓捕鱼、保存鱼和销售鱼，以及制作和修补渔栅、渔网和独木舟的技能。林区儿童从小就要认识各种树木及其用途。可见，教育实践受到物质环境的影响，其目的是让学习者准备好在特定的环境中生存、工作和受益。在肯尼亚的奥凯克人中，管理社会的长老负责所有教学。青少年要学习有关自然环境的知识，以及为了生存如何利用周边的事物。例如，他们了解各种植物的用途，并跟随长老学习获取食物的技能。基于生存与环境的关系，奥凯克儿童与青少年要学习在丛林环境中生存，因为生活实质上就是与环境中的这些困难做斗争，如面临危险动物攻击时如何逃脱等。东非的马赛人（Massai）非常喜爱饲养牲畜，特别是牛。马赛人的生活方式是以牲畜的饲养以及相关活动为中心的。这种特征是环境因素的产物，因为马赛人生活的干旱和半干旱的地区适宜饲养牲畜，这也使照料和饲养牲畜构成其教育的重要组成部分。

如果说物质环境影响教育的主题与内容，那么社会环境也是如此。大多数传统社群的生存在很大程度上依赖于互惠关系的网络，这个网络将家庭、氏族和部落紧密结合在一起。传统教育需要强化这些人际关系。父母和社群中的其他成人会不停地向儿童灌输维系互惠关系的社交礼仪，教导儿童尊敬长者，理解个人的社会义务和责任。

此外，传统教育的内容还产生于精神环境。在万物有灵论和自然神论看来，物质世界中的每一物体都栖息着精灵，每一事件（出生、疾病、死亡、洪水、干旱）都具有相应的精神意义。这也使传统非洲教育比较关注宗教教育。青少年要了解恶毒的精灵和仁慈的精灵，以及知道如何实现精神的净化；也要了解如何安抚精灵，避免疾病、死亡等灾难。宗教信仰与实践和撒哈拉以南非洲传统社会生活紧密交织在一起，具有号召整个社群的力量，并且支持诚实、慷慨、勤勉、好客等价值观和社会行为规范。

　　撒哈拉以南非洲传统教育并没有将教学内容分解成艺术、科学、算术等学科，不过这些教学内容都隐含在教育思想和实践中。可以说，非洲本土教育将儿童的日常起居、家庭生活以及共同体的生活结合在一起，将所有生活知识与技能整合为一门大的"课程"。尽管这门"课程"不以文字为媒介，但也是按照适合本族文化所确定的不同发展阶段的顺序组织起来的。换言之，非洲本土教育的教学内容符合儿童的能力及其发展历程。这种教育不仅为生存提供了一种手段，而且将儿童与各种社会网络联结在一起。个人的职业、社会责任、政治角色以及道德与价值观，都在教育范围内。也正是因为如此，法贲瓦提出，非洲本土教育是功能性教育，因为教学内容是基于需要，根据共同体的生活现实开发出来的。

　　(三)教育方法

　　非洲传统社会中有着各种各样的教学方法，特别是在社会经济发展达到一定水平的社会中，某些特殊行业(如医药、金属制造、制陶、皮革制造、纺织等)的知识与技能的传承采用了比较正式的方式。例如，在西非的努佩和阿散蒂社会中，教育是高度专业化的活动，正式的教学手段比较常见，也存在专业的教师。这些教师在一段时间里会以一种有组织的次序传授预先决定的知识，这类教学有时会持续多年。教师也从学生家长那里获得某种形式的报酬——通常被叫作"赠礼"。掌握这些行业知识的博学之士被认为是掌握着巨大秘密或魔法的特殊类型的人。他们组成秘密盟会，师徒之间的知识传承同样是以秘密的方式进行的，"学校"或"班级"通常会设置在隐秘的场所。学习者在充分掌握这些知识和技能之后才能出师，出师时会举行宴请活动或歌舞活动进行庆祝。

　　在非洲传统教育中占据重要位置的成年礼前的教育往往也是一种高度形式主义的教育。在撒哈拉以南的许多非洲部落中，无论是男孩还是女孩，在进入青春期后，必须到原始森林中生活一段时间。在此期间，部落的长老们会对他们进行专门的指导和严格的训练。对于东非肯尼亚的蒂里基人中的男性来说，一直到十岁左右，他们都被认为是"小男孩"，只承担像放牛这样的社会责任。他们的成人礼是一个学校教育的过程，持续六个月，中间穿插着仪式性的考核。"所有男孩一起吃饭、睡觉、唱歌、跳舞、洗澡、做手工，等等……但是只有当导师命令他们这样做的时候，他们才能做这些事情……在第一个月，要举行割礼，割礼之后将继续社会训练，一直到学校教育结束。那时，将组织仪式。在仪式上，长辈们将对即将成年的男孩们进行教导和告诫，重点是遵守已经学习的规则。蒂里基人的社会章程就这样得到解释，然后在人们的生活中被奉为圭臬。"①

这种丛林训练可以说是撒哈拉以南非洲青少年一生中接受的第一次正规培训，有着一套完整的形式。在这段时间，青少年过着与外界完全隔绝的生活，时间长短不一，短则数月，长则数年。青少年在长老的指导下学习各种生产技能、军事技能等，在严酷的环境和高强度的劳动中经受毅力考验，养成吃苦耐劳、坚韧勇敢的品质。同时，他们在长老的反复灌输中熟悉部落的伦理道德与信仰禁忌。丛林生活结束后，青少年带着自己精心制作的面具，跟随着长辈回到村子，迎接他们的是盛大的成年礼。非洲这种传统的丛林教育虽然笼罩着一层神秘的色彩，但是从本质上看，体现了传统社会对青少年教育的重视。这样的教育促使青少年在思想、技能上为进入社会生活做好了准备，应该说具有积极的意义。

成年礼也包含性教育。肯雅塔曾指出，西方人对非洲本土成年礼中的性教育多有误解。非洲人将这些仪式视为成长的最后一个阶段。"男孩女孩必须充分了解有关性方面的知识，为自己将来的家园和部落生活做好准备。实际上，所有的性教育都有社会参照。男孩要将婚姻视为自己、家族和部落的责

---

① Basil Davidson, *The African Genius: An Introduction to African Social and Cultural History*, London, Little Brown, 1969, pp.81-85.

任。他们要努力工作，饲养更多的绵羊、山羊和牛，以便供养妻子和孩子。"①

除了上述这些有组织的秘传形式的教育之外，在大多数没有文字的非洲社会中，更多的教育活动是非正式的。在非正式教育中，父母对儿童的教育承担首要的责任。他们向孩子灌输良好的习惯、规范和价值观，把家庭作为"学校"。婴儿的教育由母亲全权负责，主要通过哼唱摇篮曲的形式进行。在孩子开始牙牙学语时，母亲会以歌谣的形式教孩子正确的发音，并让孩子了解所有重要的家庭成员。孩子能说话了，大人就会以自然随意的方式让孩子了解自己的生活环境。婴儿阶段过后，父母就开始教育孩子正确的生活习惯，如正确的坐姿和走姿。在儿童期，教育的重要形式是游戏。一些游戏是在模仿成人世界，如过家家、战斗等；一些游戏则具有锻炼身体的价值，如舞蹈、跑步、摔跤等。这时，父母会分别负责男孩和女孩的教育。他们在劳动中把孩子带在身边，以便他们观察和模仿，并随时向他们传授必要的知识。

家庭教育一直持续到孩子参加成年礼，能够离开父母独立生活为止。社群中其他成人对父母的教育起辅助作用。社群中的所有长者都可以在必要的时候扮演家长的角色，对青少年进行教诲、批评、建议和奖惩。在乌干达西部的班雅鲁古鲁人（Banyaruguru）中，如果一个成人年对青少年教育漠不关心，那么人们就会认为他与整个共同体为敌，甚至会给其打上巫师或巫婆的标记。这说明，儿童的抚育在非洲传统社会中是一种集体责任。

非洲传统教育是基于非洲文化传统的，其文化模式也是传递社会规范与价值观的工具。这些文化模式包括民间传说、诗歌、谚语、音乐、舞蹈、节日、典礼，等等。

如前所述，口传文化是撒哈拉以南非洲这一时期的主要文化形态。这些

---

① ［肯尼亚］乔莫·肯雅塔：《面向肯尼亚山》，陈芳蓉译，100 页，杭州，浙江工商大学出版社，2018。

口传文化内容丰富,是自然、生产、技术、宗教、哲学、政治、伦理、巫术、仪式、教育、艺术、历史等方方面面知识的综合,储藏着社会生活各个领域的文化信息,具有很强的经验性、生动性和示范性,能够发挥重要的教育功能。① 有历史学家描述了一名年轻的贵族是如何在口传文化的熏陶中成长的:

> 至于年幼的霍朗,他总是在父亲家里度过童年,不出村。在村里,他出席各种会议,倾听大家讲故事,并尽量记在心里。在同龄伙伴晚间聚会时,每个孩子都要复述他听到的故事,无论是历史故事还是创世传说(对后者的内容却不能完全领会)。7岁以后,他自然成为村里秘密会社的一员,开始接受秘传……
>
> 当老人在集会上讲述一段创世传说时,常常发挥故事的象征性含义,以适应听众的性格特征和理解能力。他可以使之成为仅有一种寓意的奇异故事,以适合孩子的需要;也可以使之成为一堂关于人的本性及其与不可见的世界关系的深奥课程。各人都按照自己的天资予以记忆和理解。
>
> 历史故事的讲述也是如此。历史故事给集会以生命和灵魂,故事对先辈的丰功伟绩、本地的英雄男士描绘得栩栩如生。过路的陌生人要讲述外地的故事。所以,孩子们便经受着一种特殊文化环境的熏陶,并在记忆允许的条件下吸收这种文化。他的童年是以历史、故事、童话、谚语和箴言为标志的。②

除口传文化外,其他非文字文化形式,如音乐、舞蹈、雕塑、仪式等同

---

① 李保平:《传统与现代:非洲文化与政治变迁》,8页,北京,北京大学出版社,2011。
② [布基纳法索]J. 基-泽博:《非洲通史》第一卷,142页,北京,中国对外翻译出版公司,1984。

样具有文化功能与教育功能。值得注意的是，每一种文化形式其功能都不是单一的。以舞蹈为例，作为一种有节奏的身体运动，它无疑起到体育与美育的功能。与此同时，舞蹈在非洲传统社会也是一种集体性活动、仪式性活动，起着沟通人神的作用，具有宗教教育、道德教育的功能。

　　尽管在传统非洲教育中，幼儿时期的启蒙教育与成年礼前同龄组的丛林集训非常重要，但实际上教育是贯穿一生的。"在巴富尔地区，一个人在 42 岁之前都应在生活的学校里，除特殊例外，无权在集会上讲话。他应继续学习并加深自 21 岁秘传以来获得的知识。到 42 岁，人们便相信他青年时代以来接受的教诲已融会贯通。他有权在集会上演讲，转而成为教师，以便将从社会取得的知识交还社会。但是，如果他希望继续向长者学习并恳请指教，教师身份对此毫无妨碍。一位老人，为求得更多知识或寻求忠言，总能找到比自己更老更聪明的人。"①肯雅塔描述了基库尤人的传统教育，他同样认为，教育"从生始，至死终，伴随着人的一生。孩子须经过不同阶段的年龄组，每个阶段都有特定的教育体制与之相匹配"②。

　　非洲传统教育基于非洲人千百年积累起来的本土知识，是对来自不同领域的挑战的回应。严酷的自然环境和初级的生产方式，使得生存成为教育的主要目标。每一种习得的技能、知识或态度都是为了保护和获得食物或居所，保证人的顺利再生产。同时，非洲传统教育还希望实现社会的团结与共识，保持共同体的文化传统，保护领地，灌输集体至上和社群生活观念，让年轻一代为进入成人角色做好准备。

　　毋庸置疑，在保持经济、社会和文化结构及其稳定性方面，传统教育是成功的、有效的手段。它能够让青少年做好准备，适应物质世界和精神世界，

---

　　① ［布基纳法索］J. 基-泽博：《非洲通史》第一卷，141 页，北京，中国对外翻译出版公司，1984。

　　② ［肯尼亚］乔莫·肯雅塔：《面向肯尼亚山》，陈芳蓉译，90 页，杭州，浙江工商大学出版社，2018。

也可以让他们为劳动和工作做好准备。说它成功与有效，表现之一是，青少年经过技能培训，逐渐成长为具有生产能力的对社会有用的人。同样地，传统教育有助于增进良好的人际关系，舒缓社会压力。通过传统教育，年轻一代会养成集体主义观念，学会个人利益服从集体利益，从而在家庭、氏族和部族中发挥自己应有的作用。此外，传统教育在保存文化遗产上也发挥了巨大的作用。通过教育，经过时间检验的知识、技能、习俗代代相传。通过教育，年轻人学会欣赏，并忠实于祖先留下的遗产：他们的语言、规范以及诚实、慷慨、勤勉、好客等价值观。青少年在理解和欣赏文化遗产的基础上，会将它传递给下一代。通过这样一种方式，部落生活方式的连续性得到保障。

当然，非洲传统教育也存在明显的不足。一大缺点是它几乎只关注自己的部落和共同体，而对外部世界缺乏准备。随着西方教育的传入，非洲传统教育的这一缺点清晰地暴露出来。"部落教育不是一种为了变化的教育"①；它要求一致，而不是个性或创造性；它教导严格服从老一辈的规矩和权威，而这些规矩与权威并不总是有基础的，于是当传教士将他们的学校带到非洲时，那些想与众不同的人找到了"庇护所"，就像尼日利亚文学家钦努阿·阿切贝(Chinua Achebe)在小说《瓦解》中所描述的那样。

---

① Jakayo Peter Ociti, *African Indigenous Education as Practised by the Acholi of Vganda*, Nairobi, East African Literature Bureau, 1973, p.107.

第十二章

中古时期拉丁美洲的三大文明与教育

　　早在西班牙人到达之前，美洲大陆就已经有了达到一定文明程度的古代文化，最具代表性的就是发祥于中部美洲和安第斯中部地区的三大文明和两大帝国，即今中美洲和尤卡坦半岛的玛雅文明、今墨西哥的阿兹特克文明和今南美洲的印加文明，以及阿兹特克和印加两大帝国。三大文明中心都继承了古代美洲悠久的文化传统及成果，有一些共同的特征：首先，以玉米为主的农耕文明发展到相当高的水平；其次，政治和社会组织发展已较为复杂，城市成为文明的中心；最后，在文化、艺术、科技等领域取得了杰出的成就。除了这些共同特征之外，三大文明中心又各自有不同的发展方向，呈现出不同的发展样态。例如，玛雅在文字、数学、天文历法和建筑方面建树卓著；阿兹特克尚武，试图建立军事强国；印加凭借其社会组织及管理在安第斯高原创建了古代美洲的宏伟帝国。[①] 在不同的发展方向下，三大文明又孕育出不同的文化和教育样态。

---

　　① 林被甸、董经胜：《拉丁美洲史》，13 页，北京，人民出版社，2010。

第一节 玛雅的文明与教育

玛雅文明位于中美洲，包括今尤卡坦半岛、危地马拉、伯利兹、墨西哥南部地区、洪都拉斯西部地区和萨尔瓦多等地，总面积约有 32.4 万平方千米，鼎盛时期人口总数有八百万至一千万①，是古代美洲三大文明中最早的一个，也是唯一延续三千余年并保有自己文字记录的印第安文明，是世界文明史的一块瑰宝。

一、玛雅的政治与社会

中美洲的地理条件较为复杂，主要地形是南部环太平洋沿岸平原地带、中部高原和北部低地。史学界一般将玛雅文明分为三个时期，分别是前古典时期(约公元前 1200—公元 250)、古典时期(250—900)、后古典时期(900—1524)。② 前古典时期，玛雅地区的定居农业发展成为多元社会，形成了一定的统治制度，一些王国发展兴盛或走向衰落。古典时期是玛雅文明迅速发展和繁盛的阶段。8 世纪玛雅文明达到鼎盛，形成了政治力量中心。据记载，当时在玛雅地区有 60 多个独立王国，以及数百座小型市镇和村落。这一时期，玛雅还建立了贸易中心，之后这些贸易中心逐渐发展成由国王统治的城邦。到了后古典时期，有些王国十分兴盛，但发展程度无法与古典时期相比。后来国王们失去了对国家的控制，豪族并起，冲突不断，分裂活动大肆蔓延。

---

① [美]林恩·V. 福斯特:《探寻玛雅文明》，王春侠、宗巍、阴元涛等译，65 页，北京，商务印书馆，2007。

② [美]吉尔·鲁巴尔卡巴:《玛雅诸帝国》，郝名玮译，4~6 页，北京，商务印书馆，2015。对于玛雅历史的分期，学界有不同的观点。李春辉在《拉丁美洲史稿》中将玛雅历史分为南部玛雅时期和北部玛雅时期。希尔瓦纳斯·摩里(Sylvanus G. Morley) 在《古代玛雅》(The Ancient Maya) 中将玛雅历史分为前古典时期(公元前 1500—公元 317)、古典时期(317—889)、后古典时期(889—1697)。参见李春辉:《拉丁美洲史稿》，22 页，北京，商务印书馆，1983。

随着西班牙殖民者的到来，后古典时代终结。

　　总体来看，玛雅城邦主要实行一种与宗教紧密结合的专制神权政治。国王被视为神的代表，可与神灵沟通，同逝去的祖先交流，是集宗教权威与政治权力于一身的超凡存在。国王通过出神冥想或其他形式与神灵和祖先交流，进而决定城邦各项事宜。考古研究证明了玛雅偶像崇拜从神到人的转变，一些石碑、雕刻、壁画等描绘了国王出席盛大庆典、接受贡品和处置俘虏的情形，有的石碑还刻有时间、地点和参加者，彰显了统治者的至高权力。①

　　由于缺乏史料，目前对玛雅具体社会结构了解甚少。有学者认为，玛雅社会存在着阶层的划分。处于社会顶端的是国王，之下是贵族组成的统治集团，包括祭司、官吏和高级武士。祭司是玛雅社会的重要阶层，他们通晓天文历法和象形文字，主持宗教仪式，指导农事，享有极高的社会地位。祭司常常由贵族的长子担任，需要通过专门的培训。他们代表了玛雅社会的知识阶层，玛雅文字依靠他们来传承，玛雅文明依靠他们来延续。贵族之下是社会的中等阶层，主要是掌握专业技术的工匠，包括书吏、画师、乐师、雕刻工、建筑师等。他们通过双手为玛雅文化的建构贡献力量。在此之下是人数众多的普通农民，他们居住在距离宗教中心较远的郊外，一般以家族为单位，由酋长直接管辖。农民需要向国王缴纳贡赋和服劳役。最后是处于社会最底层的奴隶阶层。② 在祭祀大典上，俘虏（尤其是被俘的贵族）常常被当作牺牲祭祀神灵，或在征战时被杀以鼓舞士气。

二、玛雅的文化与科技成就

　　尽管玛雅从未在政治上形成一个统一的国家，但在文化上却形成了一个统一体，不同族群在建筑、历法、文字、艺术以及宗教思想和世界观方面表

---

① 林被甸、董经胜：《拉丁美洲史》，19页，北京，人民出版社，2010。
② 林被甸、董经胜：《拉丁美洲史》，19~20页，北京，人民出版社，2010。

现出比较显著的共性。玛雅象形文字见诸石碑、木刻、壁板、阶梯、长凳、门槛等,是人类探索玛雅文明轨迹的珍贵资料。

(一)宗教与世界观

玛雅人信奉一种神秘的宇宙观,认为世界分为上界、中界和下界。上界是天堂,是诸神灵的活动空间,分为 13 层,每层皆有神灵主管。下界是地狱,为死亡之神掌管,分为 9 层,每层有各自的神。上界和下界之间是人类的活动空间,大地中央有一棵神树通天入地,将上中下三重世界连接起来。死者的灵魂通过神树或升入天堂,或下到地狱;上界的神灵也借助神树下达人间,帮助人类消灾除魔。帕伦克遗址帕卡尔国王石棺盖板上的雕刻画,形象地刻画了玛雅人的这种宇宙观。[1]

有着神秘宇宙观的玛雅人信奉多神论,认为万事万物都充满神性,就连数字、日期、年龄、性别以及各行各业都有保护神。玛雅人信奉的主要神灵有天神、雨神、太阳神、羽蛇神、玉米神、月亮女神、北极星神、战神、死神等。[2] 宗教仪式是玛雅人日常生活的一部分。各个阶层的人都在宗教仪式中有所祈求:贵族阶层祈求神的指引和赐福;农民阶层根据玉米生长的周期按时上供,以求丰收;工匠们的工具上常刻画着一些图案,提醒他们勿忘宇宙的超自然之力;等等。由此可见,宗教对于玛雅人而言是一种具有预示和提醒功能的教育和警示。玛雅人的这种将人类世界与超自然世界融为一体的宗教观和世界观也体现在其社会文化生活的方方面面,尤其是在数学、天文历法、文字、雕刻与建筑领域。

(二)数学

玛雅文明拥有独特先进的数学体系,其中最为重要的是"0"的概念和二十进位制。玛雅人最早发明了数学中的"0"这一复杂概念,这要早于欧洲数百

---

① 林被甸、董经胜:《拉丁美洲史》,23 页,北京,人民出版社,2010。
② 林被甸、董经胜:《拉丁美洲史》,23 页,北京,人民出版社,2010。

年。玛雅人使用一种"点—线"记数的方法，使记数和运算变得便捷。贝壳图形(横着的椭圆形状)表示"0"，其他数字则使用代表1的圆点和代表5的横线来表示。这样通过圆点、横线和贝壳图形，可以表现任意数值(见图1)。此外，后古典时期《德累斯顿古抄本》里的乘法表证明了古玛雅人已经使用自创的数字进行运算了。① 与世界上许多民族使用的十进位制不同，古玛雅使用二十进位制——以20为基数，不同数位代表不同的数值。这种运算制用上了人所有的手指和足趾。玛雅人不从右到左移位增加数位值，而是从下向上移位叠加数字。

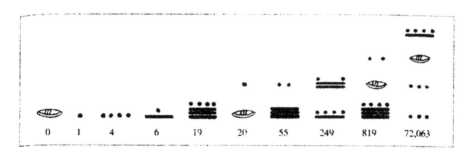

图1　玛雅人二十进位制计数法示例

这样，通过创造"0"以及数位、数值的概念，玛雅人在商业、天文历法等方面走在当时人类科学与文明的前列。

(三)天文历法

玛雅人把对数学知识的理解应用到天文学，创立了古代美洲最为精确的历法。玛雅人的历法主要有三种，即260日历、365日历和长纪年历。

260日历是最古老的玛雅历，为神历。每年有260天，由20个神灵图像和1至13的数字，不断组合循环。大概相当于20天是一个月，一年共分13个月，这样正好一轮是260天。每个月由20个神灵来轮流主司，每一天都安

---

① ［美］吉尔·鲁巴尔卡巴：《玛雅诸帝国》，郝名玮译，102页，北京，商务印书馆，2015。

排相应的宗教仪式。国王们使用这一历法来做各种规划和决定，如选择某个吉日开战或者举行某个仪式等。

365日历相当于太阳年。在这种历法中，每个月20天，共有18个月，另加5天作为禁忌日(Wayeb)，共计365天。禁忌日被认为是不吉利的时段，在这期间，下界的妖魔鬼怪会来到人间兴风作浪。① 365日历主农事，按农时给各个月份命名，如"楚恩"(播种月)、"摩尔"(收割月)、"托克"(烧荒月)等。②

长纪年历是一种非周期性的历法，跟现代历法一样，从一个固定时间点一天一天向前(或向后)推算。玛雅人认为长纪年历的起点是世界诞生的那一天，这一天相当于现代历书上的公元前3114年8月11日，这一天是5128太阳年大周期的开始。大周期的最后一天——长纪年的终结日——是2012年12月21日，新一轮周期将从这一天开始。③

另外，玛雅人还能精确地预算太阳、月亮和行星运行的轨迹和日期，并将日期刻写在神庙墙壁和石碑上，或绘制在陶器上。《德累斯顿古抄本》中记载着关于玛雅人观测日食、月食，推测日食、月食及其他行星(包括木星、火星、土星和水星)"会合"周期的记录。④ 这表明玛雅人十分在意计时。

玛雅人相信历史轮回，认为历史会循环往复、一再重现，这与前文提到的玛雅人的世界观有关。在玛雅人看来，吉凶祸福是在神灵支配下不断重现的现象，而时间是循环往复的周期，只要掌握了历法与周期，就可以未卜先知，并通过各种祭祀和宗教仪式来避免祸患。

① [美]吉尔·鲁巴尔卡巴：《玛雅诸帝国》，郝名玮译，105~106页，北京，商务印书馆，2015。
② 林被甸、董经胜：《拉丁美洲史》，25页，北京，人民出版社，2010。
③ Robert J. Sharer and Loa P. Traxler, *The Ancient Maya*, Stanford, Stanford University Press, 2006, pp.110-112.
④ 肖石忠：《看得见的世界史：玛雅》，46页，北京，石油工业出版社，2018。

(四)文字

玛雅文明的伟大成就也体现在自创的书写体系上。关于玛雅文字，目前学者们难以确切地判断它源自何处、始于何时。考古发现，公元前400年玛雅就已经有了最初的文字，并于公元初年左右形成了相对完备的文字系统。① "罗伯特·J. 谢勒在《玛雅文明中的日常生活》里写道：'不管这文字源自何时、何处，对书写方式的掌握很快就被玛雅的统治者们——特别是前古典时期晚期玛雅地域南部地区一些国家的统治者——用于政治目的并成了早期文明的一大特征……他们创造了新大陆前哥伦布时期最复杂的书写方式。'"②这种书写方式就是象形文字。象形文字主要采用三种符号，即语音符号——字母符号和音节符号；表意符号——表达完整的词的符号；部首符号——说明单词的意思但不读出的符号。③ 玛雅祭司是掌握象形文字最多的人，他们不但能读懂玛雅的象形文字，而且能够书写和雕刻象形文字。

玛雅的象形文字主要雕刻在石碑、石柱、墙壁、过梁、门楣等建筑物或者彩陶、骨制品、玉制品等器物上，也大量书写在纸上。例如，著名的科潘"象形文字梯道"高30米，其90级阶梯刻有2500多个象形文字。④ 玛雅的纸张主要是用一种经由石灰浸泡的树皮或鹿皮压制而成，可折叠或用绳子串联成书。16世纪初西班牙殖民者侵占尤卡坦半岛时，玛雅古抄本几乎被烧尽，只有三本手抄本和一本残本幸免于难，分别是《德累斯顿古抄本》《马德里古抄本》《巴黎古抄本》和《格罗利埃古抄本》。⑤

玛雅的象形文字表述内容丰富，涉及天文、历法、宗教、历史、神话、统治者的生平事迹以及武士和工匠生活等。工匠们通常会在石碑、石柱上刻

---

① 林被甸、董经胜：《拉丁美洲史》，26页，北京，人民出版社，2010。
② [美]吉尔·鲁巴尔卡巴：《玛雅诸帝国》，郝名玮译，99~101页，北京，商务印书馆，2015。
③ 马骥雄：《外国教育史略》，63页，北京，人民教育出版社，1991。
④ 林被甸、董经胜：《拉丁美洲史》，26页，北京，人民出版社，2010。
⑤ 这些古抄本是以其当今所在的城市命名的。

写并绘图记录下某位国王的英勇事迹,或者记录一些重大事件。祭司也会跟踪观察恒星和行星的运行轨迹,记录季节变化,用以预报日食、月食等天文现象。另外,还有一些象形文字和金字塔神庙等建筑有关,带着明显的宗教意味。今天我们能够看到的四部手抄本就记录了很多和宗教有关的信息。

(五)雕刻与建筑

玛雅的工匠在雕刻与建筑艺术领域积累了丰富的经验和知识。工匠用滚木将石料拖至作业地点,然后用石斧进行初加工,再将其表面磨平,之后开始雕刻。工匠先要画上网格、打出情境和象形文字的粗样,再一点一点进行精细地雕琢和打磨。工匠使用的工具是用黑曜石、贝壳和骨头制造的——将黑曜石磨尖,把贝壳和骨头制成弧形,供雕刻作业用。①

玛雅人对于天文历法的关注与其宗教、世界观有紧密联系,因而他们在祭祀场所精心设计并建造了恢宏高大的天文观象台,用来观察太阳和月亮的周期、恒星和行星的运行轨迹、日食和月食现象等。同时,广场上的神庙、金字塔和其他建筑物也都经过精心设计,可用于天文观察。

金字塔和神庙具有教育意义。玛雅人在高台上建造金字塔,有些金字塔阶梯雕刻着记录战争或重大事迹的象形文字,目的在于提醒人们勿忘历史。例如,纳兰霍有一阶梯提醒居民别忘记他们是被卡拉科尔人打败的。② 神庙建在金字塔最高一级的平顶上,仅对国王和祭司开放。有些神庙是国王墓,上面的象形文字和饰图一般是颂扬埋葬于此的统治者,记载王朝的传承更迭,或者公开宣告国王的统治来自神授。还有一些神庙是国王举行宗教仪式和节日庆典的地方,常常绘有举行血祭或膜拜某些神灵的场景。③ 这些都是在以某

① [美]吉尔·鲁巴尔卡巴:《玛雅诸帝国》,郝名玮译,97~98页,北京,商务印书馆,2015。

② [美]吉尔·鲁巴尔卡巴:《玛雅诸帝国》,郝名玮译,82~83页,北京,商务印书馆,2015。

③ [美]吉尔·鲁巴尔卡巴:《玛雅诸帝国》,郝名玮译,83~84页,北京,商务印书馆,2015。

种形式警示和提醒后人，因而具有某种教育意义。

三、玛雅儿童的成长与教育

玛雅人很重视婚姻，认为婚姻是繁衍后代、繁盛族群的重要方式。他们的婚姻有时甚至会在襁褓或孩提时代就被长者确立下来，等参加成人仪式之后正式结婚。① 建立婚姻关系的男女双方通常来自同一阶层，也往往是同一市镇的人，婚后重要的生活内容就是生养和教育子女。

(一)儿童的成长

玛雅人很爱孩子，女子一结婚就会向生育女神祈祷并献祭，以求多生多育。

与玛雅其他诸多事物一样，在玛雅人看来，孩子的命运也是由宗教历法决定的。尤其在尤卡坦地区，孩子的名字由祭司来取。究竟取什么名字主要取决于祭司对婴儿的预言。一般情况下，祭司会根据出生日期和对孩子性情的预测，结合神意来取名。如果孩子出生在神历中的某个不吉利的日子，祭司会将婴儿的生日改在一个吉利的日子。

婴儿出生后将受到百般呵护。迭戈·德·兰达在《尤卡坦纪事》中记载，玛雅的儿童会在家庭受到长期的照顾，拥有幸福的童年："头两年，他们长得十分可爱，胖乎乎的……整个童年时期他们都高高兴兴，无忧无虑，活泼可爱。"孩子们会自由地在母亲身边追逐嬉戏。这一状况持续到四五岁时举行的童年仪式。② 在童年仪式后，孩子们开始穿戴衣服和饰品，女孩穿短裙，男孩围缠腰布、穿斗篷。迭戈·德·兰达写道："这时用一颗小白珠子串在男孩的头发上，他就开始跟着父亲干活了。用一条带子系在女孩腰间，带子上挂只

---

① Robert J. Sharer and Loa P. Traxler, *The Ancient Maya*, Stanford, Stanford University Press, 2006, p.676.

② [美]吉尔·鲁巴尔卡巴：《玛雅诸帝国》，郝名玮译，136 页，北京，商务印书馆，2015。

红贝壳以示童贞。"这些物件是童年标识，待到成年时会除去。①

完成从童年向青春期的过渡之后，玛雅少年还会经历一次被称为"众神下凡"的青春期仪式。② 祭司会在神历中择定最佳日期为这一阶段的适龄者举行盛大庆典。在盛典中，祭司会作法驱魔，盛典仪式结束便意味着少年进入了成人阶段，可以安排婚姻事宜了。此时，女孩继续住在家里；男孩则与家人分开，移居到郊外的集体驻地，白天与父亲一起工作，晚间回到集体驻地休息。直到结婚之后，男孩才结束集体生活。

(二)儿童的教育

血缘关系决定了玛雅人的社会地位和在社区活动中所承担的职责。虽然不清楚是否所有的贵族成员都有文化，但可以确定的是，受教育是贵族阶层的特权。玛雅的文字、历法、神话、占卜知识都掌握在祭司手中，祭司和贵族办的学校也是专门为培养祭司和贵族子弟服务的。那些有发展前途且血统高贵的孩子在学校中学习深奥且深受尊崇的知识——天文学、神话历史学、占卜术、宗教仪式、医药，并接受强化训练和教育，为未来主持宗教仪式或继承上层社会地位做准备。

进入学校的男孩会住在学校，也会学习仪式典礼的舞蹈和作战技能。至于玛雅女孩是否可以进入学校接受教育或学习读写我们不得而知，但一些古代艺术品证实了一些玛雅女性是能读会写的。③

普通民众子弟的教育多由家庭来负责。家庭对于玛雅儿童的成长非常重要，孤儿有时会沦为奴隶并成为人祭的牺牲品。④ 家庭教育其实从婴儿一出生就开始了。祭司会在专门的命名仪式上为儿童取名，数月后举行一种被称为

---

① [美]吉尔·鲁巴尔卡巴:《玛雅诸帝国》，郝名玮译，136 页，北京，商务印书馆，2015。

② [美]吉尔·鲁巴尔卡巴:《玛雅诸帝国》，郝名玮译，136 页，北京，商务印书馆，2015。

③ [美]吉尔·鲁巴尔卡巴:《玛雅诸帝国》，郝名玮译，135 页，北京，商务印书馆，2015。

④ [美]林恩·V. 福斯特:《探寻玛雅文明》，王春侠、宗巍、阴元涛等译，458 页，北京，商务印书馆，2007。

埃茨梅克(hetzmek)的仪式，以表明儿童可以由母亲背着了。① 举行仪式时，会在祭坛上放置九样物品②，每样物品代表儿童未来的某个方面。③ 例如，如果父亲是石匠，那么他为孩子准备的其中一件物品就可以是一把小凿子，表示孩子未来会跟随父亲学习技艺。在仪式上，教父和教母会依次向不知事的儿童说明每样物品的含义，之后将儿童交给他的父母。

大量的考古和研究证据表明，同一血统的家族往往控制着某些职业。前文提到的祭司贵族子弟自然是继承那些颇受尊崇的职位，工匠和农民也常常子承父业。据史料记载，在古典时期以血统关系为基础的社区里，居住者几乎都是书吏和艺术家。④ 这种按照宗族和血缘关系进行的职业定位使得教育在许多方面变得比较容易。玛雅人在继承职业之后，基本上就成为大家庭的学徒，学习家族长辈的职业经验。除此之外，父母会在思想上教育和管理子女，让其学会一些传统的家务以及农耕技巧。根据性别，父母会教授子女不同的内容。女孩更多地跟随母亲学习烹饪，如学习使用传统的磨石和磨盘碾磨玉米，或者学习照料菜园。男孩则从小就跟着父亲或其他长辈学习各种技艺，如学习使用黑曜石、贝壳和骨头进行雕刻，或者学习如何将树皮制成纸。⑤

据一份古典时期文献记载，有年轻人从一座附属城镇被送往附近的首都接受书吏职业培训，这表明玛雅可能存在某种类型的职业学校。⑥ 但一般情况

---

① 该仪式在女孩三个月大时举行，因为三个月象征着做成火塘的三块石头，而火塘是玛雅女性活动的中心；在男孩四个月大时举行，因为四个月象征着玉米地的四个角，而玉米地是玛雅男性活动的中心。参见 [美]吉尔·鲁巴尔卡巴:《玛雅诸帝国》，郝名玮译，135~136 页，北京，商务印书馆，2015。

② "九"代表上界九重。

③ [美]吉尔·鲁巴尔卡巴:《玛雅诸帝国》，郝名玮译，136 页，北京，商务印书馆，2015。

④ [美]林恩·V. 福斯特:《探寻玛雅文明》，王春侠、宗巍、阴元涛等译，459 页，北京，商务印书馆，2007。

⑤ [美]吉尔·鲁巴尔卡巴:《玛雅诸帝国》，郝名玮译，98 页，北京，商务印书馆，2015。

⑥ [美]林恩·V. 福斯特:《探寻玛雅文明》，王春侠、宗巍、阴元涛等译，459 页，北京，商务印书馆，2007。

下，如前文所言，玛雅普通民众子弟多在家庭内部接受教育。大多数市镇可能也有那种集中在一起从事不同行业(如雕刻匠、书记员)的家庭，但行业知识依旧是在家庭内传承的。

除了技艺传授之外，玛雅儿童也会从小接受道德和品行教育。儿童会被教育时刻注意诚实、谦逊，注意尊卑。在玛雅法律中，普通人如果穿戴了贵族阶层才能享用的鸟羽或贝壳首饰，会受到严惩；儿童如果对长辈不诚实、不谦逊，不注意尊卑，也会受到惩戒。

第二节　阿兹特克的文明与教育

阿兹特克文明是墨西哥谷地的阿兹特克人创造的印第安文明，主要分布在今墨西哥的中部和南部。现今墨西哥城中心广场还保存着一处集中体现阿兹特克文明成就的神庙废墟，令人叹为观止。在以军事武力著称的背后，文明和文化发展水平较高的阿兹特克也有着灿烂的科学文化和系统的教育制度。随着考古发现与研究的推进，阿兹特克文化与教育的神秘面纱也不断被掀开。

一、阿兹特克的政治与社会

阿兹特克人约在 1218 年来到中美洲墨西哥谷地，经过与墨西哥谷地一些颇具实力的氏族部落的战斗，于 1325 年在特斯科科湖地区建立了特诺奇蒂特兰城。15 世纪上半叶，在蒙特祖玛一世(Montezuma Ⅰ，1398—1469)的统治下，阿兹特克进入社会繁荣和文化发展时期。[①] 15 世纪中期控制整个中美地区时，阿兹特克文明的发展开始变得缓慢。1519 年西班牙人科尔特斯率军征

---

① 马骥雄：《外国教育史略》，64 页，北京，人民教育出版社，1991。

服墨西哥，阿兹特克文明彻底走向衰落。①

新近的研究发现，在西班牙征服者到来时，阿兹特克社会可能同时存在部落社会和民主社会②两种形态。首先，阿兹特克是一个有严格阶层区分的部落社会。国王既是大祭司，又是最高行政长官和军事首领。国王之下的统治阶层是享有各种特权和土地的祭司、官吏等。祭司作为神灵的代言人，通晓天文、数学、占卜等；官吏主要是一些军事和行政首领，他们从国王那里得到大量土地和贡赋赏赐。被统治阶层主要是手工业者、农民、商贩等，他们是阿兹特克社会的生产者和服务者，向上缴纳贡赋，并为氏族或部落的公共工程出力。处于社会最底层的是奴隶，主要是战俘和罪犯，他们没有任何权利可言，日常从事各种繁重的劳动，祭神时被作为活祭的牺牲。

其次，在阶级界限明显的同时，阿兹特克社会继承了历史悠久的公社或村社传统，就是所谓"公有制传统"，而这是墨西哥社会的基础。阿兹特克的社会组织结构主要以血缘和家族关系为基础，大体上可以分为四层：家族、氏族、部落和部落联盟。③ 个人是家庭的成员，家庭属于一个家族或氏族。多个氏族组成一个部落，每个部落自行管理自己的事务。部落原是简单的农业公社的产物，后来经过联盟和征战逐渐变成了复杂的正式组织——人口众多

---

① ［美］丹尼斯·舍曼、A.汤姆·格伦费尔德、杰拉尔德·马科维茨等：《世界文明史（第四版·精装本）》，李义天、黄慧、阮淑俊等译，267页，北京，中国人民大学出版社，2011。

② ［美］乔治·C.瓦伦特：《阿兹特克文明》，朱伦、徐世澄译，110页，南京，译林出版社，2013。关于此观点，学界有不同的看法：多数西班牙编年史家以及19世纪的一些西方史学家认为阿兹特克人所建立的是与欧洲国家类似的封建王国，社会有君主、贵族、农奴和奴隶之分；以摩尔根为代表的一派学者认为阿兹特克社会仅仅是有血缘关系的部落群体，偶尔结成民主性的部落联盟，并没有发展成王国或国家，也没有私有制和阶级之分。20世纪以来，通过不断的研究，学者们认为这两种观点均未能全面反映阿兹特克社会的复杂情况。参见林被甸、董经胜：《拉丁美洲史》，30页，北京，人民出版社，2010。

③ 虞琦：《阿兹特克文化》，22页，北京，商务印书馆，1986。

和纷争不已的城邦。① 部落联盟是阿兹特克社会的最高组织形式。

在社会管理方面，阿兹特克有贵族议事会。议事会从部落议事会演化而来，由氏族首领组成。阿兹特克最初有 7 个氏族，之后发展到 50 多个。每个氏族设立数位首领，分别掌管宗教、行政、军事等事务。最初的氏族或部落议事会有较大的民主性，但发展到后期，氏族首领多变成世袭贵族，由国王的近亲组成。因此，形式上的议事会实则成为家族世袭的专制机构，阿兹特克也由此成为专制集权国家。②

二、阿兹特克的文化与科技

尽管阿兹特克是通过大量的战争换来发展与繁盛的，但阿兹特克人依然崇尚美好的事物，创造了高水平的文化和文明。他们运用图画和象形文字来记录和表达思想，对数学和天文学有相当的研究，创造了在当时已经非常精确的历法。阿兹特克人也十分重视教育，建立了各种学校培养各个领域的专门人才，甚至在某种程度上建立起较为系统的教育制度。

(一)宗教与世界观

在阿兹特克人的生活中，宗教占据了重要位置。阿兹特克人相信灵魂永生，相信存在至高无上的主宰。他们崇拜自然神，认为人的生老病死、日月星辰的升落、雨雪风霜的降临与消失、四季的变换等都是自然神在主宰，神灵时时刻刻地显示着神性与威力。阿兹特克人信奉的主神是被视为太阳神和战争之神的威齐洛波奇特利(Huitzilopochtli)，除此之外还有雨神、玉米神、羽蛇神等，国王被看作神的化身。阿兹特克的祭神传统是活祭，每年会有数以千计的人成为牺牲。

---

① [美]乔治·C.瓦伦特:《阿兹特克文明》，朱伦、徐世澄译，111 页，南京，译林出版社，2013。

② 林被甸、董经胜:《拉丁美洲史》，30 页，北京，人民出版社，2010。

阿兹特克人相信自然界有自己的规律。按照他们的解释，世界一共会经历五个太阳纪，之后会因太阳神的意志而走向毁灭。因为认为自然界不以人的意志为转移，所以阿兹特克人极其敬畏和崇拜外部的自然力量，试图通过祭拜来取悦自然力量，以消灾避患。这种宇宙观和世界观也直接影响了他们在文化和艺术等领域的表达。

(二)建筑与文字

阿兹特克人在最初的定居地建立了一座宏伟壮丽的城市——特诺奇蒂特兰。城内有街道、广场、坛庙，房舍鳞次栉比，整体宏壮美观。城市的最中心是举行加冕、献贡、祭神的金字塔大庙，两条长长的石阶通向塔顶上两座并列的神庙——红庙供奉着战神，蓝庙供奉着雨神。神庙周围是羽蛇神庙、国王宫殿和贵族学校。① 这些建筑代表了阿兹特克人在建筑方面的杰出成就。

阿兹特克人使用的语言是纳瓦特尔语。随着阿兹特克联盟的实力不断增强，纳瓦特尔语的使用范围也逐渐扩大到墨西哥高原的其他部落。阿兹特克虽然没有创造出系统的文字体系，但是已有原始的文字雏形——图画文字，可以非常形象地表述他们所要记载的事件，这有点像古埃及人使用的象形文字。例如，阿兹特克人有一些约定俗成的符号，他们用脚印表示出行或走路，用盾牌和木斧表示战事，用被捆绑的死尸表示死亡。② 他们会画一块生长着仙人掌的石头表示首都，画一个插着旗子的山丘表示某个市镇。如果他们要记载一个部落遭遇战乱，便会画一座正在焚烧的庙宇或一支箭穿过一群人的胸膛，等等。③ 阿兹特克的图画文字主要描绘和记载一些伟大的胜利、勇敢的武士、人祭仪式，以及日常生活中的重大事件。这些内容通常会被刻在石碑或石块上，比较简单的图画就画在石头上，有着重要意义的图画可能会被刻画

---

① 林被甸、董经胜：《拉丁美洲史》，30 页，北京，人民出版社，2010。

② [美]乔治·C. 瓦伦特：《阿兹特克文明》，朱伦、徐世澄译，202 页，南京，译林出版社，2013。

③ 虞琦：《阿兹特克文化》，31 页，北京，商务印书馆，1986。

在石碑上。如果是比较复杂的事物，他们也会用牛皮或树皮制成的纸来记录，之后将其卷起以利于保存。

借助于这种易懂的图画文字，阿兹特克人编写史书，记录历史事件，并为事件、部落和地方命名。除此之外，他们还按照年代顺序记下了阿兹特克的历史，如征服活动和酋长逝世。① 这对后世了解阿兹特克人的历史和传统有着极其重要的意义。

(三)数学与天文历法

阿兹特克的计数方法也是二十进位制。阿兹特克人用圆点来表示 1 到 20 的数字，用一面旗帜表示 20，两面旗帜表示 40，直到 400。到 400(20×20)时，则用一棵枞树(意为"像头发一样多")来表示。到 8000(20×20×20)时，则用一只大提包来表示，因为它可以装下几乎不可数的可可豆。②

除了计数方式之外，阿兹特克人也制定了相当精确的历法。阿兹特克的历法有两种。一种是按照宗教仪式的日子连续排列的，叫托纳尔波华利历(也被称为教历)。这种历法把一年分为 13 个月，每个月 20 天，共 260 天。另一种是太阳历。太阳历分为 18 个月，每个月都用与农业相关的名字命名，每个月 20 天，另外加上 5 天凶日，共计 365 天。与玛雅人一样，阿兹特克人将这两种历法体系结合起来用于纪年。教历与太阳历配合轮转，每 52 年重合一次。18 世纪末出土的著名的"太阳历石"证明了阿兹特克历法的真实性。该石盘直径 4 米，重约 120 吨，制作极其精细，刻有创世神话与历法，是体现阿兹特克雕刻艺术的杰作。③

---

① [美]乔治·C. 瓦伦特:《阿兹特克文明》，朱伦、徐世澄译，203~204 页，南京，译林出版社，2013。

② [美]乔治·C. 瓦伦特:《阿兹特克文明》，朱伦、徐世澄译，202~203 页，南京，译林出版社，2013。

③ 林被甸、董经胜:《拉丁美洲史》，35 页，北京，人民出版社，2010。

三、阿兹特克的教育制度

阿兹特克人注重教育，从婴儿一出生起，教育便开始了。在进入社会之前，儿童会受到不同程度的教育。在家庭教育之外，阿兹特克人还创办了各种类型的学校，使不同阶层的青少年都能受到相应的教育。另外，阿兹特克还有专门的女子教育。在某种程度上，我们可以说，阿兹特克社会基本形成了系统的教育制度。

（一）家庭教育

无论是公共生活还是私生活，阿兹特克人都会将其与宗教联系起来，家庭教育更是如此。《门多萨手抄本》描写了阿兹特克人从出生到成年再到从事某一职业的各个方面。孩子一生下来，父母便会咨询祭司，了解孩子的生日是吉是凶。四天之后，家庭会举行一次庆祝仪式，一方面庆祝孩子出生，另一方面给孩子取名。如果生日是凶日，按宗教习惯，会将孩子的出生日往后延，把庆祝活动安排在最吉利的日子举行。[①]

在给孩子举行的请求赐福的祈灵庆祝活动上，如果是男孩，父母会把玩具武器和各种工具(如一把小弓或几支小箭)拿给他看，教他如何使用；如果是女孩，父母会用玩具教她如何纺纱织布，或者如何摆放锅、盆以及食物。之后婴儿被高高举起，礼拜四方。取名对家庭而言是非常重要的事。男孩常以出生日、某种动物、祖先的名字或以出生时的某重大事件为名。女孩的名字常常带有"索齐特尔"一词，意为花朵。[②]

父母对儿童负有抚养、教育的责任。阿兹特克人家教严格，孩子一出生就受到必须听话守规矩的教育。《门多萨手抄本》记录了阿兹特克人重视幼儿教育的具体表现。在家庭中，3 岁以下的男孩和女孩由母亲抚养。女孩玩玩

---

① [美]乔治·C.瓦伦特：《阿兹特克文明》，朱伦、徐世澄译，111 页，南京，译林出版社，2013。

② [美]乔治·C.瓦伦特：《阿兹特克文明》，朱伦、徐世澄译，111~112 页，南京，译林出版社，2013。

具，男孩玩武器。3 岁之后开始进行教育，以便使儿童尽早地了解成年人生活的技艺和义务。一般而言，父亲负责男孩的教育，主要是教男孩掌握成年人所需的技能。女孩主要跟着母亲学做她们将要承担的家务活，包括上供、举行家庭宗教仪式、纺织、烹饪等。据记载，阿兹特克的女孩 4 岁开始纺线，12 岁开始打扫卫生，13 岁开始碾磨玉米，14 岁开始织布；男孩 4 岁开始提水，6 岁开始学习捕鱼，14 岁就能独自驾独木舟打渔。①

父母会时常告诫孩子要对神虔敬、服从，教育孩子不要贪婪、撒谎。如果孩子在这些方面犯错，就会受到非常严厉的惩罚。除此之外，父母也会要求孩子学好本领。如果孩子偷懒、不听话，也是要受到惩罚的。② 父母会使用一些惩罚手段：在 8 岁之前，主要是训诫；8 岁以后，犯错的儿童会受到严厉的体罚。下面有一段规诫，是西班牙传教士记录的阿兹特克长辈告诫年轻人要努力劳作和学习的片段：

> 干起来! 伐木，耕田，
> 栽仙人掌，种龙舌兰；
> 你就会有吃，有喝，有衣穿。
> 这样你的腰杆就会挺得直。
> 这样你就会体面地生活。
> 这样你就会得到赞扬。
> 这样你就会风风光光地面对你的父母和亲戚。③

---

① [美]芭芭拉·A.萨默维尔:《阿兹特克帝国》，郝名玮译，129 页，北京，商务印书馆，2014。

② [美]芭芭拉·A.萨默维尔:《阿兹特克帝国》，郝名玮译，114 页，北京，商务印书馆，2014。

③ [美]芭芭拉·A.萨默维尔:《阿兹特克帝国》，郝名玮译，130 页，北京，商务印书馆，2014。

(二)学校教育

阿兹特克人创办了不同类型的学校。孩子的入学年龄不定，可能小至 7 岁，大至 15 岁。也有人认为阿兹特克儿童 5 岁之前会被送进"托儿所"学习，5~10 岁会进入叫作"贝乌卡里"的地方继续接受教育。①

10 岁之后，阿兹特克儿童会进入专门学校接受更专业的知识和技能训练。其中一种专业学校被称为"特尔普切卡利"，意为"青年之家"。这是氏族为其子女开办的一般教育场所，主要教授品行、武器使用、建筑、雕刻、农业等，除此之外还教授阿兹特克的历史、传说，以及一些共同遵守的宗教准则等。②

另有一种学校叫"卡尔梅卡克"，是培养祭司和未来统治者的教育场所。卡尔梅卡克具有某种研究班的特点，由祭司负责，专门传授祭司职责和领导本领。青少年在祭司兼教师的指导下学习祈祷、斋戒和献祭。他们阅读手抄本，学习阿兹特克历史和习俗，学习如何统治和管理社区，以及如何承担对帝国的责任。男孩还要接受武士培训，因为成为武士是所有阿兹特克男性的义务。③ 许多卡尔梅卡克就设在重要的神庙附近④，也有说法认为卡尔梅卡克本身就是附属于神庙的。⑤

卡尔梅卡克主要是针对贵族子弟开办的，但平民子弟如果优秀、有才干，也可以进入卡尔梅卡克学习。男孩 15 岁进入卡尔梅卡克之后，要承担额外的宗教任务。他们要学习天文学、诗歌、写作和算术。有艺术天赋的学生会被

---

① 虞琦：《阿兹特克文化》，31 页，北京，商务印书馆，1986。

② ［美］乔治·C.瓦伦特：《阿兹特克文明》，朱伦、徐世澄译，113 页，南京，译林出版社，2013。

③ ［美］芭芭拉·A.萨默维尔：《阿兹特克帝国》，郝名玮译，92 页，北京，商务印书馆，2014。

④ ［美］乔治·C.瓦伦特：《阿兹特克文明》，朱伦、徐世澄译，113 页，南京，译林出版社，2013。

⑤ ［美］芭芭拉·A.萨默维尔：《阿兹特克帝国》，郝名玮译，92 页，北京，商务印书馆，2014。

指定学习建筑。其他一些人会学习法律或农业知识。① 相较而言,特尔普切卡利更像是专门的学校,只是教学方法比较简单,主要由氏族老人任教。② 卡尔梅卡克更像是一种进行日常教育的补习学校,在这里主要学习的是宗教仪式,由祭司任教。③

除了特尔普切卡利和卡尔梅卡克之外,阿兹特克还有其他几种专门学校。比如有一种被称作"古依卡卡里"的学校,主要培养宗教典礼时的歌舞人员,相当于为宗教典礼培养骨干。还有一种叫"德奥约卡里"的学校,类似于今天的师范学校,主要教授植物医药、天文数学、政治法律和军事技术四门专业,据说只有在卡尔梅卡克毕业的优等生才可进入。④ 另外,阿兹特克还有学校专门培养女祭司,同时教授女童纺织,使其学会用羽毛编织祭司服装。⑤ 由此可以推测,阿兹特克人之所以能够在文化科学领域取得巨大成绩,与其在教育方面付出的巨大努力是分不开的。

(三)女子教育

女性在阿兹特克帝国具有重要的地位。她们除了从事家务劳动之外,还可以从事家庭以外的工作,如当祭司、巫医或者商贩。

对平民阶层女孩的教育和训练大多是在家庭进行的。女孩 4 岁即开始学习纺纱纺线,14 岁开始学习织布。从纺纱、织布、染布到洗衣、补衣、做衣,

---

① [美]芭芭拉·A.萨默维尔:《阿兹特克帝国》,郝名玮译,128~129 页,北京,商务印书馆,2014。

② [美]乔治·C.瓦伦特:《阿兹特克文明》,朱伦、徐世澄译,116 页,南京,译林出版社,2013。

③ [美]乔治·C.瓦伦特:《阿兹特克文明》,朱伦、徐世澄译,113 页,南京,译林出版社,2013。

④ 虞琦:《阿兹特克文化》,31 页,北京,商务印书馆,1986。

⑤ [美]乔治·C.瓦伦特:《阿兹特克文明》,朱伦、徐世澄译,113 页,南京,译林出版社,2013。

这是阿兹特克女性一生都要进行的劳作。① 女孩到十二三岁，差不多都会知道如何碾磨玉米粉，如何用玉米粉做饼，如何烧菜煮饭。

阿兹特克也很重视对女孩道德观、人生观的培养。女孩从小要学会守规矩、服从，要听长辈的话。年轻的女孩不得违背长辈的意愿，工作时不得拈轻怕重。这些对一个女孩而言是非常重要的，因为在阿兹特克帝国，这是女孩能够顺利嫁作人妇的必备要求。

12~15 岁的女孩会进入街区奎卡卡利("歌咏堂")学习舞蹈、唱歌和弹奏乐器。这些才艺对家庭聚会和宗教活动是很重要的。女孩在学习这些才艺的同时还学习文化知识以及长大成人时所应掌握的一切知识。②

一旦成婚，平民阶层的女孩就开始担任妻子的角色。她们日出而作，日落而息。早餐主要做玉米糊糊，这是每天都要喝的，之后就开始洗洗涮涮，打扫卫生，照顾孩子，烧菜做饭，织布缝衣。③

贵族阶层的女孩也要在成长过程中学习如何打扫卫生、织布和做饭，以及唱歌、跳舞和乐器弹奏。贵族家庭的女孩可以选择而平民阶层女孩不能选择的职业是祭司。④ 如果立志要做女祭司，女孩会在很小的时候一边学习女红，一边跟着祭司学习祭拜、占卜等宗教知识。

综上，从家庭到学校、从男子到女子，教育在阿兹特克社会得到了前所未有的重视，出现了某种系统的教育制度。这在那个时代是非常难得的。

---

① [美]芭芭拉·A.萨默维尔：《阿兹特克帝国》，郝名玮译，121 页，北京，商务印书馆，2014。

② [美]芭芭拉·A.萨默维尔：《阿兹特克帝国》，郝名玮译，122 页，北京，商务印书馆，2014。

③ [美]芭芭拉·A.萨默维尔：《阿兹特克帝国》，郝名玮译，122 页，北京，商务印书馆，2014。

④ [美]芭芭拉·A.萨默维尔：《阿兹特克帝国》，郝名玮译，122 页，北京，商务印书馆，2014。

第三节　印加的文明与教育

在南美洲，文化发展得最迅速的是印加。在哥伦布发现新大陆以前，印加帝国的政治、经济和文化体系已经沿着南美洲的西海岸延伸了几千海里。

一、印加的政治与社会

印加人是安第斯高原地带克丘亚族(Quichua)的一支，通用语言是克丘亚语。他们的王被称为"印加"(Inca)，后来便以这个词作为整个民族和帝国的统称。

据传说所述，以库斯科为中心的印加文化起源于第一代印加王曼科·卡帕克，在曼科·卡帕克之后又出现了十二代国王。从 13 世纪初期到 1533 年，印加文明绵延了三百多年。以 1438 年第九代国王帕查库特克·印卡·尤潘基打败进犯的昌卡人为强大帝国奠定基础为界，一般将印加文明分为传奇帝国和历史帝国两个时期。

在克丘亚语中，印加帝国被称为"塔万廷苏尤"，意为"世界的四方"。印加的最高统治者是国王，被尊为太阳神的化身，享有至高无上的教俗权力。国王之下是来自印加王族的祭司，协助国王进行统治。根据所管事务的不同，祭司也分成不同等级。祭司之下是普通官吏，负责日常行政和监管事宜，主要是监管更低等级的农民。印加帝国的经济基础是农业，主要作物是玉米、马铃薯，主要的饲养动物是无峰驼、羊驼。[1]

在森严的等级制度之下，印加帝国实行的是中央集权制，领土分为四大

---

① 马骥雄：《外国教育史略》，66 页，北京，人民教育出版社，1991。

行政区，行政区之下分省，省以下分县，县以下分村，家庭是基本的社会单位。① 印加帝国将大小村落的居民每十人编为一个单位，任命其中一人为"十人长"，负责监管另外九人。五个十人的单位另设一名较高级长官，负责监管五十人。两个五十人的单位再设一名更高级长官，监管一百人。五个百人的单位设一名头领，监管五百人。两个五百人的单位设一名总头领，负责统治一千人。这样就有十人、五十人、一百人、五百人和一千人各级，每级都有长官。下级长官服从上级长官，最高级长官被称为总头领。② 地方长官每隔一段时间要到中央汇报所辖地区的情况，国王也常常巡视各地。

　　印加的土地制度同其他印第安部族一样，属于部落公有制。土地被分成三个部分：一份属于太阳神，称"太阳田"；一份属于国王，称"国王田"；一份属于人民(村社共有)，称"村社田"。在耕地时，需要先耕种太阳田和国王田，最后耕种村社田。而在耕种前两种田地时，要求村社的男女老少都要参与进来，以表示对太阳神和国王的敬畏与忠诚。③

二、印加的文化与科技

　　印加文化的发展有一个非常突出的矛盾，就是它在政治、经济、社会组织和管理等方面高度发达，却没有创造自己的文字，这就在某种程度上限制了它在思想和科学方面向更高的水平发展，也给追溯和研究其历史造成了很大的困难。目前印加人社会生活以及文化教育方面的资料多出自 16 世纪进入

---

①　[秘鲁]印卡·加西拉索·德拉维加：《印卡王室述评》，白凤森、杨衍永译，v 页，北京，商务印书馆，2018。

②　[秘鲁]印卡·加西拉索·德拉维加：《印卡王室述评》，白凤森、杨衍永译，116 页，北京，商务印书馆，2018。

③　村社是印加社会的基层单位，同一村社的成员多共同居住在同一村落，或散居于临近的几个村落。村社田为全村共有，每个家庭有自己的一份，除此之外另划出一份地，其收获作为村落的公共储备。参见李春辉：《拉丁美洲史稿》，34 页，北京，商务印书馆，1983。

南美洲的西方征服者、探险家和传教士之手。

(一)宗教、建筑与医学

与玛雅人和阿兹特克人一样,宗教在印加人的日常生活中也占据着重要的地位。印加人声称自己的祖先是太阳神,还将太阳神崇拜推广至更广泛的地区。在不断征服其他部落氏族的过程中,印加也将被征服者的神灵吸收过来,但这些神灵只能处于从属地位,只有太阳神才是至高无上的。

印加人在首都库斯科建立起宏伟的太阳神庙,以示对神灵和祖先的虔信。神庙全部用打磨过的巨石建造,由一个主殿和几个配殿组成。神庙使用了大量的金箔装饰,故有"金宫"之称。① 除了神庙,印加还以巨石建筑著称。比较知名的巨石建筑有王室大道、萨克萨瓦曼城堡和马丘比丘城堡等。马丘比丘城堡位于安第斯山脉两个山峰之间的山脊上,气势宏伟,从中可以看到印加人在建筑、工程、雕刻等领域的建树。

印加在医学方面也积累了丰富的知识,这可能与帝国经常征战有关。印加人知晓的草药有 600 多种,并且以外科治疗见长。他们能够从树叶中提取可卡因作为麻醉剂,能够使用铜制的小刀处理伤口。他们制作的木乃伊也有很多至今保存完整。

(二)数学与天文历法

印加人的算术水平很高。虽然没有文字,但印加人发明了一种叫"基普"的方法来计数,称"结绳计数法"。"基普"的意思是结出线结或绳结。印加人会按照一定的顺序,在不同的绳子上系出大小不同的结。他们用这些结来记载重大的历史事件、行政区域居民家庭构成及数量、赋税、武器种类和数量、农产品的种类和产量、战争中伤亡的人、每年出生和死亡的人等。凡是可以用数字统计的事务,全都可以用绳结来记载。

为了更准确地记载,印加人会纺出各种颜色的线绳,并赋予每种颜色独

---

① 林被甸、董经胜:《拉丁美洲史》,42 页,北京,人民出版社,2010。

立的含义，如黄色代表黄金，白色代表白银，红色代表士兵等。同一颜色的线绳，印加人会再根据粗细来分类。线绳以个、十、百、千、万的顺序依次扎结，线绳最上端记载最大的数目，即万位，以下记千位，依此类推，直到个位。印加人没有零的概念。越大的数目离主绳越近，个位数距离主绳最远。印加人利用绳结做加法、减法和乘法，利用玉米粒和碎石子做除法。在印加，有专人掌管这些绳结或"基普"，他们被称为"基普卡马尤"（quipucamayu），意思是担负统计职责的人。①

在天文历法方面，印加的历法以月相来计算，分为太阳历和太阴历。两种历法均将一年分为 12 个月，其中太阳历一年计 365 天，太阴历一年计 364 天。

三、印加社会的教育体系

在印加，教育主要是为上等阶层服务的，目的在于通过一系列严苛的身体训练、道德培养、知识学习最终培养王室的接班人和护卫者。普通民众的教育更多是在家庭成长过程中完成的，不存在专门的普通学校教育。

（一）相关法律

目前关于印加王室创办学校的记载，是在印加第六代国王印卡·罗卡时期。当时曾专门制定法律，规定科学知识只能为贵族掌握，平民子女不得学习，免得他们傲慢狂妄，蔑视国家；平民子女只需向父辈学习技能。②

印卡·罗卡国王下令在科斯科建立学校，目的主要有四个。其一是让"阿毛塔"③向印加王子、王室血统子弟和帝国的贵族子弟传授科学知识。传授知

① ［秘鲁］印卡·加西拉索·德拉维加：《印卡王室述评》，白凤森、杨衍永译，391~393 页，北京，商务印书馆，2018。

② ［秘鲁］印卡·加西拉索·德拉维加：《印卡王室述评》，白凤森、杨衍永译，274 页，北京，商务印书馆，2018。

③ "阿毛塔"即教师，意思是哲学家和博学的智者。他们极受尊敬。

识不是教读书识字(印加没有文字),而是通过实践、日常习俗和经验,使王室子弟了解宗教中的仪式、典礼和戒律,懂得法规的道理和根据。其二是让望族子弟掌握治国安邦的才能,学到更多的军事本领,并使他们更有教养。其三是让他们知道时间和年代,根据绳结了解历史和讲述历史。其四是让他们言谈优雅,善于教子理家。教授的内容有诗歌、音乐、哲学和占星等。布拉斯·巴莱拉神父说,这些都是印卡·罗卡国王以法律形式规定下来的。[①]

后来,帕查库特克·印卡·尤潘基以巨大的热情扩建和美化了印卡·罗卡在科斯科城创建的学校,同时增加了教师的数量。除此之外,经他修订的法律规定:领主和将领及其子女,无论从事何种职业的所有印第安人、军人及其下属,一律使用科斯科的语言。只有熟练掌握这种语言的人,才能被赋予管理国家事务的权力和地位。为了使该法律不致沦为一纸空文,国王指定由通晓印第安人事务的人做科斯科城里王公和贵族子弟的老师;并向国内各省派出教师,向所有对国家有用的人传授科斯科的语言,结果是整个王国都说一种语言,而这在某种程度上提升了印加帝国的实力。[②]

(二)王室子弟的考核与教育

有王室血统的青年除了接受基本知识教育,还需通过一系列严格的考核和考验,如此才能被认可。

王室子弟要想被认可为成年人,需要通过严格的军事考核。考核通过便意味着具备武能征战、文能治国的本领,意味着得到公众的认可。对王室子弟而言,这是有关荣耀和尊严的活动。

考试时,年满16岁的印加王族会被关在一个大房间里。房间里有几位年迈的印加王族长者,他们是应试者的老师,在文治武功方面经验丰富,负责

---

① [秘鲁]印卡·加西拉索·德拉维加:《印卡王室述评》,白凤森、杨衍永译,275页,北京,商务印书馆,2018。

② [秘鲁]印卡·加西拉索·德拉维加:《印卡王室述评》,白凤森、杨衍永译,466页,北京,商务印书馆,2018。

考核。① 应试者要进行六天斋戒，以判断他们能否忍受在战争中可能遇上的饥渴。在斋戒中表现得乏力虚弱要求进食者，会被认定为不合格。斋戒之后会考察应试者的身体素质。考核方式是要求应试者从瓦纳考里（印加人尊之为圣山）跑到城里的堡垒，大约是一莱瓜②半的路程。第一名摘得堡垒上的旗或幡的人会被选为队长，前十名到达堡垒的应试者会被认为是矫健且光荣的。奔跑过程中精神不振或气力不支者不合格。③

身体考核后的第二天，应试者会被分为人数相等的两组，进入堡垒中进行攻守搏斗。应试者需要运用一切手段和策略攻占或守住要塞。两组应试者在攻守搏斗时会互换身份，攻守各一天，共进行两天。此外，他们还要睡光地、吃粗食、忍饥饿、打赤脚，并学会适应战争中出现的其他艰难，以便在作战时有所准备，而不是手足无措。

在这些集体演练之后，应试者会继续参加其他项目，包括投掷、射箭、发射武器等，以测试他们的力量和灵活度，以及使用武器的熟练程度。有时考核还会要求应试者站岗守夜，看他们是否能够抵抗睡意，或者用"马卡纳"（macana，像狼牙棒一样的武器）测试应试者的勇气和毅力。除此之外，应试者还需能够自制简易的攻击性武器和防御性武器等。④

除了身体和军事训练，王室子弟还要接受宗教与道德教育。考核时，主持考试的军事教官和导师每天分别对应试者发表一次长篇说教，内容主要包括：回顾太阳的家世，崇敬太阳神；缅怀前辈先烈在建国安邦、文治武功方面创造的英雄历史与事迹；教育应试者在战争中要鼓足勇气，为了国家的至

---

① ［秘鲁］印卡·加西拉索·德拉维加：《印卡王室述评》，白凤森、杨衍永译，433 页，北京，商务印书馆，2018。

② 莱瓜（legua），西班牙长度单位。1 莱瓜大约是 5.5 千米。

③ ［秘鲁］印卡·加西拉索·德拉维加：《印卡王室述评》，白凤森、杨衍永译，433 页，北京，商务印书馆，2018。

④ ［秘鲁］印卡·加西拉索·德拉维加：《印卡王室述评》，白凤森、杨衍永译，433~436 页，北京，商务印书馆，2018。

高荣耀而奋力拼杀;行为处事的过程中要艰苦耐劳,彰显坚强的意志和豁达的心胸;对待穷人和臣民要宽厚、仁爱和温和,要慷慨大度,乐善好施;要秉公执法。① 凡是印加人应该遵循的道义准则,王室子弟必须首先做到,考核者会以此作为评判应试者是否合格的重要标准。

需要指出的是,帝国的继承人也要参加考核,面对更加严苛的要求。关于这一点,印加人的解释是,国王理应在各个方面高人一筹,超越其他人;如果反而不如别人,就有失王室体面。太子只有亲身经历战争的艰难和生活的困苦,才能懂得尊重、感激和嘉奖那些在战争中为国效力的人。在衣着方面,太子在考核期内也必须衣衫褴褛地在公众中抛头露面。印加人认为这会促使太子体谅穷人,有利于他未来成为穷人的爱护者和造福者。②

只有经过这样一系列考验和评定,应试者才会被认可,才有资格接受印加王室的标志,成为真正的印加王室。通过考核之后,应试者会听到国王的训诫,并完成穿耳孔和系围腰布的仪式,之后再被授予鲜花和武器。穿耳孔是至高无上的王室标志,系围腰布是成年男子的标志,授予鲜花意味着他对善良和忠诚的人应该表现得宽厚、仁爱、温和,而被授予的武器一般是钺,印加人称之为"昌皮"(champi),表示希望接受者未来尽职尽责,对敌人、恶人严惩不贷。③

对于参加考核的王室子弟来说,他们最早的、最专业的导师其实是他们的父亲。在他们刚过幼年阶段,父亲便开始对他们进行各种训练,包括身体的训练、军事技能的训练、宗教与道德知识的学习、法律条文的识记等,以便将来他们能够通过考核,成为文能安邦、武能定国的人。

---

① [秘鲁]印卡·加西拉索·德拉维加:《印卡王室述评》,白凤森、杨衍永译,437 页,北京,商务印书馆,2018。

② [秘鲁]印卡·加西拉索·德拉维加:《印卡王室述评》,白凤森、杨衍永译,437~438 页,北京,商务印书馆,2018。

③ [秘鲁]印卡·加西拉索·德拉维加:《印卡王室述评》,白凤森、杨衍永译,440~441 页,北京,商务印书馆,2018。

(三)普通家庭子弟的成长和教育

目前关于印加社会生活及普通家庭子弟成长的第一手资料，来自一位名叫休曼·波玛(Human Poma)的印加酋长。他记述了印加帝国统治之下社会各个年龄段人们的日常生活，其中不乏一些关于平民儿童成长与受教育的事情。

据记载，为了方便统计人口，印加将所有人(无论男女老少)都依据年龄划分为十个层次。

第一个层次是新生儿。婴儿的养育责任主要由母亲来承担，哺乳和养育新生儿是母亲的职责和使命。

在印加，无论是王室还是普通家庭，都没有娇惯孩子的习惯和传统。婴儿出生后，先用冷水清洗身体，然后被包在褓褓里。每天早晨，父母也会先用冷水为婴儿洗身，再用褓褓包裹。父母也常常会让婴儿露宿。据说这样做是为了让孩子习惯于寒冷的环境，学会吃苦耐劳，同时也是为了锻炼孩子的四肢。

在婴儿三个多月时，解开褓褓，松开手臂，把孩子放在摇篮里。印加的摇篮是制作粗糙的四腿小凳，一条腿比其他三条腿略短，便于摇晃，然后在上面绑上一张粗绳编织的网，从网的两边把孩子兜住，再捆扎起来，免得孩子掉下来。①

不管是喂奶还是其他情况，印加人都不把孩子抱在怀里，因为担心这样抱惯了之后孩子就不愿意待在摇篮里，变得总想让人抱，否则就哭。孩子一般都由母亲亲自抚养。② 如果母亲有充足的奶水哺乳孩子，那么在断奶之前不会给孩子喂饭。到了孩子该离开摇篮时，家人会在地上挖一个深及胸部的小坑，用旧布把孩子包裹起来，放在坑里，然后在坑的周围放几件小玩意儿，

---

① ［美］丹尼斯·舍曼、A. 汤姆·格伦费尔德、杰拉尔德·马科维茨等:《世界文明史(第四版·精装本)》，李义天、黄慧、阮淑俊等译，257 页，北京，中国人民大学出版社，2011。

② ［秘鲁］印卡·加西拉索·德拉维加:《印卡王室述评》，白凤森、杨衍永译，257~258 页，北京，商务印书馆，2018。

供孩子玩耍。父母要避免一直抱着孩子。①

由上可知，印加妇女在养育婴儿时非常注重培育其坚强的性格和健康的体魄。

第二个层次是蹒跚学步的幼童。幼童常常由比他们大一些的孩子照看，但母亲依然承担着照顾幼童的主要职责。如果一个孩子是孤儿，那么按照规定，当地社区的每个人都有抚养和监护这个孩子的责任。②

第三个层次是5~9岁的儿童。在此阶段，父母会鞭笞男孩，教育他们守规矩、懂礼节。这些孩子在受到长辈教导的同时也要照顾年幼的弟弟妹妹，或是帮助母亲给新生儿推摇篮。③

在帮母亲照顾婴儿或弟弟妹妹的同时，小女孩有时会帮忙做家务，或是学习纺纱、纺线之类的手工技艺，或是采集药草、酿玉米酒等。④ 对女孩的教育很看重女孩个人习惯的养成和帮助家庭分担家务。

第四个层次是9~12岁的孩子。这个年龄段的男孩的教育一般在户外进行，不必去学校。在印加人看来，为了工作或某种职业而训练男孩是不明智的，因为孩子们只会把训练当作游戏。对于这个年龄段的男孩，大人会给他们指派一些简单的活儿，如照看羊群、编织纱线、猎鸟等。⑤ 女孩则学习采集各种野花和药草。野花的一大用途是给布料染色，营养丰富的药草则可以长期保存。

---

① [秘鲁]印卡·加西拉索·德拉维加：《印卡王室述评》，白凤森、杨衍永译，258 页，北京，商务印书馆，2018。

② [美]丹尼斯·舍曼、A. 汤姆·格伦费尔德、杰拉尔德·马科维茨等：《世界文明史(第四版·精装本)》，李义天、黄慧、阮淑俊等译，264 页，北京，中国人民大学出版社，2011。

③ [美]丹尼斯·舍曼、A. 汤姆·格伦费尔德、杰拉尔德·马科维茨等：《世界文明史(第四版·精装本)》，李义天、黄慧、阮淑俊等译，264 页，北京，中国人民大学出版社，2011。

④ [美]丹尼斯·舍曼、A. 汤姆·格伦费尔德、杰拉尔德·马科维茨等：《世界文明史(第四版·精装本)》，李义天、黄慧、阮淑俊等译，264 页，北京，中国人民大学出版社，2011。

⑤ [美]丹尼斯·舍曼、A. 汤姆·格伦费尔德、杰拉尔德·马科维茨等：《世界文明史(第四版·精装本)》，李义天、黄慧、阮淑俊等译，266 页，北京，中国人民大学出版社，2011。

第五个层次是 12~18 岁的少年。这一阶段男孩的主要任务除了看管羊群之外，还要学习如何使用套索、弹弓等工具捕杀野生动物。这是男孩展示勇气、机智、敏捷的行为品质，融入成人社会的必经之路。女孩此时已经能够承担很多家里家外的活计了，如做饭、打扫、做农活。此时，她们继续学习各种社会要求女性掌握的技艺和本领，直到出嫁。①

第六个层次是 18~20 岁的年轻人。这一阶段的男性通常被称作"萨亚佩亚"，意思是"随时待命"。他们会在山谷的村落之间来回奔走，作为信使传递消息。同时，他们也负责看管药草，为军队运送粮草，或者为首领服务。他们生活朴素，饮食简单，不能饮酒。② 这个年龄段的女性正是待嫁之时，在结婚之前要保持贞洁。

第七个层次是 20~50 岁具有战斗力的男人。男人在 33 岁以后都是训练有素的，他们要随时准备战斗或肩负起其他责任。一些人会承担土地扩张的任务，被派到其他地方繁衍生息，负责保卫那些不安定的偏远地区的安全。③

第八、第九、第十这三个层次是一些相对弱势的群体，分别是：重病或残疾的人，50~80 岁的老人，80 岁以上的老人。虽然与其他群体相比，他们在身体和智力的反应上稍逊一筹，但这并不影响他们为国尽力的心。比如，残疾人或病患会依据各自的实际能力为社区做事；50~80 岁的老人虽然不必再服军役，也无须离家远走，但他们依旧精神矍铄，能够在被召唤时及时响应；更为年长的老人则一边享受众人的敬重和爱戴，一边将宗教知识、帝国

---

① ［美］丹尼斯·舍曼、A. 汤姆·格伦费尔德、杰拉尔德·马科维茨等：《世界文明史（第四版·精装本）》，李义天、黄慧、阮淑俊等译，266 页，北京，中国人民大学出版社，2011。

② ［美］丹尼斯·舍曼、A. 汤姆·格伦费尔德、杰拉尔德·马科维茨等：《世界文明史（第四版·精装本）》，李义天、黄慧、阮淑俊等译，266 页，北京，中国人民大学出版社，2011。

③ ［美］丹尼斯·舍曼、A. 汤姆·格伦费尔德、杰拉尔德·马科维茨等：《世界文明史（第四版·精装本）》，李义天、黄慧、阮淑俊等译，266~267 页，北京，中国人民大学出版社，2011。

的历史等传递给后人，努力影响和教育年轻一代。①

由此我们看到，印加这样一个等级分明的社会建立起了针对不同群体的成长和教育环境，每一个群体都可以在其中找到自己的位置。无论是王室子弟，还是普通民众子弟，他们都抱着为帝国而战，为帝国献身的决心。这也可以在某种程度上解释为什么以都城库斯科为中心的印加文化，是西班牙人到达以前南美洲最发达的文化，为什么印加文化在许多方面都达到了古代美洲文明的最高峰。

---

① [美]丹尼斯·舍曼、A.汤姆·格伦费尔德、杰拉尔德·马科维茨等:《世界文明史(第四版·精装本)》，李义天、黄慧、阮淑俊等译，264~266 页，北京，中国人民大学出版社，2011。

结　语

中古时期的教育分上、下两卷撰写，对应《外国教育通史》的第三卷和第四卷。第三卷研究和探讨了西欧中世纪文化教育的演变与发展过程及其文化教育的成就；第四卷研究和探讨了拜占庭帝国、早期伊斯兰国家、中古时期的波斯、基辅罗斯和莫斯科公国兴起与发展时期的俄国、中古时期的印度、中古时期的日本、中古时期撒哈拉以南非洲和中古时期拉丁美洲文化教育的发展。

一

中世纪在世界历史演进过程中是非常重要的历史时期。它的重要性不仅在于它是西方灿烂的古代文明和辉煌的近现代文明之间不可或缺的过渡阶段，还在于这一过渡阶段与此后历史阶段的联系并非像人们想象的那样直接和自然，甚至在某些方面以历史发展的悖论形式表现出来。中世纪在不同人的记述和评论中呈现出完全不同的性质。在基督教编纂者的笔下，中世纪是充满神迹、上帝意志充分呈现的时代，是此前的前基督教时代和此后的圣灵时代的过渡阶段。然而，在非基督教或反基督教者的眼中，中世纪是"宗教信仰的时代"。启蒙运动时期，经过理想主义的过滤，这一时代又被称为欧洲历史上的"黑暗时期"。启蒙者以"黑暗"来概括中世纪的主要依据是中世纪的精神特征，即基督教对意识形态和社会精神生活的控制。基督教被启蒙学者认为是人类生活中一切落后的和野蛮的东西的代表。为"野蛮"和"蒙昧"所充斥的中世纪在理想主义这杆大秤的衡量下失去了应有的分量。其实,无论是基督教学者的歌颂,还是启蒙学者的批判,他们在判定中世纪的历史性质时都以社会的精神特质——在基督教学者那里是神,在启蒙学者那里是理性——作为主要标准。然而,我们应该看到:中世纪和其他历史阶段一样,具有社会生活的丰富性与复杂性。即使这一时期确有某种精神特质存在,它的表现形态也是多样的,它对教育的影响与其他历史时期一样,更多是内在的和间接的。

西欧中世纪的社会与文化教育经历了千余年演变和发展的历史。中世纪早期,伴随着西罗马帝国的灭亡,西欧的法律体系和社会秩序都陷入了瘫痪,原有的学校也消失了,社会文明水平急剧下降,古典的理性文化进一步停滞或消失,到处都处在一种蒙昧的精神状态中。这时候,基督教及其教会作为文明社会遗留下来的唯一的完整的组织和政治—文化统一体,保存了古典文明的种子,并为正在痛苦的挣扎中萌生的新文明提供了模式和方向。面对古典文明的衰败、统治者的愚昧无知和四分五裂的王国,作为古典文明继承者的基督教及其教会在发展自身的同时也开始了教育他人,使其摆脱原始的野性走向文明的过程,由此把整个欧洲统一在基督教的旗帜之下。

5 世纪末,法兰克人经过努力建立了强大的法兰克王国。为了巩固其统治,克洛维皈依了罗马教会,并下令全体士兵受洗入教。查理曼统治时期(768—814),罗马教皇为皇帝加冕,查理曼帝国肩负起传播和捍卫基督教的责任。9 世纪后期,查理大帝之孙分别控制了三个地区,逐渐发展为法兰西、德意志和意大利三个国家。[①] 这些国家也信奉罗马基督教。

5 世纪中叶,日耳曼人中的盎格鲁人、撒克逊人、朱特人陆续自欧洲大陆渡海登上不列颠群岛。7 世纪初,在征服并与土著克尔特人融合的过程中,出现七个王国。"七国之间经常斗争,互争雄长。""827 年埃格伯特成为泰晤士

---

① 朱寰:《世界上古中世纪史》,245 页,北京,北京大学出版社,1990。

河以南的英格兰国王，泰晤士河以北苏格兰以南地区也承认他的宗主权。'英格兰'之称，盖始于此。"①此后，阿尔弗烈德886年光复伦敦，"被所有不向丹麦人屈服的苏格兰人拥戴为大王。在927年阿尔弗烈德之孙埃塞尔斯坦完全收复丹麦人所占领的地区之后，韦塞克斯的国王就成为全英格兰的国王"②。按照克里斯托弗·道森的说法，"公元496年克洛维受洗和597年肯特的艾赛尔伯特受洗，标志着西欧新纪元的真正开端"③。可见英国的形成与统一也借助了基督教及其教会的支持和影响。

基督教在教育和训练欧洲各民族的过程中，由于教会权力不断增长，难免会出现势大盖主的局面，皇权和教权的摩擦时有发生，双方的拥护者千方百计地进行自我辩护。这样的局面无疑会促进理智生活的发展，迸发出一种非凡的力量：倾向于变革而非一成不变；倾向于持续攀登文化高峰；倾向于不断创新文化和精神结构。

在教育史上，中世纪被称为"神性的时代"。神对人的思想、精神甚至肉体的控制被认为是这一时代教育的基本特征。基督教所说的基督是人子，是"上帝之子"。他既是人，也是神，"基督神人性"和"三位一体"一样是基督教的核心思想，它构成了基督教信仰的基础，也是其思想和活动的内在支撑。基督教用"原罪"与"赎罪"之说奠定了上帝与人的基本关系。表面看来，这种"罪由亚当而来恩由基督而得"的说法使人整体上失去了独立地位。人的自由意志和选择也成为导致恶行的原因。然而，深入分析我们会发现，"原罪"与"赎罪"之说包含丰富的人神关系的积极认识，它推动人们以更积极和更乐观的态度去应对现世生活，去充实和完善自己。

人的善恶问题是基督教思想家讨论的中心问题之一。主张人性本善的佩

① 朱寰：《世界上古中世纪史》，269页，北京，北京大学出版社，1990。

② 《简明不列颠百科全书》第8卷，181页，北京，中国大百科全书出版社，1986。

③ [英]克里斯托弗·道森：《宗教与西方文化的兴起》，长川某译，24页，成都，四川人民出版社，1989。

拉纠派坚持人的命运取决于人自身，人只要充分发挥自己的本性，就可以选择善，并不需要上帝的恩典。这种主张为坚持人性本恶的奥古斯丁所反对。人的原罪说和上帝的恩典说是奥古斯丁理论的核心。但是即使在奥古斯丁这里，他也并没有完全否认人的自由意志的存在。在他看来，人的肉体本身并不是恶，它具有自身的完善性，是人的自由意志导致了善和恶的结果。他的恩典说则包含上帝之子耶稣牺牲自己为人类赎罪以后，人的意志又恢复了选择善恶能力的内容。毫无疑问，基督教所说的上帝的恩典更多的是一种外在力量的产物，但是，它作用于人身上，产生的却并不完全是束缚。正像马克斯·韦伯所说："由确信而产生的极度轻松的感觉使罪恶所造成的巨大压力得以排解。"①

信仰和理性的内涵及其相互关系也是中世纪教育思想所涉及的重要内容。在这一时期著名思想家、教育家的论述中，我们不断看到对这一问题既丰富又充满争论的看法。

亚历山大学派的神学家仍保留着浓厚的古希腊哲学思维的特征，他们对理性的重视与肯定是相当明显的。克雷芒提倡基督教的所有行为都要受理性的支配。理性含义广泛，包括知识、智慧、哲学、爱等。它与信仰不但不矛盾，还是其不可分割的组成部分。奥利金把理性细化，提出"可见的本性与不可见的理性"，认为前者支配身体欲望和活动的本能，后者影响灵魂的目的与意志。希腊教父努力在自己所建立的思想体系中囊括信仰与理性，但在如何看待两者的不同特性，如何处理二者的地位、作用和相互关系等问题上出现了立场上的偏斜。克雷芒一方面把哲学看作神学与世俗学问的"中间人"，另一方面规定了信仰先于知识、高于哲学的原则。奥利金试图更深刻地揭示两者之间的复杂关系，提出哲学是人的智慧，而《圣经》是神的智慧，虽然神的

---

① [德]马克斯·韦伯：《新教伦理与资本主义精神》，于晓、陈维刚等译，77页，北京，生活·读书·新知三联书店，1987。

智慧高于人的智慧，但这并不意味着信仰高于理性，因为不能把神的智慧等同于信仰，也不能把人的智慧等同于理性。在他看来，以天赋理性获得的知识比单纯的信仰更接近上帝。希腊教父对理性的推崇在随后的拉丁教父那里虽然已很难见，但承认理性存在并试图揭示其与信仰的不同特性作为神学和哲学的基本命题之一却从未完全消失。

被称为"经院哲学之父"的安瑟伦一直在探索以逻辑所要求的简明性和必然性来论证信仰的真理性。他相信上帝的至高无上，相信人的智慧无法达到理解上帝的高度，这种基本态度与中世纪的大多数教徒并无区别。但是，安瑟伦坚信任何真理都具有可以公开显示的明晰性，这种明晰性可以通过逻辑的证明而获得。安瑟伦的名言"信仰，然后理解"，表面看来，是对奥古斯丁学说的重复，仍然是信仰至上主义，但实质上具有不同内涵。这从安瑟伦《独白》的原标题中即可看出——"对信仰的理性基础进行沉思的一个例证"。这种试图对上帝的存在进行理性证明的做法虽然受到很多人的批评，但是开创了以理性的逻辑论证上帝、论证信仰的先河。当《圣经》、教义不再是证明的前提，而是有待证明的结论以后，当辩证法、逻辑学等知识范畴的东西与神学直接联系起来以后，上帝就不再仅仅是信仰的对象，而成为理性学习与研究的对象；信仰与理性的关系也不再局限于精神领域的孰高孰低、孰先孰后，而具有了知识学上的同一特征。正是这种同一特征使阿伯拉尔公开挑战当时教会所坚持的权威，并根据亚里士多德辩证法的原意，即由词语的不确定到确定的过程，提出"理解导致信仰"的口号。正是这种同一特征使神秘主义神学的代表人物雨果努力实践穷尽世俗知识的理想。在他看来，"所有的人文学科都能为神学服务"，只有在穷尽世俗知识之后才能达到信仰所需要的理想的神秘境界。

关于信仰与理性的争论对中世纪教育实践及其思想的影响很大。中世纪早期，罗马教会以钦定的"四大博士"的著作，即哲罗姆翻译的拉丁文圣经、奥古斯丁的神学著作、安布罗斯和大格列高利写的教规与赞美诗作为教育神职与世俗人员的教材。教会不但禁止使用其他著作,甚至将拉丁文分为神圣与世俗两种。只有拉丁教父使用的基督教拉丁文才能在教育中使用,古典作家写作时使用的世俗拉丁文被排斥在教育的语言之外。加洛林"文化复兴"时期,查理曼大帝认识到信仰需要知识和理性。他礼聘当时欧洲最有学问的人主持法兰克王国的教育工作,大力推行"七艺"教育。他颁布的赦令明确指出:"通晓一般知识的人肯定更易于理解圣经中的比喻、寓言和形象化描述的真正的神圣意义。"[1]可见,推广教育、传播知识不但不会影响信仰的纯洁,还会加强信仰的力量。

经院哲学的兴起使信仰与理性之争达到了顶峰。这个本来就出自修道院学校(经院)的学术派别对基督教教育的影响显而易见。这一时期的学校教育仍以神学课程为主,但记诵教父语录式的教科书已不能满足学生的需要。教学中,教师会根据学生提出的问题,通过严谨地辨析词义、逻辑推理、辩论等来使学生认识教父典籍中涉及的哲学和神学问题。逻辑推理、论辩等方法的盛行极大地加强了理性的力量,正像长期在法国圣马丁教堂学校任教的贝伦加尔所称,辩证法本身就是理性的杰作。人因为拥有理性而成为唯一按上帝的形象被创造出来的存在。新兴的中世纪大学成为论辩的最好场所,造就了一大批思维缜密、逻辑严谨、语言犀利的论辩高手,提出了一系列有深度、需要高度智慧和知识造诣才能思考和解读的哲学与神学问题。这些问题至今仍吸引着众多研究者。正如卡洛斯·斯蒂尔所说,中世纪关于信仰和理性、传统和自主、理智的统一性、灵魂的不朽性、上帝的存在和世界的永恒性、形而上学的概念、国家和自然律、逻辑和语言、德性和激情等问题的讨论,对于现代哲学家仍具有挑战性。[2]

---

① [法]基佐:《法国文明史》第二卷,沅芷、伊信译,160 页,北京,商务印书馆,1995。
② 赵敦华:《基督教哲学 1500 年》,5 页,北京,人民出版社,1994。

西欧中世纪的教育实践是与基督教的传教活动紧密联系在一起的。基督教从诞生之日起就把布道和教育作为传教的主要手段。把基督教传播作为一种教育活动，实际上是把教育理解为家庭、城邦、国家塑造年轻人生活和行为的一种过程。基督教继承了犹太人重视教育，尤其是儿童教育的传统。"新约"和早期教父都很强调家庭教育，克里索斯托就写了许多有影响的文章，指导父母们如何教育孩子。

西欧中世纪早期和中期，修道院是最重要的文化教育机构。克里斯托弗·道森在《宗教与西方文化的兴起》一书中指出，"对中世纪文化起源的任何研究，都必不可免地要给西方修道院制度的历史以重要的地位，因为，在从古典文明的衰落到 12 世纪欧洲各大学的兴起这一长达 700 多年的整个时期内，修道院是贯穿于其中的最为典型的文化组织"①。"在西方，罗马帝国的教育制度受到蛮族入侵的冲击，或随着拉丁世界城市文化的衰落而衰落消逝。只有通过教会，特别是通过修道僧，古典文化的传统和古典作家的著述……才得以保存下来。在这方面，早在 6 世纪就已有加西道拉斯这一杰出的例证，他使这些古老的学问传统在修道院里找到一个庇护所。"②

除修道院以外，西欧中世纪的教会教育机构还有大教堂学校，或称主教座堂学校，教学内容以基督教知识体系为中心，辅以七艺。大教堂学校也可以是由主教主办，附设于大教堂的一系列学校，包括歌咏学校和文法学校，由这些不同类型、不同层次的学校共同组成。10 世纪以后，随着城市的发展，主教堂逐渐取代修道院成为西欧社会经济和文化的中心，大教堂学校开始代表更高层次的教育，其学术地位也逐渐超越了修道院。除此之外，西欧的基督教教育机构还有教区学校。这是由教区牧师为教区基督徒举办的面向大众

---

① [英]克里斯托弗·道森：《宗教与西方文化的兴起》，长川某译，40 页，成都，四川人民出版社，1989。
② [英]克里斯托弗·道森：《宗教与西方文化的兴起》，长川某译，41 页，成都，四川人民出版社，1989。

的初级学校。

西欧中世纪，宫廷学校和骑士教育是封建主和贵族世俗教育的形式。宫廷学校设立在国王或贵族的宫中，是培养王公贵族后代的教育机构。法兰克王国在宫相查理·马特在位期间已在宫廷中设立了以王室和贵族子弟为教育对象的学校，查理曼统治时邀请英格兰教士、学者阿尔琴主持宫廷学校，使这所学校成为欧洲最著名的宫廷学校。关于查理曼及其宫廷学校对推动西欧第一次文化复兴的作用，克里斯托弗·道森写道："在欧洲大陆上，文化复兴找到了查理大帝这位保护人，查理大帝具有识别文化复兴的各种可能性的洞察力和实现它们的能力。他不仅在其宫廷里聚集了从意大利、西班牙到英格兰和爱尔兰等西欧各地的他那个时代最博学的人物，而且他推行了一整套系统的教牧人员教育改革计划。正如查理大帝的立法和书信集中所表现出来的那样，几乎没有统治者能像他那样对教育的重要性有更为清楚的认识和给予知识的传播以更大的关注了。最后，在由诺萨布里亚文化的最后一位伟大代表人物阿尔琴指导的宫廷学校里，以及在他邻近的宫廷社交圈子里，他创立了一个高级研究的中心，这在中世纪是第一次，在这里，学者与贵族、俗人与教士在人文知识和理性讨论的共同基础上聚集在一起。"①

骑士教育是西欧中世纪所特有的教育类型，本书第三卷特设专章，对骑士和骑士教育的目的、内容和方法进行了比较细致的探究与评论。

11世纪至13世纪，在农业较快发展的基础上，西欧手工业和商业也得到了迅速的发展，旧有城市得以恢复，新的城镇一个一个地发展起来，形成了新兴的市民社会和各种行会组织。

本时期发生的重大事件是延续了将近200年(1096—1291)的十字军东征。东征的真正原因是西欧"封建主阶级上自君主，下至骑士，都希望向外扩张领

① ［英］克里斯托弗·道森：《宗教与西方文化的兴起》，长川某译，64页，成都，四川人民出版社，1989。

土，广殖财贺"，"罗马教廷和西欧教会更加热衷于领土扩张，既追求物质财富的增加，又向往扩大西方教会势力"，意大利威尼斯、热那亚等城市的商人则"企图利用西欧军事力量打击自己的竞争者，以便独霸东西方贸易"，他们的竞争对手就是拜占庭（主要是君士坦丁堡）和阿拉伯商人。① 塞尔柱突厥人对拜占庭首都君士坦丁堡的威胁给西欧教俗封建主发动战争提供了借口。1095 年，拜占庭皇帝阿莱克修斯一世派遣使臣向教皇乌尔班二世求援。他请求教皇动员西方各基督国出兵援助，反击塞尔柱突厥人。乌尔班二世立即向西欧各国封建主和广大信徒发出号召，在西欧各国引起强烈的反响。② 可是，以帮助东方基督教兄弟反对异教开始的十字军东征，在 1202—1204 年的第四次进军中却把目标直接指向君士坦丁堡。1204 年 4 月 13 日，十字军攻克君士坦丁堡。"君士坦丁堡将近 900 年积累的财富和文明毁于一旦，珍贵的艺术品、古代图书手稿、来自世界各国的奇石异物和各种金银器物都被十字军据为己有；教堂、大赛车竞技场、国家图书馆、公共会议厅和私人宅院是他们洗劫的主要对象。"随着君士坦丁堡的陷落，拜占庭在巴尔干半岛上的半壁河山也沦入敌手。③ 近两个世纪的十字军侵略战争使地中海东部各国的经济和文化受到严重破坏，大批生灵遭到涂炭，大量财富被毁坏，许多文明古迹化为瓦砾灰烬。④ 但是，十字军东征客观上为西欧吸取东方先进文明成果和古希腊罗马古典文化遗产创造了有利条件，一定程度上促进了西欧文化教育的发展。

　　11 世纪至 13 世纪西欧城市的发展，使"西方社会的学术生活和中世纪教育的传统也发生了意义深远的变革"⑤。为适应城市工商业发展需要而兴起的行会教育（各种手工业行会的艺徒教育）和城市学校的发展与中世纪大学的出

---

①　朱寰：《世界上古中世纪史》，259 页，北京，北京大学出版社，1990。
②　陈志强：《独特的拜占廷文明》，132~133 页，北京，中国青年出版社，1999。
③　陈志强：《独特的拜占廷文明》，145 页，北京，中国青年出版社，1999。
④　朱寰：《世界上古中世纪史》，264~265 页，北京，北京大学出版社，1990。
⑤　[英]克里斯托弗·道森：《宗教与西方文化的兴起》，长川某译，207 页，成都，四川人民出版社，1989。

现是这种变革在教育实践方面的体现。

中世纪最早的几所大学(原型大学)是萨拉诺大学(以医学见长)、博洛尼亚大学(以法学见长)和巴黎大学(以文学和神学见长)。随后西欧各国兴起办大学的风气,英国建立了牛津大学和剑桥大学;法国建立了奥尔良大学、图卢兹大学、蒙皮利埃大学;西班牙建立了萨拉曼卡大学;神圣罗马帝国建立了维也纳大学、爱尔福特大学、海德堡大学、科隆大学、都灵大学、莱比锡大学等。

西欧中世纪大学既是西欧社会开始走向繁荣昌盛在文化上的初步体现,是当时社会进步的缩影;又反过来推动了欧洲社会的进步。中世纪大学在发展的过程中,形成了与教会教育完全不同的教育理念。例如,大学是教师和学生所共同组织的团体;大学是探究并传播普遍学问的场所。中世纪大学是欧洲重新获得和了解古代希腊罗马的哲学和科学知识的重要媒介,直接促进了经院哲学的发展,形成了主宰西方文化的专业知识分子阶层,造就了一批把基督教带进理性之海的哲学—神学家,也培养了一批管理教会和国家的管理者。中世纪大学的诞生打破了宗教神学在教育上的垄断权,活跃了当时的思想文化生活,在某种程度上准备了文艺复兴时期的文化运动,并促进了近代科学的萌芽。中世纪大学的形成与发展对中世纪城市的发展也起了推动作用。一方面,中世纪城市为大学提供了栖身之地;另一方面,大学也使所在城市的影响不断扩大。中世纪大学既得益于当时城市的自由氛围,也促进了自由理念在西方的发展,现代大学的许多特征都源于中世纪大学。

二

西欧的文化教育在中古时期从多种原因导致的一片荒野发展到具有多样形式的城市教育和教学内容丰富的中世纪大学,除了它自身的能量,也得益于大量吸取拜占庭帝国与早期伊斯兰国家文化教育成就。

拜占庭帝国是作为罗马帝国的一部分发展起来的。君士坦丁大帝在君士坦丁堡举行盛大的新都落成典礼。① 此后，罗马帝国政府"采取了一系列措施提高新都的地位，使新都迅速发展成为欧洲和地中海世界第一大城"。② 395年，罗马帝国正式分为两个部分，即以罗马为首都的西罗马帝国和以君士坦丁堡为首都的东罗马帝国(拜占庭帝国)。476年，西罗马帝国不复存在。③ 拜占庭帝国又存在了将近1000年，1453年为奥斯曼土耳其帝国所灭。④

"拜占庭帝国统治的地区，在古罗马时代就是人烟稠密、经济发达、城市众多、工商业繁盛，而且是文明古老的地区。4世纪末至5世纪初，在'蛮族'冲击罗马帝国的浪潮中，虽然也波及巴尔干的部分领土，但主要打击力量落在西罗马帝国的领土上，东罗马帝国或者未受到'蛮族'的攻击(如小亚细亚、叙利亚、巴勒斯坦、埃及等)，或者受到打击时间不长，破坏不大(如巴尔干)，很快又得以恢复。"⑤因此，古希腊罗马文献都得到保存，教育设施也没有遭到破坏。此后，由于建立了比较强大的中央集权统治，并将教会置于世俗政权的控制之下等，拜占庭的文化教育走上不同于西欧的发展道路。

拜占庭帝国在法学、史学、哲学、文学、医学和科学等方面都取得了很大的成就。拜占庭帝国在查士丁尼统治时期组织编成了《民法大全》。马其顿王朝统治时期，"瓦西里一世颁布40卷的《法律草稿》，主要包括《查士丁尼法典》和伊苏里亚王朝颁布的《六书》，其中包括《民法大全》包含的所有基本概念和刑法的详细目次。瓦西里一世时期还颁布过60卷本的《法律详解》和40卷本的《法律介绍》"。"利奥六世在位期间也颁布了多部法典，《皇帝律法》是其中最重要的一部。它以《法律草稿》为蓝本，对查士丁尼《民法大全》所有内

---

① 陈志强：《独特的拜占廷文明》，19页，北京，中国青年出版社，1999。
② 陈志强：《独特的拜占廷文明》，20页，北京，中国青年出版社，1999。
③ 朱寰：《世界上古中世纪史》，207页，北京，北京大学出版社，1990。
④ 朱寰：《世界上古中世纪史》，348页，北京，北京大学出版社，1990。
⑤ 朱寰：《世界上古中世纪史》，332页，北京，北京大学出版社，1990。

容作了精心解释，全书共 60 卷。该法典不是前代法律的翻译，而是立足于马其顿时代拜占廷社会环境，重新建立法律体系。尼基弗鲁二世时期的《市长立法》，则是君士坦丁堡社会生活的立法书，它详细规定首都各阶层的社会地位及其相互之间的关系，其中提到工商业各行各业的行会规则。"①

拜占庭帝国历代都有编史的学者。君士坦丁时代有史学家尤西比乌斯，他最早开始撰写拜占庭宫廷史和教会史。② 查士丁尼时代的普罗科匹厄斯留下了三部重要著作：《查士丁尼战争史》《秘史》《建筑》。《查士丁尼战争史》留下了对这些战争的经过以及对日耳曼人及其国家的社会状况的记载，甚至提到斯拉夫人早期的社会生活。《秘史》揭示了查士丁尼及皇后狄奥多拉的私生活，同时涉及帝国政治生活的许多方面。《建筑》记述了查士丁尼大兴土木的活动。③ "这个时代出现了多位史家，其中特别应该提到约翰·马拉拉斯(490—570)，他是拜占廷最先写作编年史的史家……6—7 世纪拜占廷历史家的代表人物是麦南德，他继承普罗柯比恢复的古希腊历史写作风格，撰写断代史。""马其顿王朝最杰出的历史作家是皇帝君士坦丁七世。他不仅任命学者编辑整理前代家的史书，还亲自参加编辑工作。"利奥、普塞洛斯、安娜·科穆宁公主、西纳穆斯、赛德雷努斯、佐纳拉斯、格雷卡斯、阿克罗颇立塔、乔治·帕西枚尔、尼基弗鲁斯·格力高拉斯等人都留下了有价值的历史作品。据统计，"有史可查的拜占廷历史作家有数百人之多，他们为后人留下千余年历史的连贯完整的记载，这在欧洲中古时期是绝无仅有的，甚至在世界范围内也是屈指可数的"④。

在哲学方面，普罗克洛斯"极力促使新柏拉图主义思想在整个拜占廷、伊

---

① 陈志强：《独特的拜占廷文明》，120~123 页，北京，中国青年出版社，1999。
② 陈志强：《独特的拜占廷文明》，329 页，北京，中国青年出版社，1999。
③ 朱寰：《世界上古中世纪史》，349 页，北京，北京大学出版社，1990。又：普罗科匹厄斯的《查士丁尼战争史》共 8 卷，其中记波斯战争 2 卷；记汪达尔战争 2 卷；记哥特战争 3 卷；第 8 卷为大事记。参见《简明不列颠百科全书》第 6 卷，555 页，北京，中国大百科全书出版社，1986。
④ 陈志强：《独特的拜占廷文明》，331 页，北京，中国青年出版社，1999。

斯兰和罗马世界广泛的传播"①。稍后的菲洛波努斯(又译菲罗朴诺斯,490—574)推崇亚里士多德主义,曾评注亚里士多德的《形而上学》、《工具论》、《物理学》、《论灵魂》3卷和《论动物起源》。在神学哲学方面,菲洛波努斯发表《中保》,又称《论神人合一》,论三位一体教义和基督论,认为基督只能有一性,即神性。拜占庭学者对哲学的研究是与神学密切联系的,这在哲学家和神学家约翰·大马士革的作品中表现得十分明显。9世纪下半期,"以数学家和哲学家利奥(790—869)为代表的新哲学派在君士坦丁堡大学教授圈内形成",重要代表人物还有弗提乌斯。在拜占庭帝国晚期的哲学家中,"以普莱桑(约1355—1450/1452)的观点最为激进,他是一个柏拉图主义者,著有《亚里士多德和柏拉图的区别》《法典》等著作"。②

拜占庭的文学包括传记文学、小说、散文杂记和诗歌等。传记文学"包括皇帝传记、圣徒传记和自传等多种类型。4世纪的尤西比乌斯撰写的《君士坦丁大帝传》和阿纳斯塔修斯撰写的《安东尼传》开创拜占廷传记文学的写作方式,激发众多教士的写作热情,一时间出现许多风格各异的人物传。到6—7世纪,希利尔(525—559)的《东方圣徒传》和利奥条斯(7世纪)的《亚历山大主教传》将传记写作推向最高水平",著名的传记作品还有西蒙(?—1000)根据历史资料写作的传记,尼孔(930—1000)撰写的人物传记,约翰(10世纪)撰写的《萨洛尼卡陷落记》、安娜的《阿莱克修斯一世传》和约翰六世的《自传》等。③

小说和散文杂记方面,"《摩里亚编年史》(作者佚名)实际上是一部纪实小说,是巴列奥略时期希腊方言的范本。拜占庭的骑士文学也很繁荣。佚名作者写成的《凯里马库斯与科里索沃》是这方面的代表作……拜占庭的城市文

---

① 《简明不列颠百科全书》第6卷,555页,北京,中国大百科全书出版社,1986。
② 朱寰:《世界上古中世纪史》,352页,北京,北京大学出版社,1990。
③ 陈志强:《独特的拜占廷文明》,331~333页,北京,中国青年出版社,1999。

学也采取寓言形式，《四足兽的故事》是它的代表作"①。属于城市文学性质的作品还有《驴狼和狐狸的故事》。"城市文学采用拟人的手法，隐喻讽刺的形式辛辣地抨击时弊，针砭社会的不公。"②拜占庭的讽刺散文有 3 部代表作品：10世纪的《祖国之友》、12—13 世纪的《马扎利斯》和《庄主》。"杂记文学的代表作品是 6 世纪拜占庭商人哥斯马斯的《基督教国家风土记》。"③

"拜占廷诗歌创作从 4 世纪开始就进入其长盛不衰的发展过程，当时，'卡帕多西亚三杰'之一的哥利高列在众多诗人中名声最显赫，其作品富有哲理，思想性强。5 世纪的代表性诗人是皇后尤多西亚，她的赞美诗虽然缺乏灵感和激情，但其纯朴优雅的风格给拜占廷诗坛带来清新之风，更由于她的特殊地位，写诗作赋竟成了一时风气。"④拜占庭著名诗人还有 6 世纪的罗曼（又译罗曼努斯）、克里特主教安德鲁，9 世纪的修女卡西亚，11 世纪的诗人约翰·茂罗普斯，14 世纪的塞奥多利·麦多西迪斯（1270—1332），等等。"诗歌的发展直接促进了拜占廷音乐的进步。从应答对唱的诗歌形式中发展出两重唱的音乐形式，而韵律诗歌对 12 音阶和 15 音阶的形成起了促进作用，重音、和声、对位等音乐形式迅速形成。拜占廷教会流行的无伴奏合唱至今保持不变，对欧洲近代音乐的发展起了奠基作用。"⑤

拜占庭艺术被认为是拜占庭文化的精华部分，包括镶嵌画、绘画、建筑、音乐和舞蹈等。拜占庭的镶嵌画继承了古希腊罗马的艺术传统。"艺术家首先在平整的石膏画底上勾画出描绘对象的轮廓和画面线条，然后根据色彩的需要将五颜六色的石块和玻璃块粘贴上去，最后，使用金片填充背景空白处。镶嵌画经最后抛光完成，在灯光照耀下，光彩夺目，即使在昏暗的烛光中也

① 朱寰：《世界上古中世纪史》，353 页，北京，北京大学出版社，1990。
② 朱寰：《世界上古中世纪史》，353 页，北京，北京大学出版社，1990。
③ 陈志强：《独特的拜占廷文明》，333 页，北京，中国青年出版社，1999。
④ 陈志强：《独特的拜占廷文明》，333~334 页，北京，中国青年出版社，1999。
⑤ 陈志强：《独特的拜占廷文明》，335 页，北京，中国青年出版社，1999。

不时闪出奇光异彩。"①拜占庭的绘画主要是壁画和插图，主题和素材大多涉及宗教故事。拜占庭晚期也出现许多肖像画。拜占庭的建筑艺术对世界其他地区有很大的影响。君士坦丁堡的圣索菲亚教堂是其建筑艺术的代表作。"拜占廷人注重微观艺术，表现为艺术纺织和金银宝石加工技术的高水平，作为手工业部门的艺术品加工也是拜占廷艺术的重要组成部分。"②

拜占庭学者在数学和天文学方面主要是继承古希腊学者的成果。数学方面，拜占庭使用字母和简单的符号表示数字，并采用十进位制。天文学方面，拜占庭推崇托勒密，认可"地心说"。③ 拜占庭的医学也是在古典希腊医学基础上发展起来的。欧利巴修斯(325—395 或 396)的《诊断学》，保罗(？—642后)的《妇科学》《毒物学》《处方》，西蒙(11 世纪)的《食谱》和《保健手册》等都以希波克拉底和盖伦的理论为指导，欧利巴修斯还曾编纂盖伦全集。④ 拜占庭还重视医院的组织和建设，"不仅在军队中设立军事医护团，而且大的慈善机构和修道院也附设医院或高级医生团"⑤。

拜占庭帝国世俗政权与教会的关系不同于中世纪的西欧。拜占庭的世俗政权对教会具有领导的权力，这在第一次基督教主教会议(325 年)，即尼西亚会议中有明确规定。拜占庭皇帝多推行干预基督教的政策，力图将教会活动置于世俗政权的控制之下，使之成为维护皇权统治的工具，同时也给予教会活动以大力支持。尼西亚会议后，又举行了六次主教会议(381 年的君士坦丁堡会议、431 年的以弗所会议、451 年的察尔西顿会议、553 年的君士坦丁堡会议、680 年的君士坦丁堡会议、787 年的尼西亚会议)，这些会议都是由拜占庭皇帝召开或者在他们的支持下举行的。1054 年，东西方教会最终分裂，

① 陈志强：《独特的拜占廷文明》，337 页，北京，中国青年出版社，1999。
② 陈志强：《独特的拜占廷文明》，341 页，北京，中国青年出版社，1999。
③ 陈志强：《独特的拜占廷文明》，345 页，北京，中国青年出版社，1999。
④ 陈志强：《独特的拜占廷文明》，346~347 页，北京，中国青年出版社，1999。
⑤ 陈志强：《独特的拜占廷文明》，347 页，北京，中国青年出版社，1999。

拜占庭教会称东正教。"东正教在其历史发展过程中形成某些不同于罗马天主教的特点，可以大致归纳为如下几点：其一，东正教坚持 8 世纪末以前基督教形成的正统教义，坚持以《圣经》为信仰经典，不承认任何后世教会权威制定的律法，保持其教义的纯洁和正统性，因此，东正教在基督教各派中显得最保守；其二，东正教坚持平等的组织原则，各地教会之间平等相待，各民族教会可以使用本民族语言举行宗教仪式，可以实现适当的自治……在教会组织内部，任何人不论出身和地位高下，唯才唯德是用；其三，东正教始终没有摆脱拜占庭皇帝的控制，始终作为国家政权的工具而存在，教会的神职人员起着国家精神官吏的作用；其四，东正教因其所处的多种文化冲突交融地区而更多地吸取包括神秘主义在内的东方宗教思想，因此在不同文化交流中发挥重要作用，东正教和伊斯兰教保持比较经常性的接触，并长期维持着比罗马教会更亲密的友好关系。"①

修道院在拜占庭出现得很早。"最初的修道院由若干建筑组成，每所建筑集中居住 30~40 名修道士，由一位长者管理，从事祈祷、冥思、咏诗和力所能及的体力劳动。"②随着集体修道生活的发展，逐渐形成影响深远的修道制度。"瓦西里（329—379）被认为是完整修道制度的制定者。他制定的修道生活制度包括修道院所有的细节，例如修士每天祈祷、学习、劳动、饮食和睡眠的时间比例，服装的样式，修道院必须建立的纪律，等等。"③后来，拜占庭皇帝和主教会议对修道院的建设也做出了一些规定。④ 许多修道院不仅有自己的教堂，还设有图书馆，对拜占庭文化教育的发展发挥了一定的积极作用。

拜占庭的教育思想与教育实践建立在自身的文化基础上，而且与其文化发展相辅相成。拜占庭比较著名的教育活动家和教育思想家是巴西勒、克里

---

① 陈志强：《独特的拜占廷文明》，300~301 页，北京，中国青年出版社，1999。
② 陈志强：《独特的拜占廷文明》，303 页，北京，中国青年出版社，1999。
③ 陈志强：《独特的拜占廷文明》，304 页，北京，中国青年出版社，1999。
④ 陈志强：《独特的拜占廷文明》，305 页，北京，中国青年出版社，1999。

索斯托、利奥、弗提乌斯、普塞洛斯和希菲林那斯等。在拜占庭，既有继承、保存和传播古典文化的世俗教育体系(创立于 425 年，时断时续的君士坦丁堡大学、文法学校、法律学校和私人讲学)，也有神学为体、古典知识为用的教会教育体系(座堂学校、修道院学校和堂区学校)。拜占庭的文化教育对中世纪西欧早期、中期文化教育的发展和文艺复兴运动的兴起都有一定的影响，对东欧和阿拉伯的文化教育发展也发挥了很大的作用。

三

　　伊斯兰文明起源于阿拉伯半岛。这里地理条件和自然环境不是很好。岛内没有常年有水的河流和湖泊，除了山岳和高地，主要是沙漠与草原，适宜游牧生活。西南部的也门地区土地肥沃，宜于耕作，出产乳香、没药等香料，还有从海道获得的珍品，因此，早在公元前一千多年，这里便兴起了一些国家。商人将这里的产品运往叙利亚、埃及等国，半岛西北部汉志地区的商道上逐渐形成麦加和麦地那等古老城市。后来，麦加和麦地那成了阿拉伯的政治文化中心。

　　伊斯兰文明是在伊斯兰教的氛围中生长发展起来的文明。7 世纪 20 年代初期，穆罕默德建立伊斯兰教，希望通过对真主安拉一神的信仰统一阿拉伯各部落的思想，建立统一的国家。穆罕默德去世以后，他的继承人被称为哈里发，意为伊斯兰教代理人、继承者。[①] 经过四大哈里发时期和倭马亚王朝统治时期的征战，穆斯林建立了地跨亚、非、欧三大洲的阿拉伯帝国。

　　伊斯兰教没有出家修行制度。清真寺是宣读伊斯兰教经典《古兰经》和进行教学的地方。《古兰经》在阐述伊斯兰教信条的同时，对人和人的学习与社会义务多有论述。《古兰经》指出，真主"确已把人造成最美的形态"，并使人"为大地上的代治者"。《古兰经》鼓励人们学习读写，用自己的耳目心灵认识

---

① 秦惠彬：《伊斯兰文明》，28 页，北京，中国社会科学出版社，1999。

未知事物,追求真知,探知真理。例如,"我只本真理而降示《古兰经》,而《古兰经》也只含真理而降下","据真主看来,最劣等的动物确是那些装聋作哑,不明真理的人"。这也使伊斯兰教比较提倡研究宇宙,探索大自然中千奇百怪的现象。

根据《古兰经》的引导,伊斯兰教也倡导努力奋斗的人生态度和精神。《古兰经》写道:"人啊!你必定勉力工作,直到会见你的主,你将看到自己的劳绩。"①又说:"我确已使大地上的一切事物成为大地的装饰品,以便我考验世人,看谁的工作是最优美的。"②又说:"没有残疾而安坐家中的信士,与凭自己的财产和生命而奋斗的信士,彼此是不相等的。凭自己的财产和生命而奋斗的人,真主使他们超过安坐家中的人一级……真主加赐奋斗的人一种重大的报酬。"③

随着《古兰经》的宣讲与传播,倭马亚王朝出现了古兰经学、圣训学和教义学研究。为了更好地讲解与传播《古兰经》,倭马亚王朝还进行了阿拉伯语的改革,文学、历史学、医学、建筑、艺术也有发展。在文化发展的基础上,倭马亚王朝的教育也得到了发展。这一时期奠定了阿拉伯—伊斯兰文化教育的基础。

由于派系之间的矛盾,以及少数民族与阶级矛盾,倭马亚王朝后期发生动乱。阿拔斯家族 749 年取代倭马亚王朝建立了阿拔斯王朝。倭马亚王朝的幸存者在西班牙建立了后倭马亚王朝。艾布·阿卜杜拉·侯赛因以埃及为主体建立了法蒂玛王朝。阿拉伯帝国不复存在,伊斯兰文明在阿拔斯王朝、后倭马亚王朝、法蒂玛王朝等早期伊斯兰国家获得极大发展。

阿拔斯王朝的一些哈里发重视文化教育建设,从 9 世纪持续到 10 世纪的

---

① 《古兰经》84:6。
② 《古兰经》18:7。
③ 《古兰经》4:95。

翻译运动将大量波斯、印度典籍和古希腊典籍翻译成阿拉伯文。"除翻译事业外，阿拔斯人在倭马亚人研究的基础上，对《古兰经》、圣训、教法等宗教学科，以及语法学、修辞学、诗歌、散文、历史、地理等传统学科，进行了更系统、更深入的研究。同时对哲学、自然科学等外来学科进行深入学习和钻研……各地纷纷建立各种学校；各个城市和乡村的清真寺，大都成为讲学的场所，图书馆、天文台、大小医院如雨后春笋，到处兴起。"①法蒂玛王朝和后倭马亚王朝也有一些重视文化教育建设的哈里发。于是，中古时期，早期伊斯兰国家在哲学、数学、天文学、医学、历史和文学艺术方面都取得了很大的发展，留下了许多富于创见的著作。

　　在文化发展的基础上，并与文化发展相辅相成，早期伊斯兰国家的教育也获得了极大的发展。一些早期伊斯兰国家的学者，如法拉比、伊本·西那、安萨里、伊本·鲁西德等，还提出了比较系统的教育思想。早期伊斯兰国家的教育机构多种多样，其中昆它布是初级学校，设在清真寺内外，遍及城乡；宫廷学校和府邸教育目的在于教育王室与贵族子弟；清真寺是重要的教育场所；图书馆和书店也是进行教育的地方，有些图书馆还开展翻译与讲学活动；9世纪至14世纪出现了一些大学，如科尔多瓦大学、尼采米亚大学和格拉纳达大学。

　　早期伊斯兰国家的文化教育成就后来传到西欧，推动了西欧文化教育的发展。克里斯托弗·道森在《宗教与西方文化的兴起》中就曾写到西欧吸取伊斯兰文化成就的情况。他指出，正是在地中海西部地区，"东西方互相发生了接触，并且发生了极其重要的文化传播和吸收的过程"。例如，12世纪初，英国学者已开始翻译阿拉伯天文学家和神学家花剌子米的著作。伊本·鲁西德的著作12世纪初也被译成拉丁文，后来在巴黎大学、博洛尼亚大学得到一

---

① 纳忠：《阿拉伯通史》上卷，579页，北京，商务印书馆，2005。

些热烈的回应。① 可见，文化教育都是在相互学习、吸收与融合中才能取得更大的发展。

四

(一)中古时期的波斯教育

波斯历史悠久，在古代已形成独特的文化，并吸取了古希腊罗马文明成果。波斯人6世纪建立的琼迪－沙普尔学园"是希腊和叙利亚的大学者的理智圣殿，是哲学、数学、天文学、医学等方面的学术中心。在那里，琐罗亚斯特文化，印度和希腊的科学，亚历山大－叙利亚的思想，医学训练，神学，哲学，以及其他学科，都发展到很高程度，琼迪－沙普尔成了萨珊文明时期最先进的学术重镇。学园的学生来自世界各地。才智之士的交往，引起了一次科学和学术的大融合"②。萨珊王朝灭亡后，琼迪－沙普尔学园在整个倭马亚王朝时期仍是伊斯兰文化重地。"学者、教育家、医师，从那里去到当时穆斯林首都大马士革，让伊斯兰教徒首次熟识了古典文化。最早一批印度、波斯、叙利亚及希腊文的著作从学园或它的校友开始译成阿拉伯文，并成为一个传统。"③阿拔斯王朝是在波斯人的支持下推翻倭马亚王朝，取得统治权力的。在阿拔斯王朝统治的前几十年，波斯人受到重用，王朝的统治形式和文化发展波斯化。从9世纪开始，在波斯人生活的地区出现了一些波斯人的地方王朝，如塔希尔王朝、萨法尔王朝、萨曼王朝、席亚尔王朝、布韦希王朝等。波斯文艺得到复兴，并形成了新的波斯语。波斯著名的民族史诗《列王纪》写成于萨曼王朝统治时期；席亚尔王朝则有《卡布斯教诲录》，其为中古时期波

---

① [英]克里斯托弗·道森:《宗教与西方文化的兴起》，长川某译，220~222页，成都，四川人民出版社，1989。

② 马骥雄:《外国教育史略》，19页，北京，人民教育出版社，1991。

③ 马骥雄:《外国教育史略》，19~20页，北京，人民教育出版社，1991。

斯著名的散文集，富有教育思想。

(二)基辅罗斯和莫斯科公国兴起与发展时期俄国的教育

基辅罗斯是以东斯拉夫人为主体形成的国家，东斯拉夫人由喀尔巴阡山东北坡逐渐迁入东欧平原，主要散居在平原的西半部，从事农业、畜牧业、狩猎业、养蜂业和捕鱼业等。为了发展农副业和满足生活需要，原始的手工业，如冶铁、农具制造、木材加工、皮革加工和制陶业也发展了起来。在农副业和手工业迅速发展的基础上还兴起了商业活动。8世纪至9世纪形成了一些城市，其中以诺夫哥罗德和基辅最为重要。9世纪中叶，居住在东欧平原的罗斯人征服了基辅及其周围的东斯拉夫人部落，开始形成基辅罗斯国。同时，来自北欧、自称为罗斯人的武装商人(瓦利亚格人)的首领留里克掌握了诺夫哥罗德地区的领导权。留里克死后，其继承人奥列格南下夺取基辅，成为基辅罗斯的第一位王公。

基辅罗斯是在拜占庭帝国处于黄金时期时兴起的。基辅罗斯在政治经济上与拜占庭帝国保持着密切联系，在文化上也深受其影响。基辅罗斯和欧洲其他国家也保持着密切联系。由于封建土地所有制的迅速发展，基辅罗斯到12世纪演变成为大小不等的各自为政的独立公国。基辅罗斯是俄罗斯、乌克兰和白俄罗斯共同的历史基础。其文化教育的发展不仅为丰富欧洲中世纪的文化宝库做出了贡献，同时也为俄罗斯、乌克兰和白俄罗斯文化教育的发展奠定了基础。

莫斯科1147年初见于史籍。当时，它只是苏兹达尔公国的一个小城。13世纪中叶，罗斯诸公国成为金帐汗国附庸。由于莫斯科与金帐汗国之间隔着其他公国，是水陆交通的枢纽，周围又有茂密的森林，相对安全，各地居民纷纷来到这里安家，使这里人口迅速增加。13世纪末，莫斯科开始走上东北罗斯的政治舞台。

莫斯科公国崛起于伊凡·卡里塔统治时期。伊凡·卡里塔"在莫斯科修建了第一座白石教堂——圣母安息大教堂，从那时起，所有的都主教都在莫斯科拥有自己的讲坛"。① 此后，经过几代人的努力，到伊凡三世时，不仅摆脱了对金帐汗国的依附，而且取得了反对波兰—立陶宛侵略的极大胜利，收复了莫斯科西部的切尔尼戈夫等一系列城市。与此同时，伊凡三世还对立沃尼亚骑士团和瑞典进行了斗争，增强了业已形成的以莫斯科为中心的俄国在波罗的海沿岸地区的影响。伊凡四世 1552 年征服由金帐汗国分立的喀山汗国，1556 年征服阿斯特拉汗国。16 世纪末，伏尔加河中下游和乌拉尔山以东广大地区被并入俄国版图。② 伊凡四世是俄国历史上的第一位沙皇。在他统治时期，已初步形成中央集权的君主专制的政治制度，奠定了封建农奴制的经济基础。

莫斯科公国形成与发展时期是俄国发展的重要阶段，正是在这一时期出现了近代俄罗斯民族的要素，即俄语、俄罗斯人的共同地域和共同的文化基础。这一文化与基辅罗斯的文化直接相联，如书面文化、宗教信仰等都是来自基辅罗斯。此外，这一时期的俄国文化教育反映了摆脱外族的统治和形成统一国家的历史任务。由于金帐汗国的长期统治和波兰—立陶宛的阻隔，莫斯科公国形成与发展时期的俄国文化教育失去了与西欧各国的联系，未受到西欧文艺复兴和宗教改革运动的影响。

(三)中古时期的印度教育

"根据地下发掘物，现在已知的印度最古老的文化是哈拉巴文化。哈拉巴文化形成于公元前 2800—前 2500 年，兴盛于公元前 2500—前 2000 年。"③公元前 1500 年，一支说印欧语的雅利安人大概从伊朗经喀布尔河一带河谷进入

---

① [俄]Т.С.格奥尔吉耶娃：《俄罗斯文化史——历史与现代》，焦东建、董茉莉译，73 页，北京，商务印书馆，2006。

② 孙成木、刘祖熙、李建：《俄国通史简编》上册，52、73、99~100 页，北京，人民出版社，1986。

③ 任钟印、黄学溥：《外国教育思想通史》第一卷，182 页，长沙，湖南教育出版社，2002。

印度西北地区，印度最古老的历史文献《吠陀》反映了雅利安人的生产与生活情况。《吠陀》文献分为四部，《梨俱吠陀》产生最早；《娑摩吠陀》《耶柔吠陀》《阿闼婆吠陀》产生较晚，被称为"后期吠陀"。在后期吠陀产生的时期，又逐渐出现了解释吠陀的文献，即梵书、森林书和奥义书。这些文献所反映的时代被称为"后期吠陀时代"（约公元前900—600）。①"后期吠陀时期，印度-雅利安人进入恒河中下游地区，开始使用铁器，在其内部，出现了婆罗门、刹帝利、吠舍、首陀罗4个种姓。部落共同体逐渐过渡到地域性共同体，奴隶制国家开始形成，据佛经记载，公元前6～前5世纪时，印度东部出现了16个国家。"②公元前3世纪孔雀王朝出现，并在阿育王统治时达到极盛。

古印度出现最早的宗教是吠陀教，其教义见于《吠陀》经典。在奴隶制度形成时期，吠陀教演变为婆罗门教，对印度社会的文化教育产生了长远的影响。公元前6世纪，随着社会关系的变化和阶级矛盾的发展，古印度进入思想活跃、学派纷争、百家争鸣的时代。当时反对婆罗门教的新思潮被称为"沙门思潮"，其中产生了耆那教和佛教。"从阿育王到前1世纪中，在二百年的时间里，佛教僧侣的足迹已达到西亚、中亚、东南亚和南亚的许多地区，佛教开始成为世界性宗教。"③佛教对印度和东方各国文化教育的发展产生了很大的影响。

进入中古时期，320年，笈多王朝建立。笈多王朝统治时期，印度的政治稳定，经济繁荣，文化也得到很大的发展。印度教在婆罗门教的基础上兴起。笈多王朝时期的诗人和剧作家迦梨陀娑，其诗作《云使》《鸠摩罗出世》和剧作《沙恭达罗》在世界文坛享有盛誉。笈多王朝的建筑艺术和绘画艺术也达到了很高的水平，并在天文、数学、医学、冶金等方面取得巨大的成就。④

---

① 刘家和、王敦书：《世界史·古代史编》上卷，141页，北京，高等教育出版社，1994。
② 《简明不列颠百科全书》第9卷，132页，北京，中国大百科全书出版社，1986。
③ 杜继文：《佛教史》，51页，北京，中国社会科学出版社，1991。
④ 《简明不列颠百科全书》第2卷，847页，北京，中国大百科全书出版社，1985。

　　笈多王朝后期,内部矛盾日益激化,外部亦遭受入侵,国家逐渐走向分裂。6世纪末至7世纪初,戒日王朝统一印度北部,其疆域大致相当于笈多帝国鼎盛时期。①

　　戒日王朝时期,印度在哲学、文学、艺术、科学和教育方面都得到了发展。哲学著作多采取经注的形式,吠檀多派唯心主义哲学流行。吠檀多派哲学从新的角度解释《吠陀》经典,"认为认识的唯一源泉是神的启示。自然万物和人类社会都是梵天创造的,真理就是对梵天的认识的统一,求得梵我一致,是宗教解脱的主要途径"②。"戒日帝国时期是印度文学由古典梵文文学向中世纪民间各种地方语言文学发展的过渡时期。"代表作有《罗摩衍那》《摩诃婆罗多》《薄伽梵往事书》,以及一些寓言集。"戒日王奖掖学术,鼓励文学创作。他本人就是一位造诣颇深的诗人和剧作家。"波那跋陀是印度著名的古典小说家,代表作有历史小说《戒日王本行》和梵文叙事诗《伽旦波利》等。③

　　从笈多王朝到戒日王朝,"随着历史的变迁和封建关系的发展,雅利安人与土著居民之间的种姓对立日趋削弱,种姓制度内部阶级对立的倾向日益明显地表现出来。原来吠舍种姓的雅利安人自由农民不断地沦为依附农民,加入首陀罗种姓的行列。许多手工业者也由吠舍种姓下降为首陀罗种姓。吠舍种姓成为商人的种姓。至于婆罗门和刹帝利两个高级种姓,仍由僧俗贵族组成,但因剥削对象和剥削方式发生变化,其阶级属性由奴隶主阶级转化为封建主阶级"④。种姓制度的另一变化是,在种姓制度之下,在吠舍种姓和首陀罗种姓的内部出现了新的划分,形成了众多由从事同一种职业而地位相同的人组成的社会集团,"特点是具有世袭性和排他性"⑤。印度社会关系的变革

---

　　① 朱寰:《世界上古中世纪史》,438~439页,北京,北京大学出版社,1990。

　　② 刘家和、王敦书:《世界史·古代史编》上卷,105~106页,北京,高等教育出版社,1994。

　　③ 朱寰、马克垚:《世界史·古代史编》下卷,106页,北京,高等教育出版社,1994。

　　④ 朱寰:《世界上古中世纪史》,440页,北京,北京大学出版社,1990。

　　⑤ 朱寰:《世界上古中世纪史》,440页,北京,北京大学出版社,1990。

在意识形态领域的体现，便是印度教的兴起。

中古时期的印度在戒日王朝衰亡后又分裂成一些独立的小国。7 世纪中期，早期伊斯兰国家兴起，倭马亚王朝开始入侵印度，伊斯兰教也逐渐传入印度。①

德里苏丹(1206—1526)"是印度历史上第一个稳固统治的统一的伊斯兰教政权，共存在 320 年，历经了 5 个王朝：奴隶王朝(1206—1290)、卡尔基王朝(1290—1320)、图格拉王朝(1320—1414)、赛义德王朝(1414—1451)和罗第王朝(1451—1526)"②。在德里苏丹时期，伊斯兰教在印度获得迅速发展，教徒剧增。"然而，土著的文化未能将外来的伊斯兰文明同化，伊斯兰教国家也无力消灭印度教的传统信仰。这两种截然不同的文化都具有强大的生命力，它们在印度的土地上同时存在下来。"③另外，"随着伊斯兰教的传播，阿拉伯、波斯、突厥的语言、文化、生活方式和社会习俗大量传进印度并渗入土著的古老文化之中，奠定了现代南亚文化的基础"④。

1526 年，莫卧儿帝国成立。"从此，印度不同的教派，分散的村社走上了民族统一的道路"，印度成为当时世界上最富有、最强大的国家之一。

(四)中古时期的日本教育

在距今约 10000 年到公元前 8 世纪，日本经历了绳纹文化时代的原始群居生活。此后又经历了弥生文化时代，生产力随着对外交流的增多而快速发展。由于生产力的发展和财富的增长，日本由原始社会逐渐过渡到奴隶社会。

从公元 3 世纪中叶开始，"大和国兴起并不断扩张，在本州和九州进行了长期的征服战争，到 5 世纪基本统一了日本"。大和国实行贵族政体，经济基础是部民制度。部民制度是当时日本的一种奴隶制度，部民没有自己的姓氏，

---

① 朱寰、马克垚：《世界史·古代史编》下卷，259 页，北京，高等教育出版社，1994。
② 朱寰：《世界上古中世纪史》，441 页，北京，北京大学出版社，1990。
③ 朱寰、马克垚：《世界史·古代史编》下卷，265~266 页，北京，高等教育出版社，1994。
④ 朱寰、马克垚：《世界史·古代史编》下卷，268 页，北京，高等教育出版社，1994。

没有人身自由，不得随意迁徙。

日本早在弥生文化时期就与朝鲜半岛和中国建立了联系。后来，日本与朝鲜和中国的联系不断加强。日本的贵族教育从一开始就与对儒学经典的学习紧密相连。汉字和儒学的传播，中朝工农业技术的移植，对日本社会和日本文化教育的发展起了很大的推动作用。6 世纪中叶，佛教从朝鲜传入日本，对日本社会生活与文化教育的发展也有重要影响。

592 年，推古天皇即位，圣德太子摄政。"圣德太子笃信佛教，出任摄政厉行改革，制定了'冠位'12 阶和'十七条宪法'，以确立天皇为首的中央集权统治，对外则与中国隋朝开展平等外交，并遣使学习中国文化。"之后的"大化改新"以中国政治制度为基础，建立起以天皇为绝对君主的中央集权国家体制。10 世纪，真正的日本文化发展起来，日本创制了自己的文字。其后，日本经历了镰仓时代、南北朝时代、室町时代、安土桃山时代。从圣德太子的改革和"大化改新"到安土桃山时代，日本社会与文化教育的发展为日本近代社会与文化教育奠定了基础。

(五)中古时期撒哈拉以南非洲的教育

撒哈拉以南非洲自然环境的特点一是大部分地区土壤相对贫瘠；二是降雨全年分布不均匀；三是疾病较多。气候与自然地理条件使撒哈拉以南非洲地区形成了三种获取生活资料的方式，即狩猎—采集经济、畜牧经济和初级的农业经济，手工业和商业只有初步发展。

中古时期，撒哈拉以南非洲地区大部分人群的社会政治组织是氏族、家族和部落。氏族和家族是非洲传统社会中重要的社会生活单位，其内部实行"类分式亲属"制度。基于性别、年龄、辈分，乃至知识和个人成就等，共同体的成员又分为不同的等级。其中，老人受到普遍的尊重，往往身居要职。不同的年龄组在共同体中承担不同的责任，如年长者负责议事，壮年者负责生产和战斗。年龄组等级制还常常和秘密盟会结合在一起。在村社等共同体内部，盟会承担着组织成年礼，对年轻人进行教育和培训的任务。部落是氏族的集合体，首领酋长是部落团结统一的象征。酋长是部落的精神和世俗领袖，是疆土的统治者，也是最高军事长官和司法长官。

在近代以前，撒哈拉以南非洲各族基本上没有文字，其文化主要是借助口头语言传承。每一个部落都有自己各式各样的口传文化遗产，包括神话、传说、故事、寓言、诗歌、谚语等。每个部族也都有自己的口传文化传承者。他们或者是祭司，或者是巫师，或者是秘密盟会的组织者，或者是村社的长者，或者是说唱艺人。

在中古时期，撒哈拉以南非洲的传统教育本质上属于生存教育，主要目标是全面训练年轻人，使之为成年期做好准备，重点是灌输社会接受的标准和行为，维系共同体的团结。在教育内容方面，非洲传统教育注重知识的传授，而传授知识的过程是与族群的经济、社会、文化、艺术、宗教以及娱乐生活密切结合的。教育内容还受自然环境的影响，要帮助儿童适应环境，以及学会利用物质环境。父母和社群中的其他成人要向儿童灌输维系互惠关系的社交礼仪，教导儿童尊敬长者，履行社会义务和责任。宗教教育在非洲传统教育中占重要地位。在教育形式方面，非洲传统教育主要是通过口头教导和实践活动，将知识、技能和部落的观念传授给儿童。年轻一代还可以通过民间传说、诗歌、谚语、音乐、舞蹈、节日、典礼等，获知社会规范。在社会经济发展得比较好的地区，医药、金属制造、制陶、皮革制造、纺织等行业知识和技能的传承采取比较正式的方式，即必须由教师在一段时间里以一种有组织的次序传授预先决定的知识。学习者在充分掌握这些知识和技能之后才能出师。在非洲传统教育中占据重要位置的成年礼前的教育往往是一种高度形式主义的教育。在撒哈拉以南非洲的许多部落中，无论是男孩还是女孩，在进入青春期以后，必须到森林中生活一段时间。在此期间，部落的长老会对他们进行专门的指导和严格的训练。在这种丛林中的教育结束后，村社要为这些青年人举行盛大的成人礼。

(六)中古时期拉丁美洲的三大文明与教育

古代美洲的居民主要是印第安人。在西班牙和葡萄牙入侵拉丁美洲以前，印第安人创造了灿烂多彩的文化，典型的是玛雅文明、阿兹特克文明和印加文明。

在拉丁美洲的三大文明中，玛雅文明出现较早，大约形成于公元前一千年。玛雅人种植玉米、番茄、甘薯、南瓜、豆类和可可等作物，并从事渔猎活动，生产工具以木器和石器为主。玛雅人在天文学、数学、建筑和艺术方面都取得了很高的成就。"1946 年发现的波南帕克壁画是玛雅艺术的杰作。波南帕克壁画创作于 6 到 8 世纪，由三间石屋组成，展现了战争、凯旋和庆祝的场面，是世界美术史上的珍品。"[1]玛雅人是美洲最早使用文字的印第安人，他们在公元之初就创造了自己的文字体系。[2]

玛雅社会中存在自由人和奴隶之分，处于社会高层的有国王，国王之下是由贵族组成的统治集团，包括祭司、官吏和高级武士。祭司通晓天文历法，掌握文字，主持宗教仪式，指导农事，在玛雅社会中据有重要的地位。玛雅的学校是为祭司和贵族开设的。"祭司往往承袭父亲和其他近亲的位子。要进入祭司集团的人在学校受严格的教育，学校里教历史、文学、占卜方法、医学、历法"，"品格训练也是玛雅教育的一个突出的特征"。[3] 玛雅社会的一般儿童主要接受家庭教育。

13 世纪至 16 世纪前期，阿兹特克人在墨西哥谷地创造了拉丁美洲著名的阿兹特克文明。这一文明是在前人，特别是托尔提克人(又译托尔托克人)所创造文化的基础上发展起来的。阿兹特克人和托尔提克人都使用纳瓦特尔语。

---

① 朱寰:《世界上古中世纪史》，486 页，北京，北京大学出版社，1990。
② 朱寰:《世界上古中世纪史》，485~486 页，北京，北京大学出版社，1990。
③ 马骥雄:《外国教育史略》，63~64 页，北京，人民教育出版社，1991。

"阿兹特克"之名"源于地名阿兹特兰(意为'白地'),此地位于墨西哥北部
……阿兹特克人在墨西哥中部地区营不定居生活达 2 世纪之久,后来才在特
斯科科湖岛上的特诺奇蒂特兰建立其政治中心"①。特诺奇蒂特兰就是后来的
墨西哥城。15 世纪初,"阿兹特克人和特斯科科人、特拉科班人结成部落联
盟,不断扩张"。"15 世纪末,在墨西哥中、南部形成一个幅员辽阔的帝国,
特诺奇蒂特兰城成为这一大帝国的政治中心。"②帝国不断加强政治组织,建
立了一个庞大的政治、军事、宗教官僚体系。

阿兹特克人在农业方面发展了独特的"浮园耕作法",即在用芦苇编成的
芦筏上堆积泥土,浮在水面,然后在上面种植作物和果树。他们也利用湖边
的土地种植玉米、豆类、南瓜、西红柿、龙舌兰、无花果、可可、棉花、烟
草和仙人掌等。③ 阿兹特克人的手工业也很发达,商业也有一定的发展。

阿兹特克人在生产活动中重视对自然的探究,会对植物、动物和矿物进
行分类。他们在天文学方面也取得了显著的成就,创造了自己的历法。"阿兹
特克人还有许多用象形文字书写的图书和画册。"④

阿兹特克人非常重视教育。除家庭教育外,阿兹特克人还创办了不同类
型的学校,使不同阶层的儿童和青少年受到相应的教育,男孩自 15 岁起要接
受严格的军事训练。阿兹特克人对女孩的教育也很重视。贵族家庭中有可能
成为祭司的女孩,会得到专门的培养。

中古时期拉丁美洲的印加文明起源于安第斯山中部的库斯科地区。"公元
13 世纪,克楚亚人兴起,并与艾马拉人结为联盟,征服了周围的印第安人各
部落,形成庞大的印加国家。'印加'的意思是'太阳的子孙'。印加国的正式
名称是'塔瓦廷苏域',意为'合为一统的四大区域'。16 世纪印加国全盛时

① 《简明不列颠百科全书》第 1 卷,168 页,北京,中国大百科全书出版社,1985。
② 朱寰、马克垚:《世界史·古代史编》下卷,378 页,北京,高等教育出版社,1994。
③ 朱寰、马克垚:《世界史·古代史编》下卷,378 页,北京,高等教育出版社,1994。
④ 朱寰、马克垚:《世界史·古代史编》下卷,380 页,北京,高等教育出版社,1994。

期，疆域北起哥伦比亚，南到智利中部，西起太平洋沿岸，东到亚马逊丛林，南北长达 4 千公里，人口约 6 百万。"①

印加的领土分为四大行政区，行政区之下分省，省以下分县，县以下分村社。村社是印加社会的基层组织。印加文明在"农业、冶金业和交通工程方面达到了印第安文明的顶峰。印加人培植了许多农作物，并使用肥料增加肥力，他们利用山坡开辟梯田，建起人工灌溉系统和防止水土流失的石堤。印加人虽然没有铁器，但已经能冶炼铜、锡、金、银、铝等多种金属并进行加工。库斯科城的太阳神庙是一座镶嵌有黄金和宝石的宏伟建筑"②。

印加人掌握了相当丰富的科学知识。"首都库斯科建有观象台，用以观测太阳的位置，来确定农业生产节气和祭祀时间……印加人崇拜天体，特别崇拜太阳，所以他们的天文知识多和宗教有关。在医药知识方面，印加人初步掌握了外科学、解剖学和麻醉学等知识，他们会做开颅手术，用从一种植物中提取的药物作麻醉剂。为了保护尸体，他们学会制作木乃伊。此外，他们还认识了许多珍贵药物，如金鸡纳、吐根、藿香膏和番木鳖等。"③

印加统治者十分重视王室和贵族子弟的教育。第六代国王印卡·罗卡下令在首都皇宫附近的广场上设立学校，对王室和贵族子弟进行严格的教育和考察。第九代国王帕查库特克·印卡·尤潘基以法律形式规定，要普及和使用科斯科的语言。这种语言上的统一某种程度上提升了印加帝国的实力。④

据称，为了方便统计人口，印加帝国将所有人依据年龄分为十个层次。印加人认为，哺乳和养育新生儿是母亲的职责。他们不娇惯孩子，总是设法让婴幼儿自由活动，避免时常把孩子抱在怀里。9~12 岁的男孩主要在户外活

---

① 朱寰：《世界上古中世纪史》，487 页，北京，北京大学出版社，1990。又：克楚亚(Quechua)，又译克丘亚。

② 朱寰、马克垚：《世界史·古代史编》下卷，488 页，北京，高等教育出版社，1994。

③ 朱寰、马克垚：《世界史·古代史编》下卷，383 页，北京，高等教育出版社，1994。

④ [秘鲁]印卡·加西拉索·德拉维加：《印卡王室述评》，白凤森、杨衍永译，466 页，北京，商务印书馆，2018。

动，照看羊群，学习编织纱线、猎鸟等技巧；女孩主要负责采集野花和药草。12~18岁男孩除了看管羊群以外，还要学习捕杀野生动物的技术，女孩则需要承担许多家务劳动。印加的儿童和青年主要是通过各种生活与生产活动接受教育的。印加老人会受到社会的尊敬和爱戴。他们努力将本族的宗教知识和帝国的光荣历史传递给后代，对年轻一代进行教育，并施加自己的积极影响。可见，印加文明包含着十分珍贵的教育经验。

综上所述，可以看到，在中古时期，外国文化教育是多元的，各民族都对世界文化教育的发展做出了自己的贡献。各民族在发展自己的文化教育时既保持了自己的传统，也从其他民族文化教育中吸取了经验。这一时期，各民族和各地区的文化既有符合其自身生存条件的独立发展的一面，这是文化和教育的个性；也有相互影响、交流、促进的一面，这是文化和教育的共性。

第三卷各章编写情况如下：导言由史静寰、郑崧撰写，第一章、第二章、第八章由史静寰、姚运标撰写，第三章、第四章、第五章由郑崧撰写，第六章、第九章由姚运标撰写，第七章由张弢撰写。全卷由史静寰统稿。

第四卷各章编写情况如下：第一章、第二章由王者鹤撰写；第三章由郭健撰写；第四章、第五章、第八章由吴式颖撰写；第六章第一节、第二节、第三节、第四节由李淑华撰写，吴式颖作了修订、补充；第六章第五节、第七章、第十一章由郑崧撰写；第九章第一节由张志强撰写；第九章第二节、第三节、第四节由岳龙撰写；第十章由杨孔炽撰写，第十二章由吴婵撰写，结语由史静寰、吴式颖、姚运标撰写。全卷由吴式颖统稿，郑崧、姚运标协助做了一些统稿工作。

限于著者的水平，如有疏漏或不足之处，恳请读者批评指正。

参考文献

一、中文文献

《奥义书》，黄宝生译，北京，商务印书馆，2010。

《马克思恩格斯选集》第四卷，北京，人民出版社，1995。

《摩奴法论》，蒋忠新译，北京，中国社会科学出版社，1986。

《苏联百科词典》，丁祖永等译，北京，中国大百科全书出版社，1986。

艾周昌、舒运国：《非洲黑人文明(修订插图本)》，福州，福建教育出版社，2008。

蔡德贵：《阿拉伯哲学史》，济南，山东大学出版社，1999。

高建章：《锡克·辛格·阿卡利——锡克民族与锡克教》，成都，四川民族出版社，1994。

顾明远：《教育大辞典(增订合编本)》，上海，上海教育出版社，1998。

哈全安：《阿拉伯半岛诸国史》，天津，天津人民出版社，2016。

黄心川：《印度哲学史》，北京，商务印书馆，1989。

李保平：《传统与现代：非洲文化与政治变迁》，北京，北京大学出版社，2011。

李春辉：《拉丁美洲史稿》，北京，商务印书馆，1983。

李海滨：《〈孙子兵法〉的战略智慧与管理启示》，北京，经济科学出版社，2009。

李振中、王家瑛：《阿拉伯哲学史》，北京，北京语言学院出版社，1995。

林被甸、董经胜：《拉丁美洲史》，北京，人民出版社，2010。

刘鸿武：《非洲文化与当代发展》，北京，人民出版社，2014。

刘建、朱明忠、葛维钧：《印度文明》，福州，福建教育出版社，2008。

刘文龙：《古代南美洲的印加文化》，北京，商务印书馆，1983。

刘新成：《全球史评论》第三辑，北京，中国社会科学出版社，2010。

刘祖熙：《斯拉夫文化》，杭州，浙江人民出版社，1993。

马骥雄：《外国教育史略》，北京，人民教育出版社，1991。

纳忠、朱凯、史希同：《传承与交融：阿拉伯文化》，杭州，浙江人民出版社，1993。

纳忠：《阿拉伯通史》，北京，商务印书馆，2005。

秦惠彬：《伊斯兰文明》，北京，中国社会科学出版社，1999。

任钟印、黄学溥、吴式颖：《外国教育思想通史》第一卷，北京，北京师范大学出版社，2017。

尚会鹏：《印度文化史（第三版）》，杭州，浙江大学出版社，2016。

孙成木、刘祖熙、李建：《俄国通史简编》上册，北京，人民出版社，1986。

孙晶：《印度吠檀多不二论哲学》，北京，东方出版社，2002。

唐孟生：《印度苏非派及其历史作用》，北京，经济日报出版社，2002。

滕大春、姜文闵：《外国教育通史》第二卷，济南，山东教育出版社，1989。

王桂：《日本教育史》，长春，吉林教育出版社，1987。

王新中、冀开运：《中东国家通史·伊朗卷》，北京，商务印书馆，2002。

王钺：《〈罗斯法典〉译注》，兰州，兰州大学出版社，1987。

王钺：《往年纪事译注》，兰州，甘肃民族出版社，1994。

王治来：《中亚通史·古代卷》下，乌鲁木齐，新疆人民出版社，2004。

肖石忠：《看得见的世界史：玛雅》，北京，石油工业出版社，2018。

徐家玲：《拜占庭文明》，北京，人民出版社，2006。

杨孔炽：《日本教育现代化的历史基础》，福州，福建教育出版社，1998。

虞琦：《阿兹特克文化》，北京，商务印书馆，1986。

张建华：《俄国史（修订本）》，北京，人民出版社，2014。

朱崇礼：《伊斯兰文化论丛》，北京，宗教文化出版社，1997。

朱寰、马克垚：《世界史·古代史编》下卷，北京，高等教育出版社，1994。

朱寰：《世界上古中世纪史》，北京，北京大学出版社，1990。

[阿拉伯]伊本·西那：《论灵魂》，北京大学哲学系译，北京，商务印书馆，1963。

[埃及]艾哈迈德·爱敏：《阿拉伯—伊斯兰文化史》第一册，纳忠译，北京，商务印书

馆，1982。

[波斯] 菲尔多西：《列王纪选》，张鸿年译，北京，人民文学出版社，1994。

[波斯]昂苏尔·玛阿里：《卡布斯教诲录》，张晖译，北京，商务印书馆，1990。

[布基纳法索]J. 基-泽博：《非洲通史》第一卷，北京，中国对外翻译出版社，1984。

[德]海因兹·基姆勒：《非洲哲学——跨文化视域的研究》，王俊译，北京，人民出版社，2016。

[俄] T. C. 格奥尔吉耶娃：《俄罗斯文化史——历史与现代》，焦东建、董茉莉译，北京，商务印书馆，2006。

[俄] M. P. 泽齐娜、Л. B. 科什曼、B. C. 舒利金：《俄罗斯文化史》，刘文飞、苏玲译，上海，上海译文出版社，1999。

[俄]戈·瓦·普列汉诺夫：《俄国社会思想史》第一卷，孙静工译，北京，商务印书馆，1988。

[俄]瓦·奥·克柳切夫斯基：《俄国史教程》第一卷，张草纫、浦允南译，北京，商务印书馆，1992。

[法]皮埃尔·古鲁：《非洲》，蔡宗夏、刘伉译，北京，商务印书馆，1984。

[肯尼亚]乔莫·肯雅塔：《面向肯尼亚山》，陈芳蓉译，杭州，浙江工商大学出版社，2018。

[美]E. P. 克伯雷：《外国教育史料》，任宝祥、任钟印主译，武汉，华中师范大学出版，1991。

[美]埃里克·吉尔伯特，乔纳森·T. 雷诺兹：《非洲史》，黄磷译，海口，海南出版社，2007。

[美]芭芭拉·A. 萨默维尔：《阿兹特克帝国》，郝名玮译，北京，商务印书馆，2014。

[美]丹尼斯·舍曼、A. 汤姆·格伦费尔德、杰拉尔德·马科维茨等：《世界文明史(第四版·精装本)》，李义天、黄慧、阮淑俊等译，北京，中国人民大学出版社，2011。

[美]格莱夫斯：《中世教育史》，吴康译，北京，商务印书馆，1938。

[美]吉尔·鲁巴尔卡巴：《玛雅诸帝国》，郝名玮译，北京，商务印书馆，2015。

[美]林恩·V. 福斯特：《探寻玛雅文明》，王春侠、宗巍、阴元涛等译，北京，商务印书馆，2007。

[美]米夏埃尔·比尔冈：《古代波斯诸帝国》，李铁匠译，北京，商务印书馆，2015。

[美]乔治·C. 瓦伦特：《阿兹特克文明》，朱伦、徐世澄译，南京，译林出版社，2013。

[美]威尔·杜兰特：《文明的故事1：东方的遗产》，成都，天地出版社，2018。

[美]希提：《阿拉伯通史》，马坚译，北京，商务印书馆，1979。

[美]休斯顿·史密斯：《人的宗教》，刘安云译，海口，海南出版社，2013。

[美]耶鲁·瑞奇蒙德、菲莉斯·耶斯特林：《解读非洲人》，桑蕾译，北京，中国水利水电出版社，2004。

[秘鲁]印卡·加西拉索·德拉维加：《印卡王室述评》，白凤森、杨衍永译，北京，商务印书馆，2018。

[摩洛哥]M. 埃尔·法西、I. 赫尔贝克：《非洲通史》第三卷，北京，中国对外翻译出版公司，1993。

[摩洛哥]扎古尔·摩西：《世界著名教育思想家》第一卷，梅祖培、龙治芳等译，北京，中国对外翻译出版公司，1994。

[日]井筒俊彦：《伊斯兰教思想历程——凯拉姆·神秘主义·哲学》，秦惠彬译，今日中国出版社，1992。

[日]小原国芳：《日本教育史》，吴家镇、戴景曦译，上海，商务印书馆，1935。

[塞内加尔]D. T. 尼昂：《非洲通史》第四卷，北京，中国对外翻译出版社，1992。

[苏联] 苏科院历史所列宁格勒分所：《俄国文化史纲(从远古至1917年)》，张开、张曼真、王新善等译，北京，商务印书馆，1994。

[苏联]C. H. 瑟罗夫：《俄国史话》，中国人民大学俄语教研室译注，北京，商务印书馆，1986。

[苏联]Б. Д. 格利科夫、А. Ю. 雅库博士斯基：《金帐汗国兴衰史》，余大钧译，北京，商务印书馆，1985。

[苏联]В. В. 马夫罗金：《俄罗斯统一国家的形成》，余大钧译，北京，商务印书馆，1991。

[苏联]H. A. 康斯坦丁诺夫等：《苏联教育史》，吴式颖、周蕖、朱宏译，北京，商务印书馆，1996。

[苏联]奥·符·特拉赫坦贝尔:《西欧中世纪哲学史纲》,于汤山译,北京,中国对外翻译出版公司,1985。

[苏联]卡列斯尼克等:《苏联地理(总论)》,东北师范大学外语系、苏联研究所集体翻译,北京,商务印书馆,1997。

[苏联]尼·米·尼科利斯基:《俄国教会史》,丁士超、苑一博、杜立克等译,北京,商务印书馆,2000。

[伊拉克]穆萨·穆萨威:《阿拉伯哲学——从铿迭到伊本·鲁西德》,张文建、王培文译,北京,商务印书馆,1997。

[伊朗]阿卜杜·侯赛因·扎林库伯:《波斯帝国史》,张鸿年译,上海,复旦大学出版社,2011。

[伊朗]扎比胡拉·萨法:《伊朗文化及其对世界的影响》,张鸿年译,北京,商务印书馆,2011。

[印度]A. L. 巴沙姆:《印度文化史》,闵光沛、陶笑虹、庄万友等译,北京,商务印书馆,1997。

[印度]R. C. 马宗达、H. C. 赖乔杜里、卡利金卡尔·达塔:《高级印度史》,张澍霖、夏炎德、刘继兴等译,北京,商务印书馆,1986。

[印度]R. 塔帕尔:《印度古代文明》,林太译,杭州,浙江人民出版社,1990。

[印度]贾瓦哈拉尔·尼赫鲁:《印度的发现》,齐文译,北京,世界知识出版社,1956。

[英]C. E. 博斯沃思、[塔]M. S. 阿西莫夫主编:《中亚文明史》第四卷(下),刘迎胜译,北京,中国对外翻译出版公司,2010。

[英]博伊德、金:《西方教育史》,任宝祥、吴元训主译,北京,人民教育出版社,1985。

[英]帕林德:《非洲传统宗教》,张治强译,北京,商务印书馆,1992。

二、外文文献

A. Babs Fafunwa and J. U. Aisiku, *Education in Africa: A Comparative Survey*, London，George Allen & Unwin，1982.

A. Bame Nsamenang，"Toward a Philosophy for Africa's Education," in A. Bame Nsamenang and Therese M. S. Tchombe，*Handbook of African Educational Theories and Practices：A Generative Teacher Education Curriculum*，Human De-velopment Resource Centre（HDRC），2011.

Aliu Babatunde Fafunwa，*History of Education in Nigeria*，London，George Allen & Unwin，1974.

Basil Davidson，*The African Genius：An Introduction to African Social and Cultural History*，London，Little Brown，1969.

D. J. Geanakoplos，*Byzantium：Church，Society and Civilization Seen Through Contemporary Eyes*，Chicago，University of Chicago Press，1984. E. I. Metuh，*African Religions in Western Conceptual Schemes：The Problem of Interpretation*，Jos，IMCO Press，1985.

F. Eby and C. F. Arrowood，*The History and Philosophy of Education Ancient and Medieval*，New Jersey，Prentice Hall，1940.

J. M. Hussey，*Church and Learning in the Byzantine Empire*，867—1185，New York，Russell & Russell，1937.

J. S. Mbiti，*African Religions and Philosophy*，Nairobi，East African Educational，1969.

Jakayo Peter Ocitti，*African Indigenous Education as Practised by the Acholi of Uganda*，Nairobi，East African Literature Bureau，1973.

James Bowen，*A History of Western Education*，New York，St. Martin's Press，1972.

K. Gyekye，*Person and Community in African Thought*，Washington DC，Council for Research in Values and Philosophy，1992.

Leopold S. Senghor，*On African Socialism*，New York，Praeger，1964.

M. B. Ramose，*African Philosophy Through Ubuntu*，Harare，Mond Books，1999.

N. H. Baynes and H. St. L. B. Moss，*Byzantium：An Introduction to East Roman Civi-*

lization, Oxford, Oxford University Press, 1949.

Nancy M. Farriss, *Maya Society Under Colonial Rule: The Collective Enterprise of Survival*, Princeton, Princeton University Press, 1984.

Paul Edwards, *The Encyclopedia of Philosophy*, New York, Macmillan Publishing Company, Vol. I, 1967.

Philemon A. K. Mushi, *History and Development of Education in Tanzania*, Dar-es-Salaam, Dar-es-Salaam University Press, 2009.

Robert J. Sharer and Loa P. Traxler, *The Ancient Maya*, Stanford, Stanford University Press, 2006.

Robert Redfield, *The Folk Culture of Yucatan*, Chicago, University of Chicago Press, 1941.

T. M. Samkange and S. Samkange, *Hunhuism or Ubuntuism: A Zimbabwe Indigenous Political Philosophy*, Salisbury, Graham Publishing, 1980.

Zahra Behnamfar, Abbasali Maghsoodlou and Kobra Nodehi, "Principles of Education in Ancient Iran with a Look at Yashts," in *Journal of Novel Applied Sciences*, 2013 (2).